JN112157

大学入試

小論文の完全ネタ本 改訂版

〔人文・教育系〕編

神﨑史彦 著

文英堂

著者からのメッセージ

　私は大学や予備校で小論文の講座を受け持つかたわら，全国の高校で小論文に関する講演を行っており，これまでに延べ５万人以上の学生に小論文の大切さを伝えてきました。その時，講演の最後に必ず伝えていることがあります。それは，次の２点に注意して訓練を続ければ，小論文を書く力は必ずや身に付くということです。

　説得力のある小論文を書くためには，

　① 書くための技術を身に付ける必要がある。

　② 小論文入試に出そうな事実・知識・情報(いわゆるネタ)を蓄える必要がある。

　このうち，②のネタ集めの手助けをするのが本書です。本書では効率的にネタ集めができるように，大学入試に頻出のテーマを厳選し，それに関連したキーワードも併せてわかりやすく解説しました。その時，そのテーマに関して押さえておくべきポイントを簡潔にまとめることで，詳細過ぎたり，マニアックな解説にならないように配慮しました。なぜなら，あるテーマに関する小論文を書く時に押さえるべきポイントはシンプルであり，以下の４点に限られているからです。

---

　① 一般的な意味・定義は何か(定義の把握)

　② どういう問題点があるか，もしくはなぜ必要なのか(問題点・必要性)

　③ 問題，もしくは必要となる背景は何か(問題点や必要性に潜む背景)

　④ 今後，問題点をどう解決すべきか，どう継続すべきか(対応策・解決策)

　つまり，新聞や資料集に示されている詳細な情報や知識をすべて丸暗記する必要はなく，上の４つのポイントさえ押さえて極めれば，よい小論文を書くことができるのです。

　私は，大学入試小論文を本気で学習しようと決意した受験生に対して，どうすればその意にそえるかを真剣に考えました。そうした末に書きあげたのが本書で，安易で浅はかな受験テクニックを排除し，磨けば必ず光る基本的な論述ポイントをできる限り整理して記そうと心掛けました。そのことに関して，伝えたいことがあります。

● 参考書を読むだけでは，小論文を書く力は上達しない。
● ネタを記憶するだけではなく，自分なりの意見とその理由を持て。

　与えられたテーマに対して小論文を書く時，押さえなければならないポイントはそれほど多くありません。しかし，参考書を読んでポイントや知識を暗記したからといって，その内容をそのまま答案にしても，高い評価は得られません。採点者が答案で注目しているのは，受験生がどれだけ知識を持っているかではなく，知識をもとにして自分なりにどれだけ深く考えているかという点です。ただ参考書を書き写しただけの答案には諸君が独自に考えた部分が見られず，高い評価を与えることができないのです。こう考えると，「参考書を読むだけで小論文がうまくなる」といううたい文句は幻想であり，あり得ないことがわかるでしょう。

　模範となるものを見て，考え方ややり方を理解するのは最も大切なことですが，その考え方ややり方を自分で使えるようにならなければ意味がありません。つまり，入試に対応できる小論文を書くためには，確かな知識や情報を頭に入れたうえで自分なりの意見や理由を組み立てる必要があるのです。この作業を何度も繰り返し，その成果を積み重ねることで，ようやく独自性のある文章が書けるようになるのです。失敗しても，投げ出したくなっても，負けずに最後まで頑張る人だけしか大学入試小論文の達人にはなれません。

　最後に，本書が小論文学習に必要なネタを学ぶための1冊として，また，他の参考書とともに持ち歩く1冊として役立つ存在になることを心から願っています。そして，本書を手にしてくれたあなた，私と一緒に小論文マスターになりましょう。心から応援します。

カンザキ メソッド代表

神﨑　史彦

もくじ

1 日本社会の特性

2 人文系学部特有のテーマ

3 教 育

4 国際関係

5 生　活

6 ことば・コミュニケーション

8 現代社会の諸問題

本書の構成と使い方

本書の紙面構成は，以下のような流れである。

✎ キーワード解説

タイトルになっているキーワードの解説は，以下のようにまとめてある。

> ① **定義**…各テーマの一般的な意味・定義とは何か。
>
> ② **問題点**（もしくは**必要性**）…各テーマには，現状においてどういう問題点があるのか，もしくはなぜ必要なのか。
>
> ③ **問題点の背景**（もしくは**必要性の背景**）…どういった背景からその問題が起こるのか，もしくは求められるのか。
>
> ④ **対応策・解決策**…今後，どう問題を解決または継続すべきか。

各テーマの定義づけや解説を，現在（＝**問題点・必要性**），過去（＝**背景**），未来（＝**解決策・方向性**）という時間の流れを追いながら，キーワードに対する理解が進むように配慮した。記述はなるべく中立性を保つ配慮をしたが，テーマによっては否定的あるいは肯定的のいずれかの立場で述べてある。

なお，すべてのキーワードに★マーク（三ツ星が最高）の数で学部別の出題頻度を示してある。まずは，★が多いテーマから学習することをお勧めする。

✎ 関連キーワード

タイトルキーワード以外にぜひ押さえておきたい**関連用語**を厳選して示してある。これらも併せて理解しておくのが効率的な学習法だ。

✎ 答案例

キーワード解説をもとに，スタンダードなテーマ型小論文の模範回答を示してある。

より受験を意識した学習法

❶ 過去問の分析を行い，学習テーマを絞り込む

　志望校の過去問を手に入れ，**どのようなテーマが出題されてきたかを知る**ことが不可欠だ。そのために見るべきポイントは，次の2点である。

- **どのようなジャンルのテーマが出題されているか。**
「日本社会の特性」「人文系学部特有のテーマ」「教育」「国際関係」「生活」「ことば・コミュニケーション」「環境」「現代社会の諸問題」のいずれにあたるのかを見分ける。
- **出題されたテーマに偏りがあるか，ないか。**

❷ 学習が必要なテーマに重点的に取り組む

　志望校で出題されているテーマのジャンルが偏っている，もしくは毎年同じようなテーマであれば，それに該当する章に重点的に取り組もう。一方，ジャンルが広範囲に及んでいる場合は，各章において出題頻度マーク（★マーク）の多いキーワードから重点的に取り組もう。

❸ 頭の中で小論文の筋道を描きながら記憶する

　本書の解説では，「このテーマはこういう定義であり（**事実**），こういう問題点もしくは必要性が生じる（**意見**）。それにはこうした背景があり，こういう点が重要（あるいは問題）である（**理由**）。ゆえに，今後はこのようにすべきだ（**意見の再提示**）」という流れで示してあるので，その筋道を頭の中で描きながら理解してほしい。

❹ 実際に小論文を書いて，自分なりに思考を深める

　頭の中に入れた知識をもとに，実際に小論文を書いてみよう。その時，テーマに関する**調べ学習**をさらに行ったり，具体例を盛り込んだり，本書とは違う切り口を探ったりする作業を並行して行うと，さらに**独自性のある答案**に仕上がる。本書で示されている回答例を超えるような答案を目指してほしい。目標を高く設定すればするほど，小論文の質は上がっていくものである。

1 日本社会の特性

　小論文の入試問題では，人間社会に潜む課題についてよく問われる。特に，現代の日本社会の実情については，小論文のテーマとして数多く出題される。

　ここでは，人文・教育系の学部すべてに共通して出題される高頻度の8テーマを厳選し，解説する。人文・教育系の学部を志望する者としてどれも知っておくべき内容であるから，確実に自分のものにしてほしい。

取り扱うテーマ

> 日本人の特徴

> 高齢化

> 少子化

> 労働観

> 非正規雇用者

> 女性の社会進出

> 格差社会

> 若者の特性

日本人の特徴

出題頻度 → 文学・日文 ★ ★ ★ 外語・外文 心理 教育 幼・保 ★ ★

定義

　日本人の特徴については，これまで多くの学者によって「日本人論」として示されてきているが，文化人類学者の杉本良夫とロス=マオアはそれらをもとに，日本人の特徴(日本人像)を以下のように指摘している。
① 自我(p.16参照)の形成が弱く，個が確立していない。
② 集団志向的(p.16参照)であり，所属する集団に献身的に尽くす。
③ 調和を重視するため，社会の安定度・団結度が高い。

必要性

　日本人の特徴を捉えることは，日本人の国民性のほか，文化や思考の特性などの理解につながる。一例として，海外メディアが報じた「東日本大震災における日本人の冷静な行動」について取り上げる。

　そこでは，未曾有の大震災に遭遇していながらも個人的な感情を抑制し，どこまでも秩序を重んじた行動を取る日本人の姿が驚嘆の目をもって報じられているが，そのような日本人の行動を理解するには，和辻哲郎が『風土』(p.17参照)で指摘している「日本人の忍従的態度」という捉え方が参考になる。氏によると，日本には地震や台風といった特有の自然現象があるゆえ，日本人はこうした暴威に対して耐え忍ぶという態度が養われていると解釈することができるのだという。日本人の特徴を理解することは，このように日本人の行動原理を解明する足掛かりになるのである。

必要性の背景

　このような日本人の特徴が生まれた一因として，日本の基層文化(p.17参照)の中に古くから伝わる神道(p.17参照)の思想があることが指摘されている。

　神道の考え方は，自然界のあらゆるものに霊が宿り，その霊は目に見え

る世界に影響を与えているという捉え方がもとになっているのだが，こうした自然を畏敬する態度は，時として自然の暴威に対しても耐え忍ぶ行為として現れる。また，集落ごとに祖先を氏神として祭っており，集落内の者を氏子（神が守る範囲に住む人）として扱う。そして，神の庇護のもとに生活するためには共同体の一員として振る舞うことが求められるが，こうした規制は一方では異質な存在を排除するという行動を生む。その結果，集団志向や調和（秩序）の遵守という意識が生まれるとされる。

対応策・解決策

　日本人論の展開は日本人特有の思想や文化の理解に役立つ一方で，個人の特性を捉えるには不十分であるという指摘もある。また，多くの日本人論は統計学的な検討が不十分であったり，実証の面で不備があるなどとして，信憑性に欠けるという批判もある。つまり，日本人論で掲げる「典型的な日本人像」の多くは日本人の多様性を考慮したものではなく，その指摘が個人には必ずしも当てはまらないというものである。

　こうした「日本人の特徴」を示すことは，日本という国に属する個人像を捉える際に，ある種の先入観を与えることにもなりかねない。個人の特性を適切に捉えるためには，ステレオタイプ（p.17参照）な見解に留まることなく，個々人の生まれ育った環境や遍歴といった要素がその人の自我の形成に大きな影響を与えることも踏まえる必要がある。

👍 小論文にする時のポイント

　入試では，日本人の特性に関して述べた課題文を読ませたうえで，現在の日本人の特徴を挙げさせたり，それらが現代の日本人にもあてはまるかどうかを検討させたりするという課題が比較的よく出題される。その時，特徴の羅列や事例検討だけで終わらず，そうした特徴が生まれた社会的背景にまで踏み込んで論じられるとよいだろう。

過去の入試問題例

例 「近代化」とともにしだいに解体し消滅していくものと考えられたが，贈与・互酬の関係や呪術的性格をもつ「世間」は，私たちのまさに現下の問題であると述べた文章を読み，「日本の学校の〈いじめ〉がきわめて特殊なのは，それが〈世間〉のなかで生まれる差別だからである」という傍線部の意味するところを説明せよ。 （上智大・総合人間科学部）

例 フランスではなぜこれほどの景観の管理が可能なのかについて，日本と比較して述べた文章を読み，著者の，フランスの「社会」と日本の「世間」に関する「仮説」について考えるところを述べよ。 （お茶の水女子大・文教育学部）

例 明治以降の日本人と日本語について述べた文章において，日本で「個人」がわかりにくいのは基盤にある「ものの見方・考え方」を意識していないからだと筆者は述べている。そこからどのような問題が生じると思うか。具体例を挙げて論じよ。 （学習院大・文学部）

例 意見を言わぬことをよしとする日本人について述べた文章を読み，内容をふまえ，意見を言わないということについてあなたの考えを記せ。

（実践女子大・文学部）

関連キーワード

☑ 自 我

一般的には，「私」「自分」を指す。哲学用語としては，意識・行動・意思を遂行し，感情などの心的状態を帯びさせるなど，心的な活動をさせる主体として扱われる。

自我は，たとえ体験や経験が変化しても基本的には同一性を保ちながら，外界や他人から「私」を区別して意識させる。一方，心理学用語としては，意識や行動の主体のことを指す。

一般的に，日本人は自我の形成が弱いと評される。その理由は，日本人はその場の状況や雰囲気を考えながらの行動が多く，個人の主義や主張を必ずしも貫かないからだといわれている。

☑ 集団志向的

一般に，日本人は個人よりも社会全体の利益を求める傾向（集団志向）が強

いといわれる。つまり，社会的な調和を重視する傾向が強いので，結果的に社会全体が強く結ばれ，安定する。また，構成員同士の対立や摩擦を避けようとすることが多い。

　日本人に多く見られる，曖昧な表現や妥協で事を収めたり，話し合いによる解決を良しとする態度は，こうした集団志向的な思考や行動から生まれたといわれている。

☑『風土』

　和辻哲郎が1935年に著した文化論である。氏はこの中で地域の気候などの風土によって，その土地で生活する人間の思想や文化が決まると論じている。日本が属する東アジアはモンスーン型と分類され，そこで生活する人々は自然の恩恵に対して受容的な態度を取る一方で，暴威に対しては忍従的な態度を取ると示されている。

☑『菊と刀』

　ルース＝ベネディクトが1946年に刊行した日本文化論。氏は第二次世界大戦中に米国戦時情報局に入り，敵国である日本を研究した。『菊と刀』の中では，西欧の罪の文化(倫理基準を内面に持つ文化)に対して，日本は恥の文化(倫理基準を世間や外部に持つ文化)であると指摘した。しかしこの指摘は西洋と東洋という二元論で日本を捉えたものであり，日本の歴史が反映されていないという批判もある。

☑ 日本の基層文化

　基層文化とは，民族の文化の根底にある伝承的な生活文化のことを指す。例えば，日本には古くから複数の神の存在(八百万の神)を認める考え方があるが，これは仏教・儒教・キリスト教といったさまざまな宗教や思想の共存を認めるゆえんとなっている。また，宇宙に存在する万物に神の発現を認める捉え方は，収穫の無事を祈る年中行事として表れている。他には，縄文時代以降の木の文化，弥生時代以降の稲作農耕文化などもその表れである。

☑ 神　道

　古くから信仰されてきた日本固有の宗教をいう。多数の神々の存在を許容する宗教(多神教)の一つである。

　祖先や自然を神と崇めてきた民間信仰の理論化で成立したといわれている。

☑ ステレオタイプ

　ありふれたやり方や決まりきった型，あるいは画一的な捉え方のことをいう。つまり，考え方や表現が型にはまり，新鮮味がない状態のことである。印刷の時に用いられたステロ版(鉛版)がそ

の語源といわれている。ステロ版は同じ鋳型から多数打ち出されるため，判を押したように同じであるところから名付けられたのであろう。

日本人に関するステレオタイプとしては「集団志向的」「本音と建前」「恥の文化」「手先が器用」「道徳意識が高い」「男性は仕事中心，女性は献身的」などが挙げられる。

ステレオタイプは科学的な根拠がなく用いられることが多く，先入観や偏見を生む原因となっている面もある。

☑「社会」と「世間」

「社会」とは，共存して生きるための集団のことを指すのに対して，「世間」は時空を共有するものすべて，つまり社会だけでなく社会を形成する人々をも含む言葉である。

歴史学者の阿部謹也は『「世間」とは何か』という著書の中で，人は，西欧では尊厳を持った個人が集まった「社会」の中で生きているが，日本では個人の意思によって作られたものではない所与(他から与えられたもの)の「世間」という枠組みに依存して生きていると指摘した。具体的な例として，日本人の「皆と合わせる」といった行動は世間に依存した結果であること，

世間の中では長幼の序によって競争が排除されていること，贈与と互酬という原理があることなどを挙げている。

☑日本のガラパゴス化

ガラパゴス(諸島)は，東太平洋にある島々のことである。この地域は大陸と隔絶されているため，固有種の生物が多く生息している。それを比喩的に用い，日本という限られた市場においては日本人が求める方向でのみ技術やサービスが進化したため，世界標準からはかけ離れた状況になっているということを評して「日本のガラパゴス化」という。携帯電話・デジタルテレビ放送・カーナビゲーションシステム・非接触ICカードの規格などが具体的な例として挙げられる。

そのような状況を生む理由として，日本の規制や規格が独特であることに加え，そうした規格を日本の消費者が容認または求めているからだとしている。そのほかには，集団志向的な日本人の民族性が原因しているという指摘もある。そして，こうした状況を打開するためには，さまざまな面でのグローバル化(p.213参照)の推進が必要だと主張する人もいる。

答案例

問題 日本人論によって「一般的な日本人像」を示すことについて，あなたの考えを述べよ。**600字以内**

模範回答 一般的な日本人像としては「集団志向的」「恥の文化」「道徳意識が高い」などがある。こうした見方で日本人という集団を捉えることは，日本人の国民性や日本文化の特性を理解し，行動原理を解明する足掛かりになる。

(以上，第1段落)

　かつて「日本人は未曽有の災害に見舞われても個人的感情を抑制し，秩序を重んじた行動を取る」と海外メディアが報じたが，こうした行動を理解するには，和辻哲郎が指摘した「日本人の忍従的態度」という捉え方が参考になる。つまり，日本には地震や台風が多いなどの特有の風土があるため，日本人はこうした暴威に耐え忍ぶ態度を取るのだと解釈できるのである。また，自然界の万物に霊が宿るという神道思想に根ざした自然を畏敬する態度は，時として自然の暴威に対しても耐え忍ぶ行為として表れる。このように，一般的な日本人像を根拠に，日本人特有の思想や文化を理解することができる。

(以上，第2段落)

　一方で，個人の特性を捉えるには不十分であるという指摘もある。一般的な日本人像の多くは日本人の多様性を考慮したものではなく，必ずしもすべての個人に当てはまらないという。日本人個々の特性を適切に捉えるためには，ステレオタイプの見解だけでなく，生まれ育った環境や遍歴なども自我の形成に影響を与えることを踏まえる必要があると考える。

(以上，第3段落)

> **解説** 第1段落：意見の提示…一般的な日本人像の例を挙げ，それらをもとにした見方は日本人の国民性や文化，行動原理の理解につながるという利点を述べている。
>
> 第2段落：理由説明…日本人の性向に関する海外メディアの反応を例にとり，一般的な日本人像を根拠にすることにより，日本人特有の思想や文化の理解がしやすくなることを説明している。
>
> 第3段落：意見の再提示…一般的な日本人像は日本人全体の特性を捉えるには都合がよいが，個々人の特性を捉えるための考慮がなされていないという限界があることを指摘している。

高齢化

定義

　高齢化とは，全人口に対する高齢者の比率（高齢化率，老年人口比；p.23参照）が相対的に高くなることをいう。一般的には，高齢化率が7％超で高齢化社会，14％超で高齢社会，21％超で超高齢社会と区分している。現在の日本では高齢化率が28％前後であるが，推計によると2050年ごろには40％近くになると見込まれている。

問題点

　高齢化に伴う最も大きな問題点は，高齢者を支えるために必要なさまざまな負担が増加することにある。具体的には，健康保険や年金保険などの高齢者福祉に関する経済的負担のほか，身内の介護をする際の物心両面の負担などであるが，それらが特に現役世代に過度にかかるところに問題がある。さらに，こうした負担は現役世代の家計を圧迫することになるが，それが子どもを産もうとする時の支障となる場合もあり，結果的に少子化（p.30参照）につながりかねない。つまり，若年層を中心とする特定の世代に負担がかかり過ぎると，高齢者を支えるための制度そのものだけでなく，家族機能までもが維持できなくなり，ひいては将来の人口構成にまで歪みが生じてしまうのである。

　また，高齢化は経済が衰退する要因となるという指摘もある。高齢者を支えるための支出によって現役世代の収入が減少すると，消費行動が停滞する。それに加え，少子化によって日本の労働者人口が減少するため，生産活動が円滑に行えなくなるというのである。

　一方で，高齢者中心の政治が行われやすくなる危険性を憂慮する人もいる。高齢化率が高くなると，高齢者に有利な政策を掲げる候補者が当選しやすくなることが予想できるからである。今後，さらなる高齢化率の上昇が予想されており，そうなると若年層に不利な政策が一層推し進められる

恐れがある。

問題点の背景

　わが国で高齢化が進んでいることの背景には，おもに次の2点がある。一つは高齢者の死亡率が下がっていること，もう一つは若年層が減っていることである。前者のおもな原因は，衛生状態や医療技術が向上していることにある。特に，高齢者の最大の死因であった生活習慣病(p.28参照)による死亡率が減少したことによって，平均寿命がのびたといわれている。

　また，後者のおもな原因は，女性の社会進出の機会が格段に増え，それに伴う形で女性の晩婚化と晩産化が顕著になったことにある(p.34参照)。そのことによって女性が子どもを産む機会が減少し，出生率の低下が少子化につながる図式が定着してきた。

対応策・解決策

　現状の高齢者福祉制度をそのまま維持しつつ，日本経済を衰退させないようにすることは至難の業といわざるを得ない。よって，将来を見据えた高齢者福祉制度の改善が必要である。具体的には，一つは世代間の人口比を正すこと，もう一つは，たとえ歪んだ人口比のままでも耐えうるように対策を立てることである。

　このうち前者は，おもに少子化対策や労働環境の改善を講じることである。具体的には，少子化対策であれば保育施設の増設や育児休業制度の拡充など，仕事と家庭を両立させたい男女への支援を通して，子育てしやすい環境を整えることが挙げられる。労働環境の改善については，収入の低い非正規雇用者の正規雇用化など，子どもを産みやすい環境にするために世帯収入を増やすことなどが考えられる。

　また後者は，おもに医療や年金など，現状の高齢者福祉制度を維持するための対策のほか，家族や地域住民が高齢者を支えられる方策を考えることが挙げられる。具体的には，高齢者福祉制度の維持策としては，増税や健康保険料・年金保険料の増額などで現役世代に一定の負担を強いる一方で，高齢者の医療費の個人負担額を増やしたり，年金の減額や支給開始年

齢の引き上げなども考えなければならないだろう。また，定年制の見直しや定年退職後の労働機会を増やすなど，高齢者が自らの力で収入を得られるように支援することなども考えられる。さらに，所得や財産がある高齢者よりも生活困難な状況にある高齢者を優先して支援する方策を採り入れることもあり得よう。さらに，家族が高齢者を支える方策に関しては，例えば介護休業，介護休暇の制度がある。取得には条件があるが，高齢の家族を介護する場合に仕事を休むことのできる制度である。また，地域住民が高齢者を支える方策としては介護ボランティア制度があり，導入する自治体が増えてきている。

👍 小論文にする時のポイント

　高齢化に関する出題は，高齢者支援のあり方，世代間の共生，公的医療保険制度(p.24参照)，公的年金制度(p.25参照)，高齢者介護(p.26参照)など，高齢化を「問題」として捉えてその対策について論じさせるものが大半である。

　高齢化に関する課題に対する回答の際，「高齢者を大切にしよう」「高齢者を守るべきだ」などと，高齢者側を一方的に擁護するような意見を論じるのは好ましくない。それだと，将来における現役世代への過大な負担を踏まえているとは読み取れず，感覚的な主張であるといわざるを得ない。また，高齢者を一方的に擁護することは，いわゆる逆差別的な視点を持っているという印象を与えかねない。偏った立場からの論述はできるかぎり避け，高齢者を支える現役世代側からの視点も加えておきたい。

📖 過去の入試問題例

例 『高齢社会白書』を基に作成した図を読み，高齢者の孤立死の原因と対策についてあなたの考えを述べよ。 (宮城学院女子大・学芸学部)

例 一人暮らしの高齢者が自立した生活を続けるために必要なことについて述べた文章を読み，家族の中に高齢者がいる場合，高齢者以外の家族は何ができるか。家庭科の授業で学んだことを参考にして具体的に述べよ。なお，文中の高

齢者の身体的特徴と共生社会と福祉の視点を必ず踏まえること。

（長崎大・教育学部）

例 おおよそ70歳になった自分を想定し，その時代の高齢者を取り巻く家族・経済・社会の姿について述べ，これから社会として備えるべきことに関して意見を述べよ。

（東海大・文学部）

例 「日本の人口推移と将来推計」の図を読み，地域生活や学校にはどのような変化が起こると予想されるか，さらに，学校にはどのような役割が求められると思うかについて，考えを述べよ。

（京都教育大・教育学部）

例 「高齢社会対策大綱」の「就業・所得」分野についての一節を読み，今後の具体的な高齢者対策についてあなたの考えを述べよ。

（鹿児島大・教育学部）

🔍 関連キーワード

☑ 高齢者

国連の世界保健機関（WHO）が定めた分類によると，65歳以上の人を高齢者と呼ぶ。さらに，65〜74歳までを前期高齢者，75歳以上を後期高齢者と細分している。

☑ 年齢区分

日本では統計上，15歳未満を年少人口，15〜64歳を生産年齢人口（現役世代），65歳以上を老年人口のように年齢別に区分けして，年ごとの人口推移を示している。

現状では，全人口に対する老年人口比（高齢化率）が28.1％，年少人口比が12.2％となっている（2018年現在）。将来の人口推移の予測によると，前者が

上昇する一方で後者が減少し，2050年には老年人口比が40％弱，年少人口比が10％程度になるといわれている。

☑ 平均余命

ある年齢に達した人が，平均してあと何年生きられるかを示したものをいう。特に，0歳のときの平均余命を平均寿命という。

日本では厚生労働省が毎年「簡易生命表」として公表している。日本人の男性の平均寿命は81.25歳，女性の平均寿命は87.32歳（いずれも2018年統計）であり，戦後直後から現在までほぼ毎年平均寿命がのびている。なお，1947（昭和22）年における日本人の平均寿命は，男性が50.06歳，女性が53.96

歳であった。

☑ 高齢社会対策基本法

　高齢社会対策を進めるため，1995年に制定された法律のことをいう。この法律に示された基本理念に基づいた対策の指針として，政府は高齢社会対策大綱を策定している。この指針には，高齢者の健康づくりの推進，保健・医療・福祉サービスの充実，高齢者の社会参加活動の促進，高齢者に配慮した街づくりなどの方針が示されている。

☑ 産業分類

　さまざまな産業を，同じような業種のもの同士に選り分けて分類することをいう。最も大まかな分類は，イギリス出身の経済学者であるコーリン＝クラークによる分類で，自然界から直接富を得る産業(農林水産業，鉱工業など)を第一次産業，第一次産業によって得た原材料を加工する産業(製造業，建設業など)を第二次産業，製品やサービスを分配する産業(小売業，サービス業など)を第三次産業のように分けている。

　なお，クラークは経済が発展するにつれて，就業人口の比率および国民所得に占める比率の割合は第一次産業から第二次産業へ，さらには第三次産業へとシフトしていくという法則を示し

た(ペティ・クラークの法則)。

☑ 現役世代の実質的な収入減

　国民は所得税・道府県民税・市町村民税などの直接税のほか，健康保険料や年金保険料などを負担しなければならない。これらの税率や負担額が増えると，支払い後に残る額が減り，各家庭で自由に使える金額(可処分所得)が実質的に減ることになる。

　一方，消費税などの間接税でも同様で，税率が上がると徴収される税金が増え，可処分所得の減少につながる。

☑ 公営保険

　日本では公営保険(健康保険・後期高齢者医療制度・介護保険など)という仕組みがある。加入者が保険料を支払うかわりに，医療や介護が必要になった時には低い自己負担で受診や介護サービスを受けることができる。実際に要した診療費や介護費と自己負担額との差額は，保険料と国や地方自治体の負担金などで賄われる。

☑ 公的医療保険制度

　国民(加入者・被保険者)に対して医療費の一部を給付する公的な仕組みのことをいう。

　それに関して昨今，政府は公的医療保険制度の改変を進めている。具体的

には，高齢者の負担増（自己負担額の引き上げ，入院中の食費・光熱費の自己負担など），後期高齢者医療保険制度の創設，医療費の抑制（入院日数の制限，生活習慣病予防など），診療報酬の引き下げなどで，それによって社会保障に必要な財源の確保や費用の削減を目指している。

近年，高齢者の増加に伴って医療費の増大が激しくなってきている。その結果，健康保険料の収入では賄いきれず，各健康保険団体の赤字額が増加しているだけでなく，国の社会保障関係にかかる負担も大きくなっていて，質の高い医療や保健医療サービスを提供し続けることが困難な状況になりつつある。

とはいえ，医療費の財源を確保するために患者の自己負担額や保険料などを過度に上げると，真に医療が必要な患者までもが受診を控えるなど，国民の健康保持に悪影響を及ぼす恐れがあるほか，医療関係の経済活動を萎縮させる可能性もある。一方，診療報酬の引き下げといった医療機関側に対する対応も考えられるが，医療の質が低下する恐れにつながりかねない。

他方では視点を変えて，病気になりにくい高齢者にするためのさまざまな予防策を行うことも考えられる。

☑ 公的年金制度

おもに高齢者に対して定期的に一定額（年金）を給付する公的な仕組みのことをいう。日本では国民年金（すべての国民に給付。基礎年金という）と，被用者年金（国民年金に上乗せして給付。厚生年金という），企業年金（厚生年金基金など）を併用するという，いわゆる三階建て給付の仕組みを採用している。なお，被用者年金に加入するには厚生年金の適用を受けている事業所に勤めていること，あるいは公務員や私立学校職員などのように共済組合に加入していることが条件となっている。

公的年金は，老後の生活を支えるための資金を支給する役割を担っているので，安定的に年金が支給できるような制度に適宜変更されてきた。

日本の年金制度は従来から賦課方式（現役世代から徴収した保険料と国庫負担金をおもな原資にして，受給者に年金を分配する方式）を採用しているが，2004年に法改正を行った。それによると，まず保険料の水準を2017年まで段階的に引き上げたのち，以後は固定することにし，その保険料と積立金で給付を行う仕組み（保険料水準固定方式）に変更した。一方，物価や賃金の低下など社会情勢の変化が生じた場合は，支払いの水準を下げる仕組み（マ

クロ経済スライド)を策定した。つまり，保険料を一定水準まで上げつつ，給付額は現状維持もしくは社会情勢に合わせて変動させるという仕組みとなったのである。

☑高齢者介護

高齢者の日常生活を支援する行為全般を指していう。身体の機能に支障がある高齢者の介助支援などを行う一方で，障害がない高齢者の心身の自立を支えること(自立支援)も介護の果たすべき役割である。当然のことながら，高齢者は一人ひとりで価値観も生活スタイルも異なるため，支援を行う際にはこのことに十分配慮する必要がある。こうした意識を持った活動は，高齢者の尊厳(尊く，厳かであり，他人が侵しがたいこと)を保つことにつながる。

現状では，介護保険制度による介護支援や，リハビリテーションなどによる自立支援などの形で要介護者(介護が必要な高齢者)に対する公的支援が行われている。しかしそれによって，介護者の負担が全面的に軽減されているわけではない。介護認定の評価により受けられるサービスが異なるため，必ずしも家族側が望む介護支援が受けられるとは限らないからである。また，施設利用料の自己負担の大きさのほか，低い介護認定に伴うサービス料の負担

の大きさなどにより，介護サービスの利用を控える家庭もあるという。

しかしながら，在宅介護は家族に対して肉体的・精神的な負担がかかりやすく，しかも長期化することが多いので，いわゆる介護疲れや高齢者虐待など，疲弊による惨事も起きている。また，老老介護や多重介護(一人の人が複数の要介護者を抱える状態)など，介護そのものの存続が深刻化している。

高齢者の尊厳を保ちながら家族の負担を軽減する介護を行うためには，介護支援の仕組みをよりよいものにする必要がある。具体的には，居住型サービス(介護サービスを提供する体制が整っている集合住居)やユニットケア(特別養護老人ホームの入所者を小グループに分けて，在宅に近い居住環境を整える)といった設備面の改善のほか，適切なケアマネジメント(高齢者の状態を的確に把握し，自立支援に関するサービスを計画すること)など，介護サービス全般の充実を図るべきである。

☑介護休暇

介護のために，単発で数日取得できる休暇。1人の要介護者につき1年に5日，複数いる場合は10日まで取得することができる。

☑ 介護休業

　介護のために，ある程度まとまった期間取る休業。上限は93日で，最高3回に分けて取得することができる。

☑ 介護支援ボランティア制度

　地方自治体が介護支援に関わるボランティア活動を行った高齢者（原則65歳以上）に対し，実績に応じて換金可能なポイントを付与する制度。高齢者の社会参加や生きがいづくり，健康づくりなどを目的としている。同制度を導入した自治体は2007年には2団体であったが，毎年増加している。

☑ 高齢者の健康づくり

　高齢になればなるほど，加齢に伴う運動機能の衰えや記憶力の減退などによるリスクが高くなる。また，体力や免疫力の低下により，疾患が慢性化しやすい。長くなった人生を有意義に過ごすためには，健康で自立的に生活できるようにしなければならない。

　衰えや疾患を未然に防ぐためには，生活習慣を改善し，肥満や喫煙などといった健康を妨げる危険因子を減らすことが欠かせない。また，高齢者の医療費や介護費を増大させないようにして現役世代の負担を軽減するためには，高齢者の健康を保つ努力が欠かせない。そのためには高齢者自身の体力づくり，

例えば，寝たきり防止・疾病や認知症予防のための適度な運動の推進，生活習慣の改善などが考えられる。

　こうした取り組みは健康寿命（健康で活動できる期間）を延ばし，結果として高齢者の生活の質（QOL）を高めることにもつながる。

☑ 高齢者にかかる医療費・介護費

　厚生労働省によると，2017年における医療費は国民一人当たり平均34.0万円であるが，65歳以上の平均は73.8万円，75歳以上の平均は92.2万円となった。また，2018年における介護保険受給者一人当たりの費用の平均は17.1万円となっている。

　このような現状を踏まえて，医療費のかからない元気な長寿者を増やそうと，厚生労働省の「健康日本21」は，平均寿命と健康寿命の差を縮めることを目標としている。

☑ 孤立死

　孤独死（一人暮らしの人が自宅において誰にも看取られずに死亡すること）のうち，社会的孤立のために，住居内で死後他人に気付かれず遺体がそのままとなったケースのことを指す。高齢者の孤立死がニュースなどで話題となることもあり，社会問題として取り扱われる。ふだんから隣近所との付

き合いもないなど，社会的に孤立していて誰にも助けを求められなかったことが一因といわれている。

こうした死を回避するためには，自治会などの地域コミュニティに参加すること，訪問介護やボランティア団体による訪問を受け入れること，コンピューターネットワークを活用した安否確認システムの活用など，さまざまな対策が必要である。

☑ 生活習慣病

その人自身の生活習慣に発症原因があると考えられている疾患の総称である。なかでも脳卒中・心臓病・がんは三大生活習慣病と呼ばれる。これらの疾患は，脂質・塩分・アルコール・糖分の摂り過ぎといった食習慣の乱れのほかに，運動不足や喫煙などによって起こるといわれている。

現在，生活習慣病関連の医療費は医療費全体の３割以上を占めており，医療財政を圧迫する要因となっている。末永く健康に生き，かつ医療財政を破綻させないようにするためには，生活習慣を改めて生活習慣病を予防する対策を講じる必要がある。その際に欠かせないのは予防医学の観点であり，鍵は疾病予防と健康維持である。望ましい食生活や適度な運動，禁煙など，生活習慣病の要因となる行為を行わないことが肝心である。

☑ 日本の雇用慣行

日本における，おもに正規社員の雇用に関する習慣のことをいう。具体的には，終身雇用（新卒者がある企業に就職したら，定年まで雇われ続けること），年功序列（長く勤めるほど，年齢が増すに従って地位や賃金が上がるしくみ），企業別組合（その企業の従業員だけで組織する労働組合）などがあり，これらを三大雇用慣行と呼んでいる。

なお，定年退職制度（定年）とは一定の年齢になると労働者が退職しなければならない制度のことである。

☑ 高齢者雇用安定法

高齢者の安定した雇用を確保するための環境整備などを定めた法律をいう。日本では定年退職制度があり，定年退職後は働きたくとも再就職が難しい現実がある。そうした高齢者雇用の妨げになっている制度の見直しを行い，この法律が定められた。

具体的には，事業主（企業）は定年齢を引き上げること，定年齢に達しても継続して雇用する制度を導入すること，定年制度を廃止することのいずれかを行わなくてはならないと定めている。

答案例

1 日本社会の特性

問題 日本の高齢化によって起こる問題点について，あなたの意見を述べよ。

600字以内

模範回答 日本は高齢化率が25%前後を占める超高齢社会であり，将来的には40%程度になるといわれるなど，高齢化はさらに進むと予想される。今後も，医療・年金・介護など，高齢者を支えるための負担が増加する恐れがある。これが最大の問題点といえる。

(以上，第1段落)

これらの負担は，現役世代の収入を実質的に減らすだけでなく，介護による時間的拘束が生まれるなど，現役世代の負担が過度になる。それに伴って，高齢者を支えるための制度や家族機能の維持，さらには彼ら自身の生活が困難になるという重大な問題を引き起こす可能性もある。一方で，高齢化は日本経済の衰退の要因にもなる。現役世代の収入が減少すると，経済活動が停滞する。それに加え，少子化による労働者人口の減少で生産活動が円滑に行えなくなる。もはや現状の高齢者福祉制度をそのまま維持しつつ，日本経済を衰退させないようにするのは困難である。

(以上，第2段落)

今後は世代間の人口比を正す対策と，歪んだ人口比のままでも耐えうる対策をともに講じる必要がある。前者であれば保育施設や育児休業制度の拡充などの少子化対策が考えられる。後者であれば，現役世代への負担増だけではなく，高齢者医療費のさらなる個人負担増，年金の減額や支給開始年齢の引き上げなども視野に入れる必要があると考える。

(以上，第3段落)

解説 第1段落：意見の提示…今後の高齢化のさらなる進展により，高齢者を支えるのに必要な負担が増加する問題点を指摘している。
第2段落：理由説明…もはや現状のままの高齢者福祉制度を継続することは困難であること，そして一方では日本経済への悪影響が懸念されることを述べ，制度改定の必要性の根拠としている。
第3段落：意見の再提示…今後は，人口比を正すための対策や歪んだ人口比のもとでも耐えられる制度作りとして，少子化対策や高齢者にも負担を強いる政策をとることが必要であると締めくくっている。

少子化

定義

全人口に対して年少人口（15歳未満の人口）の比率が低くなることを指す。現在の日本では年少人口率が12％前後であり，推計によると2065年には10％程度まで減少するといわれている。

問題点

おもな問題点としては，①行政サービスへの影響，②経済への影響，③社会への影響が挙げられる。

①は，税や社会保障に関する負担が増加することによって起こる。今後は高齢者の割合に比べて現役世代の割合が小さくなることが予想され，それに伴って現役世代に過度の税負担がかかる恐れがある。さらに，限られた税収で行政サービスを行わなくてはならず，現行のサービス水準を保てなくなる。特に，高齢化に伴う出費増により，社会保障関係のサービスへの影響が深刻になることが予想される。

②は，労働人口の減少によって起こる。国の生産力を支える生産年齢人口（p.23参照）が減少すると経済活動が低迷し，経済成長が鈍化または停滞する恐れがある。また，年金減額などによって生活費や医療費が不足する高齢者が増えると，貯蓄を取り崩すことになる。銀行などの金融機関は国民の預金を資金として運用して収入を得ているが，預金額が減ると資金が得られずに積極的な投資ができなくなる。こうして金融経済（金銭や有価証券などの金融資産を売買することを主体にした経済活動のこと）に悪影響を与える恐れがある。

③は，家族や地域社会の形態が変化することによって起こる。少子化が進むと，親の過干渉や過保護が増える一方で，同世代・異世代を含む子どもたちどうしの交流機会が減少する。子どもは多くの人と出会いながら自他の存在を認めていくものだが，少子化に伴う交流機会の減少は，こうし

た社会性の育成を妨げる要因となる。

　このように，少子化はいろいろな面でこれからの日本を支える世代の弱体化を引き起こす恐れのある深刻な問題といえる。

問題点の背景

　おもな原因は，晩婚化や未婚化による晩産化や未産化(p.34参照)といわれている。その背景には，女性の社会進出の影響や若年層の人生設計の困難さがある。

　女性の社会進出は，高学歴化によって高度で専門的な能力を備えた女性が増えたことが大きな要因である。一方，「男は仕事，女は家庭」といった性別役割分担の意識も依然としてあり，その結果として男性は長時間労働を行い，子育てを女性に依存する家庭も多い。つまり，女性に出産・育児の負担が集中することになる。こうした負担感から，女性が仕事と結婚(出産・育児)の選択を迫られた場合に仕事を選ぶことが多く，結果的に未婚化や晩婚化につながる。未婚化は子どもを産む機会自体を奪い，未(無)産化を引き起こし，晩婚化の場合は出産の時期が遅れる(晩産化)ことで，出産できるチャンスが減少する。

　また，若年層の人生設計の困難さは，不景気やそれに伴う雇用状況の悪化が大きな要因である。日本のほとんどの企業は新卒採用(学校を卒業して間もない人を対象とする採用のしかた)を主体とした採用を行っているが，昨今の経済状況の悪化の影響で採用自体を控える傾向にある。特に，採用数の調整がしやすい新卒採用の数を減らす企業が多いことから，こうして生まれた未就職者はアルバイト・パート・契約社員・派遣社員などの非正規雇用者(p.44参照)として働かざるを得ない。収入が低くなりがちな非正規雇用者は，子育て費用をはじめとして生活費を確保することが難しくなる。

　一方，正規社員であっても収入が安定せず，給与が思うように上がらない人もいる。これまでのような年功序列ではなく，実績の良し悪しによって報酬を決める(成果主義)企業も増えているからである。こうした状況では，将来にわたっての収入の見通しが予測しにくく，人生設計や家族計画

が立てづらくなる。こうしたことから，子どもをもうけることを先送りしたり断念したりする家庭が生まれやすいのである。

対応策・解決策

少子化対策の主たるものは，子育てのしやすい環境づくりと若年層への雇用対策である。

子育てのしやすい環境づくりについては，育児休業制度の整備，看護休暇制度（怪我や病気をした子どもの世話をするための休暇）の促進，保育所の充実といった子育て支援策を進めている。2019年10月からは，幼稚園，保育所等の利用料が無償になった。また，育児の過度な負担によって子育てと仕事の両立が難しい状況の女性が生まれ，結果的に晩婚化・未婚化や晩産化が生じるという指摘があることから，男性が子育てに参加しやすい環境をつくる必要がある。例えば，男性の育児休業制度の利用推進や，イクメン（子育てを率先して行う男性）を増やすプロジェクトを推進することなどが行われている。

若年層への雇用対策では，非正規雇用者の正規社員化が主体となろう。具体的には，カウンセリングや職業訓練の実施，新卒採用偏重からの脱却を企業に呼びかけることなどが考えられる。一方で，非正規雇用者が多くなるのは正社員雇用制度が硬直化していることが原因なのだから，労働市場の流動化（p.35参照）が必要だと主張する人もいる。

👍 小論文にする時のポイント ─────────────────────●

よくあるパターンは，
① 少子化によって起こる諸問題について問うもの
② 少子化の現状やその対策について問うもの
③ 高齢化を含めた社会保障のあり方について問うもの
④ 少子化対策の必要性の賛否を問うもの
の4つである。

①と②については少子化が発生する仕組みや対策を押さえておけば，回答は難

しくない。ただし，既存の少子化対策を示すだけでなく，独自性のある策を提案できればなおよいだろう。③については高齢化についての問題点(p.20参照)を押さえた論述にしたい。④は「少子化は問題とはいえないから，対策を講じる必要はない」という立場で論じることには無理が生じるので，あくまで少子化は「問題」であり，解決しなければならないという立場で論じる方が賢明であろう。

📖 過去の入試問題例 ──────────

例 子どもを公立および私立幼稚園に通わせる保護者を対象に子育てに関するアンケート調査をした結果を示す図を読み，図に示された結果を踏まえて子育てに対する保護者の感じ方や考え方を考察し，今後の子育て支援のあり方について記述せよ。
(東京学芸大・教育学部)

例 「将来推計人口」(国立社会保障・人口問題研究所)が5年前より更に厳しい数字となったことを受け，少子化の最大の要因として晩婚・晩産を挙げて実効性のある少子化対策や，十分な収入が得られず結婚したくてもできないという若い世代への積極的な雇用対策などの，社会全体の見直しの必要性について述べた新聞記事を読んで，少子社会の到来でどういったところに見直しが必要なのかを述べよ。
(浜松学院大・現代コミュニケーション学部)

例 日本における人口減少社会について述べた新聞社説と人口減少社会の予測についての表を読み，日本における人口減少時代にあった社会づくりについて，「安心できる暮らしの実現」という観点から論じよ。また，日本における外国人労働者の受け入れについて，人口減少社会の到来，少子化に伴う労働力不足を考慮に入れながら論じよ。
(三重大・教育学部)

例 「少子化」が進んでいる。「少子化」は社会的な問題ととらえられており，学校にも影響を与える。児童の数が減っていくとどんなことが問題(デメリット)となるだろうか。反対にメリットはないだろうか。また，デメリットをメリットに変えていくアイディアはないか。あなたの考えを書け。(広島大・教育学部)

例 少子化の進む日本では近い将来労働力が不足し，それを補うために外国からの大量の労働者の流入と定住化が起こるだろうと予想されている。その結果，

多文化・他人種・多宗教社会へと質的な変化がおこると考えられる。その場合，さまざまな問題が生じると考えられるが，その中でもあなたが重要だと考える問題を一つ取り上げ，それにどのように対処すればよいのか論じよ。

（琉球大・法文学部）

🔑 関連キーワード

☑ 合計特殊出生率

一人の女性が生涯を通して産む子どもの平均人数を示す数値をいう。

ある国の男女比が１：１であり，すべての女性が出産できる年齢まで生きたと仮定した場合，合計特殊出生率が２（人）であれば，現状の人口が保たれる（実際にはすべての女性が出産できるわけではないことを加味して，日本では2.07程度が目安とされている。これを人口置換水準と呼ぶ）。

日本においては，1947年には4.54（人）であったが，2018年には1.42（人）となっており，人口が減少する傾向にあることが顕著である。

☑ 晩産化と未産化

以前と比較して女性の出産年齢が上昇しつつある状態を晩産化という。女性の第１子出生時の平均年齢は，1975年が25.7歳であったのに対し，2016年は30.7歳になっており，晩産化の傾向がはっきりと読み取れる。出産年齢が高くなるほど妊娠率が低下したり，流産の確率が上昇したりするといわれている。最近では，不妊治療を受けるケースが増えてきている。

一方，出産適齢期であっても出産しない人が増える状態を未（無）産化というが，出産を経験していない30歳の女性の割合も上昇している。2010年の厚生労働省の「出生に関する統計」によると，30歳時点で出産未経験の女性の割合は，1959年生まれの女性が26.1％（約４人に１人）であるのに対して，1979年生まれの女性は53.9％（約２人に１人）で，未産化の割合が増えていることが明らかである。

☑ 特定不妊治療費助成制度

不妊治療に要する費用の一部を助成する制度をいう。婚姻している夫婦に対して，体外受精や顕微授精など保険適用外で医療費が高額になる治療を受ける場合が助成の対象となる。ただし，女性の年齢が43歳未満である場合に限られている。

☑ 少子化対策基本法

2003年に公布された，少子化対策を推進するために定めた法律をいう。この法律をもとに，2004年に少子化社会対策大綱という基本施策の方針が定められた。

具体的には，若者の自立支援（就労支援・子どもの学びの支援など），仕事と家庭の両立支援（育児休業制度の定着と取得推進，看護休暇制度の定着，男性の子育て参加推進，妊娠・出産しても働き続けられる職場環境の整備など），子育て支援などが実施計画の中に定められている。また，2015年には子ども・子育てビジョン（新たな少子化社会対策大綱）が改定され，子育て家庭への支援（子ども手当の創設，高校の実質無償化など）と保育サービス等の基盤整備（待機児童の解消のための保育・放課後対策など）を実施するとした。

☑ 次世代育成支援対策推進法

次世代を担う子どもたちが健やかに成長できるような環境を整えるために定めた法律をいう。2005年から10年間の時限立法（有効期間が決まっている法律のこと）であったが，2014年の改正によりさらに10年延長された。

地方自治体や事業主は，次世代を育成するための行動計画を立て，取り組みを行うこととなっている。例えば，育児休業の取得率の下限を定めること，育児のための短時間勤務制度を導入することなどが挙げられる。

☑ 育児・介護休業法

育児や介護に関する休業を保障することを定めた法律をいう。1992年に施行された育児休業法は，1995年に介護休業制度を盛り込む形で改正され，その後何度も改正されて充実してきている。現在は，原則的な育児休業期間は「1歳まで」であるが，保育園等に入所できない等の事情がある場合には「1歳6か月まで」の延長と「2歳まで」の再延長が認められている。また，男性労働者の育児休業取得も奨励されている。

なお，厚生労働省によると，2018年における女性の育児休業取得率は82.2％，男性は6.16％であった。また，女性の育児休業期間で最も多いのは10〜12か月未満であり，全体の31.3％を占める。男性の育児休業期間は5日未満が36.3％と最も多い。

☑ 労働市場の流動化

新規に雇用される機会や転職できる機会を増やし，企業間で労働者が流動的に移動しやすい状態にすることをいう。具体的な方法として，生産性の低

い正規社員を解雇しやすくすること，生産性の高い正規社員に高い報酬を与えること，人手が余っている業種から不足している業種へ労働力を移転することなどが考えられる。

　一般的に，労働市場の流動化によって労働需要や雇用機会が増えるといわれている。なぜなら，企業側は不要な人材を積極的に手放し，必要な人材を採用しようとするからである。一方，労働者は自らの能力に見合った雇用先や報酬を得るように行動するため，適職に就くことができるとともに能力にあった報酬が得やすいといわれている。

☑諸外国の少子化対策

　他の先進国でも少子化が問題視され

ており，さまざまな対策を講じている。例えば，経済的支援が充実しているのはフランスである。フランスでは，子どもが2人以上の家庭に家族手当が支給されるだけでなく，子どもが3人以上の家庭に対する家族手当の増額，鉄道運賃や文化施設の割引，高校までの学費無料（公立に限る），長期間の育児休業（子どもが3歳になるまで）などが行われている。

　一方，ノルウェーやスウェーデンでは仕事と家庭の両立支援策が積極的にとられている。父親に育児休暇を取得する義務を負わせる制度（パパ・クォータ制度）をはじめとした，育児休業中の所得保障制度などが代表例である。

答案例

問題 日本の少子化問題の原因と解決策について，あなたの意見を述べよ。

600字以内

模範回答 日本では年少人口率が年々低下しており，少子化傾向は今後も続くであろう。少子化による最大の問題点は現役世代の負担が大きくなることである。

(以上，第1段落)

この問題は，高齢化に伴う医療・年金・高齢者福祉に関する費用の増加によって生じる。現役世代の減少に伴って税収も減少するが，必要な費用を増税で賄おうとすると現役世代の負担は大きくなるばかりである。しかし，現行のままの負担では財源不足のためにサービス水準を保てなくなるのも明らかである。

(以上，第2段落)

この背景には，晩婚化による晩産化があるといわれている。高学歴化によって高度で専門的な能力を備える女性が増え，女性のキャリア志向が高まっていることに起因する。また，女性に出産・育児の負担が集中することもあって，女性が仕事と結婚の選択を迫られた時に仕事を選ぶことが多く，晩婚になりやすい。晩婚化によって出産時期が遅れ，出産できるチャンスが減少する。(以上，第3段落)

こうした問題を解消するためには，子育てのしやすい環境づくりが不可欠だ。育児休業制度の整備，看護休暇制度の促進，保育所の充実といった子育て支援をさらに推進するだけでなく，男性が子育てに参加しやすい環境をつくることも欠かせない。例えば，スウェーデンのように男性の育児休暇を義務付けるなど，男性に対しても育児への関与を促す取り組みを進めることが大切だ。

(以上，第4段落)

解説 第1段落：意見の提示…少子化における最大の問題点は，現役世代への負担が増えることであると述べている。

第2～3段落：理由説明…少子化によって現役世代になぜ負担が増えるのか，その理由を説明している。また，少子化が起こる背景には女性の社会進出による晩婚化があることを指摘している。

第4段落：意見の再提示…第3段落の内容を受け，問題解決のためには子育てのしやすい環境づくりが必要であることを述べている。それとともに，男性の育児参加を促すべきだとまとめている。

労働観

定義

　労働観とは，労働に対する考え方や意識のことをいう。言い換えれば，人々にとって労働とは何か，なぜ働くのかといった，いわば労働の本質や意義のことである。この定義は，個々の価値観や労働に対する捉え方によってさまざまであるが，大きく見ると，自己のためと他人のためという2つの側面に分けることができる。

必要性

　労働は自己実現(p.40参照)のために必要である。労働を通して，我々は多くのものを得ることができる。まずは，賃金や報酬といった金銭的要素である。金銭は人間が日々の生活をするためにも，さらにはより豊かな生活をするために必要な趣味や嗜好を満たすためにも欠かせない。また，サービスや商品を提供する労働の過程においては，精神的な充足感や技能を得ることができる。そのような労働のなかで我々は工夫や努力を重ね，自らの能力を試すことのほか，時には同僚や上司，あるいは顧客からの反応を得たり，指摘を受けたりする。この行為を通して達成感や満足感を得る一方で，さまざまな技術や職能も手に入れることができ，その結果として自らが望む自己像に近づいていくのである。

必要性の背景

　労働観が自己中心的な視点で捉えられてきたのは，経済的豊かさを追い求めてきた戦後の日本社会の傾向であるといえる。戦後，経済的に厳しい環境に置かれた日本では，経済発展を望む気運が高まった。その結果，高度経済成長期(p.49参照)を経て大量生産・大量消費の社会構造を築きあげ，経済発展を遂げた。それとともに，多くの国民が経済的な豊かさを享受し，いわゆる総中流時代(p.65参照)を迎えた。そんななか，精神的な豊かさを

得るために自分のやりたいことができる生活を求める傾向が見られるように
なった。労働についてもこの流れに沿って，自己の生活を豊かにする手
段として位置づけられてきたといえよう。

対応策・解決策

　労働は豊かさを享受するための手段であるという側面は理解できるもの
の，社会への貢献という側面は重視されない傾向がある。今後は，労働は
他人のために行うものでもあるという捉え方も必要になるだろう。

　労働には，社会や他人に対して商品やサービスを提供するという役割も
ある以上，我々は労働を通して社会や他人に貢献し，その見返りとして金
銭や精神的な喜びという報酬を得るのであるという考え方が必要である。
つまり，労働は自己実現のために必要であるとともに，社会や他人への貢
献のためにも欠かせないのではないか。もっと言えば，自らの労働は自分
の生活はもちろんのこと，社会をも豊かにするための手段でもあると捉え
る必要がある。

👍 小論文にする時のポイント

　入試では，「何のために働くのか」「働くことの意味」といった労働の本質を問
うものが多く出題される。また，「労働から何が得られるのか」といった労働の
作用や，ワーク・ライフ・バランス(p.40参照)についても問われることがある。
これらに対しては，「労働によって達成感や満足感を得ることができる」などの
自己中心的なものと，「労働によって他人に貢献することができる」などの社会
や他人への貢献という2つの視点から論じておきたい。

📋 過去の入試問題例

例 「働くことの意味」について君の考えを述べよ。 (東北福祉大・子ども科学部)

例 『それから』(夏目漱石)から，働くことを目的として働くことと生活を目的

にして働くこととの違いについての代助と平岡の議論を引用した文章を読み，次の文中の言葉をすべて使って，あなたの労働観・職業観について述べよ。ただし，言葉は何回使ってもよい。

「神聖な労力，堕落の労力，食う為の職業，誠実」 （茨城大・教育学部）

例 課題図書を読み，著者の主張する「職業倫理」の意義と制限を指摘して，著者の見解について，あなた自身の意見を述べよ。 （法政大・文学部）

例 深い意味がなくても仕事をし続けるのは，それ自体でけっこう意味があることなのではないかと述べた文章を読み，「夢を仕事にする」ということについて，あなた自身の考えをまとめよ。 （大阪産業大・人間環境学部）

例 働くことの意味は，個人の労働倫理や価値だけから生み出されるわけではないと述べた文章を読み，「働くとはどういうことか」について，考えを述べよ。 （高知大・教育学部）

例 社会のなかで「働く」ということについて，あなたの考えを具体的に論じよ。 （鹿児島大・法文学部）

関連キーワード

☑ 自己実現

自己の内面にある欲求や可能性を，社会生活において実現して生きることをいう。アメリカの心理学者マズローは「健全な人間は，人生において目標を定め，絶えず成長するものだ」と仮定し，人間の欲求を5段階の階層に分け，理論化した。自己実現はそのうちの最も高度な欲求として捉えている。自己実現欲求は物質的欲求が満たされた後に現れる欲求とされる。そして，豊かな社会にあるならば自己実現欲求は自然に生まれ，それがすべての行動の動機になるとしている。

☑ ワーク・ライフ・バランス

直訳すると「仕事と生活の調和」という意味になる。働きながら充実した私生活を営めるように，職場環境や社会環境を整備することを指す。ダイバーシティ（diversity：性別・年齢などを問わず，さまざまな人材を受けいれること）とともに論じられることが多い。

現在，次世代育成支援対策推進法（p.35参照）の制定により，短時間勤務

やフレックス勤務（労働者が始業および終業の時刻を決められる変形労働時間制の一種），さらには育児休業制度の拡充が進められている。その一方で，有給休暇の消化率の向上，男性の育児休業取得率の引き上げなども推進している。

☑ 仕事中毒（ワーカホリック）

　私生活の多くの時間を労働に費やし，家庭や労働者自身の健康を犠牲にしている状況のことをいう。原因は，日本人の規範意識にあるという指摘がある。

　日本では「自己よりも仕事を優先することが好ましい」という意識が根強くあり，休暇を取ることや家庭生活を優先することに罪悪感を覚える人が多い。その結果，仕事に傾倒するのである。この状態は，過労死を引き起こす原因として，また，女性の出生率の低下の一因として問題視されている。

☑ 過労死と過労自殺

　労働の強制や長時間残業といった過度の労働によって突然亡くなることを過労死という。過重労働による精神的・肉体的な負担が，脳や心臓の疾患を引き起こし，死に至らしめる。

　同様に，長時間労働などによって精神疾患を引き起こし，それが原因で自殺することを過労自殺という。

厚生労働省では，過労死および過労自殺を労働災害として認定する場合がある。

☑ 働き方改革

　2019年4月に働き方改革に関する法律の適用が開始された。これにより，残業時間の上限が定められ，また有給休暇の取得義務も明言された。これまでは働くことに重きを置いてきた日本人の労働観に変化をもたらすことになるだろう。このほか働き方改革には正規雇用と非正規雇用の格差の是正や高齢者の雇用の促進なども盛り込まれている。働き方改革が推進される背景には，将来的に深刻な労働力不足に陥るという予想がある。そこで将来の働き手を増やすこと，出生率を上げること（長時間労働のピークは30〜40代であり，子どもを産み育てる世代である），生産性の向上を目的として進められている。

☑ 裁量労働制

　労働時間を実労働時間ではなく一定の時間とみなす制度。労働時間と成果・業績が必ずしも連動しない職種において適用される。契約で定めた時間分を労働時間とみなして賃金を払う形態で，労働者は仕事の進め方を自分で決められるというメリットがある。一

41

方で，実労働時間がみなし労働時間からかけ離れて長くなってしまっているなどの問題も出てきている。

☑ 国際労働機関（ILO）

労働条件の国際的規制や国際的な労働者保護を通して社会正義を実現し，世界平和に貢献することを目的とする国際的な機関で，略してILOともいう。第一次世界大戦ののちに結ばれたベルサイユ条約に基づき，1919年に設立された。

国際労働機関は，労働条件の保障・労働時間・有給休暇・団結権の擁護・男女雇用機会均等・強制労働や児童労働の撲滅など，労働者保護に関する数多くの条約を制定し，多数の国が批准している。日本は常任理事国であるが，複数の条約，特に労働時間や雇用形態に関わる条約は批准していない。

☑ ワークシェアリング

少ない仕事を，できるだけ多くの労働者に分け与えることで，それぞれに賃金を確保させようとする試みのことをいう。

多くは，不況時に従業員を減らさないですむようにするための措置として用いられるが，不況による失業率の上昇を抑える働きや，主婦や就労希望の高齢者に労働機会を与える機能も持っている。

答案例

問題 人は何のために働くと思うか，あなたの意見を述べよ。600字以内

模範回答 労働観は個々の価値観や労働に対する捉え方で異なり，一義的なものではない。一般的には自己実現のために働くと捉えるだろうが，私は他人のために働く面もあると考える。

(以上，第1段落)

　確かに労働は，日々の生活のほか，豊かな生活に必要な趣味や嗜好のために必要な金銭を得る手段として欠かせない。一方で，サービスや商品を提供する労働の過程において，精神的な充足感や技能も得られる。これらの行為を通して，自らが望む自己像に近づいていくのである。

(以上，第2段落)

　このように労働は，社会や他人に対して商品やサービスを提供するという役割を担っているのであるが，その行為を通して我々は工夫や努力を重ね，自らの能力を試して，サービスや商品にさらなる付加価値を与える。つまり，社会や他人に貢献しつつ，その見返りとして金銭や喜びという報酬を得ているわけである。

(以上，第3段落)

　これからは，労働を自分の生活とともに社会をも豊かにする手段だと捉える必要があると思う。そのためにはキャリア教育が欠かせない。例えば，コミュニケーション能力や将来設計能力の育成など，自己の能力を高める訓練を行うとともに，社会の一員として労働しているという職業観を醸成することも必要だ。

(以上，第4段落)

解説 第1段落：意見の提示…労働観は人によって捉え方が異なることを前提にしつつ，他人のために働くという自らの立場を明らかにしている。
第2～3段落：理由説明…労働は自己のために行うという立場に理解を示しながらも，労働を通して社会や他人に貢献する役割を担うことの重要性を説明している。
第4段落：意見の再提示…今後，労働を社会や他人に対して貢献するものだと捉えることができるようになるためには，キャリア教育が必要であると述べている。

非正規雇用者

定義

　非正規雇用者とは，雇用契約（p.47参照）の期間が限られている労働者のことをいい，その形態としてはアルバイト・パートタイマー・契約社員・派遣社員（p.47，48参照）などがある。

　非正規雇用者の数は約2200万人にのぼり，労働者全体の約38％を占めている（総務省統計局「労働力調査」2020年）。つまり，実に労働者の３人に１人以上が非正規雇用者なのである。性別では，男性は全体の２割程度，女性は５割以上が非正規雇用である。

　なお，対義語は正規雇用者で，こちらはフルタイムで働く，期間に定めのない雇用契約（一般的に定年まで働ける）を結んでいる労働者を指す。

問題点

　主として，①非正規雇用者自身に対して，②企業に対して，③国や地方公共団体に対して，それぞれ問題が生じる。

　①については，非正規雇用者に対して生活の困窮を強いる点である。正規雇用者と比べて，非正規雇用者の賃金は低めに抑えられる。また，退職金やボーナスの支給もないのが普通である。しかも，昇進や昇給の可能性も低く，将来的にどれくらい収入が得られるのか見通しも立てにくい。こうした状況では人生設計が困難となり，家庭を築いたり子どもを持ったりすることが難しくなる。場合によっては，ワーキングプア（p.65参照）になる恐れもある。さらには，企業の経営が悪化した場合，解雇や契約止め（契約期間満了時に後続の契約を行わないこと）のしやすさから，正規雇用者よりも整理の対象となりやすい。

　②については，非正規雇用者が増えると労働市場の流動化（p.35参照）が起こりやすく，良質な人材が確保しにくい点が問題である。すなわち，非正規雇用者に企業への忠誠心を求めるのは難しく，その結果として仕事に

対する責任感や向上意欲を欠いたり，企業に留めておきたい技術などのノウハウが蓄積されにくくなる。

③については，税収が減ることが問題となる。直接税も間接税も収入が低いほど税負担額が低くなるので，低収入の非正規雇用者が増加すると全体の税収が低くなることは避けられない。もちろん累進課税制度(p.49参照)もあるが，景気が冷え込むと高所得者も減少し，全体の税収も減少することになる。

問題点の背景

戦後，高度経済成長(p.49参照)に伴い，企業は生産の規模を拡大してきた。そのため多くの労働者が求められ，労働者が不足する事態に陥ることもしばしばあった(売り手市場)。そのため，企業側は終身雇用制を武器にして労働者を囲い込む一方で，農閑期の農業従事者や主婦を非正規雇用者として活用し，労働力を確保した。しかし，バブル崩壊後の平成不況を機に，業績が悪化する企業が増えた。企業は事業を存続するために規模を縮小するとともに，コストを削減する必要に迫られた。

その具体策として人件費を削減する目的で正規社員の採用を控えるとともに，安い賃金で，かつ社会保険や昇給・ボーナスといった面でもコストを削減できる非正規雇用者を採用するようになった。さらに，非正規雇用者は契約止めできるゆえに労働力を調整しやすいというメリットもあるため，多くの企業で広く活用されてきたのである。

対応策・解決策

非正規雇用者を正規雇用者にすることが最も直接的かつ有効な手段となると思われる。国では，ハローワーク(p.50参照)や職業訓練などによる就労支援だけでなく，派遣労働者や契約社員を正社員に転換した企業に奨励金を支払うなどの制度を取り入れて，非正規雇用の正規雇用化を後押ししている。また，ワークシェアリングを導入して正規雇用者の採用枠を増やすことなども考えられるのではないか。

一方，今後に向けては，雇用を新規に生み出すための取り組みも必要と

なる。例えば介護や福祉の分野など，今後需要が増えると思われる産業を活性化して労働力の需要を確保する一方で，そうした分野への就労を促す試み（職業訓練と職業斡旋）を積極的に行うことが必要と考えられる。このように，企業内や産業内で余っている労働力を，不足している企業や産業に再配分する仕組みを整えることも欠かせない。

👍 小論文にする時のポイント

　入試では「雇用形態別の収入格差に関する問題」などのような正規雇用者と非正規雇用者の比較をさせる出題だけでなく，「フリーターやニートについて」といった若年層の非正規雇用者に絞り込んだ出題もなされる。こうした時，「非正規雇用者は都合のよい時間に働けるから，非正規雇用も悪くはない」といった肯定する方向ではなく，問題視する方向で論じる方が賢明である。

　さらに，字数が許すならば，非正規雇用者側の問題点だけではなく，企業や国側に生じる問題点についても述べるなど，広い視野から考察していることをアピールしておきたい。

📑 過去の入試問題例

例　『労働経済白書』から図「フリーターの人数の推移」を読み，フリーターの数は年々増加傾向にあるが，このような傾向の背景にはどのような原因があるのか，あなたの考えを述べ，さらにフリーターの是非について客観的な事実にもとづいて論述せよ。
（秋田大・教育文化学部）

例　現在，非正規雇用を余儀なくされている人もいる。また自らのライフスタイルから選択する人もいる。このような状況の中，文章の作者の意見に対して，どう考えるか。意見を述べよ。立場を明確にし，理由も示しながら具体的に論じよ。
（明治学院大・心理学部）

例　日雇い作業員向けの寮を開放したところ，フリーター生活から抜け出せない若者などの「家なき若者」のよりどころになっていると述べた新聞記事を読み，

「家なき若者」の生き方と仕事について，自分の考えを述べよ。

（明星大・教育学部）

[例] 自分らしさが重要だと言いながら，努力もせずぶらぶらしている中途半端な人間が30代，40代になったときどうなるかということを，フリーターやニートの増加に伴う問題点として述べた文章を読み，筆者の意見に対して考えるところを述べよ。

（佛教大・文学部）

[例] 『大都市の若者の就業行動と移行過程』（労働政策研究・研修機構）から，表「フリーターで正社員になろうとしたことがある割合」を読み，全体を読み取ったうえで，そこからどのような課題が浮かび上がるかについてのあなたの考えを述べよ。

（大阪教育大・教育学部）

[例] 近年，わが国では青少年の社会的自立に関する様々な問題が生じており，中途退学，フリーター，ニートなども注目されている。『青少年白書』（内閣府）から，中途退学，フリーター，ニートなどに関する図を読み，図から読み取れる問題点について，どのような対策が必要となるだろうか。あなたの考えを述べよ。

（広島大・教育学部）

🔎 関連キーワード

☑ 雇用契約

人を雇う，または人に雇われるということに関しての必要事項を内容とする契約のことをいう。被用者(労働者)が使用者(企業)のために労働に従事する義務を負い，使用者は被用者に報酬を支払う義務を負う。賃金・労働時間・休日・休暇などの取り決めに際しては，労働基準法や最低賃金法が適用される。また，仕事が原因で怪我や病気になった場合，労働災害補償保険法が適用される。

期間の定めがある雇用契約を有期雇用契約といい，一般に非正規雇用者の雇用契約はこれに当たる。一方，無期雇用契約は，おもに正規雇用者との雇用契約のことである。

☑ アルバイトとパートタイマー

一般に，アルバイトは短時間・短期間の労働者，パートタイマーは(アルバイトと比べて)長期間・長時間の労働者と捉えられているが，労働法では厳密な区別はない。いずれも一日の労

働時間が正規雇用者よりも短い（もしくは労働日数が正規雇用者よりも少ない）非正規雇用者のことを指す。

どちらも一定条件を満たせば社会保険（厚生年金や健康保険など）に加入する義務が生じるが，履行されていない場合も多い。

☑ フリーター（フリーランスアルバイター，フリーアルバイター）

定職に就かず，アルバイト・パートタイマーなどの正規雇用社員以外の就労形態で生計を立てている人のことをいう。なお厚生労働省では，「15～34歳の男性又は未婚の女性（学生を除く）で，パート・アルバイトをして働く者又はこれを希望する者」をフリーターと定義している。

フリーターになった原因は「将来の見通しを持たずに中退・修了・退職した」「自らの技術・技能・才能で身を立てる職業を志向してフリーターになった」「正規雇用を志向しつつフリーターになった」など，多種多様である。一般的に，フリーターの年収は正規雇用社員よりも低い。そのため，フリーターの増加によって税収入が減少するなど，社会的悪影響が広がることも懸念されている。

☑ 契約社員

一般に，企業側と有期の雇用契約を結んだ常勤社員のことを指す。正規社員と同様に，長時間労働を求められることが多い。定年後も企業で働く嘱託社員も契約社員に含まれる。

正規雇用社員の場合は他社との二重契約は禁止されているが，契約社員は他の会社でも働ける。労働者と企業側双方が合意すれば契約を更新できるが，企業側が更新を拒否すれば契約期間の満了とともに雇用関係は終了する。

☑ 派遣社員

労働者派遣事業を行う企業（他の企業に労働者を派遣することを業務としている企業，いわゆる派遣会社のこと）から派遣されて雇用されている社員のことをいう。派遣期間は原則として1年，最長でも3年である。期間を超えて派遣社員に業務を継続させる場合は，その派遣労働者を直接雇用しなければならないという決まりがある。

なお，医療・建設・警備・港湾に関する業務を行う企業には労働者を派遣できない。

☑ ニート neet
　（not in education,
　employment or training）

15～34歳の人のうち，教育や職業訓

練も受けず，職業にも就かない人のことを若者無業者という。若者無業者は，いま仕事を探している求職型，就職を希望しているが実際に仕事を探していない非求職型，就職自体を希望していない非就職型に分類されるが，このうちの非求職型と非就職型に分類されている人をニートと呼ぶ。

ニートになった原因は「健康上の理由」「就職先が見つからない，決まらない」「労働の他にやりたいことが見つかった」などがある。これらの人たちの中には，読む・書く・話す能力に苦手意識を持つ人，自信や意欲を喪失している人，社会集団での関係が築けない人，職場や学校でのいじめがきっかけでニートになった人，ひきこもっている人，精神的な不調を抱える人など，さまざまな境遇に置かれている場合が多い。また，ニートに該当しない中高年無業者の増加も問題になっている。

☑ 直接税と間接税

税を支払う人（納税義務者）が直接納付先（国や地方自治体）に納める税金を直接税という。所得税（所得に対して課される国税），住民税（所得に対して課される道府県民税や市町村民税）などが代表的な直接税である。

一方，納税義務者と，税金を実際に負担する者（担税者）が異なる税金を間接税という。消費税や酒税，たばこ税などが該当する。

☑ 累進課税制度

高額所得者ほどより高い税率が課される課税方式のことをいう。

高額所得者から税を多く取り，低所得者の税負担を軽くする一方で，高額所得者の富を国民全体に配分する機能（所得の再配分機能）を持つ。また，所得の格差を是正する効果も併せ持つ。さらには，ビルトインスタビライザー効果（好況時には所得が増えるので自動的に増税となり，不況時には所得が減るので自動的に減税になる機能）もある。

☑ 高度経済成長

第二次世界大戦後，資本主義諸国が実施した成長持続政策によって急速な経済成長を遂げた状態のことをいう。

日本では1955年を起点として，1970年代初頭まで経済成長を遂げた。国策により技術開発や重化学工業化が推進され，積極的な設備投資が行われた。企業側は外国の技術を吸収し，規模を拡大していった。こうして関連産業の生産が拡大し，設備投資をさらに行うといった好循環が生まれた。

一方，外国の技術のもと，電化製品・

加工食品・石油製品などの生産能力も高まったことから，国内の消費活動や雇用も増大し，さらなる設備投資と発展を促した。こうして大量生産・大量消費の経済システムが構築されていった。

しかし，めざましい経済成長の裏では，公害問題や環境破壊，地価や住宅価格の高騰，労働者の都心部流入による人口集中など，生活環境が悪化する事態も生んだ。

☑ ハローワーク（公共職業安定所）

職業紹介や職業指導（職業に就こうとする人に，職業を選択する際の支援などをすること），失業給付（労働者が失業した時に雇用保険から支給される手当のこと）などに関する事務を無料で行う国の機関。

☑ ジョブカフェ

それぞれの都道府県が所管する若年者（15〜34歳）の能力向上や就職促進を目的に，職場体験や職業紹介などの雇用に関連したサービスを提供する場所のことをいう。

本施設ではワンストップサービス（仕事に関する情報提供，適職診断，キャリアカウンセリング，セミナー，職業体験，職業紹介などのサービスを1か所で受けられる仕組み）が特徴である。

☑ 地域若者サポートステーション（サポステ）

働くことに悩みを抱える若年者（15〜39歳）に対し，キャリアコンサルタントなどによる専門的な相談，コミュニケーション訓練，就労体験など，就労に向けた支援を行う場所のことをいう。厚生労働省からの委託を受けたNPO法人，株式会社などが運営している。

答案例

問題 非正規雇用に関わる問題について，あなたの考えを述べよ。**600字以内**

模範回答 非正規雇用の最大の問題点は，生活が不安定になりがちなことである。その最大の原因は，正規雇用者と比べて賃金が低いことにある。(以上，第1段落)

　確かに，業績が悪化する企業にとって，低賃金かつ労働力が調整しやすい非正規雇用者を積極的に採用したくなる理由は理解できる。しかし，彼らには退職金やボーナスの支給がなく，昇進や昇給の可能性も低い。また，将来どれくらい収入が得られるのかの見通しも立てにくい。さらには，企業の経営が悪化した場合，解雇や契約止めのしやすさから，正社員よりも整理の対象となりやすい。こうした状況では人生設計が立たず，家庭を築いたり子どもを持ったりすることが難しくなる。場合によっては，ワーキングプアになる恐れもある大きな問題なのだ。

(以上，第2段落)

　こうした問題の対策としては，非正規雇用者を正規雇用者にすることが最も直接的かつ有効な手段となるだろう。そのためにはワークシェアリングを導入して，正規雇用者の採用枠を増やすことなども考えられる。一方で，雇用を新規に生み出す取り組みや，労働力の再配分も必要となる。つまり，発展が予測される産業を活性化してより一層の労働力の需要を確保するとともに，労働力が余っている分野からそうした分野への転職を促すのである。

(以上，第3段落)

> **解説** 第1段落：意見の提示…非正規雇用に関する最も大きな問題点は，非正規雇用者の生活が不安定になりがちなことであると述べている。
> 第2段落：理由説明…企業側の立場に理解を示しつつも，非正規雇用者側の窮状を強く訴えている。
> 第3段落：意見の再提示…第2段落の内容を踏まえ，正規雇用の枠を広げるための対策をとるべきだと述べ，文章を締めくくっている。

女性の社会進出

定義

　女性の社会進出とは，家庭に縛られがちだった女性を解放し，男性が占有してきた社会に進出できるようにする動きのことを指す。昨今では女性の高学歴化や非婚化・晩婚化などの影響で女性の生き方が多様化したことにより，働く女性が増加してきている。労働者全体における女性の割合は，1975年の37％程度から，2019年には47％程度にまで上昇している。

問題点

　女性の社会進出に伴う問題点としては，出産や育児後の職場復帰や再就職が困難であるため，女性のワーク・ライフ・バランス(p.40参照)を崩す一因となっていることである。

　出産や育児後の職場復帰が難しいのは，女性が仕事を続けたいと願っていても，出産・育児・介護期間は仕事を離れざるを得ず，その間に企業や職場の状況が刻々と変化することに起因する。女性を復帰させようとする場合，復帰までの人件費や復帰に向けた研修などの費用を企業が負担しなければならない。出産による休暇など，職場を離れる期間が短ければこうした負担は少なくてすむが，育児や介護の期間が長期間にわたると負担が大きくなる。こうした場合に企業は，その女性の復帰を待つよりも，その女性に代わる人材を充てるほうが得策と判断する。企業にとっては，継続的かつ円滑に業務を遂行させることが重要だからである。こうして女性のポストが消失し，結果的に女性の職場復帰を妨げることになっている。

　同一職場への復帰がかなわない場合はほかの企業や職場への再就職ということになるが，その場合も離職後に十分な能力(スキル)を蓄えられなかった人の再就職は難しい。育児や介護に専念しつつ，その間に自らの能力開発や技術習得をすることは甚だ難しいからである。その結果，再就職できたとしても，高度な能力を求められることが比較的少ないパートタイ

ムやアルバイトでの就労になることが多い。

問題点の背景

　育児や介護にかかる負担が女性に偏っている現状が背景にある。日本人には「男は仕事，女は家庭」という意識がまだまだ根強くある。こうした意識は高度経済成長期(p.49参照)に広く一般に浸透したといわれている。この時期には企業の終身雇用制(p.28参照)が推し進められたため，男性の雇用が安定するとともに，経済成長によって所得も増加した。こうして，既婚女性が家事・育児・介護に専念するようになり，専業主婦となる女性が増えた。その結果，1970年ごろには男性は仕事に専念し，女性は家庭を守るという性別役割分担が定着していったのである。

　しかし，その後は産業構造が第二次産業中心から第三次産業中心へと変化し，女性が働ける仕事が増えた。また，洗濯機や掃除機などの家電製品が普及したことによって，家事も簡便化した。こうした背景もあって女性は社会進出しやすくなったが，一方で女性には出産・育児・介護の負担が依然としてつきまとう。そんな時，仕事と家事の両立という選択肢は選びにくく，仕事と家事のいずれか一方を選択せざるを得ないのである。

対応策・解決策

　産前・産後の休業(労働基準法による)や育児・介護休業(育児・介護休業法による，p.35参照)が保障されるべきなのはいうまでもない。問題は働き続けることを望む女性のキャリアが育児・介護によって中断することにある。その対策は，育児や介護をしながら働ける環境を整えることである。例えば，短時間勤務や在宅勤務を推進する一方で，フレックスタイム・時差出勤制度・託児施設の設置・介護サービスの活用などである。

　また，こうした取り組みは育児や介護に積極的に参加する男性を増やすことによって，より実現性が高くなる。そのためにも，男性の育児・介護休暇の取得率を高めるなどして，女性の労働観を尊重した社会を実現するための環境づくりも必要となる。

👍 小論文にする時のポイント ─────────────────────•

　入試では，課題文やデータによって女性の労働実態を把握・分析させたうえで，女性の社会進出の方法を論じさせる出題が多い。その際，「女性が社会に出られないのは家事を担わない男性のせいだから，男性も育児に参加すべきだ」「女性の社会進出ができないのは法律による罰則がないのが原因だから，厳しい法律をつくるべきだ」などのように，一方的に男性や国家の責任にするような主張は避けたい。

　この問題を適切に論じるためには，まず女性が専業主婦化した歴史的背景を理解する必要がある。そして，女性の立場だけでなく，女性を雇う企業側の立場も考慮したうえで主張を展開してほしい。

　一方で，すべての女性が社会復帰を望んでいるわけではないことも理解しておきたい。なかには育児・介護などの家事労働に専念することを望む女性もいる。この状態は自然発生的なものであるから，女性の社会進出については賛同するが，その推進活動まで行うのは過剰であるという立場の人もいる。逆に，これはジェンダー（p.57参照）によるものであるから，こうした状況を排除し，推進活動を積極的にすべきだとの立場の人もいる。いずれにせよ，「女性の社会進出への支援は女性の人生設計の選択肢を増やす」という位置づけで論じるとよいだろう。

📋 過去の入試問題例 ─────────────────────•

例　子どもの教育における父親の役割について述べた文章を読み，この文章で筆者が示す「育児に対する母親の役割」「育児に対する父親の役割」をまとめたうえで，あなたの考える「育児に対する母親の役割」「育児に対する父親の役割」を，具体例をあげながら説明せよ。　　　　　　　　　　　　　（札幌学院大・人文学部）

例　『労働力調査』（総務省統計局）から表1「年齢階級別労働力率」，『労働力調査詳細集計』（総務省統計局）から，表2「年齢階級別〈非正規の職員・従業員〉の割合」をそれぞれ読み，はじめに，表1から読み取れる女性の就業状況の男性との違い，および女性の就業状況の時代的推移の特徴について述べよ。次に，表2を参考にしながら，このような女性の就業状況，およびその時代的変化の背景についてあなたの考えを述べよ。　　　　　　　　　　（千葉大・教育学部）

例 「男女のライフスタイルに関する意識調査」(内閣府)から,図「〈夫は外で働き,妻は家庭を守るべきである〉といった考え方についてどう思うか」を読み,こうした意識を性別役割意識と呼ぶが,人々がどのような性別役割意識を持つようになるかということに対して,

    ① 個人のパーソナリティや心理的特徴

    ② 学校教育の内容や家庭教育のあり方

    ③ メディアや人間関係などの社会環境

の3つのうち,特に強い影響を持つと考えるものを1つ選び,それが具体的にどのような形で影響しているかを論じよ。　　　　　(お茶の水女子大・文教育学部)

例 今の若者世代が育った頃(2000年代)と若者の親世代(1960年代)が育った頃を比較して,勤労者世帯における女性と男性の家庭内と社会での役割分担の特徴を表中の例を参考にして述べよ。　　　　　　　　(東京学芸大・教育学部)

例 「働くお母さん」の方が多数派であるのに,専業主婦で家にいる「お母さん」のイメージが日本にはいまだに強固に残っている一方で,「女性も社会進出を」「自己実現を」とうながすメッセージも他方では声高になり,母親の役割と個人としての自分との間で葛藤する母親たちがいる。このことについて述べた文章を読み,著者の主張を踏まえたうえで,現代社会における母親のおかれている状況について,あなたの考えを述べよ。　　　　　(椙山女学園大・人間関係学部)

例 『男女共同参画統計データブック』から表1「主要先進国の女性の年令階級別労働力率」,『女性労働白書』〈厚生労働省〉から表2「末子の年令別子供のいる世帯における母の就業状態」,表3「女性が職業をもつことについて」をそれぞれ読み,日本の女性の就労の特徴を総合化して述べよ。(鳥取大・地域学部)

🔎 関連キーワード

☑ 女子差別撤廃条約

正式名は,女子に対するあらゆる形態の差別の撤廃に関する条約という。

男女の完全な平等を達成するために,女子の差別を撤廃することを定めた条約である。1979年に国連総会で採択され,日本は1985年に締結した。締結する際には国内の法律を整備する必要があることから,勤労婦人福祉法を男女雇用機会均等法に改正・改題したり,

国籍法を改正して父系血統主義(子の国籍は父の国籍とする)から父母両系血統主義(子の国籍は父または母の国籍とする)に変更したりした。

なお，個人通報制度(女子差別を受けた場合に国連の女子差別撤廃委員会に通報する仕組み)を定めた選択議定書があるが，日本は批准していない。その理由は，最高裁判所で判決が下っても，不服であれば国連に訴えることができる仕組みとなっており，日本の司法制度が軽んじられる恐れがあると考えられるためである。

☑女性参政権

そもそも選挙権とは，政治に参加する権利のことである。代表例として，選挙において投票する権利(選挙権)や選挙の候補者になる権利(被選挙権)が挙げられる。

女性参政権とは，女性が政治に参加する権利のことをいう。世界で初めて女性の選挙権が認められたのはアメリカ合衆国のワイオミング州(1869年)で，被選挙権を含む参政権が認められたのはオーストラリアの南オーストラリア州(1894年)である。日本では第二次大戦後，日本国憲法制定の時(1945年)に女性に参政権が与えられた。

☑男女雇用機会均等法

雇用の分野において，男女の雇用機会や待遇を均等にすることを定めた法律で，女子差別撤廃条約を批准する目的で定められた。正式名は，「雇用の分野における男女の均等な機会及び待遇の確保等に関する法律」という。あくまでも女性差別をなくすことを目標にしており，男性差別を規制するものではないため，例えば男性であることを理由に採用を拒否された例が過去にはあったという。

本法律は1999年に改正され，募集・採用，配置・昇進，教育訓練，福利厚生，定年・退職・解雇について男女差を設けることが禁止された。例えば，男性のみもしくは女性のみの求人募集，男女別の採用枠の設定，「保母」「看護婦」「スチュワーデス」など性別を特定する職種名で募集することは禁止されている(現在の名称はそれぞれ「保育士」「看護師」「客室乗務員」)。

☑男女共同参画社会

男女がともに社会に参画する機会が得られ，男女が平等に利益を受け取り，一方でともに責任を負う社会のことをいう。

実現に向けた具体的な行動として，「男は仕事，女は家庭」といった性別役割分担意識を解消するための啓蒙活

動や，女性自身の意識や行動の改革，ワーク・ライフ・バランスの推進とともに，ポジティブアクション（何らかの男女差がある企業が積極的にその差を解消する取り組み）を推進すること，女性に対する暴力の防止対策や被害者支援などがある。身近なところでは，学校教育における家庭科の男女必修化がある。

日本では男女共同参画社会を確立するため，男女共同参画社会基本法を定めた(1999年)。

☑ フェミニズム

性差別による搾取や抑圧をなくし，女性の権利を主張すること，また，その運動や思想のことをいう。

フェミニズムという概念が誕生したのは18世紀である。フランス人権宣言(1789年)によって示された権利が女性には与えられず，抗議運動が起こったことが起源といわれている。

☑ ジェンダーとセックス

ジェンダーとは，社会的・文化的・歴史的に作られた性差のことをいう。例えば「男らしさ」「女らしさ」「家事は女性の仕事である」といったものが挙げられる。こうした性差は恣意的に築かれ，次世代に刷りこまれながら，徐々にその社会に定着していくという

傾向がある。

一方，セックスとは，生物学的な性差のことをいう。人間の場合なら，染色体XXを持つのは女性であり，染色体XYを持つのは男性である。

☑ 女性の社会進出と労働力過剰

女性が社会進出すると賃金水準が低下するという主張がある。全体の仕事量や売上量が変わらないと仮定すれば，男性だけだった労働市場に新たに女性が進出することで，それまでよりも労働力が過剰となり，需給のバランスから賃金は低下しがちだからである。その結果，夫の収入が少なくなると，生活水準を保つために共働きをせざるを得なくなる。さらに，今後は少子化の影響などで労働市場が縮小することが予想されるため，ますます労働力が過剰となり，賃金水準がさらに低下するという悪循環に陥る恐れがあるという指摘もある。

☑ セクシャルハラスメント

相手の意思に反して，不愉快にさせたり，不安な状態に追い込んだりする性的な言動や振る舞いのことをいう。それがセクシャルハラスメントに当たるかどうかは，被害者の主観によって判断されるものであるところに特徴がある。また，セクシャルハラスメント

は永らく男性から女性への性的な差別行為とされてきたが，2007年の改正男女雇用機会均等法の施行によって，男性か女性かにかかわらず性的な差別行為一般をいうようになった。

セクシャルハラスメントは対価型と環境型に分類されている。対価型とは，職場や学校などにおける立場や階級の上下関係と自身の権限を利用して，下位にある者に対して性的な言動や行為を行う（強要する）場合をいう。一方，環境型とは，女性（または男性）として働きづらい環境をつくる場合のことで，この場合の環境とは，待遇・言葉・視線・性的働きかけなどが当てはまる。

セクシャルハラスメントは多くの場合，職務上の権力（パワー）を利用した嫌がらせになることが多く，パワーハラスメントと呼ばれることもある。

☑ ドメスティックバイオレンス（DV）

配偶者や恋人など，親密な関係にある（あった）者からふるわれる暴力行為のことをいう。

日本では2001年にDV防止法が施行されたが，保護命令（加害者に被害者への接近を禁止する命令，被害者の住居から加害者を退去させる命令，加害者が子どもに接近することを禁止する命令）の対象になるのは配偶者からの身体に対する暴力に限られる。つまり，精神的な暴力や配偶者以外（パートナー・親子・兄弟・姉妹など）は対象とならず，法の不備が指摘されている。ただし，婚姻届を出していなくても事実上婚姻関係と同様の事情にある（あった）者は配偶者と同様に扱われる。

☑ 女性活躍推進法

2016年に施行，2019年5月に改正された女性が社会で活躍しやすい環境をつくることを目的とした法律。正式名称は，「女性の職業生活における活躍の推進に関する法律」。10年間の時限立法（実施期間が決まっている法律）である。

これにより従業員101名以上の企業については女性が活躍しやすい職場づくりの行動計画を策定することが，301名以上の企業についてはその実績の公表が義務付けられた。行動計画には「営業職で働く女性の比率を4割以上にする」「男女の勤続年数の差を5年以下にする」など，数値目標を掲げるとともに，計画期間，取り組み内容，取り組みの実施時期を盛り込むことが求められている。厚生労働省のウェブサイトでデータベース化され，取り組みを調べることができるようになっている。

答案例

問題 女性の社会進出における問題点について，あなたの考えを述べよ。

600 字以内

模範回答 出産や育児後の職場復帰が困難なため，女性のワーク・ライフ・バランスが崩れる。このことが，女性の社会進出における最大の問題点であると考える。 (以上，第1段落)

　女性を復職させるためにはポストを確保しておく必要があるが，それには企業側に大きな負担がかかる。そのため当人の復帰を待つよりも，代わりの人材を充てるほうが得策と判断されれば，その人のポストは消失する。 (以上，第2段落)

　こうしたことが発生する背景には，「男は仕事，女は家庭」という性別役割分担意識の存在と産業構造の変化がある。産業構造が第三次産業へシフトしたことにより，女性が働ける仕事が増えた。一方では，女性に出産・育児・介護を担うことを求める意識は依然存在することから，仕事と家事の両立という選択肢は選びにくく，結果として社会復帰が難しくなる。これは子育てをしながら社会進出をしたい女性にとっては非常に重大な問題である。 (以上，第3段落)

　このような問題は，働き続けることを望む女性のキャリアが出産や育児などで中断されることによって起こる。したがって，育児や介護をしながら働ける環境を整えることを最優先すべきだ。例えば，短時間勤務や在宅勤務を推進する一方で，フレックスタイム・時差出勤制度・託児施設の設置・介護サービスの活用などが考えられる。 (以上，第4段落)

解説　第1段落：意見の提示…出産・育児後の職場復帰の難しさが，女性の社会進出における最も大きな問題点であることを述べている。

第2段落：理由説明①…女性の職場復帰が妨げられる事情を説明している。

第3段落：理由説明②…こうした問題が発生する背景に，性別役割分担意識の存在と産業構造の変化があることを指摘している。

第4段落：意見の再提示…女性のキャリアを中断させないような取り組みが必要であることを，具体例をあげて論じている。

格差社会

定義

　広く一般に，人々の間で格差が生まれている社会のことをいうが，特に経済的な格差が現れた社会を指すことが多い。格差が進むと，社会の中にある富が富裕層に集まり，庶民が貧しくなって貧困層となる一方で，中流意識(p.65参照)を持つ中間層が減少する現象が見られる。

　厚生労働省の調査によると，当初所得(税が引かれる前の給与など)におけるジニ係数(p.65参照)は，1996年には0.441だったが，2017年には0.559と拡大した。この数値の上昇は，国民の間で所得の格差が拡大していることを示している。

問題点

　格差社会を肯定的に捉える人がいるのも事実である。彼らは，資産が得られるのは努力や才能を有するからであり，格差が生じるのは当然であると考える。しかし，問題は貧困層が生まれることにある。貧困層の広がりは，①社会の不安定化，②経済活動の衰退，③格差の固定化と再生産を生むことになるからである。

　①は生活費の確保の難しさに起因する。貧困層に陥ると生活費が不足したり無収入となったりするケースもあり，生活必需品を得ることや，医療費にも支障をきたす。こうして彼らは生命を維持するのに精一杯にならざるを得ない。労働によって収入を得られればよいのだが，最悪の場合には窃盗・強盗などの犯罪に走ることさえある。借金をしても収入不足によって返済できなくなり，多重債務に苦しむ。その結果，ホームレスになる人や将来を悲観して自殺する人さえ出てくるなど，社会不安が増大する。

　②は市場の流通通貨量(市場に出回る通貨の量)が減少することによって起こる。所得が低い貧困層が増えると，財やサービスの消費量が減少する。生産者(企業)は商品を提供しても購入してもらえず，価格を下げて販売し

ようとする。こうした動きが続くとデフレーション(物価が下落し続ける現象)となり，市場経済が縮小する。場合によってはデフレスパイラル(物価下落→生産者の利益減少→労働者の賃金低下→購買力の低下→需要の減少→物価下落……という悪循環が繰り返されること)を引き起こし，経済活動が衰退する恐れがある。

　③は貧困層が教育機会に恵まれにくいことが要因となる。所得が高い家庭の子どもは多くの教育費を通塾などに使うことができ，高い学歴・地位・収入を得やすい。こうして収入が高くなった人たちはさらにその子どもに教育機会を与えていくという流れが繰り返される。一方，貧困層は教育機会を得ることが難しい。収入の多くは生活費に費やされ，教育費を捻出できないからである。進学を望んでも，労働しながら家計を支えなければならないケースもあるなど，学ぶための時間を確保することも困難となり，高学歴を得る機会が減少する。その結果として低収入となると，その子どもへの教育費が捻出できず，同様の繰り返しが起こる。こうして教育の面でも格差が生じるとともに，その格差が固定化されやすいのである。

問題点の背景

　格差社会が生まれやすい背景としては，おもに①企業が求める人材の変化，②経済状況の変化，③学歴と所得との関連性という3つの要素がある。

　①は労働力の需要と供給のアンバランスにある。例えば，製造業では高い品質の製品を送り出すために，高い技能を持った労働者を多数抱える必要があった。しかし現在では，省人化を目的として製造工程の機械化を進める企業が増え，管理さえできれば，高い技術力を持たない労働者に作業させても，一定の品質が保てるようになったのである。そのうえ，非正規雇用者にそれらの作業をさせれば人件費圧縮につながる。こうして，少数の管理者だけを正規雇用として雇い，実際の作業を行う労働力は非正規雇用で賄う企業が増えた結果，所得の面でも格差が生じやすい構造になったのである。

　正規雇用社員は企業に守られ，地位や収入を得ることができる一方で，単純労働の中心となる非正規雇用者は賃金が安いうえ，身分も不安定であ

る。さらに企業によっては，例えば製造業ならば単純労働者を人件費の安い海外に求めることのほか，ファクトリーオートメーション（生産工程の自動化）を進めたりしている。こうなると，日本国内で単純労働者を求める必要がなくなる。その結果，フリーターやワーキングプア（p.65参照）といった低収入の労働者や職に就けない人々が生まれ，正規雇用社員との間には大きな収入格差が生じる。

　②は日本国内のデフレーションが原因といわれている。デフレーションになると物価が下落し，貨幣の価値が上昇する。富裕層は資産を多く持っており，デフレーションになれば何もしなくとも持っている資産の価値が上がり，実質的にさらなる富を得ることになる。一方，デフレーションは物価を下げるが，企業の生産活動を弱め，収益を減らし，結果として労働者の賃金も下げる。つまり，貧困層の生活の厳しさは変わらないのである。こうして富裕層はさらに裕福になるのに反して，貧困層はさらに苦しい生活を強いられる。

　③は日本が基本的に学歴社会であることに原因がある。日本では，学歴が高いほど高い所得が得やすいといわれてきた。高学歴ほど就職に有利で，高い地位に就きやすい傾向があったからである。昨今ではこうした時代が終結したという見方もないことはないが，この認識や仕組み自体が完全に消失しているわけではない。すると，例えば入学試験などにおける学力が高い人ほど結果的に高い地位や収入を得やすく，そうでない人との間に格差が生じてしまう。

対応策・解決策

　格差はデフレーションと労働力の需要と供給のアンバランスによって生じるゆえ，是正策もこの２点をどう解消するのかという点を優先的に考えるべきである。

　日本では，後者に対する策として，再チャレンジしやすい社会をつくる試みを行っている。具体的には，職業訓練による技能向上，均等待遇（雇用形態にかかわらず同等の賃金を支払う），正規雇用での雇用機会の創出，高等教育の無償化などである。しかし，デフレーションの局面においては，

多くの人が少ない労働力需要を奪い合う結果となり，根本的な解決とは言いにくい。また，これらを行おうとすると政府や企業側に新たな費用負担が生じることも問題である。

　また，上記2点とは異なる方策として，所得税に累進課税制度(p.49参照)を採用している。日本では所得の再配分が一定の効果を得ているが(再配分後のジニ係数は，1996年が0.361，2017年が0.372といずれも減少)，これ以上所得に対する累進性を強めても格差を是正することは難しいだろう。それというのも，富裕層がデフレーションになる前から持つ資産に課税できるわけではなく，あくまで当該年度の所得に税がかかるという仕組みだからである。デフレーションになると富裕層の当該年度の所得も減少することになるので，再分配機能も低下することは避けられない。

　結局のところ，デフレーションを克服することが根本的な対策になるのだが，金融政策・財政政策を行っていても解消するのが困難であるというのが現状である。

👍 小論文にする時のポイント ─────────────────●

　入試では，
① 格差の是非について問うもの
② 格差発生の原因を問うもの
③ 格差の是正方法について問うもの
の3つに分かれる。

　①の場合，賛否のいずれの立場で論じてもよいが，「富は才能によって生まれるもので，これを否定すべきではない。よって，格差を肯定する」「社会的に立場の弱い貧困層をこれ以上生んではならない。ゆえに，格差を否定する」など，極論を展開することは避けたい。前者の場合は貧困層の立場を無視する記述をしないこと，後者の場合は極端な思想に傾くような記述を避けることなど，バランスを保った論述を心がけたい。②や③の場合では，格差発生はデフレーションという経済的な側面や，労働力の需要と供給のアンバランスという経営的な側面と密接にかかわることを理解しておきたい。

例 所得格差に関する3つの図を読み，図から読み取れることを述べ，それをふまえて考えを述べよ。 （弘前大・教育学部）

例 格差と貧困は独立したものではなく，貧困リスクをだれもが持ち，決して他人ごとではないことを理解するために，他者感覚の概念を取り入れた「社会的想像力」について述べた文章を読み，あなたが社会的問題として最も関心を持つ現実を取り上げながら，筆者の主張に対するあなたの考えを述べよ。

（東京学芸大・教育学部）

例 日本の貧困問題。「そもそも格差のない社会はあり得ず，むしろ社会の活力の源泉となり得る」という言い分に反論しつつ，貧困問題に本腰を入れて取り組む必要性について論じよ。 （清泉女子大・文学部）

例 近年，過激化している格差論について述べた文章を読み，筆者の考え方に対する賛否を明らかにした上で，その理由についてあなたの意見を述べよ。

（目白大・人間学部）

例 格差社会の今後について述べた文章を読み，貧富の格差が拡大することによって起こりうる社会問題は，例えばどのようなものが考えられるか。具体例を2つ述べよ。 （愛知教育大・中等教員養成課程）

例 日本での所得格差の動向について論じた文章と，図1「ジニ係数」，図2「所得不平等度の推移」をそれぞれ読み，1980〜1990年代に日本で所得格差が拡大した理由は何か。その理由を説明する仮説を3つ考え，それぞれ述べよ。

（大阪大・人間科学部）

例 日本の教育格差とも密接に関係してくる日本の教育の特質について述べた上で，格差是正の案について述べた文章を読み，日本の教育および格差に関する著者の考えに関するあなたの意見を述べよ。 （甲南大・文学部）

例 格差社会をめぐる論議が活発化する中，非正規雇用拡大による自立生活が困難となる若者の増加に関して，全体状況と個別の処方箋は，次元が違うと述べた文章A，格差よりも貧困の論議を求める文章Bを読み，どちらの認識を支持するかについて，その理由を明確にしつつ述べよ。また，自立生活が困難な若者にどのように対処すべきかを論じよ。 （福岡教育大・教育学部）

☑ 中流意識（総中流時代）

　国民の多くが，自分の生活レベルは中流階級だと考える意識のことをいう。背景には，経済成長によって，国民が物質的な豊かさを得たことがあるといわれている。

　日本では1970年代までには中流意識が形成されたが，昨今では年収が299万円以下の層，および1500万円以上の層が増加していて，中間層は減少しているという現実がある。

☑ ジニ係数

　社会において，所得の分配の度合いがどれだけ不平等であるかを測る指標のことをいう。イタリアの統計学者コッラド=ジニによるもの。

　係数の範囲は0から1であり，0に近づくほど格差は少なく，1に近づくほど格差が大きい状態を意味する。0.4を超えると，暴動などの社会騒乱が多発するといわれている。一般的には，累進課税制度（p.49参照）などによって所得の再配分がなされると，ジニ係数は小さくなる。

☑ 貧困率

　社会において，貧困層に分類される人がどれだけいるかを示す指標のこと

をいう。経済協力開発機構（OECD）は，相対的貧困率という指標で表している。これは，等価可処分所得（世帯の可処分所得を世帯員数の平方根で割った値）が全国民の等価可処分所得の中央値の半分に満たない国民の割合である。日本では1997年は14.6％，2016年は15.7％と15％前後で推移している（厚生労働省「国民生活基礎調査」）。この数字は，先進国のなかでアメリカについで高いものであり，所得格差の大きさを表している。特に，高齢者世帯や一人親世帯が貧困世帯に多く分布している。

☑ ワーキングプア

　仕事に就いているものの，低賃金のため，生活保護の水準以下の収入しか得られない人々のことをいう。全労働者のうち年収200万円以下の人は1098万人，割合にして21.8％（国税庁「民間給与実態統計調査」2018年）にもなっている。

　このような現状の背景には，企業の人件費抑制の流れがあるといわれている。企業は人件費が高くなりがちな正規雇用者を削減する一方で，安い賃金の非正規雇用者を増やしたり，海外進出によってより安い労働力を確保した

りした。このことは，国内の労働者の立場からすると，雇用先が減り，かつ低賃金で身分が不安定な非正規雇用でしか仕事に就くことができないケースが増えるということである。

☑ 世代間格差

世代間，特に現役世代と高齢者との間に生じる経済的な格差をいう。その原因として，まず，金融資産が高齢者に偏在していることが挙げられる。日本の個人の総金融資産は約1900兆円であるが，そのうち7割近くを高齢者が所有していると言われている。また，長引くデフレによって給与所得者の平均所得は低下している一方で，年功序列制や終身雇用制の崩壊，非正規雇用の台頭，税・社会保障費負担の拡大により，（現状でも将来的にも）金融資産を蓄える余裕がある若年層は少なくなる。こうして，高齢者と資産が少ない若年層（現役世代）との間で格差が生じる。

また，世代ごとの社会保障の受益と負担額の面でも，世代間格差が生じている。2005年の試算によると，現状の制度を維持すると仮定して受益額と負担額を差し引きすると，60歳以上はプラス4875万円なのに対して，20歳未満の将来世代はマイナス4585万円になるという（内閣府「年次経済財政報告」）。つまり，60歳以上の世代と将来世代とでは，約9000万円もの世代間格差が生じることになるのである。

☑ 地域間格差

地域間における経済面での格差のことをいう。地方によって財政状況に差が生じることから，国は公共事業や補助金による再配分を行ってきた。しかし，地方分権思想の流れから，税制を改め，財源委譲などが行われた。本来は国が行ってきた業務や権限を地方自治体に移譲し，国からの地方交付税交付金を減らす代わりに，住民税による収入が増えるように制度を変更したのである。

しかし，住民税は住民の所得額に左右されるため，地方自治体の財政は不安定になった。こうしたことから，地方債の返済を安定的に行うことが難しくなり，財政状況が苦しい自治体が多く現れる結果になった。例えば，財政再生団体になった北海道夕張市などはその典型的な事例である。

答案例

問題 格差社会によって生じる問題点と対応策について，あなたの考えを述べよ。

600字以内

模範回答 格差社会を肯定的に捉える人もいる。資産が得られるのは努力や才能を有するからであり，格差が生じるのは必然であると考えるからである。しかし，問題は貧困層が生まれることにある。貧困層の広がりは社会の不安定化だけでなく，経済活動の衰退を生じさせる。これが最大の問題である。　　（以上，第1段落）

　これは，市場の流通通貨量の減少によって起こる。貧困層が増えると，財やサービスの消費量が減少するので在庫過多となり，価格を下げて販売しようとする。こうした動きが続くと市場経済が縮小するデフレーションの局面となり，経済活動の衰退を招く。　　（以上，第2段落）

　また，デフレーション下では富裕層が持っている資産価値は上がるが，企業の生産活動は弱くなる。企業は収益を減らし，貧困層の賃金はさらに下がる。こうして富裕層はさらに裕福に，貧困層はさらに苦しくなり，格差が固定化される。　　（以上，第3段落）

　格差社会を是正するには，デフレーションの克服が根本的な対策になるのだが，金融政策や財政政策を行っても改善は難しい。よって，累進課税制度に加え，貧困層にも再チャレンジしやすい社会の構築が必要である。職業訓練による技能向上や高等教育の無償化などを行い，貧困層が格差社会で生き抜く力を養えるための支援が求められよう。　　（以上，第4段落）

解説　第1段落：意見の提示…格差社会の問題点は貧困層が拡大することにあるとし，それは経済活動の衰退をもたらすことを指摘している。
第2～3段落：理由説明…デフレーションが格差の発生と拡大の要因になることを説明している。
第4段落：意見の再提示…格差是正のためにはデフレーションの克服はもちろんのこと，貧困層が格差社会で生き抜くための能力を養えるようにする支援も必要であることを述べて，文章を締めくくっている。

若者の特性

定義

　若者とは，おおよそ青年期(中学生～大学生)にあたる人々のことをいう。
青年期は，子どもから大人になるための過渡期に位置し，精神的には未熟
な面が多いので，批判的に捉えられることもある。一方で，自己に対する
関心や欲求が高いといわれている。例えば，自己について深く知りたい，
技術や資格を身につけたい，趣味や遊びにこだわる，自分を認めてほしい
といった欲求を持つなどの特徴がうかがえる。

問題点

　一般的な傾向として，大人と比べて若者は限られた集団内にいる特定少
数の人間と接触する機会はあるが，不特定多数あるいは他世代の人間と接
触する機会が少ない。場合によっては他人との接触がほとんどないことも
ある。こうしたことから，他人や社会との接触に苦手意識を持つ若者も少
なくない。

　また，他人からの否定や批判を恐れるなど，精神的にもろい人もいる。
なかには，社会へ出ることを拒むピーターパンシンドローム(p.72参照)，モ
ラトリアム人間(p.72参照)と呼ばれる存在になる人，自己に向かう視点と
相まってミーイズム(p.72参照)といった自己中心的な思考に陥る人もいる。

　こうしたステレオタイプ(p.17参照)の若者像をもとにして，若者のこと
を責任感や判断力に乏しく，学力や知識が不足している存在として扱うな
ど，問題視する大人も少なくない。

問題点の背景

　こうした若者の特性が生じるのは，青年期が人格を形成する時期であり，
一方では大人になるための準備期間(モラトリアム時代)であることが背景
にある。

子どもは家族や仲間との間で親しい関係を築き，その関係内で自己の役割や課題，ルールなどを認め合う(共認関係の構築)。しかし成長するにつれて，実現したいこととそれがかなわない現実との間で葛藤し，時には他者否定や自己正当化を伴ったりしながら自我(p.16参照)が芽生える(自我の芽生え)。他方，家族や仲間のなかに存在する親しい関係・役割・課題・ルールなどが，自我を抑制することもある(共認関係による自我の抑制)。こうした過程を踏んで人格が形成され，成長・成熟していくのである。

　一方で，若者は大人としての責任や義務を猶予されることがある。いわば保護すべき存在として扱われ，かなりの自由な思考や行動ができる。この時期が人格形成の時期に重なるのであるが，社会との接触が少ないなど何らかの原因で共認関係が十分に構築されないと，人格形成が適切に行われないことも生じる。その結果，自他と相互に認め合う経験が不足し，自己を肯定的に捉えられないといった状況も起こりうる。つまり，共認関係の構築の不十分さが若者が引き起こすさまざまな問題の原因の一つであると考えられる。

対応策・解決策

　まずはステレオタイプの若者像を払拭し，個々の若者の特性を見ることが必要だ。場合によっては，若者の人格形成を支えるなど，社会や大人による支援が重要となる。例えばボランティアのほか，インターンシップやワークショップ(p.73参照)などといった形での社会参加など，共認関係を築いて自己肯定感を育むための試みなどが考えられる。また社会や教育現場において，若者に一定の役割や課題を与えたり，ルールの遵守を徹底させるなどして，若者を社会の一員として認めて育むことも必要だ。

👉 小論文にする時のポイント ―――――――――――――――

　入試では，若者にかかわる問題点を指摘させ，その背景や改善策を求める出題が多い。その時，「若者は自己中心的だ」「社会的マナーが欠如している若者が多い」など，表面的で紋切り型の主張だけを展開するのは好ましくない。できれば，

そのような状況になる背景(青年期の人格形成の過程における問題点)まで踏み込んで述べるようにしたい。なお，青年期の特性については高校の公民科の学習内容である。受験生であれば，当然理解しているものとみなされるので，それらの内容を踏まえた記述にしておく必要がある。

過去の入試問題例

例 IT技術が私たちの生活を想像もつかないほどに変えようとしている問題について述べた文章を読み，「若い子はみんな，半分非現実の世界に生きている」「周囲に対する気遣いが消えた」という著者の主張について，あなたはこの現実をどのように認識し，評価しているのか，その意見を述べよ。

(東北学院大・文学部, 教養学部)

例 若者が自国の文化に興味を持たなくなったことについて述べた英文を読み，多くの日本の若者が，日本文化よりも外国の文化に強い興味を持っているというのは正しいと思うか。正しいと考える場合はそう考える理由を，正しくないと考える場合はそうではないと考える理由をそれぞれ説明せよ。

(国際教養大・国際教養学部)

例 身近な相手との関係につねに神経を張りつめ，風通しの悪くなった狭い世界のなかで生きる現代の子どもたちの姿について述べた文章を読み，こうした状況を改善するために，学校あるいは学級にはどのようなことが求められるか。あなたの考えを書け。

(茨城大・教育学部)

例 現代の日本の若者の特徴について述べた英文を読み，あなたは本文で述べられているような若者グループの一員であると思うか。そのように考える理由を説明したうえで，日本の若者が将来良い人生をおくるために何をすべきかを述べよ。

(学習院女子大・国際文化交流学部)

例 社会の一員であるという自覚が生まれる原点ともいえる他者との緊密なつながりを，自ら切断するか，あるいはつながりそのものをつくろうとしなくなっている人たちが多くなっていることについて述べた文章を読み，筆者は現代の若者の社会とのつながり方について若い世代に批判的に論じているが，この筆者の意見に対するあなた自身の考えを述べよ。

(山梨大・教育人間科学部)

例　近年，各種の調査において，就職の際に重視される能力として必ず上位に挙がるのが「コミュニケーション力」である。これは裏返せば，若い人たちの「コミュニケーション力」が低下していると多くの人々に捉えられていることの表れでもあるだろう。あなたが考える「コミュニケーション力」とはどのようなものか。また，そのような「コミュニケーション力」はどのようにしたら身につけ，伸ばすことができるだろうか。あなたの考えをできるだけ具体的に論述せよ。
　　　　　　　　　　　　　　　　　　　　　　　　　　　　　（中部大・人文学部）

例　現代の若者のコミュニケーションについて述べた文章を読み，現代の若者たちの人間関係について，著者がどのように考えているかを述べたうえで，それに対するあなたの考えを述べよ。
　　　　　　　　　　　　　　　　　　　　　　　　　　　　（大阪教育大・教育学部）

例　最近の若者が怒りの感情を簡単に行動化させ社会問題になっているが，悲しみの文化のよい点を取り入れるべきではないか，悲しみと怒りの量のバランスが崩れることは，一種の危機的状況をもたらすのではないか，と述べた文章を読み，筆者の主張に対する意見を述べよ。
　　　　　　　　　　　　　　　　　　　　　　　　　　　　（福岡教育大・教育学部）

例　十代の若者達にとって「ムカツク」「うざい」などの「コミュニケーション阻害語」は，異質な他者ときちんと向き合うことを遠ざける「逃げのアイテム」としての機能をもち，多用することで知らず知らずのうちに他者が帯びる異質性に最初から背を向けてしまうような身体性をつくってしまう危険性があることを指摘した文章を読み，著者が紹介する言葉以外で，あなたがコミュニケーション阻害語と考えるものを挙げ，それがどのようにコミュニケーションを阻害しているのか，考察せよ。
　　　　　　　　　　　　　　　　　　　　　　　　　　　　　　（熊本大・文学部）

🔎 関連キーワード

☑ 子どもが大人になるための条件

　内閣府が2013年に実施した「民法の成年年齢に関する世論調査」において，子どもが大人になるための条件についての調査を行った。それによると，「経済的な自立」「社会での労働」「肉体的な成熟」「結婚」などの目に見える成長に対する回答率は低く，一方で「責任感」「判断力」「精神的成熟」「社会人としての学力・知識」といった精神

的な成熟に対する回答率が高い傾向があることがわかった。このことから，大人と見なされる要件としては，一般に，経済的・肉体的・物理的自立よりも，精神的自立が求められている傾向がうかがえる。

☑ ミーイズムとエゴイズム

ミーイズム（自己中心主義）とは，自分の幸せや満足を求めて自己の興味や関心を優先し，社会に関心を示さないという考え方を指す。

一方，エゴイズム（利己主義）は，自己の利益のみを追求し，社会一般の利害を念頭に置かないという考え方のことである。

エゴイズムは社会を対象としたうえで自己の利益を追求するが，ミーイズムは社会的な視点を一切排除するという点で異なる。いずれも自己都合が基準であり，「社会的視野が狭い人々である」などと捉えられる。

☑ ピーターパンシンドローム （ピーターパン症候群）

いつまでも子どものままでいたいと願い，成熟することを拒否する現代男性を精神疾患として捉えた概念のことをいう。アメリカの心理学者カイリー氏が名づけた。

精神的・社会的に未熟であるゆえ，社会常識やルールを無視するなど，社会生活への適応が難しい。原因としては，マザーコンプレックス，過保護，幼少期の虐待などからくるストレス，社会からの逃避願望などが挙げられているが，いずれも明確な因果関係は立証されていない。

☑ モラトリアム

社会的な責任を一時的に免除あるいは猶予されている時期のことをいう。青年期（おおよそ中学生〜大学生）がその時期にあたるが，この時期に自己を発見し，社会的な成長をするとされている。

昨今ではモラトリアムが延長する傾向があり，上級学校の卒業を延期したり，フリーター（p.48参照）生活を続けたり，親元から自立することを拒んだりするケースが多く見られるようになった。モラトリアム人間とは，この猶予期間を故意に引き延ばし，大人になろうとしない人間のことを指す。

☑ ゆとり世代

一般に，2002年から2010年までの「ゆとり教育」を受けた世代（1987〜2004年生まれ）のことをいう。「詰め込み教育」と言われた知識量偏重型の教育への反省から，1980年度の指導要領改訂から徐々に学習内容の精選と授業

時間の削減が実施された。この世代の特徴として，知識が少ない，自ら考え行動できない，コミュニケーション能力が低いなどとされる一方で，IT関連に強い，合理的思考を持っているなどといったことも挙げられている。

☑ さとり世代

　明確な定義はないが，2010年前後に若者であった世代のことをいう。世代的に「ゆとり世代」とも重なる。一般的には，物欲がない，旅行や恋愛・昇進などに興味を持たない人が多い世代とされる。バブル崩壊後の景気が悪くなった時代に育ち，インターネットを介して多くの情報を持つことから，大きな夢や希望を持たず，現実的かつ合理的に物事を判断するようになったのではないかと考えられる。

☑ インターンシップと　　ワークショップ

　インターンシップとは，学生が在学中に，企業などにおいて自らの専攻や将来のキャリアに関連した就業体験を行うことをいう。関心のある企業や業界に対する理解を深めるとともに，労働観が養われるといった利点がある。

　一方，ワークショップとは，創作活動や技術の習得を行うために開かれる会合のことであり，会合の中身に実地の作業などが含まれるのが普通である。研究集会・講習会・研修会などもその一種として含まれることもある。

答案例

問題 現代の若者に関する問題点について、あなたの考えを述べよ。 600字以内

模範回答 一般的な傾向として成人は、若者のことを自己中心的で、責任感・判断力に乏しく、学力や知識が不足している存在として扱い、問題視する。また、若者の中には他人や社会との接触に苦手意識を持ち、他人からの否定や批判を恐れるなど、精神的にもろい者もいる。 (以上、第1段落)

　若者にこうした特性が生じる背景には、青年期が人格形成の時期であり、一方でモラトリアム時代であることがある。子どもは共認関係の中で自我を構築し、一方で共認関係が自我を抑制する。こうした過程を踏んで人格が形成されていく。この時期は人格形成時期に重なるが、社会との接触が少ないなど何らかの原因で共認関係が構築されないと、適切な人格形成が行われない。つまり、共認関係の構築の不十分さが、若者が引き起こす諸問題の原因の一つであると考えられる。 (以上、第2段落)

　よって、若者の人格形成にあたっては社会や成人による支援が重要となる。例えば、ボランティア、インターンシップ、ワークショップなどといった社会参加などで共認関係を築き、自己肯定感を育む試みが考えられる。また、社会や教育現場において、若者に役割や課題を与え、ルールの遵守を徹底させるなど、若者を社会の一員として認めて育むことも必要だ。 (以上、第3段落)

　解説 第1段落：意見の提示…一般的にいわれている現代の若者像を取り上げ、その問題点を指摘している。
　第2段落：理由説明…そうした若者が生まれる背景を、自我の形成時期とモラトリアムという青年期の特徴をもとに説明している。
　第3段落：意見の再提示…そうした若者に対して、社会や成人が支援することの必要性を述べ、意見をまとめている。

2 人文系学部特有の テーマ

　人文系学部の入試問題の中には，自己や社会を哲学的に捉えることを求めるテーマがよく出題される。自己や社会とは何なのか，自分や人間は何のために存在するのか，といった根本的な原理を探らせることで，受験生の思考の深さや学問との向き合い方を見ようとしているのである。

　ここでは次の5つを厳選し，「人文系学部特有のテーマ」として紹介する。その内容が，たとえ通念(我々があたりまえだと思うようなこと)であったとしても，敢えて疑ったり，深く考察したりする癖をつけてほしい。

取り扱うテーマ

> アイデンティティ

> 自　由

> 心の豊かさ

> 正　義

> 教　養

アイデンティティ

定義

　アイデンティティとは自己同一性と訳されることが多く，一般的に「これこそが自分である」という実感のことだといわれている。

　アメリカの精神科医エリクソン（p.81参照）によってその概念が定義され，心理学や社会学などといった広い分野で用いられるようになった。なお，エリクソンは，アイデンティティの形成は一生涯続くものであると主張する一方で，その基礎は青年期に達成されるべき課題であるとした。

必要性

　明確なアイデンティティを持ち，それを安定的に保つことができれば，将来への不安や人生への無気力を感じることが少なくなる。つまり，「これこそが他人とは異なる『自分』である」という自己概念を形作ることができれば，一人であっても，集団の中にあっても，それをもとに「自らがどうあればよいのか」「どのような役割を担えばよいのか」が判断できるからである。そして，そうした思考やそれに基づく行動を他人から評価されれば，さらなる自己肯定感を育むことになるほか，人生の進路を選択する際にも役立つ。

　例えば，アイデンティティの拡散（アイデンティティの確立が停滞し，自己が曖昧になっている状態）や混乱（アイデンティティ確立の過程において，苦悩したり，葛藤したりする状態）に陥った人間は自己概念を持たない。そのため，「どのような進路が適しているのか」「どういった職業に就けばよいのか」といったことが不明確となる。そのことで人生のあり方が主体的に選択できなくなり，社会への適応を困難にする恐れもある。言い換えれば，自己を確立すれば自分が社会に対してどのように関わればよいのかを主体的に考えることができ，それが社会への関心を生み，職業や進路の選択にも役立つのである。

必要性の背景

　アイデンティティの確立が求められるのは，現代においては価値観が多様化しているからであるといえる。もっとも，社会に属する人間が共通して持つ価値観や規範が存在していれば，それらを遵守することで，「価値観を皆と共有し，皆で規範を遵守することで，私は社会に帰属し，社会に役立っている存在となる」と見なすことができるであろう。

　例えば，近代以前のヨーロッパでは絶対君主制によって社会規範が形成され，世襲も伝統的に行われ，キリスト教をはじめとした宗教に影響された価値観が市民に浸透していた。人々は社会や他人によって築き上げられた規範や価値観を遵守すればよく，職業選択のような自己決定も行わなくてよかったのである。こうして社会の流れに身を委ねておけば自己の役割を果たしたと見なされ，その行為によって自己の存在価値を認識することができたのである。

　しかし，市民革命を経た後は様子が変わった。近代社会が形作られるとともに人々は自由権を得たが，近代以前に築かれた伝統や価値観が崩れ，人々は自由に生きることが求められるようになったのである。人々は好きなように生きられるようになったわけだが，一方で自己の存在意義を確認する拠り所を失ったともいえる。その結果，自らの力で自らの存在価値を見出さなければならなくなったのである。そのうえ，現代社会は価値観が多様になったといわれており，そのことが自分の存在価値やアイデンティティに不安を抱かせる要因となっている面は否めない。

対応策・解決策

　アイデンティティは自分一人では確立できない。他人や社会と関わり，自身が職業や地位に就き，さまざまな経験を重ねることが必要となる。つまり，今まで経験してこなかった役割を担ってみたり，新しい体験をしてみたりすることが欠かせないのである(役割実験)。例えば，生徒会や委員会活動で重要な役割を分担したり，部活動で自己の能力を試してみたり，ボランティア活動や職業体験のほか，各種の留学をしてみたりすることなどが挙げられる。このように社会と積極的に接触し，その経験を通して改

めて自己を理解することが，アイデンティティ形成にはどうしても欠かせないのである。

　ただし，いくら他人との関わりが必要だとはいえ，他の人から押し付けられた「あなたはこうあるべきだ」という価値観を，そのまま自己の価値観だと捉えて生きるのは好ましくない。他方，「これしか自分のあるべき姿はない」と自分が考えている自己概念をあたかも絶対的なものと捉え，それを疑わないのもよくない。あくまでも他人や社会との関わりの中で，「自分とは何か」「これからどう生きるべきか」「社会の中で何をなすべきか」と自分自身へ重ねて問いかけ，それに対する答えを吟味していく中で，自分の本質を見出すことができ，自己概念も形作られていくのである。

👍 小論文にする時のポイント ―――――――――――――――・

　入試では主として
① アイデンティティの確立の必要性
② 自己とは何か
③ 受験生の自己紹介
に関する出題がなされる。

　①については，多くの場合はアイデンティティの確立が必要であることを前提として出題される。よって，おのずと「アイデンティティの確立はなぜ人間にとって重要なのか」といった内容で論述することになるだろう。こうした問題では，自己や人間の存在を深く思考できるか否か，言い方を換えれば哲学的思考ができるか否かが試されているということである。従って回答としては，「自分の人生を豊かにするため」，「他人に貢献することができるため」，「豊かな社会を築き上げるため」といった方向性での論述が考えられる。なお，「アイデンティティの確立は不要である」という方向で意見を論じるのは，青年期を生きている健全な高校生としては好ましい回答とは言い難い。

　②については，「私とは何者か」など，自己の存在に関する問題が課されることもある。私（自己）とは，私という認識（自覚）であるといえる。だから，回答するには「私」の存在をどのように自覚するのか（しているのか）ということを考え

78

る必要があるだろう。具体例としては，「私とは自他によって築き上げられた自己概念のことである」「社会の中での役割を十分に担いながら自己実現することが，自分らしく生きるということである」といったものが考えられる。なお，類題として「自分らしい生き方とはどういうものか」といった人生観を問うものがある。多くの場合，自分自身が自覚する自己像と理想像の間にはずれが生じているものだが，その両者をどう重ね合わせるかによって生き方が決まる。よって，論述の方向性としては，理想像を現実的なものに近付けるのか，あるいはあくまでも理想像を追い求めるのか，いずれかを選択することになるだろう。前者ならば「自分らしい生き方とは，あるがままの自分を受け入れる生き方のことである」，後者ならば「自分らしく生きるとは，理想像を具現化する生き方のことである」という回答が考えられる。ただし，いずれの立場を選択しても，自己を理解すること（アイデンティティを確立すること）が前提であることは忘れずに論述してほしい。

③については，「あなた自身をアピールしなさい」などという形で問われる。この設問は，受験生が青年期において自己概念をどのように形成しているのか，その過程を見ようとしていると捉えてよい。よって，深い思考の末に自己概念が形作られていった様子を理由説明の中で示す必要がある。他人や社会との関係の中でどういう試行錯誤を繰り返して自己を確立していったのか（しようとしたのか，いくべきなのか），その中でどのような苦悩や葛藤があり，どう解消しようとしていったのか，といったことをしっかりと論じてほしい。なお，長所自慢や実績の羅列に終始する答案では，高い評価は期待できない。

過去の入試問題例

例 私たちの一人一人にとって自分とは，すべてをそこから出発させるべき，かけがえのない存在であると自覚することであると述べた文章を読み，①まず，意識と主体の関係についての筆者の考えをまとめ，②次にそれについて自分の考えを書け。　　　　　　　　　　　　　　　　　　　　　　（上智大・文学部）

例 自身の出自から自我の問題に葛藤してきた筆者が，他者と相互に承認しあわない一方的な自我はありえないと実感するまでを，夏目漱石の作品，特に「こ

ころ」を中心として述べた文章を読み，あなたにとって「私」とはいったい何者であるのか，筆者の考えをふまえて，述べよ。　　　　　（東京学芸大・教育学部）

例 『パンセ』（パスカル）から，人間は自己に立ち返り，実在するものに比して自己が何であるかを考えてみるがいいと述べた文章を読み，「われわれは確実や安定を求めないようにしよう」とパスカルは述べている。パスカルの言わんとするところをまとめ，また，それについてのあなた自身の考えを論じよ。

（東京女子大・現代教養学部）

例 多くの人々は，自分たちが揺りかごから墓場まで同一の持続的存在であると考えようとする傾向があり，アイデンティティが単一である，という固定観念こそが，「わたし」が壊れるのではないかといった不安を煽ることになっているのではないかと述べた文章を読み，アイデンティティについての筆者の見解に対する意見を述べよ。　　　　　　　　　　　　　　（青山学院大・文学部）

例 行為によってではなく，存在することそれ自体に価値を認める文化について述べた文章を読み，存在証明および，この存在証明から自由になることについて，あなたはどのように考えるか。本文をふまえ自由に述べよ。

（愛知大・文学部，現代中国学部，国際コミュニケーション学部）

例 本人であることを立証しうる「属性」があるなら，属性を作り出すおおもとの「本性」もあるはずだが，「属性」をいろいろ集めてくることでしか「本性」を示すことができないと述べた文章，および，アイデンティティにはすべて他者が必要であるという，相補的アイデンティティの考え方について述べた文章を読み，現代の日本社会・文化の状況において，「自分が自分であること」とは何かについて，あなたの考えを述べよ。　　　　　　　（高知県立大・文化学部）

🔑 関連キーワード

☑ 存在証明

「私」の存在自体を証明することはなされている。例えば，デカルト(p.81参照)は「我思う，ゆえに我あり」と述べ，自分はなぜ存在するのかと考

ること自体が自分の存在を証明することであると述べた。また，ハイデガー(p.82参照)によると，人間は日常的に自分の気分を了解し，語るという行為によって自己の存在を明らかにしてい

るという。一方，和辻哲郎(p.82参照)は風土によって自己を見出そうとした。

しかしながら，それらは「私」の存在が自明であることを証明したにすぎず，「私とは何か」という問いの答えとしては不十分であるといわれている。

☑ エリク＝H＝エリクソン（1902〜1994）

アメリカの発達心理学者，並びに精神分析家。アイデンティティ(自己同一性)の提唱者であるとともに，人生を8段階に分けてそれぞれの発達課題や心理社会的危機等を設定した心理社会的発達理論の提唱者としても有名である。ドイツに生まれ，ウィーンでアンナ＝フロイトの弟子となって教育分析を受けた後に，ウィーン精神分析研究所で分析家の資格を取得した。1933年にナチス・ドイツが誕生するとユダヤ系であった彼はアメリカに渡って児童心理療法に従事する一方で，主に幼児や児童研究に携わった。大学の学位を持たずして，ハーバード大学をはじめとした複数の大学で教鞭を取ったことでも知られている。

なお，アイデンティティは心理社会的発達理論の5番目である青年期における課題であり，アイデンティティの確立に失敗すると，同一性拡散や混乱という，いわば本当の自分が分からない状態に陥るとしている。また，学生などで社会的な義務や責任を免れている準備期間をモラトリアムというが，これは元々エリクソンが「青年期にアイデンティティを確立するための猶予期間」という意味で使用した語句から転じたものである。

☑ デカルト(1596〜1650)

フランスの哲学者，自然哲学者，数学者。パリの大学を卒業後，さまざまな人物と交流を深める中で『方法序説』などの著書を発表。その理論が評価されたほか，後の哲学者だけでなく科学者にも影響を与え，ニュートンは彼の著書に多大な影響を受けたと後の研究で明らかになった。

「我思う，ゆえに我あり」という命題は上述の『方法序説』の中で提唱されたものであり，目の前に存在するもの全てを疑うこと，またそれ全てが虚偽であるとしても疑っている我が存在することは絶対的真実であるとするものである。言い換えれば，考えることにより自分自身を証明するということである。デカルトのコギトとも呼ばれる。この命題を哲学の第一原理に据えて真理を追究した姿勢が，それまでの信仰を基にして真理を獲得する手法とは異なることから，デカルトは近代哲学の祖といわれている。

☑ ハイデガー(1889〜1976)

ドイツの哲学者。サルトル(p.93参照)やフーコー(1926〜1984)をはじめとした多くの哲学者や思想家に影響を与えたことから，20世紀最大の思想家であるといわれている。ドイツ生まれ。現象学を学びフッサールの助手を務めた後に教授や大学総長となるが，ナチス・ドイツに協力的であったことから学内に混乱を招いて総長の辞任を余儀なくされた。さらには第二次世界大戦後のいわゆるハイデガー裁判と呼ばれる非ナチ化の裁判の結果，職務と講義の停止が命ぜられた。そのため，ネオナチの出現も取りざたされるヨーロッパにおけるハイデガーの評価は，非常に慎重に行われている。

その思想の最大の特徴は，存在は絶対的であるとする従来の哲学的思考と異なり，そもそも存在自体は何かという疑問の下に人間の在り方，ひいてはこの世に存在する全てのものの在り方を探究している点にある。ハイデガーは人間を現存在と呼び，現存在は気分によって存在との関係を示す，つまり人間は気分を語ることによって自分を表すとした。

なお，ハイデガーの思想は人間はどうあるべきかを問う実存哲学と類似しているため，サルトルは実存主義としたが，ハイデガー自身は否定している。

☑ 和辻哲郎(1889〜1960)

日本の哲学者，倫理学者，文化史家で，和辻倫理学の祖である。兵庫県に生まれ，東京帝国大学哲学科を卒業後，東京帝国大学など複数の大学で教授を歴任後，1950年に日本倫理学会を創設，死去まで会長を務めた。1927年のドイツ留学中での経験を元に，帰国後1935年に刊行した『風土―人間学的考察』において，ヨーロッパやアジアなどの風土を3つに分類，それぞれの風土性と文化，人間気質との関連を示し，その相違を比較しているほか，日本という風土に立脚した日本人論を展開している。

また和辻倫理学とは，個の在り方を重視していた西洋倫理学とは異なり，人と人との関係性に焦点を置いたものであること，これを日本文化史や思想史に応用していることから，日本独自の哲学体系であるといわれている。

☑ 実存哲学

実存(自分自身という個の存在)を思想の中心とする哲学のことをいう。19〜20世紀に急速に広まった西洋合理主義や，実証を絶対視する実証主義，また従来の西洋思想に基づいて発展した近代技術などに対して異議を唱えるものであり，非合理性や理性では割り切れない人間の主観を重視している。

　実存の考え方は，古くはフランスの哲学者，数学者のパスカル（1623〜1662）の中に見ることができる。「実存」という言葉は使われていないものの，その著書『パンセ』中の有名な一節「人間は考える葦である」は，実存に対する問題提起を行っているとされる。

　一般的に実存哲学はデンマークの思想家であり，哲学者であるキルケゴール（1813〜1855）が由来であるとされ，主体的実存を真理としていることが特徴である。キルケゴールは「絶望こそは人間存在の本質」であるとし，どのような人生を送ろうとも人間には最終的に死に至るという絶望が待ち，これを超越できる神の存在を救済の可能性として信じるとした。これは当時流行していた抽象的に人間を捉えようとする哲学とも，従来の神を絶対とする宗教信仰とも一線を画したものであった。

　また，ドイツの哲学者ニーチェ（1844〜1900）も実存哲学の祖であるとされ，ルサンチマン（強い者に対する弱者の恨み），ニヒリズム（人間の存在には意義や目的などないという考え方）などの独自の理論を展開し，従来のキリスト教に基づく価値観を覆したことが特徴的である。

　第二次世界大戦後には，フランスの哲学者で現象学の発展に尽くしたメルロ＝ポンティ（1908〜1961）が，科学的には分析が困難な実存に関して身体と世界という概念を通して現象学的に考察したほか，同じくフランスの哲学者で小説家，劇作家でもあるサルトル（p.93参照）が，存在や本質の価値や意味は最初からあるのではなく後付けされたものであるという概念を「実存は本質に先立つ」と表現した。これは，神が万物の創造主であり，本質が実存に先立つとした古くからの宗教観に根ざした思想とは正反対の立場に立つことから，無神論的実存主義と呼ばれ，世界的に影響力を示した。しかし1960年代になると，実存を規定する普遍の構造があるとして，構造に着目する構造主義が台頭し，さらに1980年代には西洋的伝統由来のものからの脱却を試みるポストモダンに取って代わられることになった。

☑ 近代哲学

　16世紀から20世紀の近代に区分される時代の哲学のこと。特徴として，従来のように神ではなく，人間理性により永遠や普遍性を追求することで真理を獲得するという姿勢が挙げられる。

　近代哲学の祖とされるデカルト（1596〜1650）は，コギト（人間の思考作用）の提唱以外にも，デカルト二元論（世界には物質と心という二つの実体があり，それぞれ独立して存在する

とした理論)を展開した。これは目の前にある物質をそのまま写し取ったものが認識であるとする考え方で，18世紀にドイツ観念論哲学の創始者であるカントが登場するまで支持されていたものである。

しかし，カントは「コペルニクス的転回」と自ら評する説を打ち出し，主観で物質を認識して初めて客観である物質に意味が生じるとした。さらにこの二元論は後のドイツ観念論哲学者によって一元化された。すなわち，近代哲学の完成者と呼ばれるヘーゲル（1770～1831）は主観と客観を統一し，意識を精神の現象として捉え，弁証法によってその意識の経験を積み重ねることにより絶対知となるという構想を，著書『精神現象学』の中で主張した。

☑ 現象学

オーストリアの哲学者，数学者であるフッサール（1859～1938）によって提唱された，意識に直接与えられた現象のみを分析し，認識となるのかを解明する哲学のことをいう。言い換えると，先入観や主観などのあらゆる観念を排除し，物事を現象のみで捉える哲学である。諸学問の前提を取り払い，学問的基礎付けを行うために考察された。

フッサールの助手であったハイデガーは，諸学問の基礎理論としての現象学は受け継がず，現象分析としての理論のみを現象学として規定した。そのため，サルトルやメルロ=ポンティなどそれ以後の現象学者らも，現象学を現象分析として捉えている。

☑ フロイト派心理学

オーストリアの精神分析学者であり精神科医であるフロイト（1856～1939）によって創始された，精神分析学を基にした心理学のことをいう。

フロイトは，神経症の臨床実験から人は無意識によって行動が左右されると仮説し，無意識領域が人間に及ぼす影響を解明する理論と治療技術を精神分析学として体系化した。その中で，人間の精神を意識・前意識・無意識の三層構造とする局所論や，人間の心的機能をエス・自我・超自我の相互作用とする構造論，生の本能（エロス），死の本能（タナトス）の本能二元論などを展開し，20世紀以降の思想・芸術・文学に多大な影響を与えた。

フロイト以後も，弟子たちによって理論が改定されつつも引き継がれていき，自我境界，自己愛，自己同一性（アイデンティティ）などの新たな概念が生み出されている。なお，フロイト派の心理学者としてはアンナ=フロイト（1895～1982）やエリクソンなどが知られている。

答案例

問題 アイデンティティ確立の必要性について，あなたの考えを述べよ。

600字以内

模範回答 現代社会は価値観が多様になったといわれ，自分の存在価値やアイデンティティに不安を抱きやすい。私はそうした不安を払拭し，自らの人生をより豊かなものにしていくためには，アイデンティティの確立が必要だと考える。

(以上，第1段落)

それは明確なアイデンティティを持ち，それを安定的に保てれば，将来への不安や人生への無気力を感じることが少なくなるからだ。自己概念を形作ることができれば，それをもとに「自らがどうあればよいのか」「どのような役割を担えばよいか」が判断できるだろう。そして，他人からそうした思考やそれに基づく行動を評価されれば，さらに自己肯定感を育める。また，自己を確立すれば自分が社会にどのように関わればよいのかを主体的に考えられるとともに，それが社会への関心を生み，職業や進路の選択にも役立つのである。　(以上，第2段落)

よって，アイデンティティの確立のためには，他人や社会と積極的に関わり，役割実験をすることが必要となる。例えば，生徒会や委員会活動で重要な役割を担ったり，部活動で自己の能力を試してみたり，ボランティア活動や職業体験，留学をすることなどが挙げられる。そして，それらを通して「自分とは何か」「これからどう生きるべきか」「社会でどうあるべきか」と自己へ問いかけ，自身の本質を見出しながら自己概念を形作ることが求められよう。　(以上，第3段落)

解説 第1段落：意見の提示…自らの人生を豊かにするために，アイデンティティの確立が必要だと主張している。

第2段落：理由説明…アイデンティティを確立することにより，将来への不安や人生への無気力を回避できると述べている。

第3段落：意見の再提示…アイデンティティを確立するためには役割実験を行うとともに，自己への問いかけを通して自身の本質を見出すことが大切だと締めくくっている。

自由

出題頻度 → 文学・日文 外語・外文 教育 ★ ★ ★ 心理 ★

定義

　自由とは，一般に自分の心のままに行動できる状態のことをいう。

　自由を分類すると，

① 消極的自由（拘束がない状態，liberty）

② 積極的自由（自分の思い通りにできる状態，freedom）

の2種類に分けられる。

　前者は，王や政府の権力，社会の圧力による支配・強制・束縛を受けずに，自由に振る舞うことをいう。思想・良心・信仰・居住・移転・職業選択の自由などが代表例である。「…からの自由」，政治的自由といわれることもある。

　一方，後者は他人からの拘束を受けずに，自分の意志で自由に行動を選択したり，決断したりすることをいう。「…への自由」，意志の自由，精神の自由といわれることもある。なお，積極的自由は消極的自由を前提として成立するとされ，この両者は共存できるものと捉えられている。

問題点

　自由を巡る問題点としては，

① 自由を行使する人の振る舞いが他人の権利を妨げることがあること

② 自由を行使する人が負うべき責任の範囲を巡るトラブルの発生

が挙げられる。いずれも積極的自由の行使によって生じるものだといえる。

　①については，ある人の自由な振る舞いが他人に迷惑をかけるといったことは日常でもよく起こることであるが，こうしたことが時として人権問題や社会問題になることがある。例えば，表現の自由(p.91参照)を行使することで，他人のプライバシーに関する権利(p.95参照)を脅かすことがある。三島由紀夫が著した『宴のあと』をめぐる裁判が有名であるが，彼は小説の中で政治家のプライバシーをあたかも覗き見したかのように暴露し

たために，裁判沙汰となった。

　②については，自由な行動に対して，本人がどこまで責任を持ち，代償する義務(p.96参照)を負うべきかが問題となることがある。例えば，過去に軍事紛争国でボランティア活動や現地取材に従事していた日本人が武装勢力に拘束される事件が起こったが，その時に要した救出費用を政府が彼らに請求すべきか否かが議論になったことがある。それについて，彼らは違法行為をしているわけではないから費用請求をすべきではないという主張がある一方で，政府の退避勧告に従わないでとった身勝手な行動だから費用請求はすべきだという主張もなされた。これは，個人の自由な行動に対する責任の所在が曖昧なため，その行動に起因する負担義務をどう負うべきかが論議の的になった事例である。

問題点の背景

　もともと「自由」という言葉は後漢書(南朝宋の時代に書かれた中国の歴史書。後漢朝について書かれている)や続日本紀(平安時代初期に編纂された勅撰史書で奈良時代の基本史料)の頃から用いられており，「わがまま(周囲の迷惑を考えず，自分勝手に振る舞うこと)」という意味で使われていた。そうしたなか，江戸時代に西洋から「liberty」「freedom」という言葉が流入し，その日本語訳として「自由」が充てられた。つまり，自由という言葉には①わがまま勝手，②消極的自由，③積極的自由と3種類の意味があるということだ。文脈上，自由の意味を否定的に捉えているならば①，肯定的ならば②もしくは③と読み取れる。こうした異なる「自由」の概念が対立し，問題を引き起こす。

　例えば，前述した『宴のあと』事件の場合は②と③の対立である。日本では自由にものごとを考え(思想・良心の自由)，自由に表現すること(表現の自由)を日本国憲法で保障しているが，その濫用によって他人の人権を侵害してはならないと解釈されている。ところが三島は，積極的自由(③，表現の自由)を濫用した結果，政治家側の消極的自由(②，プライバシー権)を侵害したといえ，問題視されたのである。

　一方，人質事件の救出費用請求問題は①と③の対立といえる。人質側は

積極的自由（③，海外渡航の自由）を行使しただけであるが，そうした行為が多くの人には「わがまま勝手な振る舞い（①）だ」と映り，軽率な行動であると受け取られたのである。同時に，日本人の多くが「社会の構成員として自分勝手な行動は控えるべきだ」という道徳的な規範意識を共通して持っていることも，批判につながったといえよう。

対応策・解決策

　問題のほとんどは積極的自由を行使する時に起こるものだといえる。よって，積極的自由を行使するに際して，

① 責任の所在を事前に明確にしておくこと

② 他人の自由の侵害に対する代償義務を事前に定めておくこと

　　（もしくは事後救済の仕組みをつくっておくこと）

が大切である。

　①について，多くの哲学者は無条件な自由行使を問題視している。例えば，グリーン（p.93参照）は，自由は公共善（common good）に合致すべきであり，自由はその制約下になければならないと主張した。またJ＝S＝ミル（p.93参照）は，個人の行動は自由だが，他人の自由を侵害しない限りであると述べた（侵害原理）。つまり，自由に行動するのならば，（直接的にも，間接的にも）他人に対してどういう影響を与えるのかを事前に考えて，最大限の配慮をすることが大切なのである。

　②については，自由の行使に伴う責任の範囲を事前に定めておく必要があるということである。例えば，「故意の事例だけ責任を負うか，過失の事例も責任の範囲に含めるか」，「自由の行使によって直接的に与える影響だけを責任に含めるか，間接的な影響も含めるか」，「侵害した他人の自由をどこまで回復させる義務があるのか」，「義務を負わせるための根拠として規範が必要だが，その規範を法・条例・規則だけに留めるのか，社会的・道徳的規範まで含めるのか」といったことを予め定めたうえで，該当する場合は代償をどう払うのかも決めておきたい。つまり，自由な行動にどれくらいのリスクが伴うかを予測し，責任の所在をどうすべきかを考えておく必要があるということだ。もちろん，事後救済（自己の行為に対して責

任を負い，その後に責任の所在や代償を検討すること）ということも考えられる。

　自由について考えるときは，語られる文脈を捉え，自由という言葉がどういう意味で用いられているか（どういう概念で捉えられているのか）を正しく理解する必要がある。こういう事態を引きおこさないようにするため，「わがまま」「消極的自由」「積極的自由」の意味を混同して用いないようにし，議論を歪めないように配慮すべきだ。

👍 小論文にする時のポイント ────────────────●

　入試では①自由のあり方，②自由と責任，③自由と義務に関する出題がなされる場合がほとんどである。

　①については，「自由とは何か」「自由を行使するにはどうすべきか」といった受験者自身の自由観について問われる。その時「自由はすばらしい。好きなことができるからだ」といった短絡的な回答は避けたい。積極的自由は消極的自由によって保証されること，積極的自由を行使する際には他人の自由を妨げないように配慮すること（もしくは自由を行使するには不自由が伴うこと）を念頭におくとよい。回答としては「自由とは，自分の心のままに行動できる状態のことをいう。しかし，自由を行使するには他人の自由を干渉しないようにするという不自由が伴うものである」「自由を行使するには，他人の自由を妨げないようにすべきだ。それは，自由は自他で干渉し合い，互いの自由を脅かすからだ」といった方向で論じることになるだろう。

　②については，「自由とわがままの違い」「自由と責任について」など，積極的自由の行使によって生じる責任について問われる。前者であれば「『自由』とは一般的には心のままに行動することを指すが，『わがまま』はその行動が他人の自由を妨げた状態のことを指す」，後者であれば「自由に対する責任を負うべきだ」といった内容が考えられる。社会の中で他人と共存するためには，ある程度は自由を制限することが求められることがあるという認識を持って論じてほしい。

　③については，「自由と規則」「自由と道徳」など，義務に関する規則のあり方が問われる。他人の自由を脅かす行為をした際に義務が発生することがあるが，その時に基準となるのが規則である。特定の宗教を信仰している者であれば唯一

絶対の神から与えられた義務を基準にし，法治国家で生きる者であれば法によって定められた義務を果たすこととなる。だが，その規則の中に社会的義務（個人が社会をよくするために果たすべきこと），道徳的・倫理的義務（人間の理性をもとにした正邪・善悪の規範）を含めることは妥当か否か，といった議論がよくなされる。社会において一般的な規則となっているものであればその規則は含めてもよいということになるが，その道徳的規範が対立することもある。例えば，静かにすべき公共の場で乳児が泣きわめくことを許すか否かといったものである。静かにできないことを規範違反だと捉えて乳児側に義務を負わせるべきか，「乳児が泣くのは当然だから許容すべきだ」という規範意識をもとにして義務を負う必要はないと捉えるべきか，立場とその根拠を明確にして論じる必要がある。

過去の入試問題例

例　ドライバーが自由に運転する時の状況の物語を示して，バーリンによる「他人に干渉されないで自分のありたいようにある状態の消極的自由」と，その反対の「自分の意思による積極的自由」について説明した英文を読み，課題文の「自由」の概念を踏まえ，「自由」に関する考えを，具体例を挙げながら日本語で記述せよ。　　　　　　　　　　　　　　　　　　　　　　（筑波大・人文・文化学群）

例　明治維新の時代に，西洋の言葉をどう翻訳するかについて苦労した事情を紹介した文章を読み，個人と社会の関係に関する本文の記述を適宜引きながら，「自由」と「わがまま勝手」の違いについて，あなたの意見を述べよ。

（群馬大・教育学部）

例　人は能動的な権利しかもっておらず，受動的な権利はないが，能動的な権利には，自分の行動が他人の能動的な権利を不可避に侵害する時，制限がつく。他人の能動的な権利を侵害しない限り，人は何をしても自由であると述べた文章を読み，「自由と規則」あるいは「自由と品格」というテーマで，自分自身の考えるところを，反論も含めて，自由に述べよ。　　　　（東洋大・文学部）

例　現代の日本社会はどれほど自由であるかについて述べた文章を読み，「自由に生きること」について考えるところを述べよ。　　　　（名城大・人間学部）

例　仕事に明け暮れるオヤジと引きこもりの青年を比較し，「自由」について考

察した文章を読み，あなたが考える自由な生き方について，「筆者の考えを妥当だと考えるか否か」をその根拠とともに明らかにしながら，論述せよ。

（福岡教育大・教育学部）

例　規制という不自由の上に成立する自由について述べた文章を読み，筆者の考える自由と不自由の関係を踏まえた上で，あなたの考える「自由」について論じよ。

（熊本大・文学部）

🔍 関連キーワード

☑ 表現の自由

　表現の自由とは，個人が自らの思想や意志を外部に向けて表現する自由のことを指し，日本においては日本国憲法第21条で保障されている権利である。具体的には，言論の自由，創作の自由，報道の自由，広告・宣伝の自由がこれに該当する。

　自由とはいえ，濫用により他人の人権を侵害してはならないとされており，そのため，行き過ぎた報道や創作物がプライバシー権に抵触することがあるだけでなく，表現の自由として認められる「程度」に関しても議論がなされている。その具体例については，プライバシー権をめぐる問題(p.95)を参照のこと。

☑ 自由意志

　外的な影響・強制・妨害などを受けず，行為者自らが行為を決定する意志のことで，従来は哲学領域で議論がな

されてきた。古代哲学において，すべての行為は神の意志や運命に束縛されるものであった。しかし，神の存在が絶対ではなくなるにつれてこの考えは徐々に変化していき，近代哲学においては否定され，人間は自由意志によって行動できるものであるとした。

　一方で，ドイツの哲学者カントのように「自由とは自律的に行動すること」と定義し，欲望のままに行為を行うことと自由意志とは異なるとする意見もある。さらに，科学の発達とともに哲学以外の分野でも自由意志に関する研究がされるようになった。例えば，すべては法則に従うとする物理学分野では自由意志はないものと考えられ，脳科学においては自由意志は潜在意識と関連があることが解明されている。

☑ 啓蒙思想

　17，18世紀にヨーロッパに起こった思想運動を総称したもので，特徴は人

間本来の理性により普遍的妥当性を探すことを思想とした点にある。そのため，従来の宗教的，形而上学的な考えは否定され，自由と社会の在り方に関しても従来とはまったく異なる考え方が生まれた。

イギリスの哲学者ホッブズ（1588～1679）は著書『リバイアサン』の中で，人間を自由下に置くと（自然状態）暴力によりお互いを殺しあう，いわゆる「万人の万人に対する闘争」となるため，自由（自然権）を国家権力（リバイアサン）に委ねるべきだとした。

一方，同じくイギリスの哲学者ロック（1632～1704）は著書『市民統治二論』において，人間は自身の自然権の行使にあたり他人の自然権を侵害してはならないことを自覚している存在であるとし，そのルールを保持するために公権力が必要であると記した。

また，フランスの哲学者ルソー（1712～1778）は，自然状態下においては個人が孤立しながらも哀れみの情と自己愛を持つ，自由で平和な状態であるが，自由であるがために戦争状態になる可能性があることを指摘し，自然権を全員一致の同意による契約によって生まれる共同体に委ねるべきであると，著書『社会契約論』で主張した。

☑ 道徳律と因果律，目的論と義務論

道徳律とは道徳法則のことを指し，「～すべし」という行為のみを端的に述べるという特徴がある。一方，因果律とは結果には必ず原因があるという法則のことを指す。

ドイツの哲学者カント（1724～1804）は自由に関し，人間は因果律に縛られる自然界に属していて自由な存在ではないが，道徳律に従っている場合は因果律を超えて自由であると述べた。これは例えると，喉が渇いたから水を飲むという行為（因果律）は生理的な欲求に従っている（自然界に属する行為）のであって自由意志とはいえないが，喉が渇いている時に自分の目の前で困っている人がいる場合，水を飲むのを後回しにして困っている人を助けることを選んだ（道徳律に従う）とすれば，因果律を超え，人助けをすべしという自分の理性で選んだ自由な決断を行ったということになるのである。要するに，欲望や欲求に左右されず，理性的に振る舞うこと（義務）で真の自由が獲得できると主張した。

また目的論とは，目的があって道徳律に従うことを指し，義務論とは道徳律に従うのは義務だとする考え方で，カントは義務論を説いた。カントは義務を上述のように定義したので，カントが主張する義務論とは，自己の欲望

や欲求に惑わされず自分の理性に従って道徳的に振る舞う必要性を述べたものといえよう。

☑ サルトル(1905〜1980)

フランスの哲学者，小説家，劇作家，評論家。従来の宗教的な思想とは異なり，自分自身の存在を重要とした実存主義を思想とした。特にサルトルの実存主義は無神論的実存主義と呼ばれ，実存主義が広まる契機となったとされている。

その特徴は，万物創造の神の存在を否定し，人間自身が本質を作り出している，つまりは自分の運命や目標を決定する神は存在せず，自らにそれを作り出す義務ならびに自由があるとするものである。そしてその自由に対する自分の行為すべてに全責任を負う必要があることを説いて，「人間は自由という刑に処されている」とした。

☑『自由論』

イギリスの哲学者，経済学者のJ＝S＝ミル(1806〜1873)によって1859年に刊行された，自由に関する政治学の著作である。

自由の原理から，時のヨーロッパ特にイギリスの政治・社会制度の諸問題に関して論じている。この中でミルは，個人の自由が尊重される社会の重要性

を説く一方で，自由に関し，「真の自由とは，他人の幸福を奪わず，しかも他人の幸福を得ようとする努力を阻害せずに，自分自身の幸福を追求する自由のことである」と定義している。

なお，この著作は1872年に『自由之理』という題名で日本でも出版され，『西洋事情』や『学問のすゝめ』などとならんで有名になった。

☑ 観念論と経験論

観念論とは，物質ではなく意志や理念など観念的なものが原理であるとする考え方である。一方，経験論とは，人間の知識はすべて経験に基づくとする考え方である。

ドイツ観念論を大成させた哲学者ヘーゲル(1770〜1831)は，自らの観念論を絶対的観念論と呼び，物質と観念は絶対知のもとに統合して存在しているとし，絶対知に至るには弁証法によって精神が高まっていく必要があると述べた。また，精神は絶対本質を求める原理であるとし，この絶対本質への希求とは自由への希求であるとした。

この絶対的観念論が広まるにつれ，経験論は衰退していった。また，ヘーゲルの観念論を受け継いだイギリスの哲学者グリーン(1836〜1882)は，観念論の立場から経済を市場の自由競争に委ねる自由放任主義を否定し，相互扶

助の精神で共同体を維持するという考え方である公共善に基づき，自我を実現することが自由だとした。

☑ 福沢諭吉（1835〜1901）

慶應義塾の創始者であり，蘭学者，啓蒙思想家，教育者，著述家である。江戸幕府の遣外使節団での見聞を基に『西洋事情』を出版したことや，明治政府には加わらず，渡欧での経験を基に民間から国民に向けて啓蒙や教育の実践を行い，多方面にわたりその後の日本に大きな影響を与えたことはあまりにも有名である。

生涯を通して自由と学問の大切さを説いた福沢諭吉は，その著書『学問のすゝめ』の中で，自由に関して「自由自在，互に人の妨をなさずして」，「自由と我侭の界は，他人の妨げを為すと為さざるの間にあり」とし，自由と我侭は別であり，分別を持ち，あるいは他人を尊重しながら自由に行動することの大切さを説いた。

☑ 責任と義務

責任（responsibility）とは自分が自由に行った振る舞いやその影響に対して応答できる状態にしておくこと，義務（duty）とは道徳や規則に従うことをそれぞれ指す。つまり，自由な振る舞いに対する責任を負ったからとはい

え，その相手に迷惑をかけた代償を必ずしも支払う必要はなく，支払いが強制されるのは義務として規則となっている場合に限るということである。多くの人が責任と義務を混同して用いているため，使用の際には注意が必要だ。

ドイツの哲学者ハイデガー（p.82参照）は世間に関し，世間では皆が同じことを考えているゆえに，個人は責任を負わなくてもよいと述べた（平均性）。すると，皆と同じことをする人が生まれる。このような，世間的であるからという理由で責任を回避する人たちのことを世人と呼んだ。

一方，フッサールとハイデガーに学んだフランスの哲学者レヴィナス（1906〜1995）は，自己が他人と出会い，呼びかけに答えた時点で他人に対する責任が発生し（呼応責任），呼応に応じるかどうかは自由であるが，その責任を負うことにより他の何者でもない自己が発生すると考えた。

また，日本を代表する哲学者である西田幾多郎（1870〜1945）は，人間とは他の生物とは異なり自発的・活発的に行動することができ，また他人に対して働きかけができるがゆえに，世界に存在する生命すべてに責任をもつ必要があると説いている。

94

☑『自由からの逃走』

　ドイツの精神分析家，社会思想家であるエーリッヒ=フロム（1900〜1980）が1941年に刊行した著作物で，フロイトの精神分析を用いてファシズムやナチズムの勃興を明らかにしたものである。この著書の中でフロムは，近代人は自由になった一方で孤独や無力感に苛まれるようになった。その結果，自分自身を失い，ナチズムへの従属を例に挙げながら，自由から逃走することを望むようになったとしている。また，近代人は自由を望む一方で，何者かへの服従を本能的に欲しているとも分析している。

☑ 自由権

　自由権とは，個人が国家から制約や介入を受けず自由に意志決定を行い，自由に行動することを保障する権利である。イギリス革命・フランス革命・アメリカの独立戦争のような封建的，絶対主義的社会からの脱却を求めた市民革命を通して，さまざまな人権の中でも早い段階から確立した。イギリスの権利憲章・フランス人権宣言・アメリカ独立宣言の中にも自由権が制定されている。

　日本国憲法において，自由権は精神の自由・身体の自由・経済活動の自由に分けられている。精神の自由には，

思想・良心の自由，信教の自由，学問の自由，表現の自由，集会・結社の自由，通信の秘密，幸福追求権が，身体の自由には生存権，奴隷的拘束や苦役からの自由，法的手続の保障，逮捕・刑罰の保障，刑事裁判手続上の保障が，経済活動の自由には職業選択の自由，移住転居の自由，外国移住の自由，国籍離脱の自由，財産権の保障がそれぞれ含まれる。

☑ プライバシー権をめぐる問題

　プライバシー権とは日本国憲法で保障された権利で，第13条に由来する。プライバシー権の侵害を巡る問題として日本で初めて起こった裁判は，1961年の『宴のあと』事件であるとされている。三島由紀夫の小説『宴のあと』がプライバシー侵害に該当するものだとし，元外務大臣の有田八郎が告訴して争った結果，三島側に損害賠償の支払いを命ずる判決が下った。

　また，1986年にタレントのビートたけしが弟子とともに週刊誌『フライデー』の編集部を襲撃した，フライデー襲撃事件がある。ビートたけしは有罪判決を受けたが，事件はフライデーによる過剰な私生活報道や取材といったプライバシー侵害が引き金となったため，マスコミ全体を揺るがす大きな議論となった。

さらに，インターネットの普及とともに新たな問題も起こっている。例えば，道路に面した風景を360度のパノラマ写真で閲覧できるGoogle社のサービス，「ストリートビュー」に関して，住宅や人物が写った写真の公開がプライバシーの侵害に該当するとして世界各国で非難の声が上がった。それに対して，Google社は写真の取り直しやモザイク加工などの大掛かりな変更を余儀なくされた。

☑ 自己責任

自分の過失に対しては自分で責任を負うという意味もあるが，多くは自己が選択した行為に対し，その過程や結果に責任を持つという意味で使用されることが多い。例えば，健康被害が警告されているにもかかわらず自ら喫煙をする場合は，自己責任となる。この場合，万が一被害が生じたとしても，その責任は自分で負う必要がある。

自己責任が話題となった事件として，2004年に紛争国に入国して人質となった例がある。ほかには2005年のマンション耐震偽装事件がある。これは建築基準法の耐震基準を満たしていないのに書類を偽装してマンションを建築し，販売していたことが明るみになった事件である。この事件に関して，マンションの購入者に対し，近隣相場よりも安価であった理由を追及せずに購入した自己責任を問う意見も一部にはあった。

☑ 古典的自由主義と新自由主義

古典的自由主義とは，自由権・自然権・財産権の保障，法の尊重，権力の分立と議会制度，自由放任主義経済などを重視する19世紀頃の思想のことである。個人の自由と自由な経済活動を強調しており，国家の介入が少ない，いわゆる小さな政府が望ましいと考えられた。

一方，新自由主義とは，1980年代に起こった思想と諸政策のことで，古典的自由主義を改良したものである。個人の自由と利益を尊重するために政府の経済介入を縮小し，市場活性化のために規制緩和や減税，政府機関の民営化などが図られた。

新自由主義が起こった背景として，第二次世界大戦後より起こったケインズ主義に基づき，政府が公共事業や社会保障の充実などで積極的に社会に介入することで安定を図っていたものが，オイルショックを契機に政府が財政難に陥ったことや失業率が悪化したことを受け，新たな政策が求められたことが挙げられる。そのこともあって，新自由主義は日本をはじめ，世界各国で導入された経緯を持つ。

答案例

問題 自由の行使における問題点について，あなたの意見を述べよ。 600 字以内

模範回答 積極的自由の行使は消極的自由を前提としている。しかし，すべて自分の思い通りにできるわけではなく，時には自由な振る舞いが他人の自由を妨げることもある。そうした場合，自由を行使する人が負うべき責任の範囲を巡ってトラブルが発生しやすい。 (以上，第1段落)

　例えば，紛争国でボランティア活動や現地取材を行っていた日本人が武装勢力に拘束される事件が起こったが，救出に要した費用を彼らに請求すべきか否かが議論になった。軽率な行動の代償として費用負担を求めるのが当然であるという主張は理解できる。しかし，それは「自分勝手な行動は控えるべきだ」という道徳的な規範意識による批判であり，法で義務化しているわけではない。むしろ，彼らは積極的自由を行使したにすぎず，他人の自由を脅かしたわけではない。この例のように，自由な行動に対する責任の所在が定まっていない場合は，代償義務をどう負うべきかが曖昧となるのである。 (以上，第2段落)

　よって，積極的自由を行使する際には，責任の所在や代償義務のあり方を事前に明確にしておくことが必要だ。なお，自由について考える時は，語られる文脈を正しくとらえ，議論を歪めないようにすることも大事だ。 (以上，第3段落)

> **解説** 第1段落：意見の提示…自由を行使する人が負うべき責任の範囲を巡ってトラブルが起こりやすいことを問題点として挙げている。
> 第2段落：理由説明…自由な行動に対する責任の所在が定まっていないために，代償義務をどう負うべきかが曖昧になりがちなことを説明している。
> 第3段落：意見の再提示…その対処法としては，責任の所在を明確にしておくこと，代償義務を事前に定めることのほか，議論に際しては意味の混同を防ぐことが必要であると述べている。

心の豊かさ

定義

　心の豊かさとは，個人が精神的に満たされていて余裕があるさまを指す。つまり，自分の意志を妨げるものがなく，やりたいことが選べる状態だといえる。金融広報中央委員会の「家計の金融行動に関する世論調査(2019年)」によると，心の豊かさを実感するために大切なものとして，健康(単身者49.6%，2人以上世帯72.3%，以下同様)，趣味の充実(40.3%，21.2%)，時間的な余裕(37.8%，24.6%)，仕事の充実(18.1%，15.5%)，将来の生活への安心感(22.5%，30.2%)，家族との絆(11.2%，43.3%)，人や社会への貢献(4.5%，7.6%)などを挙げている(複数回答)。

　なお，経済的豊かさ(物質的・金銭的に満ち足りていて余裕がある様子)は心の豊かさと対立的に捉えられることがある一方で，経済的豊かさが心の豊かさの土台になるという主張もある。ここでは後者のように，経済的豊かさを心の豊かさの要素として捉えてまとめる。

必要性

　人々は，たとえ経済的豊かさが満たされても豊かにはならないことを自覚しはじめたのではないか。例えば，公害・自然破壊・資源の有限性・長い労働時間・居住環境の悪化・高い物価・食品安全性・人災による事故など，経済が発展することによって生じた生活への不安は数知れない。このような状況は豊かさとは程遠いものであるし，経済至上主義や物質至上主義(周囲を顧みずモラル違反を行ってでも利益を追求しようとする思想)に対して疑念を抱く要因にもなっている。他にも経済的価値や効率性・合理性・市場原理・スピード性が強調されるがゆえに，快適さや心地よさを欠く生活を強いられることもある。

　こうした問題を解消し，生活の質を高めたいという意識が高まっている。内閣府が2018年に実施した『国民生活に関する世論調査』によると，今後

の生活において「物質的にある程度豊かになったので，これからは心の豊かさやゆとりのある生活をすることに重きをおきたい(心の豊かさを重視)」とする人の割合が61.4％を占め，「まだまだ物質的な面で生活を豊かにすることに重きをおきたい(物の豊かさを重視)」とする人の30.2％を大きく上回っている。このことからも今日の経済的豊かさの中にあって，人々は単なる利便性や効率性だけでなく，快適さや心地よさといった精神的豊かさを求めている状況が窺える。例えば，スローライフ(大量生産やスピード重視の生活様式ではなく，ゆったりした暮らし)など，経済的豊かさだけでは幸せになれないことに気が付き，生き方を問い直そうとしている人々がいる。このように，心の豊かさを求めてゆとりや生きがいを得ようとし，生活の質を高めたいと望む人が多く現れつつある。

必要性の背景

　日本は第二次世界大戦後，経済成長を優先させる政策をとってきた。それは荒れ果てた日本を再生しなければならなかったことのほかに，実質的な占領国であったアメリカの経済水準を目指そうと考えていたことが背景にある。そこで，企業の生産量を拡大し，経済成長率(GDPの増加率)を高くしようと考えた。世界銀行から融資を受け，新幹線や黒部ダムといった大きなインフラ整備を行うなど，資本蓄積を積極的に行ってきたことが例として挙げられる。つまり，物やサービスをできる限り多く生産し，経済的に豊かになろうという目標を国が設定したのである。

　日本の高度経済成長期においては，経済的な豊かさを得ることに重きをおいていたといっても過言ではない。こうした経済政策が功を奏し，戦後はほとんどの国民が最貧困層だったが，高度経済成長を経て最貧困層(年収100万円未満)・貧困層(年収100万円以上200万円未満)ともに減少した。1980年代前半までには大多数の国民が貧困層から脱し，心の豊かさの土台となる経済的豊かさが満たされるようになった。

　なお，こうした考え方やそれに基づく各種の施策は，マズローの欲求段階説(p.103参照)やマルクス主義(p.103参照)のような唯物論の影響を受けたといわれている。

　心の豊かさを得るためのキーワードは，共生社会(他人と共に生きる社会)や互助(互いに助け合うこと)である。

　まずは，充実感や安心感をもたらす行動や社会基盤が必要だ。2007年の国民生活白書では，内閣府の『安全・安心に関する特別世論調査(2004年)』での調査結果を用いて，人々のつながりについて分析をしている。家族・隣近所・職場の人と行き来する頻度が高い人ほど，精神的な安らぎを得る傾向や生活満足度を感じる傾向が高いことを指摘している。すなわち，つながりが安らぎや満足感をもたらすことを指摘しているのである。そのためにも，つながりを持つうえでの制約をなくすこと，つながりを構築するための工夫をする必要がある。例えば前者であれば，ワーク・ライフ・バランス(p.40参照)の推進，近居(親世帯の近所に住むこと)，子育てや高齢者見守りなどの地域支援，IT の活用などが挙げられる。一方，後者であれば，町内会や自治会など地域参加の機会を増やすなど，つながりの場を提供することなどが考えられる。

　そのほかには，心の豊かさの基盤となる経済的豊かさの向上も求められるだろう。現在では格差社会(p.60参照)による貧困層や最貧困層の増加など，心の豊かさの基盤となる経済的な豊かさが実感できない人々も生じており，社会問題化している。そのために，非正規雇用者(p.44参照)への対応や格差社会の是正を講じる必要がある。

　このように，社会を豊かにする試みが，結果として個人の豊かさをもたらすものとなるのではないか。

👉 小論文にする時のポイント

　入試では，豊かさをもたらす要素が尋ねられることが多い。「豊かさとは何か」「豊かになるには何が必要か」というようなものである。豊かさの要素として，主に経済的な側面と精神的な側面の2つが考えられるから，それをもとに自分なりの意見を論じてみるとよい。「物や金があれば豊かだ」といった意見は論外である。

しかし，その根拠を示すとき，体験談や具体例に終始したり，「こうすれば豊かに感じると『私は』感じるから」などのように，感覚的に論じたりするのは好ましくない。例えば「日本国民の多くは経済的な豊かさを享受しつつあるが，それだけでは生活に対する満足感は得られない。経済の発展はあくまでも精神的な豊かさをもたらす基盤であって，それにより個人は自己実現しやすくなり，幸福感を得られやすくなる。豊かになるには，経済的欲求だけでなく精神的欲求が満たせる状態を目指すことが必要だ」というように，心の豊かさを享受するためには経済的な豊かさが求められること，それによって個人の高次の欲求を満たせるようになることを盛り込んでみると，内容に深みが増すのではないか。

ただし，求められる経済的豊かさは個人や所属する集団や社会によって異なることに注意したい。経済的に豊かでなくとも，得られる心の豊かさはあると捉える人たちも存在する。豊かさを語る時，自己の価値観だけによらず，異文化への理解なども心がける必要がある。

また，社会の豊かさの必要性を論じさせるものがある。多くの場合，さまざまな社会問題を引き合いに出題される。前述のとおり，社会とのつながりが心の豊かさをもたらす可能性があることを考慮すると，「社会の豊かさは個人の豊かさの基盤になるから必要だ」という方向で論じることになるだろう。根拠を論じるなかで，「労働中心の生活が原因で他人とのつながりが薄くなり，豊かさを感じる機会が減少する」などのように，経済至上主義に対する批判を交えるなどの考察を加えていくと内容がより充実する。

過去の入試問題例

例 近代社会のヨーロッパ人・白人はサモア島の人々を不幸だと言ったが，実はだれよりも豊かなのだと述べたサモア島の酋長ツイアビの演説を読み，あなたの持っている「物」，もしくは持っていない「物」と豊かさについて考え，自分で自由にテーマを設定して考察せよ。　　　　　　　　　（札幌大・文化学部）

例 戦後間もない頃の学校給食の様子を撮影した写真を見て，この写真から読み取れることをもとに，「豊かさ」について論述せよ。　　　　　　　　（埼玉大・教育学部）

例 過去刊行した著書で〈日本の豊かさには根がない〉と指摘した著者に，老人介

護・過労・競争教育・家庭崩壊などの問題について聞いた新聞記事を読み，この文章の内容についてのあなたの意見も含め，あなたが考える「豊かな社会」とはどのような社会であるのか，またその実現のために，あなたは何をしようと思うのか，述べよ。 （東京学芸大・教育学部）

例 『国民生活白書』（内閣府）の図から「豊かさ」に関する日本人一般の意識の変化を読み取り，概説せよ。また，図に示されるような結果になった社会的背景について，あなた自身の考えを述べよ。 （聖心女子大・文学部）

例 儒教徒の描く理想世界について述べた文章を読み，「豊かさとは何か」という問題について，現代社会の状況を踏まえつつ，考えたことを述べよ。 （東洋大・文学部）

例 人とかかわるには，自らの人間性の豊かさが求められる。人間性の豊かさとは，具体的にどのようなものだと考えるか。あなたの考えを記述せよ。 （北陸学院大・人間総合学部）

関連キーワード

☑ GDP（国内総生産）と GNP（国民総生産）

GDP（国内総生産）とは，特定期間内に国内のみで生産された製品やサービスなどの付加価値の総合計のことを指し，経済成長率を表す指標として用いられる。一方 GNP（国民総生産）とは，特定期間内にその国によって生み出された海外での所得を含む付加価値の合計のことを指すが，国内で生産された外国由来の所得は除外される。GDP や GNP は経済面や物質面の豊かさを示す指標として長い間使用されており，今なお使用されているという経

緯がある。

しかし一方で，便利で快適な物質やサービスに囲まれることが，真に豊かなことといえるのかと疑問視する議論も盛んに行われるようになった。そこで，GDP や GNP では表すことができない社会生活面や精神面の豊かさを数値化し，評価・考察する，いわば豊かさを図る新しい指標が誕生することとなった。後述する国民総幸福量（GNH）はそのひとつである。

☑ 世界銀行

開発途上国の支援のために，資金協

力や知的支援を行う国際連合の機関の
ひとつである。具体的には，**国際復興
開発銀行(IBRD，経済復興と開発のた
めに長期に資金を融資する)**と，**国際
開発協会(IDA，為替相場の安定のた
めに中短期に資金を融資する)**を合わ
せて世界銀行と呼んでいる。

第二次世界大戦末期の1944年に，戦
後の世界経済の安定的な復興のために
国際復興開発銀行(IBRD)と国際通貨
基金(IMF)の創設が決まり(ブレトン
ウッズ会議)，1946年から世界銀行の
業務を開始した。同じ年には国際通貨
基金(IMF)も設立された。

☑ 欲求段階説

アメリカの心理学者アブラハム=マ
ズロー(1908～1970)が，人間の欲求を
5段階の階層に分けて理論化したもの。
下位から順に，

① **生理的欲求**(食事・睡眠・排泄といっ
   た生命維持のための欲求)
② **安全の欲求**(安全性・健康維持・経
   済の安定・セーフティネットなど，
   脅威や危険が予測可能になることを
   求める欲求)
③ **所属と愛の欲求**(情緒的な人間関係
   など，他人に受け入れられることを
   求める欲求)
④ **承認の欲求**(他人からの尊敬・地位・
   名声・利権・自己尊重感・技術や能

力の習得など，他人から自分自身の
   評価を求める欲求)
⑤ **自己実現の欲求**(自分の能力や可能
   性を発揮し，自己実現したいという
   欲求)

の5つに分類した。下位であるほど原
始的な欲求であるといわれている。

☑ マルクス主義

カール=マルクス(1818～1883)とフ
リードリヒ=エンゲルス(1820～1895)の
主張をもとにした社会主義思想のこと
をいう。

資本を社会で共有することによって，
資本を増やすためだけに生きる労働者
の性質をなくし，共同社会を目指そう
と考えた。マルクスは『経済学批判』
において，上部構造(社会的・政治的・
精神的生活諸過程一般など，イデオロ
ギーに関する体系)は下部構造(人間が
ものを生産する力と，それによって作
られる経済的機構など，生産関係の総
体)によって規定されるとした。

☑ 唯物論と唯心論

人間の精神的なものの根源を物質的
なものに求める立場を唯物論という。
もとは古代のインドや中国，ギリシャ
で見られたものだが，18世紀のラ=メ
トリ(1709～1751)，ディドロ(1713～
1784)，ドルバック(1723～1789)を代

表とするフランス唯物論，19世紀の
フォイエルバッハ（1804～1872）を経て，
マルクスとエンゲルスによって弁証法
的唯物論として確立された。

　一方，唯心論とは本質や根源を精神
的なものに求め，物質的なものは精神
的なものの現象であるとみなす立場の
ことである。唯心論を主張する哲学者
には，プラトン（紀元前427～紀元前
347），ライプニッツ（1646～1716），ヘー
ゲル（1770～1831）などがいる。唯物論
とは対立する立場にある。

☑ 国民総幸福量（GNH）

　1972年にブータンで測定が始まった，
社会・文化生活の幸福度を示す指標で
ある。持続可能で公平な社会経済開発・
環境保護・文化の推進・良き統治を柱
として，心理的な幸福，教育など9分
野を指標化していることが特徴として
挙げられる。

☑ IWI（Inclusive Wealth Index：包括的な豊かさの指標）

　2012年の国連持続可能な開発会議
（リオ＋20サミット）において採用され
た新たな経済指標で，国内の自然資本
や，人的・人工資本などの資産全体を
指標化したもので，今回発表されたも
のは日本を含む20か国を，1990年から
の19年間で計測したものである。

☑ SHDI（Sustainable Human Development Index：持続可能な人間開発指数）

　国連が発表する指数であるHDI（人
間開発指数）に持続可能性を加え，新
たに一人当たりの炭素排出量も含めて
数値化したものである。2010年に発表
された。

☑ BLI（Better Life Index：より良い暮らし指数）

　OECD（経済協力開発機構）によっ
て2011年より発表された指数で，住宅・
収入・雇用・教育・安全・生活満足度
などの11分野から国民の幸福度や生活
満足度を測定し，その結果を数値化し
たものである。OECD加盟34か国の
ほかに，ロシアとブラジルを加えて算
出している。

☑ NNW（Net National Welfare：純国民福祉，国民福祉指標）

　GNP（国民総生産）から防衛費など
の非福祉要素を予め除き，主婦の家事
労働，ボランティア活動などの余暇
サービスなど7項目を福祉的要素とし
て加える一方で，災害や環境汚染によ
る影響を損失要素として削除して計算
した指数である。1970年代に提唱され
たもので，福祉の度合いを表す性質を
持つ。

☑ SI (Social Indicators：社会指標)

国民全体の福祉水準を数値化したもので，健康・余暇・教育・家族などの10分野を261項目に分けて測定する。1974年より公表が開始された。作成に至った背景として，高度経済成長の歪みから，経済由来ではない指標の作成を求める動きが高まったことがある。

☑ NSI (New Social Indicators：国民生活指標)

従来のSIに世論調査の結果を指標化したものと国際比較指標を加えたもので，1986年より公表が開始された。経済成長とともに変化する社会環境に対応するために，個人の福祉水準を計測する必要性が高まったことによるものである。

☑ PLI (People's Life Indicators：新国民生活指標)

生活価値観の一層の変化に対応することを目的として，従来の分野を個人の視点由来である，住む・費やす・働く・育てるなどの8つの活動領域指標と，自由・快適などの4つの生活評価領域指標に分け，数値化したものである。1992年より公表が開始された。

☑ 相対的貧困率

等価可処分所得が全国民の中央値の半分に満たない人数を割合化したもの。国内での所得格差を表す数値であるため，先進国においても貧困率が高い場合がある。おもにOECD（経済協力開発機構）が加盟国における相対的貧困率を調査，公表しているほか，厚生労働省においても2009年より同様の調査結果を公表している。

OECDによると，日本の相対的貧困率は，加盟国中7番目に数値が高い結果となっている（2017年）。また，厚生労働省が公表した結果によると，2015年の相対的貧困率は15.7％である。その要因として，少子高齢化・非正規雇用の増大などが挙げられる。一方で，年齢によって所得格差が大きい場合も相対的貧困率が高くなる傾向があるため，いまだ年功序列型賃金が主流の日本においては高い数値が計測されやすいという側面もある。

☑ 自 殺

自らの意志により，自らの手で命を絶つことをいう。日本国内の自殺者数はその年によって増減はあるものの，バブル経済崩壊後の1998年から14年連続して毎年3万人を超えていたが，その後減少し，近年は2万人台で推移している。

厚生労働省と警察庁の発表によると年齢別には多い方から50代，40代，70代で，自殺者の70％が男性，また56％が無職であった（2019年）。また自殺の動機として最も多いものが，うつ病や身体的病気などの健康問題であり，次いで生活苦や多重債務などの経済・生活問題，夫婦関係の不和や家族の将来悲観などの家庭問題が多い傾向が続いている。その背景として，長引く不況による心的負担，雇用や経済状況の悪化が指摘されている。

政府は，2006年に自殺対策基本法を制定し，総合的対策を図っている。

☑ 幸　福

幸福とは，心が満ち足りている状態を指す。古くより幸福に関して，また幸福になるために実にさまざまな考察がなされてきた。そのうち，幸福そのものの考察と幸福になるための方法論のことを**幸福論**，幸福であることを倫理の最高目標とする考えを**幸福主義**と呼ぶ。

幸福主義はアリストテレスが提唱したもので，人間が求める善きものを「有用さ」「快楽」「最高善」と定義し，人間の理性的な活動によって生まれる「最高善」を幸福であると定めた。また，功利主義も幸福主義の一つであるが，より多くの人の快楽とより少ない人の苦痛を倫理思想にしているために，アリストテレスとは定義が異なる。

答案例

問題 豊かさとは何か。あなたの意見を述べよ。**600字以内**

模範回答 豊かさとは，個人が精神的に満たされていて余裕があるさまを指す。そして，経済的豊かさが精神的豊かさの土台になる。自分の意志を妨げられることなくやりたいことが選べる状態が整って，初めて豊かであるといえる。

(以上，第1段落)

経済的豊かさが満たされても豊かにならないことを人々は自覚しはじめた。例えば，公害・自然破壊・長い労働時間・居住環境の悪化・物価高・食品安全性など，経済が発展することで生じた不安要素は多い。このような状況は豊かさとは程遠く，経済至上主義や物質至上主義に対して疑念を抱く要因にもなっている。一方でスローライフが注目されるなど，人々は単に利便性や効率性だけでなく，快適さや心地よさなどの精神的豊かさを求めている。経済的豊かさは精神的豊かさを満たすためにあると，多くの人々は気づき始めている。 (以上，第2段落)

こうした精神的豊かさを得るためのキーワードは，共生社会や互助である。やすらぎや充足感を得るには，他人とのつながりが有効だからだ。地域支援や地域参加，近居など，充実感や安心感をもたらす行動や社会基盤を整えることが求められる。一方，格差による貧困層や最貧困層の増加など，精神的豊かさの基盤となる経済的豊かさを実感できない人々も生じていることから，非正規雇用者への対応や格差社会の是正も講じる必要がある。 (以上，第3段落)

解説 第1段落：意見の提示…豊かさとは，経済的豊かさを土台として，精神的豊かさを満たせる状態にあることだと主張している。
第2段落：理由説明…経済的豊かさと精神的豊かさの関係を考察し，豊かな生活を営むには両者が必要であることを説明している。
第3段落：意見の再提示…豊かな生活を営むためには共生社会と互助を通して他人とのつながりを保つ必要があることのほか，経済的豊かさを満たせるような是正措置が必要なことも述べている。

正 義

定義

　正義とは一般的に「人として行うべき正しい道義」，つまり善や道徳を指す言葉として用いられる。一方，法思想や哲学の分野では「人間が社会において実現すべき究極的な価値」のことをいう。つまり，正義は社会に所属する人々を公平に扱うための基準のことを指す。入試では，主として後者の意味合いで用いられる。なお，正義は社会全体に共有されるものであり，個人だけに通用する価値観や判断基準を指すものではないという点に注意してほしい。

　正義の定義については，古代ギリシャの頃から問われ続けている。アリストテレス(p.114参照)は，道徳と正義を区別し，正義を
① 全体的正義(人はすべて平等に扱わなければならない)
② 部分的正義(人の持つ価値に応じて対応する必要がある)
の2種類に分けた。そして，部分的正義をさらに配分的正義(名誉や財貨を分配するための公平な基準)と矯正的正義(利害や不均等を調整する基準)に分けた。

問題点

　正義の対立が問題となる。自分が主張する正義からすれば不正義なことであっても，それを正義と捉える立場も存在するので，自分の正義を貫けば他人に不利益を与えることになるからである。

　例として，配分的正義について，アメリカの哲学者ロールズ(p.115参照)がリベラリズムの立場から格差原理(自由主義の立場を尊重するものの，恵まれない人々には便宜を図るべきだとする原理)を主張したことを挙げる。この正義はリバタリアニズム(p.116参照)や能力主義(達成した結果によって，待遇を決める主義)，コミュニタリアニズム(p.116参照)の立場の人からは反論され得る要素を持っている。

　すなわち，リバタリアニズムや能力主義を唱える人にとってみれば，格差原理は**不公平な正義に他ならない**。なぜなら，前者の場合は自由の妨げになるものを排除すること，後者の場合は努力の量に対する貢献や達成度を正当に評価することをそれぞれ正義だと捉えているからである。他方，コミュニタリアニズムでは社会の中で共有される価値観や善の観念に適う正義を求めるため，社会ではなく「自分」が正義の基準になる格差原理を批判するのである。

　一方，格差原理を主張する立場からすると，これら3者とも批判対象となる。つまり，リバタリアニズムや能力主義は天賦のもの(個人の才能や生まれた環境など)に左右されるため，その結果がその人の功績となるとは言い難く，不公平な正義といえるからである。また，コミュニタリアニズムに対しては，**全体主義**(個人のすべては集団全体に従属すべきという立場)や**共産主義**(財産を共同所有することで平等な社会を目指すという立場)的な主張となりがちであり，それは**自由主義を否定する**思想となるからだという。

　このようなことから，政府が政治や経済の方針を決定する場合などにおいて，もしこの4者のうちのいずれかを選択せざるを得ない状況になった時，どの立場を選んでも不利益を被る人が生じることは避けられないだろう。結局のところ，どの正義にも正当性がある一方で，すべての人にとって絶対的なものであるとは言い難いのである。

問題点の背景

　正義が生まれる際にイデオロギー(p.112参照)の影響を受けることが，問題を引き起こす要因となる。イデオロギーは客観的に外在するものであり，日々の生活や教育，メディアなどを通して個人の意識に内在化していく。そうした個人的イデオロギーに基づいて正義は形作られ，それに基づいて個人が思考したり行動したりする。よって，**外在するイデオロギーが異なれば形作られる正義も異なるものとなる**。

　このように，人々は社会生活の中でイデオロギーとともに正義を学び，それを自らの内に形作っていく。そして，それぞれの正義は外在するイデ

オロギーが共有されている社会の中で実践されることになる。しかも，イデオロギーを帯びた正義はそのイデオロギーを持つ人々には絶対視されがちである。そのため，時には必ずしも人々に利益をもたらさないような正義であっても，それを改善しようとしない者や同じイデオロギーを持たない者に対して，自らの正義を押し付ける者も現れる。またある時には，他の人間を支配下に置く手段としてイデオロギーや正義を用いる者も生じる。このように，正義の対立はそれを共有しない他人に対して不利益を生じさせる恐れがある。

対応策・解決策

正義は，言い換えれば「公正さ」である。つまり，社会に属する人間を公正に取り扱う基準をより多くの人々と共有する必要がある。確かに，価値観が多様となった現代において正義を絞り込むのは困難だという指摘もある。しかし，思考停止状態では問題は解決しない。その意味で，**イデオロギーを超えた正義を模索すること**は重要なのではないか。例えば，両者の正義を包括的に尊重できる手段があれば理想的である。イギリスの社会学者アンソニー＝ギデンズ（1938～）が提唱した「第三の道」（p.113参照）は，リベラリズムとコミュニタリアニズムとのバランスを取るために提唱されたものといえる。こうした思考を行うためには，自らの正義に対してつねに疑念を持つとともに，他人が持つイデオロギーや正義を一旦受けとめることが必要となる。時には，集団内の利益をもたらすものであれば，自らの正義さえも変更することも考えなければならないだろう。

👍 小論文にする時のポイント ─────────────

入試では，主として，

① 正義のあり方

② 哲学者の正義論に対する批評について

が問われる。両者ともに，肝心な点は「正義とは，価値観が異なる人々においても共有される基準でなければならない」「『自分の心の中にしか存在しない正義』というものはない」ということを意識して，答案を作成することである。

①については、「正義はどうあるべきか」「正義が抱える問題点とは何か」「正義と不正義（あるいは悪）との境目はどこにあるのか」「自己の正義を他人にあてはめて判断することの是非」などの形で問われる。そもそも、過去の偉大な哲学者が思考しても定まらないほど、正義を定義づけることは困難である。よって、ここで安易に「正義は常識をもとに定めるべきだ」「正義を振りかざす者がいることが問題だ」「他人に迷惑をかけると不正義（あるいは悪）、そうでなければ正義」「自己が正しいと思っていることを押し付けることはよくない（押し付けることはやむを得ない）」という意見を示すのは、好ましいとは言い難い。だからといって、「正義など定義づけられない」などと回答を放棄することはもってのほかである。正義の対立はイデオロギーの違いにあることを踏まえて、より多くの人に共有され得る正義とは何かを論じる必要がある。

一方、②については、「課題文の筆者が述べる正義論に対して、あなたの意見を述べよ」など、ある哲学者が主張する正義論を批評することが求められる。多くの場合は課題文型小論文の形式で出題される。こうした場合、「課題文中の正義論は、価値観の異なる人々に対して共有され得るものなのか」「その正義論は、どのようなイデオロギーに支えられているものなのか」など、提示されている正義論が持つ世界を想定してみるとよい。そうすると、その正義論の問題点も見えてくる。例えば、「最大多数の最大幸福」を求めるといった功利主義（p.114参照）的な正義論であれば、どういう条件下にあっても必ず不幸になる人が生まれるという問題が起こる。そのうえで、その正義論を社会で共有することがよいのか悪いのか、あるいは、今後はどのような救済をすべきなのかといったことまで言及できるとよいだろう。

📖 過去の入試問題例

例 デモクラシー成立の精神的背景として、熟しつつあった正義の探求に、明確な理論的構造を与えたアリストテレスの正義論について述べた文章を読み、傍線部「裸の能力主義をそのまま反映する正義論の補正を必要とするであろう。」に示された筆者の主張に対するあなたの考えを述べよ。（東京学芸大・教育学部）

例 次に続く文章を、自由に書け。
長く生きてきて分かったことはいくつかあるけれど、その中の一つは「正し

いこと」を言ったからといって，みんなが聞いてくれるわけではない，ということである。

（立教大・現代心理学部）

例　どんな正義もその反面には不正と必要悪をともなっており，人を益するものと同時に害するものがあるから，正義の主張は声高に語りにくい恥ずべきものと自覚するべきだと述べた文章を読み，著者の考えを踏まえ，正義を主張することに対するあなた自身の意見を述べよ。

（文教大・文学部）

例　『ゴルギアス』（プラトン）を読み，「強いものが正しい」と主張するカリクレスに対して，ソクラテスの立場はどのような点で対立しているのか。ほんとうの正しさ，幸福や快ということを念頭に置きながら考察せよ。

（國學院大・文学部）

例　災害はどういった場合に「不運」となり，どういった場合に「不正義」となるのかについて筆者の意見を述べた英文を読み，不運と不正義との区別についてあなたはどう考えるか。具体例を挙げて論じよ。

（名古屋市立大・人文社会学部）

例　人間には「大多数の圧力に抵抗できない」弱い面があり，その圧力というのは，正しいと思う確信にさえ疑問を抱かせることであると実験結果から述べた文章を読み，自分の見方・考え方を貫き通すことについて，具体的経験をふまえて述べよ。

（京都橘大・文学部）

🔑 関連キーワード

☑ イデオロギー

　「社会はこうあるべきだ」という信念・態度・意見の体系のこと。リバタリアニズム，能力主義をはじめ，資本主義，国家主義，社会主義，中道主義，コミュニタリアニズム（p.116参照）などがイデオロギーの例である。

　哲学者トラシーが『観念学原論』において，「観念の起源を決定する科学」

という意味で用いたのが起源といわれている。この概念に影響を受けたのがマルクス（p.103参照）だった。彼によると，社会は政治・法律制度やそれに制約を受けた精神・文化（上部構造）と経済制度（下部構造）の二階建てとなっており，イデオロギーは下部構造によって規定されると主張する。そして，いかに集団の多数に不利益をもたらさ

ない正義であっても，イデオロギーの名のもとにあたかも集団に利益があるかのように見えてしまう恐れがあることを指摘した（虚偽意識）。

　一方で，イデオロギーは終焉するという主張が20世紀に入ってなされるようになった。フランスの社会学者，哲学者のアロン（1905〜1983）は，経済的な進歩や生活水準の向上によってイデオロギーの機能が消滅し，イデオロギーの対立を緩和させると述べた。また，アメリカの社会学者ダニエル=ベル（1919〜2011）はイデオロギーに失望する知識人の出現とともに，政治問題に関する合意の手段が増えたことから，イデオロギーの時代が終わりつつあると主張した。

☑自由主義

　人間は本来，何ものにも拘束されず，自己の幸福を得るために自由に判断・行動できるようになるべきだと主張した思想のことをいう。民主主義や資本主義を支える原理でもある。

　当初の自由主義（古典的自由主義）は政府の市民生活介入に否定的な立場が多かったが，20世紀になるとニューリベラリズム（社会自由主義。社会的公正を目的として介入を肯定する立場）が台頭した。現在では，ニューリベラリズムは穏健な革新を目指す中道左派

の立場とされ，リバタリアニズム（当初の自由主義を主張する立場）と対立している。

　なお，古典的自由主義を経済的な立場から評価する立場をネオリベラリズム（新自由主義）という。

☑第三の道

　対立する二つの思想の利点を組み合わせた思想や施策のことをいう。特に，ネオリベラリズム（新自由主義）と福祉国家主義が持つ弊害を乗り越え，両者を統合しようとする主義・主張のことを指すことが多い。おもな論者として，イギリスの社会学者アンソニー=ギデンズ（1938〜）などがいる。

　福祉国家は，再配分を通して貧困と病苦から弱者を救済した。しかしそのことで，高額所得者の労働意欲を削ぐだけでなく，国家のサービスへ依存する国民が増加するという問題を抱えるようになった。一方，ネオリベラリズムは市場に重きを置き，経済に関する規制の緩和や経済活動の自由化を通して景気回復を狙った。しかし，市場競争に勝つ者と負ける者が現れることとなり，労働者間で格差が生じて弱者を生むことになった。

　そのため，第三の道では，競争参加動機のある者へ再分配を行い，機会の平等を促した。イギリスのブレア政権

(1997〜2007)ではギデンズを政権のブレーンとして招き，雇用政策や社会保障政策を通して第三の道を具現化した。

☑利己主義

自己の利益のみを求め，他人の利益を軽視したり無視したりする思想のことをいう。ただし，悪(他人の不利益を求めること)や功利主義とは異なる。

利己主義には，心理的利己主義(どういう行為であっても，つねに自己の利益のためにするものだという立場)と倫理的利己主義(他人や社会への利益は自己の利益となり，自己の利益は他人や社会への利益にもなると捉える立場)とがある。

☑功利主義

個人の幸福を追求するとともに，社会全体の幸福との調和を図ろうとする立場をとる思想のことをいう。つまり，「最大多数の最大幸福」を実現させることが正しいと考える。

功利主義を体系化したのはイギリスの哲学者ジェレミ=ベンサム(1748〜1832)であり，ジョン=スチュアート=ミル(1806〜1873)が継承した。2人はともに，社会の幸福は個人の幸福の総和であると考え，社会の構成員全員の「快」を最大化することを重視した。

なお，ベンサムは量的快楽主義(快楽や苦痛に質の差を認めず，快楽計算ができるとする立場)を唱えたが，ミルはベンサムの量的快楽主義を修正し，質的快楽主義(快楽や苦痛には質の差があることを認める立場)を主張した。

20世紀以降は，社会の構成員全員の「選好」や「欲求」の充足を最大化することに重きを置く選好功利主義が生まれた。これは，イギリスの哲学者リチャード=マーヴィン=ヘア(1919〜2002)やオーストラリアの哲学者ピーター=シンガー(1946〜)らによって主張されている。

功利主義の最大の問題点は，快や幸福の配分が不公平になることである。というのは，「最大多数の最大幸福」を達成しようとする時，少数者の幸福を守らないような性質を功利主義が持つからである。つまり，少数者を犠牲にしたり，個人が集団全体の犠牲になったりする恐れがある。このことから，犠牲者を生み出すことが正義とはいえず，批判の対象となることがある。

☑アリストテレス
(紀元前384〜紀元前322)

古代ギリシャの哲学者で，数多くの研究成果により「万学の祖」と呼ばれる。プラトン(p.115参照)の弟子である。

アリストテレスは著書『正義論』の中で正義を複数に分類して定義してい

る。**全体的正義**とは形式的平等とも呼ばれ，人はすべて平等に扱わなければならないとするものである。一方，部分的正義は実質的平等とも呼ばれ，人の持つ価値は異なり，その価値の差に応じて対応する必要があるとし，後にこの考えは「各人に各人のものを」という格言となった。部分的正義はさらに，配分的正義（名誉や財貨を分配するための公平な基準）と矯正的正義（利害や不均等を調整する基準）に分けられる。

アリストテレスは全体的正義と部分的正義の2つの正義を当時の国家（ポリス）維持のために最重要視していたが，その理由の1つとして部分的正義が奴隷制度維持の論理的根拠となっていたことが挙げられる。

☑ プラトン（紀元前427〜紀元前347）

古代ギリシャの哲学者で，アリストテレスの師。人や場所に影響を受けない真の判断基準を定めたイデア論の提唱者であり，以後の哲学者たちに多大な影響を与えたとされる。

プラトンは著書『国家』の中で正義に関して，人間の持つ欲求・気力・理性という能力に対し，節制・勇気・知恵という徳を当てはめ，正義はこの徳を包括するもの，すなわち個人の持つ徳の完成形だとしている。さらに，個人は国家を構成するものであるゆえ，正義は国家全体の徳として構成させるものであるとし，国家の正義とは，民衆・兵士・支配者がそれぞれの職務を遂行することだと定義している。

☑ ジョン゠ロールズ（1921〜2002）

アメリカの哲学者。1971年に刊行した『正義論』は20世紀を代表する倫理，政治哲学書の一つである。

この著書の中でロールズは，功利主義の難点として個人間の差異が反映されないことを指摘した。そして彼は，カント哲学（p.92参照）を見直して現代的に再構築し，自由で平等な者同士が公正に稼動しあうシステムを「公正としての正義」であるとし，「無知のベール」と呼ばれる個人の属性をすべて消した状態を仮定した。その上で社会的・経済的不平等を規制するための二つの原理・原則を提唱した。

一方で1993年刊行の著書『ポリティカル・リベラリズム』において，従来の普遍的正義ではなく，正義を近代市民社会でのみ成り立つものであると，政治的理論として構築して展開し，立場を一転させた。背景として，コミュニタリアニズム（次項目）によるロールズ批判があったことが挙げられる。

☑ リバタリアニズム，コミュニタリアニズム

リバタリアニズムとは，他人の権利を侵害しない限りは個人の自由を最優先し，国家や政府の介入を最小限度にとどめようとする思想のことである。経済面での介入を拒むだけでなく，社会的に自由であることも重視するため，徴兵制や婚姻，教育制度の反対などの他に，銃や麻薬の規制緩和，賭博や同性愛の容認なども主張する。

一方，コミュニタリアニズムとは，政策面では自由民主主義を支持するが，家族・学校・都市・国家など，さまざまな共同体との関係や価値を重視する。

アメリカの哲学者ロバート＝ノージックはリバタリアニズムの立場から，アメリカの哲学者，倫理学者マイケル＝サンデルはコミュニタリアニズムの立場から，それぞれロールズ（p.115参照）を批判する。ノージックは社会的・経済的不平等に関して国家が介入し規制を行うことは個人の自己所有権に反するとして批判している。一方サンデルは，社会生活によって人はアイデンティティ（p.76参照）を獲得するのであり，コミュニティから外れて生活することは不可能であるとし，ロールズの提唱する「無知のベール」は仮定として成り立たないと批判した。

☑ 正義の戦争

古来より，戦争はしばしば正義として取り扱われてきた。古代キリスト教の神学者で哲学者のアウグスティヌスより始まり，中世キリスト教の神学者トマス＝アクィナスへと受け継がれた考え方は，キリスト教に基づき隣人愛と平和を思想としながらも，神の意思，すなわちローマ法王の意思により正義としての戦争が認められるというものだった。そのため，戦争犯罪の定義も明確であり，停戦を守る義務も，それを監視する組織も存在していた。

また，1945年には国連憲章で戦争は違法なものとしたが，例外として自衛戦争と国連が武力制裁を認めた場合は認められているため，それが一連の同時多発テロ，タリバン政権，アフガニスタンへの報復戦争のように正義の戦争と見なされることがある。

その他，第二次世界大戦における日本への原爆の投下に対して，アメリカ国内においては戦争を早く収束させるための正義的な行為であったという認識も根強く残っている。

一方，戦争を巡る立場として，すでに起こっている戦争を収める目的でのみ軍事行為を容認するという戦争限定主義と，戦争は主権国家としての権利でありいかなる規制も受けないという無差別主義とがあり，第二次世界大戦

後の世界はこの2つの主義が対立して
きた。上記の同時多発テロを発端とし
た一連の報復戦争に関しても，報復戦
争を強調し，必要以上の軍事介入を否
定する戦争限定主義と，テロ行為を行
うような文明の敵に対しては攻撃し，
滅ぼすのが正義だとする無差別主義と
の間で対立が起こっている。

☑ トロッコ問題

　イギリスの女性哲学者フィリパ゠フッ
トが提起した倫理学的思考実験のこと
をいう。

　実験(問い)の内容は，こうである。
暴走しているトロッコが1台あり，線
路はこの先でAとBの二股に分岐し，
あなたは分岐スイッチのある場所にい
るとする。Aでは作業員5人が作業を
していて，スイッチを切り替えなけれ
ばトロッコはAの方向に進む。Bでは
作業員1人が作業をしている。トロッ
コを止めることは物理的に不可能で，
作業員に危険を知らせることも無理な
場合，あなたはスイッチを切り替える
か切り替えないかという内容のために，
トロッコ問題と呼ばれている。

　この場合，多くの人がスイッチを切
り替えるべきだと回答するという。し
かし，もしあなたが切り替えスイッチ
の所ではなく橋の上に立っており，あ
なたの横にCという人物が立っている

とする。この時，Cを真下の線路に突
き落とせば暴走トロッコを止めること
ができて5人の命を救えるが，そのか
わりCは確実に死ぬというように場面
設定を変えた場合，Cを突き落とすこ
とは許されるか許されないかを問うと，
多くの人はCを突き落とすのは許され
ないと答えるという。

　この論理的矛盾は，意図されたもの
によって倫理的扱いを変えるべきとす
るダブルエフェクト原理によって起こ
るとフットは指摘する。切り替えス
イッチの場合，万が一スイッチを切り
替えたとしても，意図したものは5人
の命を救うことであり，1人が仮に命
を落としたとしても副次的なものであ
るとして容認できる。しかし橋の場合，
Cを突き落としたら確実にCは死ぬと
仮定されている以上，意図的な殺人と
なるからである。

☑ ミニョネット号事件

　19世紀に起こった事件で，功利主義
と義務論の対立の例として取り上げら
れる問題でもある。

　4人の乗組員が乗ったイギリスのミ
ニョネット号という船が難破した。生
き延びるために衰弱した1人を殺害し，
残った3人で食べたという殺人・人食
事件である。後日救出された3人が裁
判にかけられて死刑を宣告されたが，

当時の世論は無罪を望む声が圧倒的だったことにより、ヴィクトリア女王によって禁固刑に減刑された。

この場合、3人の命とその家族の幸せのために犠牲になる人が出てもよいのか、そして、そもそも誰かの幸せのために殺人が容認されるほど人の命は軽いのかという2つの論点が存在するが、功利主義の立場からは容認、義務論の立場からは否認となる。

☑ フォード・ピント事件

1981年に起こった、アメリカのフォード・モーター社の車種「ピント」に関する裁判のことで、企業倫理を巡る問題として取り上げられる事件である。

1960年代後半、フォード社は小型廉価タイプの車種「ピント」を発売したが、競合他社に対抗するために通常よりも短期間で生産を行い、デザインを重視するあまり構造面で欠陥を生むこととなった。しかし、万が一事故が起こった際の賠償金より販売続行のメリットの方が大きいと判断したためにフォード社は欠陥を隠して販売を続行した。しかし、1972年に実際に事故が起こり裁判に発展した際、技術担当者が上記の内情を明るみに出したことにより多額の賠償金を支払うことになっただけでなく、同社の信頼も失墜したという事件である。

☑ 同性結婚（同性婚）

同じ性別の者同士が婚姻関係を結ぶこと。同性結婚が認められている地域においては、異性同士の結婚と同じように社会的に認められ、法律的にも同様の保障が与えられている。

19世紀以前はキリスト教の同性愛は重罪とする価値観が根強く存在していたため、同性愛そのものが認められていなかった。しかし20世紀に入ってサルトル（p.93参照）のような無神論を主張する哲学者の登場をはじめ、キリスト教の宗教観に捉われない価値観が浸透し始めたのを契機に、同性愛に関する議論が活発化し、20世紀の終盤以降は結婚制度として認められるようになってきている。

現在、同性結婚可否に関する議論は何を正義とするかに論点を置いている。賛成派は、すべての人に結婚の権利があることが正義であると主張するのに対して、反対派はおおむね次の2つの立場に分かれる。1つは、同性婚を正義とするならば、男女間の不平等に繋がる一夫多妻制も同様に認められるべきであり、同性婚のみ認められるのは正義とはいえないとする。もう1つは、政治哲学上では、政治は道徳的善悪に立ち入るべきではないとしておきながら、同性婚という道徳観が問われる問題に介入するのは正義ではないとする。

答案例

問題 正義が抱える問題点について，あなたの意見を述べよ。**600字以内**

模範回答 そもそも正義とは，社会に所属する人々を公平に扱うための基準のことである。しかし時折正義は対立し，それが問題となる。自らの正義からすれば不正義なことであっても，それを正義と捉える立場も存在するので，正義を貫けば他人に不利益を与えることも起こりうるからである。　　　　(以上，第1段落)

こうした対立の背景にはイデオロギーの存在がある。人々は社会生活の中でイデオロギーとともに正義を学び自らの内に形作っていくから，外在するイデオロギーが異なれば形作られる正義も異なる。しかし，人々は自らのイデオロギーに基づく正義を絶対視しがちなゆえ，自らの正義を他人に押し付けたり，他のイデオロギーを持つ人々の不利益を無視したりして，正義を掲げることで結果的に他人へ悪影響を及ぼすことがある。　　　　(以上，第2段落)

確かに，正義を択一的に見出すのは困難だという指摘もあるが，思考を停止してはならない。イギリスの社会学者ギデンズが提唱した「第三の道」のように，イデオロギーを超えて，公正な正義を模索することは重要であろう。そのためには，自らの正義につねに疑念を持つとともに，他人が持つイデオロギーや正義を一旦受けとめることが大切だ。時には，集団内の利益をもたらすのであれば自らの正義を変更することも考える必要がある。　　　　(以上，第3段落)

解説 第1段落：意見の提示…正義が抱える問題点として，正義の対立があることを挙げている。

第2段落：理由説明…正義の対立の背景にはイデオロギーの存在があることを指摘し，自らの正義の主張によって他人の不利益を生むことが問題になると述べている。

第3段落：意見の再提示…正義の対立を解消するためには思考を止めてはならず，公正な正義を模索する必要があることを主張している。

▶ 教 養

定義

　教養とは，教育や勉学などによって蓄えられた学問や知識，およびそれらによって磨いてきた人間性・知性・倫理観・品位などの総体を指す。つまり，教養に必要な要素は，

① 幅広い知識や見識

② 人間性の高さ

の二つであるといえる。

　理想的な教養人とは，幅広く学問や芸術に触れ，知的かつ精神的に豊かで円満な人格を持つ人をいう。一方，いくら博識な人物でも，特定の知識や職業に偏った人や人格者ではない人は教養人とは言い難い。なお，古代ギリシャ・ローマでは精神と肉体が調和した全人的教養人が理想的とされ，その理念はいまもヨーロッパで受け継がれているといわれている。

必要性

　日本を取り巻く環境は急激に変化しているが，こうした変化は恩恵をもたらす一方で多くの問題も生み出した。こうした課題に適切に対処するためには，何よりも豊かな教養が求められる。

　例えば，グローバル化の進展に伴って目立ってきた異文化理解に関して見てみよう。未来志向（未来を見据え，備える積極的な姿勢）での交流を目指すためには，まず異なる国や地域の文化を尊重することが求められるが，それに対して，外国語の習得をはじめとしたコミュニケーション能力の向上だけでは不十分だ。この時に何よりも必要なのは，彼らの言動や行動様式の裏に潜むイデオロギーや文化を理解することである。もちろん，自他の文化，主義・主張，さらにはそれらの背景にある宗教観などを理解し，それらを受け入れられるだけの人間性も求められよう。これらはすべて教養に属するものである。

　グローバル化をはじめとして，高度情報化，科学技術の発展など，高度化した社会で生じる問題は専門化かつ複雑化しつつあり，より高い専門性によって対処することが求められる。しかしながら，専門性に依存すればするほど偏狭な捉え方になりがちで，問題の全体像が把握できずに本質を見失う恐れがある。また，**教養の不足は倫理性を欠く判断を招くこともあり**，問題を深刻化させる恐れがある。こうした現代社会の課題を乗り越えるとともに，問題が生じることを未然に抑止し，理想的な文化を築くためには，総合的な視野で物事を捉えることが必要となるが，その源となるのが**教養**なのである。

必要性の背景

　近代日本では西欧文化を取得することが教養を身につけることとされ，おもに教養はエリートを養成するために大学(旧制高校)で得るものとされてきた。その際，さまざまな書物から得た教養を詰め込む勤勉さや鍛錬が求められ，**独創的な発想を排除する傾向があった**といわれている。その流れは哲学・歴史・人文学を中心に人格形成を目指す**大正教養主義**(p.126参照)，昭和初期における**マルクス主義**(p.103参照)との密接な関わりを経て，第二次世界大戦後も続いた。

　しかし，高等教育がそれまでのエリート育成から一般市民段階へと変化し，それに伴って旧来からの**教養の必要性が薄らぎはじめた**。そのきっかけは，1960年代以降の大学の入学人口の増加に伴う大学の大衆化である。企業や学生は就職に直結する実学を重視するようになり，大学にその対応を求めたのである。その結果，それ以外の分野の知識の習得が疎かになりがちとなった。ましてや，哲学・歴史・人文学を中心とした**教養は実学主義にそぐわず，その習得が重要視されなくなった**。つまり，大学が教養教育の場として機能しなくなったのである。

　さらに，現代においては，自らの専門外の領域の内容についてはほとんど理解が困難となるほど，専門に関する知識が細分化・複雑化・深化して来たこともあって，専門家による習得に重きを置かざるを得なくなったことも背景にある。

　あらゆる分野で日々複雑化・専門化する現代社会の現状を踏まえると，専門性のみを追求したり，ましてや旧来の教養主義に依存しすぎたりするのでは，現代の諸問題に十分に対処できないことは明白だ。このままでは教養は自己目的化（目的を達成すること自体が目的となること）し，教養が実社会のニーズと乖離(かいり)し続けることになる。よって，時代や社会に合った教養を身につける機会を積極的に生み出すことが重要となる。

　例えば，2002年に示された文部科学省の中央教育審議会の答申（「新しい時代における教養教育の在り方」）では，教養教育において重視すべき点として，

① 学びや生きることへの主体性
② 新しい知識の獲得とそれらを統合する力
③ 自己の確立と他者や社会の尊重

を掲げるとともに，幼・少年期，青年期，成人期における教養の課題を明示している。具体的には，高等学校においては，

① 論理的に粘り強く考える訓練を行うこと
　　「思索の記録」「創作活動」「卒業論文」といった知識の深化や総合化を図る学習活動，読書，科学技術・理科教育の推進など
② 将来との結びつきから学ぶ意欲を引き出すこと
　　大学での学習や将来の職業を意識させる取り組みや，人生全体を見渡して学びについて考える機会の提供など
③ 体験を通して大人となる基礎を養うこと
　　地域活動や異文化体験の実施を通して，社会の中での自分の位置や負うべき責任を理解させることなど

が提案されている。

　ただし，旧来の教養の主体となっている哲学・歴史・人文学自体を全面的に否定してはならない。例えば，哲学的な思考はものごとの本質を見極めるうえで重要となる。「歴史は繰り返す」（古代ローマの歴史家クルティウス＝ルフスの言葉）といわれるように，歴史を学ぶことは後の時代に起こ

り得ることを考える糧になる場合が多い。つまり，人文・社会・自然の各分野を分け隔てなく学び，それらを時代に合わせて活かしていくことが大切なのではないか。

👉 小論文にする時のポイント

入試では，①教養とは何か，②教養の必要性，③教養の問題点の３点が主に出題される。

①については，教養の定義を理解したうえで論じてほしい。よって，「教養とは，持っている知識の量のことだ」などと，あたかも知識の量で教養の有無が決まるかのごとく，短絡的に述べることは避けたい。例えば「教養とは，幅広い知識を総合的かつ適切な倫理観をもって取り扱うことができる素養のことだ」など，教養は幅広い見識とともに人間性という要素を伴う点を指摘するとよいだろう。

一方，②を論じる時，教養が必要であるという立場にいることを念頭に置いてほしい。それは，大学側が一般教養課程(p.126参照)を置いていることを見てもわかるだろう。よって，「教養など必要ない。普段の生活に教養が求められる場面は皆無だし，専門性だけ身につけていれば生活できるからだ」と教養を否定する方向で主張するのは好ましくない。あくまでも「教養は現代においても必要だ」という立場から論じておきたい。また，その根拠を述べる時，「自己の成長につながるから」などと利己主義的な主張だけを展開することには疑問を抱かざるを得ない。それだけに留めるのではなく，「複雑化・専門化する現代の諸問題を解決する手段となるから」などと社会の改善に目を向けるべきである。

また，③を論じる時には，教養が現代の要請に合わない場合もあることを指摘するとよい。ただし，「今の時代には役立たない点が問題だ」と指摘するのはよいが，その文脈の流れで「教養など必要ない」などと教養を全面否定することは避けたい。現代社会の諸問題は複雑化・専門化しすぎており教養の習得が困難であること，旧来の教養主義のように独創を否定する立場では諸問題の解決が難しいことなど，あくまでも過去の教養のあり方では時代の要求に合致しないことを指摘する方向で論じておきたい。

過去の入試問題例

例 読書を中心に人間形成を考える「教養」と，一般常識や一般経験を人間形成の筋道としている「キョウヨウ」を区別し，昔の学生といまの学生の違いについて述べた文章において著者は旧制高校的な「教養主義」が現在の大学生から失われつつあることを主張している。現在の大学生の間で「教養主義」が失われつつある原因について自分なりに考え，述べよ。

（筑波大・情報科学類・知識情報・図書館学類）

例 「教養」ということばの意味について，さまざまな角度から考え，論じよ。

（神田外語大・外国語学部）

例 「教養」についてあなたが考えることを論じよ。

ヒント：例えば，

①「教養」がある人とはどのような人か。

②「教養」を身につけるにはどのような勉強をすればよいか。

③「教養」を身につける上で学校教育は役に立っているか。

④ 哲学を学ぶことは「教養」を高めるのに役立つか。

⑤ これからの時代に必要とされる「教養」にはどのようなことが含まれるか。

（大正大・人間学部）

例 「教養ある人」とはどのような人だと思うか。学問や，技術・芸術などの特定の分野で，高度の知識やすぐれた技能を備えた「専門家」とはどこが違うと思うか。あなたの意見・考えを述べよ。　　　　　　（東海大・教養学部）

例 英語ができることと勉強ができることとは混同されがちで，多くの人は英語を自分の人生をステップアップさせるための切り札と考えている。しかし，言葉は単なる道具で，文化や芸術，政治・経済を語れるだけの教養がなければ宝の持ち腐れとなると述べた文章を読んで，あなたの意見を述べよ。

（桃山学院大・国際教養学部）

例 「教養」について述べた5つの資料を読み，これらの資料すべてを検討し，そこから読み取った内容をふまえて，小論文を作成せよ。題もつけよ。

（広島大・総合科学部）

🔍 関連キーワード

☑ 古代ギリシャ・ローマの教養

　古代ギリシャにおいて教養とは読み書き・音楽・体練術・修辞学・弁証法・弁論術・図画などを指し，**市民権所有者の必須知識**とされ，私立学校や家庭教師らの手により伝えられてきた。のちにこれらの教養は幾何学や天文学と結びつくようになり，プラトンが登場する頃には算術・幾何学・天文学もまた教養として学ばれるようになった。

　古代ローマ時代になると，一般教養は「自由人の諸技術」と呼ばれ，これが自由七科（次項目参照）として定義されるようになり，家庭教師を雇い家庭内で学習された。また，ヒューマニズムの概念は古代ローマ時代には教養の一部とされており，中世になると自由七科へと受け継がれた。これらの教養は主として職業技術を伝える機械的技術とは区別され，調和ある人格と知識を兼ね備えた全人的教養人を育成することを目的とした。

☑ リベラルアーツ

　古代ギリシャ・ローマで唱えられた「自由人の諸技術（artes liberales）」を英語に訳したもの。当時は，自由人になるための学問のことを指した。このころ技術は奴隷が持つ機械的技術（ア

ルテース・メーカニケー）と，非奴隷である自由市民が持つ**自由人の諸技術**（アルテース・リーベラーレース）とに分けられていた。後者は，古代ローマ時代末期に自由七科として定義された。

　自由七科とは，古代ローマ時代に生まれ，中世ヨーロッパでは正式な学問の科目として定められた7科目のことである。**文法・修辞学・弁証法**（論理学と呼ばれることもある）の三学と，算術・幾何学・天文学・音楽の四科から成る。なお，哲学は自由七科を統括するものとして，さらには神学の予備知識として位置するものであった。

　古代ローマ時代には教養として知識人の間で学ばれたが，13世紀にヨーロッパで大学が誕生すると公式科目として採用され，専門課程に進む前に学ばれるようになった。

　近年，リベラルアーツが人文科学・社会科学・自然科学のそれぞれの分野を幅広く学習して教養を身につけるという意味を持ち，一般教養過程（p.126参照）で学ばれるようになった起源はここにあるといえる。

☑ 『教養と無秩序』

　イギリスの詩人であり評論家のマシュー゠アーノルド（1822～1888）によ

り1869年に刊行された教養，社会論。

この中でアーノルドは，教養を中庸を重んじる精神，物事の本質を見極める力，美と知性の調和であるとし，また無秩序とは物質主義と自由主義が蔓延した動乱状態を指すとした。無秩序を脱出するためにも，社会を構成する一人一人が教養を身につけることの重要性を説き，教養を身につける方法として読書が最も堅実であると説いた。また当時の階級社会を厳しい目で特徴付け，産業革命によって勢いを増す中産階級に教養を積ませることを急務とする一方で，クーデターやデモのような無秩序手段を用いることはせず，あくまで教養により社会改革を行うべきだと記している。

☑近代ドイツの教養観

近代以前のドイツにおいては，教養は教育や啓蒙も含めた bildung という原語を用いて表されており，意味も「人間の知的能力の開発」という意味合いで，教育と同義語で使用されていた。それが近代に入ると教育や啓蒙とは異なる，人格の自発的発展と完成に向けて学ぶことという意味へと変化していった。

近代ドイツを代表する詩人であり，小説家であるゲーテ(1749〜1832)は著書『ウィルヘルム=マイスターの師弟時代』などで，主人公がさまざまな経験を通して成長し，人格を形成していく様子を描き出し，のちの教養小説と呼ばれる流派の基礎を作った。

また，同じく近代ドイツの哲学者フィヒテ(1762〜1814)は教養に関して，「教養は自己活動によって行われ，自己活動によって目指す」とし，それ以前の，統治者や他の誰かから与えられる受身の学問とは別の教養の在り方を示した。

☑大正教養主義

文豪夏目漱石を慕い，門下生として出入りしていた文化人たちの思想や功績を総称したものを大正教養主義と呼ぶ。代表者は哲学者であり美学者の阿部次郎(1883〜1959)，教育家で文部大臣や学習院の院長を務めた安部能成(1883〜1966)，岩波書店創業者の岩波茂雄(1881〜1946)，哲学者の和辻哲郎(p.82参照)らが挙げられる。

哲学や普遍的価値を重視し，時には社会や政治批判を行った。大正教養主義を受け，この時代には学生や知識人の間で哲学書が盛んに読まれ，阿部次郎著の『三太郎の日記』は昭和になってからも学生必読の書とされた。

☑一般教養課程

大学において，広く深い知識や総合

的な判断力の取得，専門課程で学ぶための基礎力を養うことを目的とし，学部の枠を超えて履修する課程のことをいう。

通常，履修期間は大学1～2年が充てられ，語学や研究に必要とされる基礎科目，自然科学や社会科学などの概論，体育，コンピューター基礎演習など，さまざまな分野から総合的な力を身につけられるようにカリキュラムが組まれているのが特徴である。

第二次世界大戦後から1991年に大学設置基準の大綱化がなされるまでは，ほぼすべての大学に一般教養課程が存在していた。しかし，1991年以降は一般教養課程と専門課程を明確に区別せず，一般教養科目として大学在学期間中に履修することを義務化する大学も目立つようになってきた。

☑ 進歩的文化人

第二次世界大戦後から1980年代頃に活躍した知識人のことをいうが，彼らは反戦・護憲・反米を主張とすることが特徴である。1950～70年代の安保反対運動やベトナム反戦運動などの社会的運動の高まりを契機として，その発言が若者世代を中心に注目を集めるようになった。ノーベル文学賞作家の大江健三郎（1935～），医学博士で評論家の加藤周一（1919～2008），ニュースキャスターでジャーナリストの筑紫哲也（1935～2008）らが代表的である。

また，日本国憲法第九条を守ることを目的とした「九条の会」（2004年発足）の発起人及び賛同者には多くの進歩的文化人がいることが知られている。一方で，社会主義支持や反天皇制などの発言も目立ち，物議を醸すことがある。良心的勢力とも呼ばれる。

☑ 生涯学習

学校教育に限らず，自己啓発や趣味や娯楽などの自己充実を目的とし，自発的に学ぶ意欲を持ちながら生涯を通して学習を行うことをいう。フランスの教育思想家ポール=ラングラン（1910～2003）によって提唱された理念であり，日本では1990年に生涯学習振興法が施行されたことにより，その考えが広まった。

現在では自治体主催の講座や民間のカルチャーセンター，通信教育，大学の学外講座であるエクステンションセンターや市民公開講座など，生涯学習のためのさまざまな場が設けられている。近年においては，超高齢社会における生きがい創出の場としても注目されている。

答案例

問題 教養の必要性について，あなたの考えを述べよ。**600字以内**

模範回答 日本を取り巻く環境は急激に変化しているが，こうした変化は恩恵とともに多くの問題を生み出した。教養とは教育や勉学などで蓄えられた学問や知識，およびそれらにより磨かれた人間性・知性・倫理観・品位の総体を指すが，さまざまな課題に適切に対処するためには教養が必要となる。　（以上，第1段落）

　グローバル化をはじめとして高度情報化，科学技術の発展など，現代社会で生じる問題は専門化かつ複雑化しつつあり，教養だけで対処することは困難である。しかしながら教養的な視点を欠き，専門性に依存するほど偏狭な捉え方になりがちで，問題の全体像が把握できずに本質を見失わせる。また，教養の不足は倫理性を欠く判断を招きかねず，問題を深刻化させることもある。　（以上，第2段落）

　こうした現代社会の課題を乗り越え，問題を未然に抑止して理想的な文化を築くためには，総合的な視野で物事を捉えるための教養が必要となる。その時，専門性のみを追求したり，ましてや旧来の教養主義に依存しすぎたりしては対処できない。教養の自己目的化や教養と実社会との乖離を防ぐため，時代や社会に合った教養を身につけることが重要となる。人文・社会・自然の各分野を分け隔てなく学び，それらを時代に合わせて活かしていくことが大切なのではないか。

（以上，第3段落）

解説 　第1段落：意見の提示…日本を取り巻く環境の変化に対応するためには，教養が必要であることを主張している。
第2段落：理由説明…日本で発生する問題が専門化・複雑化していることを指摘し，教養の不足が事態を深刻化させかねないことを問題点として挙げている。
第3段落：意見の再提示…現代社会の課題を解消するためには総合的な視野で物事を捉えることが大切だと指摘したうえで，教養の重要性を述べている。

3 教 育

　教育学部や幼児教育学部といった教育に関係する学部では，当然のことながら，教育問題に関するテーマが多く出題される。教育問題に対して関心があるか否か，それらの問題を適切に捉えているか否かといった側面から，未来の教育者としてふさわしいかどうかが試されていると言って差し支えない。

　ここでは教育問題として頻出の3テーマに加えて，幼児教育とスポーツについてのテーマも取り扱う。

取り扱うテーマ

> 学力低下

> 規範意識の低下

> いじめ

> 幼児教育

> スポーツトレーニング

学力低下

定義

　学力低下とは，子どもの学力が低下することを悲観的に捉えた概念のことである。日本では1980年代から社会問題化している。「学力」とは曖昧な概念であるが，ここでは普通教育によって得られる基礎学力のことを指すことにする。

　最近では，各種の学力調査により子どもの学力の低さが問題視されている。例えば，学習到達度調査（PISA，p.145参照）や国際数学・理科教育動向調査（TIMSS，p.145参照）において他国よりも劣っている結果が出たり，文部科学省や国立教育政策研究所といった公的機関のほか，民間の調査機関などが実施する学力調査においても正答率の低さが指摘されたりしている。

　なお，学力低下が本当に起こっているのかどうかは疑問である，もしくは学力低下に歯止めがかかったと主張する立場もある。そのほかにも，「学力とは何か」といった定義付けやその評価方法が曖昧なまま調査を進めている点を挙げて批判する立場もある。

問題点

　問題点のひとつに，①自己実現できない児童・生徒の増加が挙げられる。例えば，生物学の研究をしたいのにもかかわらず，該当教科の習得が不十分なばかりに研究に着手できないとか，建築士を志望していても微分・積分が理解できないので建築物の構造計算ができない，などの例である。つまり，相応の基礎学力が備わっていないために発展的な研究や学習活動ができないということである。確かに「読み・書き・そろばん」といわれる基本的な識字力・文章表現力・計算力，つまり日常生活を営むうえで必要な能力さえ身に付けば問題ないという主張もあるにはある。しかし，それだけでは社会で生き抜くことはできない。なぜなら，日本社会・国際社会

におけるさまざまな分野で内容や技術の高度化が進んでおり，基礎学力が不足すればそれに続く発展的な思考ができず，その結果，時代の変化に対応できない。つまり，基礎学力が不足するばかりに，自身の夢をあきらめざるを得ないという状況も起こりうるのである。

また，いま述べた状況は②国力の低下につながることも問題である。日本では国民全員に義務教育を課しているが，これは普通教育を徹底し，基礎学力を平均的に習得させることで，民力(国民の基本的な能力。生産・消費・文化などに関して，国民が持つエネルギー)を向上させることを目指しているからである。例えば，これまで科学技術において日本が主導的な役割を担ってこられたのは，平均的な基礎学力を持った国民の総力の結果だったといえる。学力の低い生徒が世の中に送り出されることは，確かな基礎学力を持つ社会人の減少を示唆するものである。これは「平均的な民力が高い」という日本の長所を失うことになり，結果として日本社会に不利益をもたらすと懸念されているのである。

さらには，③国際競争力の低下を招く恐れがあることが問題といえる。グローバル化(p.213参照)に伴う産業の空洞化(国内企業の生産拠点が海外に移転すること)と，人口減少によってもたらされる日本経済の縮小から，労働需要が減少する恐れがある。また，国際的な人材の流動化(優秀な人材が企業間を行き来すること)に伴って優秀な外国人との間で競争が激化している。こうなると，学力が低いとされる人材が生き延びることが難しくなるのは明らかであろう。つまり，学力の低下は，国際競争を生き抜くための力の低下にもつながる心配がある。

問題点の背景

学力低下の原因には諸説あるが，まずあげられるのは，①教育機関の指導力低下が背景にあることであろう。その中でも特に指摘されているのは，ゆとり教育(p.147参照)の影響である。ゆとり教育ではいわゆる詰め込み教育ではなく，総合学力を重視する教育の形態に変更したのである。それによって児童・生徒にゆとりを与えるとともに，個性化教育や「生きる力」の充実を目指して，総合的な学習の時間などが設けられた(p.144参照)。

しかし，それに伴って各教科で教える内容や授業時間が減少し，教科教育が軽視される結果となった。それに加え，指導よりも支援，暗記よりも活動などとして子どもの興味や関心がより重視され，知識や技能の習得に対して過度に否定的な風潮（「詰め込み教育」への批判）が生まれた。一方では，教員の過剰労働を理由とする研究時間や生徒との接触時間の減少，研修などの技能向上の機会の少なさ，不祥事による教員の社会的地位の低下などによって，教員の指導の質が低下したという指摘もある。

なお，「ゆとり教育」原因説に関して，学習到達度調査では日本よりも上位にあるフィンランドでは日本のゆとり教育に近い形態で教育を行っていることもあり，指導内容や授業時間数の削減と学力低下との関係に異議を唱える立場もある。

また，②大学入試制度の変化が背景にあるという指摘もある。ともすれば生徒は受験科目にない教科の学習を軽視する傾向にある。つまり，この状況は入試合格という報酬を得ることが生徒の学習動機となっている（いわゆる報酬志向）ということにほかならない。そうしたなか，大学側は入試科目を少なくする傾向にあるゆえ，必然的に生徒が積極的に学ぼうとする教科が減少する。一方では大学の乱立化が進み，大学全入時代に近い状況が生まれている。それに呼応するかのように，一部の大学では学科試験を課さない総合型選抜や学校推薦型選抜を導入したり，一般選抜の問題レベルを下げたりしている。つまり，教科の学習が重視されない風潮が助長されているといえる。こうした緩和状況が進めば，そもそも教科学習の動機すら存在しなくなり，生徒の学習意欲はますます後退する。こうした状況が学力の低下をもたらしたという考え方である。

さらには，③社会的な変化が関係するという説もある。まず，影響を与えたのは過剰な商業主義の台頭であり，これによりゲーム・スマートフォン・インターネットなどの享楽的な娯楽環境が生まれ，それが学習活動への興味を低下させるとともに，学習時間の減少を促したと考えられている。また，以前と比べて若者の価値観が変化したこともある。学歴が必ずしも社会的成功と結びつかないという無力感，継続的に学習することに価値を置かなくなってきたこと（いわゆるガリ勉タイプは嫌われる）などがその顕

著な例である。

対応策・解決策

①教育機関の指導力低下については，まずゆとり教育(p.147参照)の見直しと教員の質を向上させるための対策を講じるべきだ。前者については，2008年に改訂された学習指導要領により，いわゆる「脱ゆとり教育」が推進されている。後者については，「教職に対する情熱」「専門家としての確かな力量」「人間力」といった要件を満たす優れた教師を採用したり養成するとともに，適切な評価や研修を行うこと，さらには教員の待遇改善などが考えられる。

②入試制度などによる児童・生徒の意欲低下については，2015年に文部科学省から発表された「高大接続改革実行プラン」をもとに，大学入試改革が進められている。2021年度入試からは，それまでの大学入試センター試験を廃止し，思考力・判断力・表現力をより重視した大学入学共通テストが導入されることになっている。

③ゲームなどや将来への悲観による学習への興味低下などに対しては，何よりも学習意欲を高める策を講じるべきだ。例えば，学習動機(p.148参照)について注目したい。内容分離的動機(p.148参照)が生じた子どもの場合，思考過程よりも結果を重視したり，意味を理解することよりも暗記を重視したりする学習を行いがちである。こうした質の低い学習は学力の低下を招くことになる。よって，内容関与的動機を高めることが必要となる。例えば，成功体験や達成経験をさせる試みを教育現場で行うことなどが考えられる。具体的には，知識・技能の実生活への応用，調べ学習などの探究型教育の推進などがあるだろう。こうして子ども自身が自己を認める(自己肯定感の醸成)とともに，自己効力感(課題を達成できる可能性が自分にあることを知る)を得ることで，さまざまな事象に前向きに取り組む力を養うことができる。そして，最終的には児童・生徒自身が自己発達を遂げ，エンパワーメント(個人や集団が自分の人生の主人公となれるような力をつけ，自分の生活や環境をコントロールすること)を向上させられるようになるとよいのではないだろうか。

133

そのほかにも、児童・生徒一人ひとりにきめ細かい教育を行うことも考えられる。少人数教育の推進、教員の増員、学習内容の習熟度に応じた指導、グループ指導、個別指導、放課後の家庭訪問、インターネット教材の活用など、児童・生徒間の学力の個人差を縮める努力を行う必要がある。さらには、入試制度の改善（教科教育の成果を測る入試制度への変更）、家庭でのしつけの見直し（ゲームなどの制限）、教職員の雇用環境の改善なども検討すべきだろう。

👉 小論文にする時のポイント ─────────────●

入試ではむしろ、「学力低下が起こっているか否か」といった根本的な論議が求められることは少なく、「学力は低下しているものだ」という前提のもとで出題されることが多い。具体的には、
① 学力の定義に関するもの
② 学力低下の原因や背景を分析させるもの
③ 学力低下の改善策
などがおもに問われる。

①については、各種調査結果をもとにして、「学力低下はよいか、悪いか」といった出題がなされる。ここでの学力を「普通教育で習得すべき基礎学力」と捉えるならば、一般的には学力低下に否定的な立場を取ることになるだろう。そうした場合、発展的思考ができなくなる恐れがあることや、国力の低下などを根拠とするとよい。一方、あえて肯定する場合は、普通教育に対する疑問を示しつつ、専門教育やキャリア教育、道徳教育などを充実すべきであるという方向で論じていくことが考えられる。

②については、「教育機関の指導力低下」「入試制度と学習意欲との関係性」「ゲームや社会情勢との関係性」のいずれかをおもな原因として示すことになるだろう。ただし、受験生の立場から考察するとなれば、学習意欲との関係性を考察する方向で論じると答えやすいと思われる。例えば、「入試制度が変化し、報酬志向の動機づけによる学習が行われやすい現状が背景にある」「ゲームやスマートフォンの普及により、学習に対する関心が薄れ、内容関与的な動機が得にくいことが学力低下の一因といえる」などという方向で論じるのである。

3
教
育

　③については，まず「あなたが教員になったなら，教科教育でどのように学力を向上させたいと思うか」といった創造的な思考を求める設問が考えられる。その時，知識・技能の実生活への応用，調べ学習などの探究型教育の推進など，内容関与的動機を高める取り組みを具体的に提示できるとよい。一方，「学力低下を食い止める方法は何か」といった，教科教育に限らない改善策を論じさせようとする設問もある。その場合は，教育機関の指導力向上，学習意欲の喚起，家庭でのしつけ，入試制度改革など，具体的な改善策を提示できるように準備しておきたい。

過去の入試問題例

例　日本人の学力低下について述べた文章で，著者は昨今の学力低下に関する議論に対してそれにやや距離をおきつつ，仮に学力低下が本当に起こっているとして，それを否定的に捉えるか(A)肯定的に捉えるか(B)に立場が分かれるとしている。このような著者の議論をふまえ，自らの見解を述べよ。その際，あなたはA，Bのどちらの意見に与するか，あるいはA，Bいずれでもない第3の立場をとるのかを明らかにして述べよ。　　　　　　（宮城学院女子大・学芸学部）

例　学力低下の実態を示す表を読み，「学力低下」について，考えを書け。
　　　　　　　　　　　　　　　　　　　　　　　　　　　（明治学院大・心理学部）

例　近年，「大学生の学力低下」に関して多くの議論がなされている。その中には，高等学校卒業資格試験のような制度をもうけるべきだという意見もある。このような意見に対するあなたの考えを述べよ。　　　　　　　　　　　（国士舘大・文学部）

例　学力低下の問題について述べた英文を読み，日本の学校教育の問題点を解決するための改善策を何だと，著者は言っているか。またこれに対するあなた自身の意見を日本語で述べよ。　　　　　　　　　　　　　（名古屋市立大・人文社会学部）

例　「詰め込み教育」から「ゆとり教育」への転換が行われた経緯と，「ゆとり教育」が「学力低下」を引き起こした原因について述べた文章を読み，「ゆとり教育」と「学力低下」の問題について，本文の内容をふまえて，あなたの考えを述べよ。　　　　　　　　　　　　　　　　　　　　　　　　　　（高知大・教育学部）

学力低下論争について述べた文章を読み，学習主体となる子どもの立場から，小学校の理科の授業でどのような学びを大切にしていくべきか，自分自身の経験を交え，論じよ。 (福岡教育大・教育学部)

🔑 関連キーワード

☑ 学ぶことの意義

「学び」とは，経験や伝聞によって新しいことがら（知識・技能・態度・行動・認知など）を身につける行為のことをいう。「学習」と同様の意味である。学びはその性質により，義務教育などで行われる「受動的なもの」と，研究などで行われる「能動的・積極的なもの」とに分けることができる。

本来，学びの意義は，学んだ本人によって見出されるものである。しかし，あえて学びの意義を論じるなら，多くの人は自己実現のための手段として捉えるだろう。具体的には，学びを「豊かな生活を営めるようにする手段」「自己成長の手段」「社会の一員として他人を支える手段」「事象を正しく捉える手段」として捉えることである。

こうした学びが求められるのは，現在の社会が高度化・複雑化していることが背景にある。日本をはじめ，世界中でさまざまな科学・技術や制度・文化・思考が進歩をつづけ，高度化している。そして，社会で起こる事象もそれに合わせて複雑化している。こうし

た状況の中で適切な判断を行うには，広い教養と深い知識，それに伴う思考レベルの高い判断が欠かせない。なぜなら，その内容を解きほぐし，問題点やその背景にある理論や思想，そして重要性や深刻さを理解する必要があるからだ。こうした事柄を学ばなければ現代社会を真に理解することはできないし，誤った理解や偏見を生む恐れすらある。

これらに加え，グローバル化やボーダレス化(p.223参照)の進行がさらに状況を複雑にしている現実がある。さまざまな国の人々や異分野・異業種の人々は，それぞれが属している場の規則や空気に合わせて物事を判断しているわけだから，それらを理解するためには彼らの背景にある文化・言語・思想・理論などを学ばなければ，内容を解きほぐせないのは当然といえる。

学ぶ時には，こうした高度化・複雑化した社会の中で生きていくにはどのような学習が必要なのかを考えるべきだ。具体的には，

・無知を無知のままにしておかないこと

・幅広い視野から物事を考えること
・学んだことを定着させること
などが考えられる。

☑ 学　校

定義的にいうと，教員（教育者）が児童・生徒・学生など（非教育者）に対し，秩序に基づいて，組織的・計画的・継続的に教育を実施し管理する組織のことをいう。学校教育法において，学校は国・地方公共団体・学校法人のみが設置できるものとしている。

また，専修学校（職業もしくは実際生活に必要な能力，または教養の向上をはかるための教育を行う機関）や各種学校（学校教育に類する教育を行う機関）が認められている。

なお，2003年から小泉内閣のもとで施行された構造改革特別区域法（法規制などにより，事業化が不可能な事業を特別に行える地域を設ける制度）によって，株式会社による学校の設立を認める地域が生まれた。

☑ 教　育

広義では，人間を望ましい姿にするために心身両面にわたって影響を与えることをいう。家庭から地域・国家・民族社会の中でなされている教育全般を指し，社会を維持するための機能として用いられているものである。学校

などの制度の中で行われないところから，広義の教育を非制度的教育と呼ぶことがある。

一方，狭義では，教育目的や目標などに基づいて意図的・計画的に人間形成を行うことをいう。学校教育のような狭義の教育では，目標や目的を実現できたか否かが重要であり，その出来によって「よい，悪い」「適切，不適切」「有効，無効」などのように価値判断が下されることになる。なお，学習と教育は対になる言葉であり，教員は教育を施し，学生や生徒はそれを受けて学習する。

なお，大学は研究機関であるとともに教育機関でもある。幅広い教養を授けるとともに，深く専門的な研究をする場として成立している。未知の事象を解明していくためには，時には視点を変え，他の分野からもアプローチできる柔軟な思考力が必要であるが，大学ではそういう能力を持った知識人を育てることを目的としている。

☑ 学校教育

広義の学校教育とは，学校という形態をとって行われる教育のことである。家庭教育・社会教育（p.138参照）とともに，教育の全領域を三分しているうちの一つである。

これに対して狭義の学校教育とは，

137

学校教育法(p.142参照)第1条で定められる正系の学校(通称「1条校」という。幼稚園・小学校・中学校・中等教育学校・高等学校・高等専門学校・大学・特別支援学校がこれにあたる)で行われる教育のことをいう。これらの学校では、教科教育(学校教育における教科に基づく教育。各学校によって教えられる教科は、文部科学省によって告示される学習指導要領によって定められている)や道徳教育など、学校におけるすべての教育活動を介して、普通教育や専門教育を施す。

なお、学校教育は日本国憲法や教育基本法(p.141参照)の精神に則って行われ、学校の設置目的や達成すべき努力目標は学校教育法に示されている。

☑ 家庭教育

家庭内において親が子に教えることにより、社会生活を送るためや将来の自立に向けて、生活習慣や社会の基本ルール・マナー・倫理観・自尊心などを学ぶための手助けを行うことをいう。乳幼児時代から就学後においても、成長に合わせて行われるものであり、その後の子どもの成長状況や人間性に大きな影響を及ぼしかねない重要なものとされる。しかし近年、核家族化が進んだことにより、以前は他の同居家族全員で家庭教育を行えたものが、両親だけとなることによる負担増、さらに、共働き家庭の増加により両親と子どもが触れ合う機会が減少することにより、結果として家庭教育が十分とは言えない状況が見られるようになってきた。また、精神面で未熟な両親が育児を行うことによる児童虐待や育児放棄なども発生しており、家庭教育のあり方が改めて問われている。

☑ 社会教育

学校教育以外の、社会で行われる教育全般をいう。社会教育法では「主として青少年及び成人に対して行われる組織的な教育活動(体育及びレクリエーションの活動を含む)をいう」と定義している。

具体的には図書館・博物館や美術館、動物園や水族館、公民館などの公的機関で行われる活動のほかに、行政や民間機関などで行われる市民講座やスポーツ教室、大学以外の団体が行う通信教育なども広義の社会教育となる。なお、社会教育と学校教育を含めた教育全般は、生涯学習に該当する。

☑ 普通教育・一般教育・専門教育・特別支援教育

普通教育とは、国民が一般に受けるべき共通の基礎教育のことを指す。日本では、小学校・中学校・高等学校(中

等教育学校を含む)で段階的に施すものを普通教育，大学で施されるものを一般教育という。これらは人文科学・社会科学・自然科学などの基礎科学をもとにした教育内容となっている。

一方，専門教育とは特定分野を深く掘り下げる教育のことを指し，高等学校の商業科・工業科などの専門課程や高等専門学校・大学・短期大学・大学院で施される。

また，特別支援教育とは視聴覚障害者・知的障害者・病弱者など，普通教育を受けるのが難しい人に施される教育のことである。自立のために必要とされる技能の取得と，幼稚園・小学校・中学校・高等学校に準ずる教育を目的としている。

☑ 義務教育

子どもに受けさせなければならない教育のことを指す。現在多くの国に普及しているが，仕組みや制度は国によって異なる。

日本では日本国憲法，教育基本法(p.141参照)，学校教育法(p.142参照)のもと，6歳から15歳までの9年間を義務教育期間とし，保護者が子どもに教育を受けさせる義務を負い，いじめや不登校(p.158参照)などの特別な事情を除き，違反した場合は罰金刑となる。また，義務教育の目的を個人の能力向上と社会を自立的に生きるための基礎と国家形成者としての基本的資質を養うことと定め，義務教育の授業料は無償としている。

☑ 教科教育

教科教育とは教授する教科を定めて学校教育を行うことを指す。具体的教科は学習指導要領(p.147参照)により定められているが，その内容は学習指導要領の改訂と共に変化することがある。例えば1992年の改訂時には，小学校1，2年生で従来教えられてきた理科と社会科を廃止，新たに生活科を新設し，教科として取り入れている。

教科教育には，人類が作り上げてきた多岐に渡る知識を教科に体系化し，効率よく伝えるという役割と，教科ごとにねらいを設定し，そのねらいに沿った教育を行うことにより，総合的に人間力を形成するという役割がある。

☑ オルタナティブ教育

伝統的な学校教育にとらわれない新しい教育や，主流とは異なる教育のことをいう。日本においてはフリースクール，ホームスクール，インターナショナルスクール，外国人学校などの非正規学校における教育や，シュタイナー教育，モンテッソーリ教育などの新しい教育思想の下で行われる教育の

ことを指している。

これらは学校教育法(p.142参照)の1条校に該当しないので，現状では卒業後に上位学校への入学資格を得ることができない。そのため，進学希望者は認定試験を受けたり，通信制などで正規課程を履修する必要がある。一方で，不登校(p.158参照)の児童・生徒では，オルタナティブ教育が正規学校の出席扱いになる場合もある。

☑ 一貫教育

幼稚園から大学までの課程内において，その一部あるいはすべてを一貫して教育を行うことをいう。この制度では，目的に応じた教育を施しやすいというメリットがある。

私立学校には古くより一貫教育が見られたが，近年，公立学校においても中学と高等学校を一貫させる中高一貫教育や，小学校と中学校を一貫させる小中一貫教育が徐々に導入されている。また私立学校においては，途中からの外部編入者を受け入れない完全一貫教育もある。

☑ 高等学校

中学校における教育の基礎の上に，心身の発達及び進路に応じて，高度な普通教育及び専門教育を施すことを目的とする学校のことをいう。高等学校

の達成目標として，学校教育法第51条において，

①義務教育として行われる普通教育の成果をさらに発展拡充させて，豊かな人間性，創造性及び健やかな身体を養い，国家及び社会の形成者として必要な資質を養うこと

②社会において果たさなければならない使命の自覚に基づき，個性に応じて将来の進路を決定させ，一般的な教養を高め，専門的な知識，技術及び技能を習得させること

③個性の確立に努めるとともに，社会について，広く深い理解と健全な批判力を養い，社会の発展に寄与する態度を養うこと

と示されている。

☑ 高校における専門教育

学校教育法(p.142参照)に基づき，すべての高等学校には学科が設置されており，そのうちの専門教育を主とする学科においては選択した専門内容をより深く学ぶことが可能である。

専門教育の内容は2種類に分類され，一般的な科目を深く掘り下げて学ぶための専門学科と，一般科目とは異なる職業的専門科目を学ぶための専門学科がある。前者に該当するものは理数科・英語科・体育科・音楽科などであり，後者に該当するものは商業科・情報科・

工業系学科・農業系学科・水産系学科・家庭系学科などである。

職業的専門学科においては，選択した専門科目に関わる資格が取得できたり，あるいは資格取得のための授業がカリキュラム内に組み込まれている場合が多いのが特徴である。

☑ SSH, SGH

文部科学省に指定され，数学と理科教育を重点的に行う高校をスーパーサイエンスハイスクール(SSH)といい，指定を受けた高校は，数学・理科の独自カリキュラムを組んだり，大学と協力して授業を行えるなどの取り組みを行うことができる。指定は5年間継続される。

一方，国際的に活躍できる人材を育成することを目的とした高校をスーパーグローバルハイスクール(SGH)といい，指定を受けた高校は，国際化を進める国内外の大学や企業，国際機関等と連携を図り，グローバルな課題をテーマに横断的・総合的な学習，探究的な学習を行うことができる。この事業は文部科学省によって2014年に始められた。

☑ 教育困難校

在籍学生の学力や素行などが原因で，通常の教育を行うことが困難となっている学校を指す。高等学校に多く，特に都市圏に集中している。学習意欲が低いために授業が成り立たないケースが目立ち，暴力や不登校，非行などの行為も発生することから，学力向上のための教育よりも，生活態度改善のための指導を中心にせざるを得ない場合がほとんどである。

学習困難校が発生する要因として，少子化に伴い定員割れを起こす学校が増えたことなどにより進学が容易となったこと，また定員を確保したい学校側が学業に興味が低い生徒も入学させてしまうことなどが挙げられる。

☑ 教育基本法

日本国憲法の教育の義務に則って教育の原則を定めた法律で，第二次世界大戦後の1947年に施行され，2006年にすべての内容が改正された。

前文において個人の尊厳を尊重し，「公共の精神」，「豊かな人間性と創造性」，「伝統の継承」を目指す教育を推進すると定めた。また，教育の目的，方針，生涯学習，教育の機会均等，義務教育，学校教育，男女共学，政治教育，宗教教育，社会教育，家庭教育，幼児教育，教員，学校・家庭と地域社会の相互協力，教育行政などに関して規定が設けられている。

なお，2006年の改正以前に，前文内

容が愛国心や伝統の尊重につながるとする賛成派と，第二次世界大戦前のような国粋主義につながるとする反対派の間で対立が起こり，改正までに数年を要した現実がある。

☑ 学校教育法

　日本における学校教育のあり方を定めた法律で，1947年に施行された。その後改正を繰り返し，2007年に大幅改正がなされた。

　この中で幼稚園・小学校・中学校・高等学校・大学・高等専門学校・特別支援学校・中高一貫教育を行う中等教育学校を公の教育機関とし，各学校の目的や就業年数などの基本事項を定めている。これらは学校教育法第1条に定められているので1条校と呼ばれる。

　また，各種学校や専修学校はその他の学校とされ，それぞれ内容が定められている。そのほかに，学校による自己評価の実施および公表が義務づけられている。

☑ 教育行政

　国家または地方公共団体が，教育に関する法律制定事項を実現するための行為のことをいう。具体的には，教育事業を行政のもとで組織化し，運営することを指す。

　教育行政は国家により求める内容が大きく異なる。先進国においては平均学力を高める，あるいは政治・社会教育の充実を目的とする部分が多いが，開発途上国においてはまず不就学者と小学校中退者の解消に向けた対策が主目的となり，教育の質を高める段階に到達できない場合も多い。例えば，読み・書き・計算ができる能力を識字といい，識字が15歳以上の国民に普及している割合を識字率というが，ユネスコのデータによると先進国の識字率はほぼ100％に近いのに対して，開発途上国では国家によってばらつきがある。中国は約96％，ブラジルは約90％であるのに対して，アフリカの平均は約60％にとどまり，なかでもチャド，ニジェールのように識字率が30％前後と，アフリカの平均をも大きく下回る国家もある。

☑ 学校教育の段階

　現在の日本において，学校教育は学校教育法の第1条に定めた教育機関を5つの教育段階に区分している。それぞれ，幼稚園は就学前教育，小学校は初等教育，中学校は前期中等教育，高等学校は後期中等教育，高等専門学校，大学，短期大学は高等教育となる。

　なお，保育園は厚生労働省の管轄であり，教育施設ではなく児童福祉施設にあたる。また，各種学校や大学校は

1条校には該当しない。そのため，これらは教育段階区分には非該当となる。

☑ 学校の説明責任

学校の教育目標や教育内容をはじめとして，児童・生徒の学習状況，クラブ活動や部活動などの課外活動の状況，災害などに関する危機管理状況などのような学校におけるさまざまな事項に関して，学校は保護者や地域住民などに対して説明をする責任があるということをいう。

1990年代後半より国の中央教育審議会において，保護者や地域住民に学校の状況を公開し，学校・家庭・地域が連携して意見を交換するという，いわゆる開かれた学校づくりを行う必要性が審議されるようになった。これを受けて2002年に施行された小・中学校設置基準や，幼稚園ならびに高等学校の改正設置基準において明文化された事項である。

☑ 職業訓練

職業に就くために必要な技能や知識を高め，労働者としての能力を高めるために行う訓練のことをいう。

日本には公共教育訓練の制度があり，国や都道府県が設置している職業訓練校で学ぶことができるほか，民間教育機関に委託した講座を受講することで職業訓練を行うことができる。種類もさまざまで，高校新卒者向けに1年程度の訓練を行う職業能力開発大学校や，離職者向けに数か月の訓練を行うコース，高齢者や障害者向けの訓練コースなどがある。また，かつては工業技術の取得に向けての職業訓練が多かったのに対して，近年の職業多様化に対応するものとして，事務系の資格取得に向けての訓練，パソコン技術や介護技術の取得のための訓練と，その内容も幅広くなっている。

☑ 教育方法

実践的な教育手法はさまざまであるが，学校教育で取り入れられているものには以下のような方法がある。

まず系統学習とは，系統化された学習内容を，決められた順に学習していくことを指す。一般的な講義型授業は系統学習を取り入れたものである。多くの情報を多くの生徒に短時間で伝えられる利点がある一方で，授業の受け手側の意見は反映されないので，興味や関心を引き出しにくいことがある。

それに対して問題解決学習とは，生徒の自発性や能動性を重視し，体験的に学ぶ学習方法のことを指す。正しい答えに到達することよりも，その過程を重視する傾向にある。例えば，生活科とは小学校1，2年生が学習する教

143

科であり，学校・社会・地域との接し方に関して，体験活動を通して学習することが特徴である。理科と社会をなくし，かわりに学習されている。

また総合的な学習の時間とは，自発的に考えて主体的に判断することによって，問題解決能力や思考力・判断力・表現力を総合的に身に付けることを目的として開始された問題解決型，体験学習型授業である。小学校・中学校・高等学校・中等教育学校・特別支援学校で2002年より開始された。

☑ 教育学

教育に関する学問のことを指し，教授法・教育施設・教育行政・教育史など，**教育を中心に据えたさまざまな研究内容**が対象となる。教育という視点から人間社会や人間そのものを考察する学問という観点のもと，哲学・心理学・経済学・経営学・政治学などの諸学と結びつき，新たな分野を創造してきた学問でもある。

教育学の祖は，チェコに生まれた宗教家ならびに教育家の**コメニウス**(1592～1670)である。彼は教育学を体系的に著した『大教授学』を執筆しただけでなく，現代の学校教育システムの基礎を考え出した。さらに，生涯学習の初の提唱者として『汎教育』も著した。

☑ 道徳主義と機能主義

物事の善悪の規範である道徳を一番とする考え方を**道徳主義**と呼ぶ。この善悪の規範は社会通念上の共通認識をもとにしているが，文化や宗教の違いなどで共通認識が異なる場合もあり，その内容には多様性が見られる。

一方，**機能主義**とは，個人の欲望を満たすために社会システムなどの機能があり，その機能の充足を追求することが一番という考え方のことを指す。一般的に社会システムは，最大多数の幸福を求める**功利主義**(p.114参照)に基づいて成り立っていることから，少数派の意見は反映されないことが多く，万人に平等とはいえないデメリットがある。このことにより，万人に平等であるべきと考える道徳主義とは対立関係にある。

☑ 教育哲学

教育とは何か，言い換えれば，**教育の目的や価値などを哲学的に追究する学問**のことをいう。例えば，ドイツの哲学者カントは「人は教育によって人間になる」という言葉を残したが，これは未開のまま生まれてくる人間は教育によって本来備わっている資質を発展させることができ，その資質の発展と人間としての使命を全うするための教育が必要であると説いたものである。

また，古代ギリシャの哲学者プラトンは，著書『メノン』にて，「徳は教えられうるか」という問いに対し，教えというものは存在せず，学ぶことによって自らが他の事象を発見できると記している。

一方，20世紀後半になると，従来とは異なる近代教育の批判とそれに伴う新しい思想が生まれるようになった。オーストリアの哲学者イリイチ(1926〜2002)は近代の教えられる教育，つまり学校教育を批判し，自ら学ぶという真の学びを復活させるために学校制度の撤廃を主張した。

☑ 学習到達度調査(PISA)

学習到達度調査(PISA)とは経済協力開発機構(OECD)が加盟国において，15歳の学校教育に参加している生徒を対象に実施する学習到達度に関する調査のことをいう。日本においては高校1年生が対象である。2000年より開始され，3年ごとに実施される。

調査内容は読解力・数学的リテラシー・科学的リテラシーであり，選択問題と記述問題で構成される。最近では，2018年に調査が実施された。

これによると日本は79の調査対象国・地域中，読解力が15位，数学的リテラシーが6位，科学的リテラシーが5位であった。前回2015年の調査では，読解力が8位，数学的リテラシーが5位，科学的リテラシーが2位でいずれも順位を下げており，改善に向けた取り組みが検討されている。

☑ 国際数学・理科教育動向調査 (TIMSS)

国際数学・理科教育動向調査(TIMSS)とは，国際教育到達度評価学会(IEA)が小学生および中学生を対象に実施する教育調査のことをいう。日本においては小学4年生と中学2年生が対象となり，4年ごとに実施される。初等中等教育段階における算数・数学および理科の教育到達度を測定するほか，児童生徒・教師・学校へのアンケートも行われる。これにより，到達度と教師の資質や児童生徒の学習環境，教育制度やカリキュラムとの関係性を分析することができる。

なお，2015年の調査において日本は，調査対象国(小学生50か国，中学生40か国)の中で，小学4年生が算数で5位(593点)，理科で3位(569点)，中学2年生が数学で5位(586点)，理科で2位(571点)であった。いずれも前回2011年の調査よりもスコアを伸ばしており，高いレベルで推移している。

☑ 子どもの学習意欲や主体性の低下

国際数学・理科教育動向調査による

145

と，「算数（数学）の勉強は楽しいか」と尋ねたところ，「強くそう思う」「そう思う」と回答した小学4年生が2003年には65％であったのに対して2015年には75％に上昇したが，それでも2015年の国際平均である85％には及ばない。また，中学2年生では2003年が39％であったのに対して2015年には52％となったものの，2011年の国際平均71％とは大きくかけ離れている。これらのことから，教科に対する学習への主体性は向上しつつあるものの，国際平均と比較すると低い傾向にあるといえる。

☑全国学力・学習状況調査（全国学力テスト）

日本全国の小学6年生，中学3年生を対象として行われる学力と学習状況調査のためのテストのことをいう。全国で約3割の学校が抽出され，その他の学校に関しては自主参加ができる。2007年より開始され，毎年4月にテストならびに学習に関するアンケートが実施される。

小学校は算数・国語の2教科と理科（3年に1度），中学校は数学・国語の2教科と理科・英語（それぞれ3年に1度）の試験が行われ，知識力を測る問題と，応用力を測る問題が出題される。2019年の調査には小学校が99.3％，中学校が95.6％の学校が参加した。

小・中学校に共通して応用力を問う問題の正解率が低いという結果が出ており，改善策として文部科学省は弱点克服のための授業アイデアを提示している。

一方で，都道府県別の結果の点数を公表していることから，地域間競争の激化が懸念されるとして，日本教職員組合はテストの実施そのものに反対するなど，結果の開示方法に関する議論は多い。

☑国内機関による学力調査

国内機関による学力調査には以下のようなものがある。

教育課程実施状況調査とは，学習指導要領（次項参照）で定めた教科内容に合わせて実施されたテスト及び質問形式の調査で，今後の教育課程や指導方法の向上を目的としている。

小・中学校教育課程実施状況調査は，抽出により決定した全国の小学5，6年生と中学3年生を対象とし，2001年と2003年に実施された。

高等学校教育課程実施状況調査は，同じく抽出によって決められた全国の高等学校3年生を対象に，2002年，2003年，2005年に行われたものである。

大学入学共通テストとは，日本の大学を受験する際に利用される共通テストで，高校で学習する基礎内容の理解

度を測るものである。大学入試セン
ター試験にかわり，2021年から導入さ
れた。

その他，民間会社や予備校が学習理
解度を測る統一テストや模擬試験など
を行っている。

これらの調査やテストを行うことに
よる弊害として，高得点を取るために
テスト対策中心の詰め込み型授業が重
視され，自発型学習を促す授業が軽視
されやすくなる傾向にあること，また，
テストに出ない教科は教えないという
必修科目未履習問題が発生するなど，
教育モラルの低下が起こりやすくなる
点が挙げられる。

☑ 学習指導要領

文部科学省によって定められている，
教育課程編成の際に基準となる事項を
まとめたもので，全国どの地域でも偏
ることなく教育が受けられることを目
的としたものである。小学校・中学校・
高等学校別にそれぞれ学習すべき教科
やその概要が示されている。

第二次世界大戦後の1947年にGHQ
の指示により最初の学習指導要領が作
成され，以後10年程度で改訂を繰り返
してきた。近年の大きな変化は，1998
年の改訂で行われた総合的な学習の時
間の新設，2008年の改訂で行われた小
学5，6年生を対象とした外国語学習

の時間の創設，2017年の改訂で行われ
た小学3，4年生を対象とした外国語
学習と小学5，6年生を対象とした英
語の必修化，プログラミング教育の必
修化などがある。

☑ 基礎学力

基礎学力とは，すべての学習を成立
させるために必要不可欠とされたり，
あるいは主体的な思考・表現・実践の
ために必要とされる基本的知識や技能
のことを指す。具体的には読み・書き・
計算などの初歩的知識が該当する。ま
た，学習指導要領（前項参照）の記載事
項が押さえるべき基礎内容となってい
ることから，これを基礎学力とする意
見もある。

一般的に基礎学力とは，人生を生き
抜くための基礎となる力であり，学習
面だけでなく，日常生活にも応用する
ことができ，生涯を通して必要である
と考えられている。そのため，特に小
学校においては，基礎学力の向上に効
果がある反復学習に力を入れている。

☑ ゆとり教育（新しい学力観，総合学習を含む）

ゆとりある教育を目指して，教科教
育（p.139参照）の時間数や教科内容を
減らすかわりに総合的な学習の時間
（p.144参照）を新設し，他生徒との比

較を行わない絶対評価ならびに完全週休2日制を導入して，主に2002年から2011年の間に行われていた教育のことを指す。1980年代より段階的に開始され，1998年の学習指導要領の全面改訂により開始された。いじめや不登校（p.158参照）といった学校教育におけるさまざまな問題は，従来からの詰込み型学習の弊害であるとされ，その打開も目指して導入された経緯がある。

しかしゆとり教育開始後，PISAなどの国際学力調査における日本の順位が年を追うごとに下がり，学力低下が問題視されるようになったため，ゆとり教育の見直しが行われた。2008年に再び学習指導要領の全面改訂を行い，学習内容を増加させた（いわゆる「脱ゆとり教育」）。この考えに基づいた新学習指導要領は，小学校で2011年度，中学校は2012年度，高等学校においては2013年度から実施された。

☑学習動機

学習したいと思う気持ち（動機）のことをいう。一般的には外発的動機と内発的動機の2つに分けられるが，心理学者の市川伸一氏はこれとは別に，「二要因モデル」を示している。それによると，学習の動機には，実用志向（仕事や生活に活かすため），報酬志向（報酬を得る手段として），訓練志向（知力を鍛えるため），自尊志向（プライドや競争心から），充実志向（学習自体が楽しいから），関係志向（他人につられて）の6タイプがあり，それらは学習内容の重要性と学習の功利性という2つの要因の高低によって決まるとした。

また，学習内容の重要性が高い充実志向，訓練志向，実用志向の動機は一緒に生まれる傾向があり，他方で，学習内容の重要性が低い関係志向，自尊志向，報酬志向も一緒に生まれる傾向があると指摘している。なお，市川氏は前者を内容関与的動機，後者を内容分離的動機と名付けている。

☑生きる力

社会の変化に対応するための資質や能力のことをいう。1996年に文部省（現・文部科学省）の中央教育審議会が示した。「実際の社会や社会の中で生きて働く知識・技能」「未知の状況にも対応できる思考力・判断力・表現力等」「学んだことを人生や社会に生かそうとする学びに向かう力・人間性等」の3つの資質・能力をバランスよく育むことを目指している。

☑主体的・対話的で深い学び

新しい学習指導要領では，子どもたちが生涯にわたり能動的（アクティブ）に学び続けるよう「主体的・対話的で

深い学び」を目標として掲げている。自ら学ぶことに興味や関心を持ち（主体的），協働や対話を通して（対話的），問題を解決し自分の思いを形にすること（深い学び）を目指している。

授業でも，従来の教員による講義形式の一方向的な教育とは異なり，問題解決学習・体験学習・調査学習や，教室内でのグループディスカッション・ディベート・グループワーク等の学習方法（アクティブ・ラーニング）を取り入れるよう求められている。

☑ カリキュラム・マネジメント

それぞれの学校が，生徒や学校，地域の実態に応じて，カリキュラム等を教科等横断的な視点で組み立てることなどを通して，組織的かつ計画的に教育活動の質の向上を図っていくことをいう。

☑ 教育現場におけるICT活用の遅れ

2018年学習到達度調査（PISA）では，日本の高校1年生の約8割が，授業でパソコンやタブレットなどのデジタル機器を「利用しない」と回答しており，この設問に答えた経済協力開発機構（OECD）加盟31か国中，最低の利用率となっている。また，2018年にOECDが行った国際教員指導環境調査（TALIS）の報告によると，「課題や学級活動で，ICTを『いつも』または『しばしば』活用させている」と回答した日本の中学教員の割合は17.9%，「デジタル教材の活用が『非常によく』または『かなり』できている」と回答した割合は35.0%で，OECD平均の51.3%，66.7%をどちらも大きく下回っている。教育現場でのICT活用が世界的に見ても立ち遅れている現状があらわとなっている。

教育現場でのICT活用が遅れている背景としては，導入までのプロセスに時間がかかることが挙げられる。指導者の技術とレベルの担保，導入するシステムの予算やセキュリティなど，導入に際してさまざまな準備が必要になる。現在，文部科学省を中心に，ICTスキルの向上を図るため，児童・生徒に一人一台の端末を持たせることを検討している。また，指導者のレベルを向上させるために，研修の場を提供したり，実践事例を紹介したりといった対策を行っている。

☑ EdTech（エドテック）

デジタルテクノロジーを活用することによってもたらされる教育分野の改革のことをいう。Education（教育）とTechnology（技術）を組み合わせた造語。教育現場の効率化や教育格差の解消が期待されている。

☑ STEAM 教育

「STEAM」とは，Science（科学），Technology（技術），Engineering（ものづくり），Art（芸術），Mathematics（数学）の5つの単語の頭文字を組み合わせた造語。理数系4領域の知識を活用しながら，自由に創造，表現していくことにより，社会の問題解決にあたることを目指す教育手法のことをいう。2018年に出された文部科学省の報告書では，「文章や情報を正確に読み解き，対話する力」「科学的に思考・吟味し活用する力」「価値を見つけ生み出す感性と力，好奇心・探求力」という3つのポイントをSTEAM教育の柱として掲げている。

☑ キャリア教育

将来を見据え，自らの人生（キャリア）を設計することの意義やその方法を指導・実践する教育のことをいう。若者の資質や能力の開発を通して彼らの発達を支援し，「生きる力」を育成する目的で行われる。

具体的には，人間関係形成能力（コミュニケーション能力など）・情報活用能力（情報収集および探索能力，職業理解能力など）・将来設計能力（自己の能力・興味・価値観・役割の認識と，人生設計への活用）・意思決定能力（課題発見および解決能力）などの育成・強化が行われる。

☑ 教育格差と学力格差

生育環境により受けられる教育に格差が生まれることを教育格差と呼ぶ。保護者の経済状況による面が大きく，一般的に経済力のある保護者の児童・生徒ほど学費の高い私立学校に入学したり，高額な塾に行くといった形で補助学習を受ける機会が増える。一方で，経済状況に恵まれない児童・生徒は公立校を選択せざるを得ないだけでなく，なかにはアルバイトなどで自宅学習の時間を削る必要がある者もいる。

また，経済的に恵まれている児童・生徒には学力が高い者が多く，逆に経済的に恵まれない児童・生徒ほど学力が伸び悩む傾向にあり，これを学力格差と呼ぶ。所得水準が高い地域は学力水準も高く，また，通塾している児童・生徒の学力が高いことが，文部科学省の調査でも明らかになっている。

☑ 大学全入時代

大学進学希望者のほぼ全員がいずれかの大学に進学できるようになる時代のことをいう。2007年には大学全入時代が来ると予測されていたが，文部科学省の調査によると2019年の大学進学希望者における実際の入学者は93.6%で，いまだ全員入学には達していない。

しかし1992年には64.8%だったことを考えると，大幅に増加していることがわかる。

その要因として，少子化による影響と，2000年代に入り規制緩和による新設大学や短期大学の大学化，既存大学の学部増設が相次ぎ，定員数が増えたことが挙げられる。一方で，日本私立学校振興・共済事業団の発表によると，定員割れを起こしている私立大学数は2019年で全体の33％もあり，特に地方の私立大学に多く見られる。これらの大学では学校推薦型選抜枠や総合型選抜枠の拡大などで，定員確保に努めている。

☑ 大学生の学力低下

1990年代より徐々に問題視されるようになり，2000年代に入ってから盛んに議論されるようになった問題である。1999年の，京都大学教授らによる共著『分数ができない大学生』によると，調査対象約5000人の大学生のうち，約2割が小学生レベルの分数問題が解けなかったということで，ゆとり教育による弊害を明らかにした。

また，文部科学省の諮問機関である中央教育審議会では，日本の大学生における1日あたりの勉強時間は4.8時間であり，欧米の平均1日8時間を大きく下回っていることが報告されている。同じく中央教育審議会において，総合型選抜や学校推薦型選抜は定員割れに悩む私立大学の定員確保策であるとし，これが大学生の学力低下につながっていると危惧する声が上がった。

これらに対する大学側の対応策としてリメディアル教育がある。これは，一般入試による入学者よりも学力が低い傾向にある総合型選抜や学校推薦型選抜による入学予定者に対して，入学準備期間中に課題を与えたり，入学後も成績不振者に対しては特別授業を行ったりする対策のことである。

答案例

問題 学力低下の原因や背景について，あなたの考えを述べよ。**600字以内**

模範回答 国際的な学力調査において，日本は上位を維持しつつも，その順位が下降傾向にあることにより，学力低下が問題視されるようになってきた。最も大きな原因は，児童・生徒の学習意欲の低下にあると考える。　　　　(以上，第1段落)

　考えられる背景は2つある。1つ目は子どもたちを取り巻く環境の変化があげられる。小学生でもスマートフォンを持っており，ゲームやネット動画などの享楽的な娯楽の広まりが学習活動への興味と学習時間の減少を招いている。さらに，学歴が必ずしも社会的成功と結びつかないという無力感や，継続的に学習することに価値を置かなくなってきたことも加わり，より学力を重視しない雰囲気が広まったと考えられる。2つ目は大学入試制度の変化である。生徒には受験科目にない教科の学習を軽視する傾向がある一方で，大学は入試科目の削減や，推薦入試の拡充など，受験圧力を緩和する動きがある。これは教科学習への動機づけや学習意欲の後退をまねいている。　　　　(以上，第2段落)

　こうした現状に対応するには，学習に対する前向きな姿勢を構築し，学習意欲を高める策を講じる必要がある。探究学習や教科横断的な取り組みで子どもたちを多面的に評価し，それぞれの得意なことを見出し，学びたいという気持ちを引き出していく。さらに，子どもたち自身がなぜ学ぶのかという，学習そのものに取り組む姿勢と向き合い，自発的に学べるようなサポートが必要であると考える。　　　　(以上，第3段落)

解説 第1段落：意見の提示…児童・生徒の学習意欲の低下が，学力低下の原因であることを主張している。
　第2段落：理由説明…学習意欲が低下する背景として，入試制度の変化や享楽的な娯楽の普及を挙げている。
　第3段落：意見の再提示…学習意欲を向上させるためには，多面的な評価と自発的に学べるサポートが必要だと述べている。

規範意識の低下

出題頻度 → 教育 ★ ★ ★　心理 幼・保 ★ ★　文学・日文 外語・外文 ★

定義

　近年，道徳観が欠如したり規範意識の低い児童・生徒がいることが大きな問題となっている。

　「青少年の体験活動等に関する意識調査」（国立青少年教育振興機構，2016年）において，児童・生徒の道徳観や正義感の低さが垣間見える結果が出ている。例えば，「バスや電車で体の不自由な人やお年寄りに席をゆずること」という項目において，「あまりしていない」「していない」と答えた人の割合は，小学6年生が47.8%，中学2年生が39.5%，高校2年生が35.3%であった。また，「友だちが悪いことをしていたら，やめさせること」という項目において，「あまりしていない」「していない」の割合は，小学6年生が37.1%，中学2年生が43.8%，高校2年生が42.1%であった。道徳的観点から見て当然行うべき行為に対して無関心である一方，行うべきでない行為に対して寛容である様子がうかがえる。

問題点

　規範意識が低いと，問題行動を引き起こすことにつながりやすい。すなわち，万引き・窃盗・強盗などの犯罪行為，暴力行為などの非行，少年の凶悪犯罪といった重大な問題のみならず，駅や電車内で地べたに座り込むことや静粛を求められる場で話をすることなど，公共の場における迷惑行為などを起こしやすい。一方で，先生に反抗する，学校をずる休みする，いじめや校内暴力といった学校内での問題も引き起こしやすい。こうした問題行動は社会の中で人々が安心して暮らす時の妨げとなる。

　また，子どもの問題行動に対する罪の意識が低いことも問題である。「中学生・高校生の生活と意識」（財団法人日本青少年研究所，2009年）では，家出をすることに関して「その人の自由でよい」と考えている中学生が70.4%，高校生が79.4%であった。たばこを吸うことに関しては「その人

の自由でよい」と考えている中学生が22.3%，高校生が30.7%，酒を飲むことに関しては中学生が34.2%，高校生が53.5%であった。さらに，言葉で人をいじめるに関しては「その人の自由でよい」と考えている中学生が21.6%，高校生が17.5%，暴力をふるうことに関しては中学生が21.2%，高校生が14.9%となっている。この結果は，問題行動を容認する子どもたちが一定の割合でいることを示している。こうした状況を容認することは，子どもの健やかな成長を妨げることにつながる。

問題点の背景

　これらの問題点の背景としては，まず戦後社会における**自由主義・民主主義・資本主義経済の発展や個人主義の台頭**が考えられる。その過程で日本の伝統的道徳観であった儒教的モラル（p.161参照）の希薄化をはじめとした文化・価値観・規範意識の崩壊が起こり，個人の価値判断が優先される社会に変化した。一方，日本では，欧米のように価値判断の基準が明文化されていたり，中国や韓国のような儒教的モラルに基づく規範意識が根付いていたりするわけではない。つまり，**日本社会では規範意識が共有されているわけではなく，曖昧で未成熟な状態**といえるのである。

　一方，都市化などによって地域住民や世代間同士の交流も希薄になった。こうして，子どもたちは大人から基本的な対人関係や社会のルールを教わる機会を失った結果，次世代に伝統的な規範意識が継承されなくなった。他方，対人関係のトラブルを避けようとする子どもたちは他人との関係に深入りせず，気の合う人間同士で社会をつくる。近年のSNSの普及がその傾向に拍車をかけている。その中で独自の（しかも善悪の判断基準が曖昧な子どもが築く）規範意識を持たざるを得ない。また，保護者も上記の背景から独自に子育てを進めざるを得ない環境下に置かれることがあり，育児への不安から学校教育に過度に依存したり，**保護者のしつけ**（p.160参照）が行き届かなくなったりする。このようなことから，子どもたちが社会規範を学ぶ機会が減り，規範意識の低下を招くのだといわれている。

　また，**衝動性**（悪い結果になりそうな行動を，あまり深く考えずにやってしまう行動特性）の高さ，**自己統制力**（自分で自分の行動を管理する力）

154

の低さなどの，いわば子どもたち自身に起因する要因も考えられる。SNSへの安易な投稿が重大な事件となっていることなどは，その顕著な例である。さらに，交友関係や家庭環境など，子どもたちを取り巻く環境の良し悪しも影響を与えている。

対応策・解決策

　規範意識を高めるには，日本社会で共有できる規範意識を構築することが必要となる。そのためには家庭内でのしつけを中心とした家庭教育のみならず，学校教育がその役割を担う必要がある。つまり，学校においても社会との関わり方を学べる機会を設け，規範意識を定着させる方策を練る必要がある。

　そのためのおもな方法としては，道徳教育(p.161参照)の充実が思いつく。例えば，道徳の時間での学習に加えて，教科教育や学校行事といった機会を通じて，道徳での学習内容に基づいて行動する機会を設けることが考えられる。こうした学習と実践を組み合わせて道徳観を内面化することにより，自己有用感(他人のために自分が役立っているという感覚)や自己統制力(感情や欲求を自身で制御し，目標に向かって根気強く努力する力)の醸成が期待できる。さらには，良好な対人関係を築くための能力や集団や社会に適応する力(社会的コンピテンス)，あるいは社会志向性(社会に向き合う時の積極的な姿勢や意識)を高める授業を展開することなども考えられる。

👉 小論文にする時のポイント

　入試では，児童生徒の規範意識や道徳心を向上させる方法が主として問われる。その際，「大人が道徳を教えるべきだ」「教師や保護者が厳しくしつけるべきだ」などと安易に片付けるのは好ましい答え方とはいえない。できれば，規範意識や道徳観を養う必要性を述べ，それに関して，
① 自己有用感や自己統制力の養成
② 社会的コンピテンスや社会志向性の向上

を目的として，それらを得るための内容を具体的に示せるとよいだろう。

　例えば①であれば，ボランティア活動や職業体験の活用，低学年の生徒を世話する経験をさせることといったことが考えられる。また②であれば，社会心理学や教育心理学(p.161参照)をもとにして，人間の行動の仕組みや対人関係を学ぶという授業を行う学校の例などが参考になる。

過去の入試問題例

例 児童・生徒に体育やスポーツを通して道徳的に責任ある行動を習得させるためには，教師はどのように指導したら良いか，論述せよ。　(群馬大・教育学部)

例 規範意識，公共心の形成の重要性と，そのための教育について述べた文章を読み，参照しながら，「規範意識の形成とそれに関わる学校教育のあり方」について，自分の考えを述べよ。　(東京学芸大・教育学部)

例 道徳教育は学校の任務であるという考え方に対する筆者の意見を述べた文章を読み，本文が1980年代に書かれた文章であることをふまえたうえで，今日における「教育としつけ」について，あなたの考えを述べよ。

(上智大・総合人間科学部)

例 現在，わが国では児童生徒の規範意識の育成が重要な教育課題の一つとされている。これは，家庭・地域社会・学校等が連携協力して取り組むべき大きな教育課題だが，学校にもそのための固有の取り組みが期待されている。もし，あなたが小学校中学年の学級担任であるとしたら，子どもたちの規範意識の育成のために，どのようなことを心がけて取り組むか，論述せよ。

(愛媛大・教育学部)

例 道徳についての文章を読み，文章中に示された善悪の概念を決める2つの見方を必ずふまえた上で，子どもの道徳性の向上にはどのような取り組みが必要とされるか，あなたの考えを述べよ。　(北九州市立大・文学部)

🔎 関連キーワード

☑ 学校の荒れ

学級崩壊（次項参照）や校内暴力（p.159参照）など，学校内で生徒が荒れる状況のことをいう。例えば，岡山県教育委員会では，2011年12月に県内の公立小・中学校を対象に「学校の荒れ」について調査を実施した。その結果，子どもが勝手な行動をして教師の指導に従わず授業が成立しないなど，集団教育という学校の機能が成立しない状態が一定期間続く学級があると答えたのは，小学校が44校（全体の10.6％），中学校が12校（同7.4％）だった。

また，「児童生徒の問題行動等生徒指導上の諸問題に関する調査」（文部科学省，2019年）によると，2018年度における学校内における暴力行為発生件数は小学校36,536件，中学校29,320件，高等学校7,084件であり，2008年度の小学校6,484件，中学校42,754件，高等学校10,380件で小学校で大きく増えている。また，2018年度における不登校児童生徒数は小学校44,841人，中学校119,687人，高等学校80,752人であり，2008年度の小学校22,652人，中学校104,153人，高等学校94,598人と比べると，小学校で大きく増えている。

学校の荒れに対応するには，対象となる子どもたちへの対処や彼らを取り巻く環境を改善する必要がある。それには，学校が組織的に対応すること，教員が適切に生徒指導を行うこと，スクールカウンセラー（p.159参照）やソーシャルワーカー（p.159参照）などの専門家からの協力を得ることなどが考えられる。場合によっては，児童・生徒の自主性を重んじる学校づくりなど，学校組織を見直すことも必要になるかもしれない。また，学校内の荒れを未然に防ぐため，道徳教育や人権教育の推進だけでなく，学校と保護者・地域との連携を強化することも求められる。

☑ 学級崩壊

学級内において，児童・生徒の振る舞いにより授業が成立しなくなる状態が一定期間継続していることをいう。特に小学校に多く見られる。

学級担任による通常の対応では授業中の私語や出歩き，乱暴行為などに改善が見られず，それがさらに悪化していじめや不登校の問題につながることもある。その中でも，本格的な学習のスタートという大きな環境変化により，学級崩壊が特に起こりやすい小学校1年生の問題行動を指して小1プロブレムと呼ぶことがある。

☑ 不登校

病気以外の理由により，30日以上にわたって学校に登校していない状態のことをいう。不登校になる要因として，いじめや学業成績の不振，無気力，経済的理由などが挙げられる。

不登校は同時に，自宅や自室から出ず社会活動や他人との交流を行わない引きこもりを併発しやすく，引きこもりは長期化しやすいことから，復学が難しくなる場合も多い。文部科学省の2018年度の調査によると，全国小・中・高校における不登校児童・生徒数は約24万人に上り，特に小学校での不登校が増加傾向にある。このような背景を受け，不登校児童・生徒やその家族への支援を行う不登校訪問専門員の資格認定が開始され，実際に支援に当たっているほか，不登校児や不登校経験児童を対象として，既存の学校教育にとらわれない形で教育を行うフリースクールが全国各地に設立されている。

☑ 体 罰

教育のためという名目のもとで肉体的な苦痛を与える行為のことをいう。父母や教員から子どもへの体罰など，管理責任を持つ者から管理される者へ行われる。時にはしつけという名目で折檻（厳しく叱ったり，責めさいなむこと）を行い，暴行や傷害，児童虐待にエスカレートすることもあり，社会問題化するケースもある。

確かに，体罰は記憶に残りやすいということを根拠に，口頭などで注意しても聞かない子どもに対する指導法として肯定する立場もある。しかし，体罰は体や心に傷を与え，場合によっては死亡事故や人格否定，対象者の自殺につながる恐れもあることから，禁止されるべきである。

なお，日本では学校教育法第11条において校長および教員による体罰を否定しており，学校教育としての体罰を禁止している。

☑ 指導死

教員の行き過ぎた指導行為により，指導を受けた児童・生徒が自殺することをいう。自殺の原因が明確でなくとも，指導によるものと想定できる場合もこれに含まれる。

従来から教員による不適切な指導行為や体罰と思われる行為は起こっていたが，近年それを苦にした自殺が増えたことにより論議が起こっている。指導する側の教員や学校側は指導死であると認識しない場合が多く，また，その後の学校側の調査も曖昧であったり，指導内容などの実態を隠したりすることがあったりして，問題点も多い。

☑校内暴力

学校内で起こる，人に対する暴力行為や器物損壊行為のことをいう。児童・生徒間だけでなく，児童・生徒から教員に対する暴力行為も含まれる。

1970年代後半から1980年代初頭にかけて，日本全国の主として中学校で校内暴力が相次いだ。発生数が最も多かった1976年には1388校の中学校で校内暴力が起こり，社会問題へと発展した経緯を持つ。1980年代半ば頃より沈静化したが，その裏側では教員による体罰が明るみに出た例もある。その後も，いじめや不登校(p.158参照)，学級崩壊(p.157参照)などの新たな問題が発生するなど，学校内部における問題事案はあとを絶たない。

◎スクールカウンセラー

学校教育機関において，心理相談を受け持つ専門職のことをいう。2001年より設置や派遣が開始された。

心理に関する専門的な知識が求められることから，スクールカウンセラーのうち8割以上が臨床心理士であるほか，任用基準においても精神科医などの心理専門資格，あるいはそれに準ずる者と規定している。児童・生徒からの相談だけでなく，その保護者や教職員からの相談も対象となる。いじめや不登校など，学校内で起こる問題の増加に対して，心理的な面からのアプローチによる解決を目指して設置されたという背景を持っている。常勤ではなく各学校週1日程度の相談となることから，外部の専門家として位置付けている学校が多い。

☑ソーシャルワーカー

社会的弱者や生活困難者に対する相談業務を受け持つ福祉専門職のことをいう。

2008年度より，いじめや暴力行為などの問題行動を学校内外の両面から対応する専門職として，スクールソーシャルワーカーの設置が文部科学省によって開始された。社会福祉士や精神保健福祉士といった国家資格を持つ人以外にも，教育と福祉の両分野に関する知識を持ち，過去に活動経験がある人も任用されている。教職員やスクールカウンセラー，児童相談所をはじめとする福祉機関，教育委員会などの各方面への働きかけや協力を通して，問題に対する包括的対応を取ることを職務とする。現段階ではまだ各都道府県や市町村により，活動内容や職務内容にばらつきが見られる。

☑非 行

反社会的な行為のことをいう。軽量の法律違反ならびにそれに準ずる行為

159

が該当し，一般的には青少年によるものを非行と呼ぶ。例えば，万引き・禁止されている場所への出入り・夜遊び・交通ルール無視・恐喝などがこれに該当する。非行に走る原因としては，家庭内の問題，パーソナリティ障害（p.172参照）などのほか，いじめなどにより心に孤独感を抱えたり，周囲とうまく交流が図れないことからのストレス，あるいは悪い交友関係にのめり込んだ，などが挙げられる。

なお，少年法で定める非行に抵触する行為を行った未成年者は，家庭裁判所に送致される。

☑ 少年犯罪

20歳未満の者による犯罪行為のことをいう。少年法が適用され，未成年者の保護と人格の可塑性という観点から，成人とは異なる措置が取られる。2007年以前は少年院送致は14歳以上であったが，少年犯罪の低年齢化に対応するため，2007年の改正後はそれが12歳以上に変更されたほか，特に凶悪なものに関しては，14歳以上の場合は成人同様に地方裁判所で刑事裁判として取り扱われることとなった。

警察庁が発表した2018年の統計では，少年犯罪検挙人数は23,489人で近年大きく減少している一方で，振り込め詐欺等の詐欺罪検挙者が急増している。

☑ しつけ

人間社会や集団の規範・規律・礼儀作法などを身に付けられるように訓練することをいう。特に，人間生活の根源的な事柄に関することを教える。

しつけは社会的な道徳観念やマナーの修得に役立つが，訓練に際して威圧的な態度をとると，しつける相手に反発を買うこともあるので，慎重な対応が必要となる。また，しつけと虐待や暴力を混同している例も見られ，社会問題化することも見受けられている。

☑ 学習意欲と生活習慣との関係

学習意欲が低くなる原因の一つとして，生活リズムの乱れがある。

そもそも意欲の源は甲状腺刺激ホルモン放出ホルモンだといわれている。このホルモンは脳を活性化する役割を担う。しかし現代では，子どもの就寝時刻は遅くなり，睡眠時間が短縮する傾向にあり，脳を十分に休息させることができないために，ホルモンの産出を妨げている。その背景にはテレビやスマートフォンなどの影響のほか，通塾による疲労，さらには保護者自身の生活リズムの乱れなどもある。こうして脳の不活性化が起こりやすく，意欲の低下を引き起こし，日中の時間帯の学習の妨げにもなっている。

☑ 儒　教

　中国の思想家である孔子（紀元前551〜紀元前479）によって体系化された思想のことをいう。人のあるべき姿である五常と，人間関係のあるべき姿を説いた五倫を主な教えとしている。

　五常とは，仁・義・礼・智・信を指す。仁とは人への思いやりを持つこと，義とは物事の正しい筋である義理を通すこと，礼とは上下関係を守ること，智とは勉学に励むこと，信とは誠実であることをそれぞれ意味する。

　また五倫とは，父子の親，君臣の義，夫婦の別，長幼の序，朋友の信のことを指す。父子の親とは親愛の情で結ばれた父子のこと，君臣の義とは互いに慈しみ合う君子と臣下のこと，夫婦の別とは互いに役割分担し合う夫婦のこと，長幼の序とは年長者を敬い従う年少者のこと，朋友の信とは信頼し合う友人のことを指す。

☑ 道徳教育

　道徳性を身につけるための教育のことをいう。学校教育における道徳教育は，教育基本法（p.141参照）において，「児童生徒が人間としての在り方を自覚し，人生をよりよく生きるために，その基盤となる道徳性を育成しようとするもの」と定義されている。

　小学校では2018年度から，中学校では2019年度から「特別の教科　道徳」として，以前は教科外活動であった道徳教育が教科化された。教科になったことで，検定教科書が導入され，年間35時間（小学１年は34時間）の授業が確実に行われるようになった。また，児童・生徒の成長を文章で書く形での評価もなされるようになった。

　学習指導要領において，道徳教育は「学校の教育活動全体を通じて行うもの」と規定されており，幼稚園から高等学校までのすべてにおいて，学校内の教育活動全般において道徳教育が取り入れられている。

☑ 社会心理学・教育心理学

　社会心理学とは，群衆や集団などの社会行動や，社会生活内における個人の行動などを心理学的に研究する分野のことを指す。人は，単独でいる場合と集団でいる場合とでは，明らかに思考や行為が異なることに着目して研究がなされているのが特徴である。

　一方，教育心理学とは，教育分野におけるさまざまな事象に関して，心理学的に研究する分野のことを指す。児童心理学，青年心理学，発達心理学，学習心理学，人格心理学と扱う内容が類似していることから，これらをすべて含めて教育心理学とする場合もある。

答案例

問題 児童・生徒の規範意識が低下する原因について，あなたの意見を述べよ。

600字以内

模範回答 規範意識の低い児童・生徒は問題行動を引き起こしやすいといわれている。犯罪行為，非行などの重大な問題だけでなく，いじめや校内暴力など学校内の問題も引き起こす。その背景には都市化によって世代間で規範意識が継承されていないこともあるだろうが，戦後社会における民主主義・資本主義経済の発展や個人主義の台頭の影響があると考える。 （以上，第1段落）

戦後，日本が発展していく過程で，伝統的道徳観であった儒教的モラルの希薄化などで価値観や規範意識の崩壊が起こり，個人の価値判断が優先される社会になった。一方で日本では，欧米のように価値判断の基準が明文化されていたり，中国や韓国のように儒教的モラルに基づく規範意識が根付いているわけではない。つまり，日本社会の規範意識は曖昧で，未成熟なのである。 （以上，第2段落）

こうした中で規範意識を高めるには，日本社会で共有できる規範意識を構築することである。そのためにはしつけを中心とした教育を，家庭のみならず学校でも行う必要がある。具体的には，学校が社会との関わり方を学ぶ機会を設け，規範意識を定着させるために，例えば自己有用感や自己統制力を醸成するとともに，社会的コンピテンスや社会志向性を高める授業を行うことなどが考えられる。

（以上，第3段落）

解説 第1段落：意見の提示…児童・生徒の規範意識の低下は，戦後社会の体制変化によって起こったものだと主張している。
第2段落：理由説明…もともと日本社会の規範意識は曖昧で，未成熟であったことがその原因であるとしている。
第3段落：意見の再提示…規範意識を高めるには，学校教育の場において道徳観を養うべきだと述べている。

＞ いじめ

出題頻度 → 教育 ★ ★ ★　文学・日文 外語・外文 ★

定義

　一般に，自らの快楽を得るために自分よりも立場が弱い者に肉体的・心理的な苦痛を与える行為のことをいう。いじめは学校のみならず企業などの組織やインターネット上においても行われるが，ここでは学校内で行われるものに絞ってまとめることにする。

　学校におけるいじめ問題が社会問題となったのは，1980年代からであるといわれている。文部科学省では「子どもが一定の人間関係のある者から，心理的・物理的攻撃を受けたことにより，精神的な苦痛を感じているもの」をいじめとし，いじめか否かの判断はいじめられた子どもの立場に立って行うこととしている。

　いじめについては，①手段による分類，②形態による分類，③違法性の有無による分類などがなされている。①は暴力的ないじめ（暴行，脱衣の強要，拘束など）か，コミュニケーションを介したいじめ（誹謗中傷，噂の流布など）か，といったものである。一方，②は排除型（グループから排除するもの）か飼育型（対象者をグループの中でいじめるもの）か，③は犯罪の構成要件を満たすか（インターネット上の誹謗中傷，暴行，窃盗など）否か（共同生活上の軋轢，仲間はずれなど）に分けられる。

　いじめは，「いじめられる者」を中心とする同心円状に，「いじめる者」→「観衆（はやし立て，面白がる者）」→「傍観者（見て見ぬふりをする者）」という四重構造で構築されるといわれている。また，最近では学校や保護者に見えにくいいじめが行われる傾向にあるが，ネットいじめ（p.169参照）など，より一層明るみに出にくく，陰湿化する形が増えている。

問題点

　いじめは被害者の人格や人権を著しく制限したり，時には否定することにつながる点で大きな問題である。そもそもいじめは集団内の異質な者を

163

排除したり，貶めたりする行為であるが，それは被害者の人格を否定する行為であり，日本国憲法第13条で保障される「個人として尊重される権利」を侵害する。暴力行為はもちろんのこと，噂の流布や誹謗中傷，ネットいじめなども名誉毀損（社会的評価や信用が低下したことにより，生活が不利になる不当行為）にあたり，憲法第13条から導かれた人格権・名誉権の侵害にあたる。それ以外にも，奴隷的拘束及び苦役からの自由（第18条），生存権（第25条）を侵害するという指摘もある。なお，名誉毀損行為は民法および刑法において法的責任の対象になる。

　また，いじめは私刑（法律に基づかず，集団によって執行される私的な制裁。リンチのこと）であり，傷害致死罪・自殺教唆罪・暴行罪・傷害罪・脅迫罪・強要罪・恐喝罪・侮辱罪や犯罪の教唆といった違法性の高い行為である点も問題である。しかし，その責任を追及するためには被害者側が不法行為の立証をしなければならない。集団無視・誹謗中傷・噂の流布といった無形のいじめはもちろんのこと，たとえ暴力的な行為であっても複数の証言が得られない限り立証は難しい。その理由は，加害者側が一方的に被害者をいじめていたことを証明しなければならないのであるが，「被害者が合意したうえでの行為だった」という可能性を否定するのに大きな困難を伴うからである。

問題点の背景

　いじめの背景には，集団内の規範意識や道徳性の低下があると考えられる。そのおもな要因としては，①子どもの心理的要因，②集団内のヒエラルキーの存在，③他人への無関心，④学校や家庭の教育力低下などが挙げられる。

　①は，いじめがストレスを発散・回避するための調整弁と化している点が問題となる。現代の子どもは，人間関係を過度に気にする教室環境などのさまざまな心理的なストレス負荷（ストレッサー）の要因となる事象に囲まれて生活している。こうしたことから起こる心身の疲弊（アロスタティック負荷）から逃避するために，いじめを介して達成感や快楽を得ようとする。ときにはスクールカースト（p.172参照）の上昇を狙ったり，集団内に

おいて自分がいじめの対象になることを避けようとしたりする目的から，意図的にいじめの対象を定める者さえいる。その対象の多くは，妬み・恨み・憎しみを持つ者や，対立している者，すでに集団内で被支配の関係にある者などが選ばれる。このように，集団自体やその構成員が抱える不安や問題点を被害者に押し付ける行為（スケープゴート）がいじめなのである。

②は，スクールカーストという序列関係が背景にある。子どもたちは「その人（またはグループ）に人気があるかないか」で，グループやその構成員の序列を決めようとする傾向にある。ここでいう「人気」は子どもたちの視点によって形作られたものである。しかし，少年期や青年期においてはアイデンティティが確立しておらず，「人気」の基準は他人の人格を尊重したものにはならず，むしろ歪みがちである。また，個人主義を利己主義と同様だと誤解する子どももおり，そうした子どもを含む集団は利己的な思考から，自分の感性と異なるものを持つ子どもを受け入れることができない。こうした歪んだ尺度や価値観によって，対象者を排除したり，虐げたりする。

③は，いじめを面白がる観衆やいじめを黙認する傍観者の存在を問題にする。観衆や傍観者は，いじめの被害を恐れるという理由などからこうした振る舞いをしていると考えているだろうが，実質的にはいじめを支持している者と同様の行動をしていることになる。その結果，集団内の道徳観が歪む。しかも，子どもたちはグループの内部においての交流は活発であるが，外部には閉鎖的な傾向があるため，いじめの実態が外部には見えにくく，いじめをさらにエスカレートさせる要因となる。

④は，子どもの人格教育の低下を指摘する。例えば，ルールがなくて教師と子どもが慣れ合いになっている学級や，行き過ぎた管理教育や成果主義を強要する学級などが存在することが，特定の子どもを排除する雰囲気を醸成する原因となっていることが問題となる。また，保護者側の精神的なゆとりをなくし，子どもの話を聞く機会が少なくなったことや，少子化や核家族化によって地域と子どもの接点が少なくなったことも，人格教育の機会を減少させている要因となっているといわれている。

　いじめのおもな原因は，集団内の歪んだ序列（スクールカースト）による規範意識の歪みにあると考えて差し支えない。よって，いじめ問題を根本的に解決するには，その序列を解体することと，規範意識の歪みを修正することが必要となる。そのために，①いじめの実態をつかむこと，②加害者側への適切な対応，③いじめの起こりにくい環境づくりが必要となる。

　①は，いじめを表面化する試みを行って，いじめの実態を教員や学校側が把握するということである。対策としては，いじめを通報する窓口を設置することが一般的だろう。具体的には行政の窓口開設や，地域住民の見守りの強化と学校への通報，生徒のいじめ自警団の結成などが考えられる。自治体によっては定期的にいじめに関する調査を行い実態把握に努めているところもある。ただし，その時，同調圧力によっていじめが隠ぺいされやすい点を認識しておく必要がある。これは，生徒は自らがいじめの対象になることを恐れるあまり，他人に負の同調圧力（少数の者に対して，暗黙のうちに多数の者の意見に合わせるように強制すること）を与え，自らもその圧力を受けているということである。よって，いじめの通報者を非公開にするなど，通報者を保護する配慮も同時に行う必要がある。

　②は，加害者側への対応を通して，集団内の規範意識を修正するということである。そもそも集団内に軋轢が生じるのはある意味で必然である。そのため，できれば生徒たちで自主的に対応させ，生徒たちの手で規範意識の歪みを修正させることが理想だ。しかし事態が深刻化した（しそうな）場合には，大人が積極的に介入する必要がある。具体的には，①の通報をもとに，生徒の同調圧力を受けない立場にある教員や学校が，加害者側に対して関与・指導することが考えられる。その時，教員側はチームで対応し，加害者から丁寧にいじめの実態を聴取するなどしていじめを認識させる。そして，加害者に反省を促し，被害者に謝罪させるとともに，いじめの実態を当事者の保護者にも共有してもらうことが必要となる。もちろん，暴力的ないじめや窃盗，器物破損等を伴う場合には警察への通報も検討すべき事項である。

166

③は，いじめが起こりやすい集団から起こりにくい集団へと変える試みである。そもそも子どもの集団は**単層的**(クラスや部活動といった単一の集団に属している)，かつ**閉塞的**(メンバーの入れ替えが比較的起こりにくい)であり，帰属圧力(集団に所属し，従うことを暗に強制されること)や同調圧力が強くなりがちである。また，集団の中心人物が全体を支配する構図になりがちであり，これらがいじめを発生させる要因となる。よって，頻繁なクラス替えやチーム替え，学外活動の推進，クラス内のルールの明確化や相互理解，道徳教育の推進など，**全体主義的な環境から市民社会的な環境に変換する工夫**が必要である。

👍 小論文にする時のポイント ─────────────●

入試では主として，
① いじめの要因の分析
② いじめの解決方法
について出題される。いじめというテーマは比較的身近なものであり，経験や体験をもとに語ることができる取り組みやすい課題のように考えがちである。そのせいで，いじめの被害者を感情的に擁護する文章(「いじめはむごい行いであり，被害者はかわいそう」といったもの)や，加害者への感情的な批判(「いじめは最低の行為であり，加害者は万死に値する」といったもの)に終始する回答が多く見られるが，過度の感情論に持ち込まないように配慮しながら論じることが，小論文を書くときの最大のポイントとなる。

①については要因が複数あるので，主張の方向性を絞り込むと論じやすい。受験生が考察しやすいものとしては，「子どもの心理的要因」や「集団内のヒエラルキーの存在」(p.164参照)あたりだと思われる。ただし，要因が複雑に絡み合っている現実を考えると，「過剰消費社会の到来によるモラルの低下や，学校や家庭の教育力低下も要因として考えられるが，最も大きなものは子どもの集団内のヒエラルキーの存在である」などのように，要因が複数あることを承知していることをアピールする表現にしておくことも有効であろう。

②については，「こういう要因があるから，このような解決法が有効だ」とい

167

うように，解決法とそれが有効といえる根拠をともに示せるようにするとよい。
例えば，「いじめの主要な原因はスクールカーストによる規範意識の歪みにある。
よって，いじめ問題を根本的に解決するにはその序列を解体することと，規範意
識の歪みを修正することが必要だ」というように示すことになるだろう。そのう
えで，具体的な解決策を示すとよい。174ページでは解決策として「いじめ相談
窓口の開設」「教師や保護者の積極的な関与」「市民社会的なクラス環境の整備」
などを例として示しているので，参考にしてほしい。

過去の入試問題例

例 課題文では，身近な相手との関係につねに神経を張りつめ，風通しの悪くなっ
た狭い世界のなかで生きる現代の子どもたちの姿について述べられている。こ
うした状況を改善するために，学校あるいは学級にはどのようなことが求めら
れるか。あなたの考えを書け。 (茨城大・教育学部)

例 児童・生徒の「いじめ」についての短文を読み，あなたは，子どものいじめ
について，①一人ひとりの心，②学校・家庭教育，③社会的環境，の3つのう
ち，何が最も大きな原因であり，「いじめ」の問題を解決するためにどのよう
な方策があると考えるか，論じよ。 (お茶の水女子大・文教育学部)

例 「いじめ」を予防するための取り組みは，幼児期から始める必要があると考
えられる。幼児期のいじめ，及びいじめを予防するための幼児期からの取り組
みについて述べよ。 (昭和女子大・人間社会学部)

例 文部科学省より発表された「児童生徒の問題行動等生徒指導上の諸問題に関
する調査」の結果から，小・中・高・特別支援学校におけるいじめの認知件数
と暴力行為の発生件数に関して述べた短文を読み，このデータの意味をどのよ
うに読み取ったらよいと思うか，また，その背景や要因にはどのようなことが
あると思うか，あなたのこれまでの学校生活での経験もふまえながら，考えを
述べよ。 (国士舘大・文学部)

例 いじめの舞台となる学級という集団，あるいは学級を連合した学校という組
織について考察した文章を読み，筆者の捉え方と対比させながら，いじめに関
するあなたの見方を述べよ。 (京都教育大・教育学部)

> **例** いじめの追跡調査結果と調査方法について述べた文章を読み，これらの結果を解釈し，いじめの問題にどのように取り組む必要があるかを論述せよ。

（福岡教育大・教育学部）

3
教
育

🔑 関連キーワード

☑ ネットいじめ

インターネット上で行われるいじめのことをいう。スマートフォンやパソコンなどを通してインターネットにアクセスして行われるものや，スマートフォンのチャットアプリによって行われるものなどがある。

ネットいじめの最大の問題点は，匿名性が保たれることにより，いじめる側を特定することが難しい場合が多いこと，相手の反応が見えないことによりいじめがエスカレートしやすいこと，また従来のいじめとは異なり目につきにくいことから，第三者によるいじめの発見が遅れたり気が付かなかったりするといったことにある。

ネットいじめの具体例として，特定の学校の話題を扱う非公式コミュニティサイトである学校裏サイトや匿名掲示板などがあったが，近年はチャットアプリのグループ内で誹謗中傷を書き込むなど，さらに外部からの目につきにくくなってきている。

☑ 虐 待

保護関係にある立場の弱い者に対して，一時的あるいは長期に渡って身体的や精神的に暴行を加えたり，保護を放棄したりする行為を指す。高齢者に対する高齢者虐待，障害者に対する障害者虐待，動物に対する動物虐待などのほかに，子どもに対する児童虐待，性暴力を加える性的虐待などがある。

☑ ドメスティックバイオレンス

配偶者や恋人など，親密な関係にある者によって加えられる暴力行為のことをいう。略して DV とも呼ばれる。

身体に暴力を加える行為だけでなく，無視や暴言などの心理的な危害を与える行為や，性暴力，仕事の制限や生活費を入れないなどの経済的な暴力，外出や交友関係の制限などの社会的隔離などがこれに該当する。

日本においては2001年に配偶者暴力防止法（DV 防止法）が施行となり，配偶者による暴力の禁止，また被害者の保護が法制化された。

☑ ハラスメント

　立場を利用して相手に不快感や脅威を与える言動を行うことをいう。具体的には，意図している，していないにかかわらず性的な行為や発言を行うセクシャルハラスメント，職場における上下関係や人間関係を利用しハラスメントを行い，職場環境を悪化させるパワーハラスメント，中傷や罵倒などで精神的に相手を傷つける言動を行うモラルハラスメントなどがある。

　かつては習慣的，歴史的なものとして見逃されてきたことが多いが，1985年に男女雇用機会均等法にセクシャルハラスメントの禁止が規定された。そのことを契機に，その他のハラスメント行為に関しても，独自に規定や指針を設ける組織が目立つようになった。

☑ 差　別

　何らかの差をつけて区別することを指すが，その中でも相手に損害や不利益・不平等を与えるものを一般的に差別と呼ぶ。人種差別・男女差別・学歴差別・能力差別・職業差別・年齢差別など，数多くの差別が存在する。

　かつてはインドにおけるカースト制や日本の「えた・非人」などの階級差別が社会秩序を維持するものとして制度化されていたほか，差別一般が慣習的なものとしてあまり問題にされな

かった。しかし現代において，差別は人権を侵害するものとして憲法などで規定され，差別をなくすための取り組みがあらゆる組織で行われている。

☑ PTSD

　心的外傷後ストレス障害の略語である。通常の生活では起こらないような異常事態や生死に関わるような出来事が精神的に与えた衝撃により，さまざまな障害を引き起こす疾病のことを指す。この精神的衝撃はトラウマと呼ばれ，長期間にわたり心の傷となる場合が多い。トラウマとなる体験としては，地震や津波などの自然災害，事故や戦争などの人的災害などのほかにも，犯罪を目撃したことや虐待・いじめなどが該当する。

　PTSDは強い無力感や感情の萎縮，トラウマ体験を明確な感覚として思い出すフラッシュバックなどを引き起こし，睡眠障害やパニック障害などが具体的症状として現れることが多い。

☑ モンスターペアレント，　モンスターチルドレン，　モンスターティーチャー

　学校などに対して理不尽な要求を行う保護者をモンスターペアレントと呼ぶ。一方，教員や学校に対して，自己中心的な理由で反抗する子どもをモン

スターチルドレンと呼ぶ。また，生徒に対して行き過ぎた指導や，道徳性・倫理性に欠ける指導を行う教師をモンスターティーチャーと呼ぶ。

モンスターペアレントやモンスターチルドレンが目立つようになってきたのは，1990年代からである。背景として，教育をサービスと捉え，利己的な理由でいろいろなことを要求する消費者感覚を持つ親や子が増えたことなどが挙げられる。

☑ 場の空気

その場所における会話の流れや人の反応，その場の様子などの雰囲気を表す言葉である。言葉では明確に表すことができない，あるいは表すことを伏せる状況を指すものである。

一般的に，場の空気を読むことは大切なことであるとされ，空気が読めないことにより人間関係や立場の悪化を招くことも多分にある。それに関して，意思決定をする時に，少数意見を持つ人に多数意見に賛成させるべく，場の空気に従うよう強要することがある場合，これを同調圧力という。これには，明確に圧力をかける方法から，暗黙の同意を引き出すような流れを作り出す方法など，さまざまな手法がある。

なお，場の空気は集団心理（集団が合理的にその是非を判断しないまま，時流に流されること。社会心理学の用語）を醸成するといわれている。例えば，いじめが起こっている集団内ではいじめを是認する（もしくは否定も肯定もしない）「空気」や，いじめを外部の人間（特に教員や保護者）に見せてはならないという「空気」が生じやすい。こうした場の空気によって，結果的にいじめを否定しない行動をとるという集団心理がはたらく。それらに加え，自分が同じように攻撃された場合への恐怖感も相まって，同調競争（自分を他人の行動に合わせてはみださないようにすること）が発生する。そして，集団の構成員はグループ内の構成員のうち，場の空気を乱す人を排斥しようとする。例えば，チクる（「教員や保護者に告げ口や密告をする」という意味の俗語）人が次のいじめの対象になることもある。しかも，厄介なことは，そのいじめに対していじめる側は「場の空気を乱した構成員が悪いから，排斥した」という理屈をもとに，自己防衛を行おうとすることである。場合によっては，いじめをしたという自覚はまったくなく，「仲間と遊んでいただけだ」と主張することさえある。

☑ 性同一性障害

生物学的な性別と，自己が認識する性別が一致しないことによって起こる

171

違和感や，自分が認識している性別への適合を図ろうとする行為のことをいう。なぜ起こるのかについては未解明な部分が多く，2歳半頃までに確立された性別への自己認識をその後変更することは極めて困難だとされる。

検査などにより性同一性障害と診断された場合には治療が受けられるほか，一定の条件を満たせば戸籍上の性別を変更することも可能である。一方で，このような知識がない子ども間においては，性同一性障害を持つ子どもがいじめの対象になることも多い。

☑ LGBT

レズビアン（女性同性愛者），ゲイ（男性同性愛者），バイセクシュアル（両性愛者），トランスジェンダー（性別越境者）の頭文字をとった語で，性的少数者（セクシュアルマイノリティ）の総称である。

LGBT当事者の中には，周囲の偏見や差別，またいじめの対象になることへの恐れから，自分がLGBTであることを告白（カミングアウト）したくてもできない人も多い。性は多様なものであり，個人の尊厳に関わる大切な問題であることを認識する必要がある。

☑ パーソナリティ障害

その人の思考や言動が世間一般と著しくかけ離れていることにより，本人や周囲に困難を感じさせてしまう精神疾患のことをいう。

アメリカ精神医学会の分類では，奇妙で風変わりなタイプのA群，感情的で移り気なタイプのB群，不安で内向的であることが特徴のC群に分かれ，そこからさらに依存性パーソナリティ障害など，全体が10種類に分類される。

個性の範囲と考えて医療機関を受診せず，未診断のまま障害に苦しむ人も少なくないと考えられている。また，若い女性に多い境界性パーソナリティ障害のように，自傷行為やその他の精神疾患に結びついたことにより，パーソナリティ障害であることが初めてわかるケースもある。

☑ スクールカースト

学校内における人気の度合いを，インドのカースト制度になぞらえたもの。2006年に教育学者の本田由紀氏が衆議院の「青少年に関する特別委員会」で，2007年に教育評論家の森口朗氏が著書『いじめの構造』で，それぞれ紹介したことで世に広まったとされる。

人気順にグループ化が起こり，階層化することが特徴である。小学校においては目立たない場合が多いが，中学・高校になるにつれて次第に顕著となる。一般的に容姿やファッションセンスの

優劣，恋愛経験の豊富さ，場の空気を
読む力，部活動が運動系か文化系か，
といったものが序列判断の基準となる。
これらに対する人気の程度により上位，
下位関係が決定され，最下層に位置づ
けられた場合にはからかいの対象にな
ることがある。

☑相対評価と絶対評価

　集団の中において個人の成績がどの
位置を占めるのかを，集団の平均値や
得点分布に基づいて評価する方法のこ
とを相対評価という。相対評価では，
集団内の個人を成績順に並べ，一定の
割合で区切って評定をつける。例えば
5段階評価の場合は，5が7％，4が
24％，3が38％，2が24％，1が7％
を目安とする。相対評価には教員の評
定の偏りを排除するという利点がある
一方で，上位の者を（自らの努力なし

に）蹴落として自らが上位になろうと
する傾向が強くなることや，成績の学
校間格差が生じるという問題点がある。

　他方，教育目標をどれだけ達成した
かによって評価する方法を絶対評価と
いう。日本の公立高校に関していうと，
従来は相対評価が主体だったが，2000
年ごろから観点別学習状況評価による
絶対評価（学習指導要領に示された目
標によって学習内容の観点を分け，そ
れぞれの観点から学習状況を評価する
方法）が一般的になり，2002年度から
正式に採用された。評価方法が明確に
なるため，生徒自身で達成度を確認で
きるという利点がある。しかし，評価
規準（到達目標や観点）や評価基準（到
達度を判断するための指標）の設定や
判断は教員によるため，教員ごとの格
差が生じやすいという問題点もある。

答案例

問題 学校におけるいじめの要因と解決策について，あなたの意見を述べよ。

600字以内

模範回答 いじめとは，自らの快楽のために自分よりも立場が弱い者に肉体的・心理的な苦痛を与える行為のことで，その人の人権を著しく制限・否定する。いじめの要因には学校や家庭の教育力低下や過剰な消費社会の存在もあるが，最大のものは子どもの集団内に存在するヒエラルキーだと考える。　（以上，第1段落）

　子どもたちは人気の有無により，グループや構成員の序列を決めようとする。その「人気」は子どもたちの視点によるものだから，他人の人格を尊重するものにならないことが多い。また，利己的な考えから，自分とは異なる感性を持つ子どもを受け入れられない集団も存在する。こうした歪んだ尺度や価値観が対象者の排除や虐げを助長する。特にステータスが下位である者ほどいじめのリスクは高いといわれる。つまり，いじめの主原因は集団内の序列による規範意識の歪みにあるといえよう。　（以上，第2段落）

　よって，いじめ問題の根本的な解決にはその序列を解体することと，規範意識の歪みを正すことが必要となる。そのためにはいじめ相談窓口や生徒自警団の設置を通していじめの実態をつかむことのほか，教師や保護者が積極的に介入して加害者側に対応しつつ，閉塞的ではなく市民社会的なクラス環境になるように教員が工夫することが必要ではないか。　（以上，第3段落）

解説 第1段落：意見の提示…いじめの要因が複数あることを示しつつも，最も大きな要因として集団内のヒエラルキーがあることを主張している。
　第2段落：理由説明…いじめのリスクが高まることを根拠としながら，ヒエラルキーの存在がいじめ発生と強く結びつくことを説明している。
　第3段落：意見の再提示…いじめをなくすために，集団内の序列を解体し，規範意識を修正するための方策を具体的に述べている。

幼児教育

定義

　幼児期とは, 1歳頃から小学校に入学するまで(就学前)の時期のことである。おおよそ3歳頃までを幼児前期, そのあとを幼児後期といい, こうした時期に施す教育を幼児教育(就学前教育)という。幼児前期は主として家庭において保護者から, 幼児後期はそれに加えて幼稚園や保育園で専門家(幼稚園教諭や保育士)から教育を受ける。

　なお, 幼稚園は幼児の心身の発達を促すことを目的とした学校教育法上の施設であり, 文部科学省の管轄となる。一方, 保育園は保護者の委託を受けて乳・幼児を保育することを目的とした児童福祉法上の施設であり, 厚生労働省の管轄となる。つまり, 幼稚園は教育施設であり, 保育園は児童福祉施設である。それぞれの教員は所有する免許や資格が異なる(幼稚園教諭免許と保育士資格)。

必要性

　幼児教育は, 将来につながる心身の基礎を築くうえでも, また社会の一員として生きるための基礎を培うためにも重要である。具体的には,
① 子どもの対人関係能力や社会的適応能力を育てるため
② 子どもの心を健全に発達させるため
③ 子どもが安定した自己を形成するため
にそれぞれ必要とされる。

　アメリカの教育学者ハヴィガースト(1900～1991)によれば, 「歩行の学習」「固形の食物をとることの学習」「話すことの学習」「排泄の仕方を学ぶこと」「性の相違を知り, 性に対する慎しみを学ぶこと」「生理的安定を得ること」「社会や事物についての単純な概念を形成すること」「両親や兄弟姉妹や他人と情緒的に結び付くこと」「善悪を区別すること」が幼児期における教育課題となるという。幼児は, 家庭内や地域, 幼稚園や保育園

などで周囲の大人や子どもと関わりながら，こうした能力を習得していく。基本的な生活習慣を獲得し，善悪の判断を身に付け，知性を得て，情緒を発達させるなど，学習や経験を通して心身を発達させるのである。それとともに，人との関わり方を学びながら，社会性も身に付けていく。

　こうしたことは脳の発達の仕組みからも裏付けられる。まず，情動（怒り・喜び・悲しみ・憎しみといった一時的な感情の動き。行動や自律神経系・内分泌系の変化を伴うとされる）は生まれてから5歳くらいまでに原型が形作られるという。また，前頭連合野（コミュニケーション機能・意志・意欲・記憶などの人間の高次機能を司っている大脳皮質の部位）の臨界期が8歳くらいとされ，この部分の発達の程度がその後の積極性・計画性・個性・独創性・問題解決能力を持つことなどにつながるとされている。そして，幼児期は脳の機能の発達において非常に重要な時期であるとされている。なぜなら，年齢を重ねた後でもその機能を発達させることはできるが，年を追うごとに難しくなると考えられているからである。

必要性の背景

　一つは子どもの育ち方の変化が背景にある。現在，日本では基本的な生活習慣の欠如・コミュニケーション能力の不足・自制心や規範意識の不足・運動能力の低下・小学校生活への不適応・学びに対する意欲や関心の低下といったことが問題視されているが，これらはどれも子どもが育つ環境が変化したことによるものだという指摘がある。例えば，子育てのスキルが世代間で継承されず，育児が健全に行われない家庭が生まれるのは，核家族化によるものだと考えられる。また，生活習慣が乱れた子どもが生じるのは生活スタイルを保護者に合わせようとするためであり，それは保護者の長時間労働や労働形態の多様化，さらには夜間営業をする店舗の普及によるものだといえる。さらに，自然や他人に関心を持てない子どもが生まれるのは，自然に触れる場が減少するとともにゲームなどの普及による仮想体験の増加が背景にある。

　こうした生活環境の変化に対応するために必要なのが幼児教育である。例えば，幼稚園や保育園は，家庭では体験できない社会・文化・自然など

に触れられる場として捉えられている。身体感覚を伴う多種多様な活動を通して，豊かな感性を養うとともに，生涯にわたる学習意欲や学習態度の基礎となる好奇心や探究心を養うことが可能になる。

　もうひとつは，格差社会(p.60参照)が背景にある。特に経済的格差は世代間で移転しやすいという指摘があるが，幼児教育はその是正に効果があることを示唆する説がある。ノーベル経済学賞を受賞したアメリカの経済学者ジェームズ=ジョセフ=ヘックマン氏(1944〜)は，神経生物学者クヌーズセン氏らとの共同論文において，幼児教育は生涯にわたる子どもの生活の質を高め，社会全体にも利益をもたらすという説を唱えている。この論文は，ペリー就学前計画(1962年からミシガン州イプシランティ学区において行われた，経済的に恵まれないアフリカ系アメリカ人の3〜4歳児に対する教育支援)の約40年にわたる追跡調査に依拠している。それによると，就学前教育を受けた子どもたちの学習意欲は伸びる傾向にあり，就学後の学習に好影響を与えるという分析がなされている。さらに，この教育を受けたグループと受けなかったグループを比較すると，前者の方が就学後の学力の伸び・高校卒業率・持ち家率・平均所得が高く，生活保護受給率・逮捕者率などが低かったという。それに加え，就学前教育によって所得・労働生産性が向上するとともに，生活保護費が抑制され，社会全体に好影響をもたらすことも指摘されている。

対応策・解決策

　幼児教育を適切に行うためには，
① 家庭での子育てに対する支援(幼児前期)
② 幼稚園・保育園教育の充実(幼児後期)
が考えられる。

　①については，まず働く母親への支援が挙げられる。育児・介護休業法において育児休業を取ることができるとともに，幼児のために労働時間を短縮できるようになった。こうした支援に加えて保育所の充実など，働きながら適切に幼児教育を受けさせることができる環境づくりが求められる。一方，行政による家庭訪問や専門家との連携，子育てサロンの設置，講演

会の実施，異世代間や地域間の交流の推進など，子育ての悩みを解消する取り組みを行うことも必要だ。

　②については，まず教師の指導力を高めることが必要となるだろう。そのためには，保育研究会の実施，教育内容と子どもの発達の関係を調査・検証すること(教育効果の検証)，子どもを評価する基準を定めるとともに教員による援助を適切に行うことなどが考えられる。また，すべての幼児に対して幼児教育の機会を保障することによって，生涯にわたって生活の質を高めることができるといえる点で，幼児教育の無償化も重要な問題である。日本では，2019年に3〜5歳児クラスの幼稚園・保育所等の利用料が無償となった。

👍 小論文にする時のポイント ─────────────────────●

　入試では主として，
① 幼児教育の重要性
② 幼児期の子どもに接する時の注意点
の2パターンで出題される。

　①についての回答では，「子どもを健全に育てるためには，幼児教育が必要だ」などと子どもの成長を中心に論じるだけのもの，「幼児教育が重要なのは，社会生活を円滑に行うようにするためである」などと社会に対する役割を論じるだけのものがよく見られる。できればそれだけで終わらずに，幼児教育は本人・社会の両者のために重要であることを記しておきたい。例えば，「生涯にわたる心身の基礎を養うとともに，社会の一員として生きるための基礎を培うために幼児教育が必要だ」などのように，両者に対する意義を示しておくとよい。

　②については，「子どもは大人が言うことが理解できないから，理解できるようにすることが大切だ」などと表面的に論じるのは好ましくない。幼児は発達の過程にあるのだから，持つ能力も異なるということに着目し，それぞれの発達段階に合った接し方が必要である旨を論じておきたい。その際，ピアジェの思考発達段階説(p.186参照)を参考にするとよいが，その設問が幼児前期を対象としているのか，後期が対象なのかを明らかにしておくことが必要だ。なぜなら，幼児

前期は感覚運動的知能期，幼児後期は前操作期にあたり，知能発達の段階が異なるからだ。例えば，「幼児前期においては次段階に向けて表象を形作るような訓練が必要だ。保護者が過度に支援をするとその訓練の妨げになるから，幼児自身がさまざまなチャレンジを行えるようにし，保護者や教師はその姿を見守ることが大切だ」とか，「幼児後期は表層を保存するための訓練とともに，自己中心性を脱するような訓練も必要だ。数や言葉に対する思考を養ったり，他の子どもと接する機会を多く設けたりすることなどが考えられる」などといった主張が考えられるだろう。

📝 過去の入試問題例

例 幼児期の子どもの行動について述べた文章を読み，幼児期の子どもにあなた自身が接する時には，どのような点に留意して接したいと思うか。この文章の著者が述べていることと関連させながら考え，述べよ。

(聖学院大・人間福祉学部)

例 幼児期における〈自己〉の発達に関する表をふまえ，幼児の「自己主張・実現」と「自己抑制」の変化に影響を及ぼす要因としてどのようなことが考えられるか，あなたの考えを述べよ。 (千葉大・教育学部)

例 人が成長するうえでの幼児期の重要性について，あなたの考えを述べよ。

(東海学院大・人間関係学部)

例 幼稚園教育に期待されることについて述べた文章を読み，これを踏まえたうえで，これからの幼児教育で取り組むべき課題について，あなたの考えを述べよ。 (金城学院大・人間科学部)

例 着物の「しつけ」は縫いあがると糸をはずす。このはずすことが子どもの発達に重要な意味をもつと述べた文章を読み，「しつけ」についての著者の考えをまとめたうえで，それに対する考えを述べよ。 (大阪教育大・教育学部)

例 幼稚園での生活は，幼児期の子どもにとって，どのような発達的意義があるのか，あなたの考えを述べよ。 (山口大・教育学部)

☑妊娠と出産

哺乳類の雌の子宮内に受精卵が着床し，そこで受精卵が胎児へと成長していく過程を妊娠という。また，成長した胎児が子宮外に出ることを出産と呼ぶ。人間の場合，およそ妊娠40週，平均266日で出産となる。

妊娠期は初期・中期・後期・正産期の4期に分かれ，36週から40週の間に当たる正産期に入ると，一般的に胎児は出産を迎えられる段階まで成長している。妊娠中は母体への負担が高くなり，妊娠初期のつわりをはじめとして，妊娠高血圧や妊娠中毒症，正産期を前にして出産の兆候が出る切迫流産や切迫早産などの妊娠トラブルに見舞われやすくなる。また，胎児は母体からの影響を受けやすいことから，母親の精神を安定させることや胎内環境を整えることを胎教という。具体的な胎教としては，よい音楽や絵画に触れるといったことが挙げられる。

☑新生児や乳児の生活

新生児は，基本的に起きている時間はほとんどなく，1日中眠っている。2，3時間ごとに空腹のために泣きながら目をさまし，満たされると再び眠るというサイクルを繰り返す。昼夜の区別はついていない場合が多く，夜間であっても同じようなサイクルを繰り返すため，この時期は母親の肉体的・精神的負担が最も重くなる。

生後1か月を過ぎると新生児から乳児となり，次第に起きている時間が長くなり，表情も豊かになってくる。個人差もあるが，4か月くらいから首がすわり，夜まとめて眠るようになったり，昼寝や授乳のサイクルが安定してきたりする。さらに6か月頃から腰がすわってお座りができるようになり，消化器官も発達して離乳食が開始できるようになる。7か月頃からはいはい，9か月頃からつかまり立ち，そして1歳3か月頃には歩くようになる。この頃には離乳食も1日3回となり，昼寝も午前と午後に1回ずつとなる場合が多い。10か月くらいには言葉の意味がいくらかわかるようになり，平均で1歳頃から意味のある言葉を少しずつ話すようになる。

☑幼児期の生活

幼児期とは一般的に1歳から小学校入学前までのことを指す。1歳半くらいで離乳食が完了して幼児食に移行し，ほぼ大人と同じものが食べられるようになるほか，この頃よりトイレで排泄

する習慣を覚え始め，3歳半頃までにはほぼ全員の子どもがトイレで排泄できるようになる。1歳半頃には昼寝が午後1回のみとなり，平均で2歳半頃には昼寝がなくなり，夜泣きせずに朝まで眠れるようになる場合が多い。

言葉の発達は個人差があるが，一般的な目安として2歳の時点で単語を2つつなげて話す2語文が，3歳の時点で単語を3つつなげて話す3語文が話せるようになるといわれている。3歳を過ぎると興味や関心が家族から社会へと移り，親から離れて遊べるようになるだけでなく，社会生活を送るためのルールなどがかなり理解できるようになってくる。幼稚園の対象年齢が満3歳からになっているのは，このことに由来している。

☑ 乳・幼児期のしつけ

しつけとは社会や集団内で必要なルールや礼儀作法などを教え，それに合致した立ち居振る舞いが行えるように教育したり，トレーニングを行うことを指す。

しつけをいつから行うのがよいかについては諸説あるが，言葉がわかるようになる生後10か月頃までは子どもとの信頼関係を結ぶことに主眼を置き，言葉を理解できるようになってきた10か月頃から少しずつルールを教えてい

くのがよいとされる。乳児のうちは，早寝早起き・食事・歯磨き・入浴といった基本的な内容でよいが，歩けるようになり行動範囲が広がったり，社会との接触が増えるようになったりするにつれて，交通ルールや物の貸し借りなどの社会生活を送るために必須となる事項についてしつけを行う必要がある。

しつけの方法は保護者の判断に委ねられるが，あまりに行き過ぎたしつけは虐待となりかねないので注意が必要である。

☑ 幼児とテレビやビデオ

乳幼児期における，テレビやビデオの長時間視聴には害があることが，専門家の研究によって明らかになっている。日本小児科学会は，1日4時間以上もテレビやビデオを視聴している子どもは，そうでない子どもと比較して言葉の発達の遅さや表情の乏しさが目立ち，特にひとりでテレビを見ている子どもにおいてその傾向が顕著であると発表している。また，アメリカの小児科学会においては，幼児期にテレビを多く見た子どもほど，7歳時において集中力や落ち着きのなさが目立つ注意欠陥障害が発生しやすいとの事例が発表されている。

181

☑早期教育と習い事

　早期教育とは，保護者や国家の意向により，一般に学習適齢期とされる時期よりも早く教育を開始することをいう。外国語分野・スポーツ分野・芸術分野・文字や数などの基礎学力に相当する分野においてよく見られる。

　脳が柔らかく，物事の吸収が早い乳・幼児期に学習を開始することにより，より高度な能力が身に付けられるという考え方に基づくものである。一部の有名スポーツ選手や芸術家が，早期教育を受けて高い成果を出していることもあり，早期教育は有効であるという考え方がある一方で，過度の早期教育や子どもの意向に反した早期教育は，子どもの健全な発達に悪影響を及ぼすという専門家の声や，一時的に効果があるように見えても，長期的には早期教育を受けてこなかった者との差はあまりないとする意見もある。

　一方，習い事とは，月謝などの代価を支払い，教師より芸術分野やスポーツ分野での教授を受けることをいう。子どものみならず，成人が受ける場合も該当する。生涯学習の一環という意味合いが強いが，習い事により才能を開花させる人もいる。

☑幼児期の人格形成

　幼児期の人格形成には以下のような特徴がある。まず，幼児期の初期段階において，両親などの特定の大人との愛着関係に基づいて情緒を育み，その中で他人への興味を持ち，その興味を通して自己を認識し，自己形成を行うとされている。

　2歳前後になると，形成された自己により自我意識が芽生え，激しく自己主張を行うようになる。これは一般的にイヤイヤ期と呼ばれる。3歳を過ぎた頃になると，自我を抑える自己抑制が発達しはじめ，自己主張が落ち着きを見せ始めるようになる。それとともに，独立心が芽生え始める2歳から4歳は反抗期に該当し，保護者の手助けや要求に反抗を見せる。一方で保護者から安心を得たいという欲求も強く，反抗したり甘えたりを繰り返すのが特徴である。

　反抗期の終わりが近づく4歳頃より，他人の真似を脱して自分自身で考えて実行する学習能力が身に付き，自ら工夫しようとする姿勢が見られる。5歳前後には思いやりの心が芽生え始め，他人のために我慢ができたり，協調性が見られるようになったりする。この頃には大人よりも子ども同士の関わりの方が大切となり，集団行動を通して社会生活に必要な基礎能力を身に付ける時期となる。

☑ 幼児期の思考

人間の思考発達には段階があるが，幼児期の思考に関しては以下のような特徴が挙げられる。

スイスの心理学者ピアジェ（1896～1980）は，主として2歳から6歳に該当する幼児期のことを前操作期として捉え，自分の見えているものや自分の感覚のみで判断し，他人の視点が存在することが理解できないことや，無生物も生物として捉えるアニミズム的思考，さらにはイメージを記憶してそれを真似る延滞模倣ができるようになることを特徴として挙げている。また，その中でも2歳から4歳頃を象徴的思考段階と呼び，その時期には目の前にないものを想像し，その代わりとなる象徴・記号・言葉が使えるようになるので，象徴的な遊びを盛んにするようになり，ままごとやごっこ遊びができるようになるとしている。

☑ 乳・幼児の事故

乳幼児に関する事故は，注意を払っていれば防げる不慮の事故が多い。また，事故が発生する場所も大半が屋外ではなく，家の中で起こる家庭内事故であることが特徴である。

乳児期に多い事故は誤飲で，これは何でも口に入れて感触を確かめるという乳児特有の発達段階に伴うものである。煙草や薬品，硬貨などが誤飲の対象になりやすい。また窒息も多く，ミルクのはき戻しや誤飲した硬貨やボタンなどで窒息事故が起こるだけでなく，生後半年までは布団による窒息事故も多い。

これに対して幼児期に多い事故は溺死で，浴槽への転落によるものがほとんどであるが，夏季にはビニールプールでの溺死も起こっている。また，ベランダや階段などからの転落事故も多く発生する。

☑ 乳・幼児の睡眠

成人の睡眠は，浅い睡眠であるレム睡眠と深い睡眠であるノンレム睡眠を繰り返す。しかし，乳児は脳の発達が未熟なため，レム睡眠よりもさらに浅い眠りである動睡眠，ノンレム睡眠に近い静睡眠，どちらでもない不定睡眠に分かれるが，全睡眠時間のうち動睡眠の占める割合が高くなる。そのため目を覚ましやすく，長時間まとまって眠ることが難しい。

身体の成長とともに脳も成長するのにつれて，次第にレム睡眠，ノンレム睡眠へと移行し，睡眠時間のうちノンレム睡眠の占める割合が上がる。このことに伴って乳児から幼児へと成長するに従って，次第に睡眠時間中に目を覚ますことが少なくなり，日中の運動

量が増すこともあって深く眠ることが可能となる。生まれたばかりの新生児は2，3時間で目を覚ましながらも平均20時間ほど眠るが，次第に起きている時間が長くなり，1歳くらいになると睡眠時間は13時間前後，3歳で10時間前後になる。

☑ 乳・幼児のくせ

乳幼児は何かしらのくせを持つことが多い。乳幼児のくせには，その行為を繰り返して感覚を楽しむ場合と，言葉をうまく発したり表現できない代わりに，くせによって無意識的に感情を示しているものだとされる。

代表的なくせは，指しゃぶり・爪をかむ・歯ぎしり・頭を叩き付けるなどがあり，どれも乳・幼児には特によく見られる行為である。これらは発達過程における一過性のもので，成長につれて他に興味の対象が移ったり，くせの原因となる事象が解決したりすることで，次第にしなくなる場合が多い。

☑ 乳・幼児と友達

乳児は両親や身近な大人との信頼関係を築くことに興味があり，友達に対する関心は低い。しかし，1歳を過ぎると周囲の真似をしたがるようになり，子ども間で真似をして遊ぶことがある。あるいは，周囲の子どもが遊んでいる様子を観察して楽しんだり，それを一人遊びに取り入れたりもする。しかし，この頃はまだ友達に対する明確な意識はないとされる。

2歳頃から友達に対する関心が芽生え始め，関わりを持とうとする。この段階では他の子どもと同じ空間で同じようなことをして楽しむ並行遊びが主流で，それぞれが別々に遊ぶことが特徴である。

3歳を過ぎると次第に子ども達だけで遊ぶことが可能となり，遊びを通して社会性を身に付ける段階となる。さらに4歳になるとお互いに会話をし，物のやり取りをしながら遊ぶようになり，5歳前後からは役割分担が明確な集団遊びを楽しめるようになる。

このような友達関係を通して，幼児は自発性・信頼感・忍耐力・思考力・判断力・運動能力など，さまざまなことを学ぶ。

☑ 乳・幼児の健康増進

乳幼児の健康増進法としては以下のようなものがある。まずは早寝・早起き，1日3食を偏食せず食べる，歯磨きや入浴などの日常生活の習慣を規則正しく整えることなどが挙げられる。これらはどれも，成長期の発達を促すためや病気予防のためであり，生涯における生活習慣の基礎を作る意味でも

非常に大切なことである。

次に，温度変化に皮膚を順応させることや，子どもの体温は大人より高く汗をかきやすいことから，薄着にすることが良いとされる。また，体力づくりや運動機能，さらには身体の成長のために全身を使った運動，特に外遊びが推奨されている。文部科学省は外遊びが多い幼児ほど体力があるという調査結果を示し，幼児期の運動時間の目安を，毎日60分以上としている。

また，母子保健法に基づき，各市町村は該当月齢，または年齢の乳幼児に対して乳幼児健康診査を無料で行っており，疾病や異常などの早期発見に努めている。

☑ 幼保一元化

行政上管轄が異なる幼稚園と保育園を一元化し，教育サービスの効率化と教育内容の均等化，さらには待機児童の解消を目的とした政策のことをいう。

少子化に伴い定員を確保できずに経営が厳しくなった幼稚園の増加と，逆に解消の目途が立たない保育園待機児童という双方の問題を解決することを目的としている。しかし一元化にあたり，保育料・設備・幼稚園教諭と保育士の資格免許の違いなど，課題は多い。

この政策に基づいて2006年より認定こども園が開設され，日本全国で7,208園が認定されている（2018年現在）。

☑ 幼児教育・保育の無償化

すべての幼児に対して幼児教育の機会を保障することの重要性や，子育て・教育費用の負担軽減による少子化対策の観点などから，幼児教育無償化への取り組みがなされている。2019年10月から，3〜5歳児クラスの幼稚園・保育所・認定こども園等の利用料が無料になり，0〜2歳児クラスについては住民税非課税世帯を対象として利用料が無料になった。ただし，一部対象外の施設や上限金額などの設定がある。

☑ 幼児期の遊び

幼児にとって遊びは生活の中心であり，遊びによって心身の発達を促し，社会性を身に付けるという意味で，とても重要なものである。

具体的には，①体を使った遊びであり，身体能力の向上につながる運動遊び，②ままごとや電車ごっこなどのように，実際にあるものの真似をする遊びであり，想像力を鍛えるごっこ遊び，③お話を聞くなど未体験知識の取得や経験の再確認に役立つ受容遊び，④お絵かきや工作などのように作り出す感覚を楽しんだり，感性や好奇心を磨いたり手先の器用さを引き出したりする構成遊び，⑤触ったり叩いたりして感

185

覚を楽しむ遊びであり，五感を鍛える
のに役立つ感覚遊びがある。

☑ フリードリッヒ=フレーベル
（1782〜1852）

　幼児教育の祖と呼ばれているドイツ
の教育学者。彼は，フランスの思想家
ルソー（1712〜1778）が提案した「**自然
の教育**」をもとに，子どもが本来持つ
善を自然のままに成長させることが幼
児教育の役割であるとし，幼稚園
（Kindergarten）を設立した。

　幼稚園という場は，教師の世話を通
して子どもの個性が尊重されながら成
長することができるとともに，子ども
が集団の一員であることを認識できる
場であるとしていた。つまり，幼児教
育は個人の発達と人格形成を促すもの
であると捉えていたのである。なお，
フレーベルの幼稚園のあり方は，現代
における多くの幼稚園や保育園のスタ
イルを創り上げたといわれている。

☑ ジャン=ピアジェ（1896〜1980）

　スイスの心理学者。また，子どもの
知能や発達についての研究を進めてい
たことで知られている。なお，彼は情
動の役割や社会的・文化的な要因を軽
視したとして批判する人もいた。

　有名な理論に，思考の発達の段階に
は順序があるという「**思考発達段階説**」
がある。その段階は，

① **感覚運動的知能期**　0〜2歳。心
　の内面に表象を作り上げる能力がな
　い時期。感覚と運動が直接結びつく。

② **前操作期**　2〜7歳。表象は作り
　上げられるが，自己中心的な思考を
　する時期。

③ **具体的操作期**　7〜12歳。表象を
　操作できるようになるが，複雑な抽
　象思考や概念の操作が困難な時期。

④ **形式的操作期**　12歳以降。表象・
　概念・記憶を自由かつ論理的に操作
　できるようになる時期。

の4つに分けられるとしている。

答案例

問題 幼児教育の重要性について，あなたの意見を述べよ。**600字以内**

模範回答 幼児期とは1歳頃から小学校に入学するまでのことである。この時期には情動の原型が形作られるとともに，積極性・計画性・個性などを持つことにつながる前頭連合野の発達が進む。この時期に教育を行うことで人間としての基礎能力を養えるので，幼児教育は重要であると考える。　　　　　　　　（以上，第1段落）

　具体的には，幼児教育によって子どもの対人関係能力や社会的適応能力を育み，心を健全に発達させ，安定した自己を形成することができる。幼児は家庭内や地域，幼稚園などで周囲と関わりながらこうした能力を習得し，基本的な生活習慣や善悪の判断を身に付け，知性を得ながら情緒を発達させるなど，体験を通して心身を発達させるのである。それとともに，社会性を身に付けていくのである。

（以上，第2段落）

　幼児教育を適切に行うためには，家庭への子育て支援と幼稚園・保育園教育の充実とを並行することが必要だ。前者については，育児休業や労働時間の短縮に加え，保育所の充実，行政により子育ての悩みを解消するなどの働く母親に対する支援がまず必要だ。後者については，教師の指導力を高めることが必要となる。保育研究会の実施，教育効果の検証，教師による適切な援助を行うことなどが考えられる。　　　　　　　　　　　　　　　　　　　　　　　　（以上，第3段落）

解説 第1段落：意見の提示…脳が発達する幼児期に心身の基礎能力を養うとともに，社会性を身につける必要があることから，幼児教育は重要であると主張している。

第2段落：理由説明…幼児教育によって心身と社会性を発達させることができることを説明し，幼児教育の重要性を説明している。

第3段落：意見の再提示…幼児教育を適切に行うためには，幼児教育の主体である家庭と幼稚園・保育園に対する支援が必要であることを述べている。

スポーツトレーニング

定義

　スポーツトレーニングとは，能力を向上させるために，目標を設定して計画的に行う鍛錬の総称である。その際，ルーの法則(p.194参照)をもとにしたトレーニングの三大原理が用いられることが多い。それは，

① **過負荷の原理**　日常的な運動よりも高い負荷をかけなければ体力は向上しない。

② **可逆性の原理**　トレーニングの効果は継続すれば持続するが，中断すると失われる。トレーニング期間が長いほど，効果が減退する速度が遅くなる。

③ **特異性の原理**　トレーニングの効果はトレーニングをした部位や動作に現れる。

の3つである。

　なお，競技スポーツ(p.194参照)におけるスポーツトレーニングの定義はやや厳密であり，競技者が最高の成績を上げることを目的とした競技者(アスリート)が行う訓練のことを指す。具体的には，テクニックや戦術の習得とともに，精神と身体の鍛錬を行うことが主となる。最終的には，競技までに知識・経験・身体を完成させること(レディネス)を目指す。

必要性

　スポーツトレーニングの必要性については，①競技スポーツ，②生涯スポーツ(p.194参照)に分けてまとめたい。

　競技スポーツにおいては，競技力の向上とともに怪我の予防のためのスポーツトレーニングが求められる。前者については，フィジカルトレーニング(p.193参照)により筋力やスピードなど必要な基礎体力を効果的に高め，より高度な技術や戦術を得る素地をつくるとともに，メンタルトレーニング(p.193参照)によって心理的スキルを会得させ，セルフコントロー

ルができるようにする。後者については，基礎体力を高めてエネルギー消耗を軽減する効果や，外部からの衝撃を緩和する効果（骨折・ねんざ・じん帯などの損傷リスクの軽減，膝や肩の慢性的な痛みの予防など）などを得る。このように，最高の成績を収めるのに必要な競技能力を得るために行われるのが，競技スポーツにおけるスポーツトレーニングなのである。ただし，能力以上の過剰なトレーニング負荷，過密スケジュール，休養・睡眠不足などのために慢性疲労状態が続くと，オーバートレーニング症候群（倦怠感・睡眠障害・食欲不振・体重減少・集中力の欠如など）に陥る危険性や，さまざまな故障の原因になることがあるので，注意したい。

　一方，生涯スポーツについては，健康を維持するために重要である。例えば，ストレッチ（筋肉を伸ばすこと）や有酸素運動（p.194参照），無酸素運動（p.194参照）を利用したフィジカルトレーニングを通して，骨や筋肉の強度の保持，関節の柔軟性の向上，適正な体重の維持などが期待でき，怪我の防止にも役立つ。また，メンタルトレーニングを通して，集中力の向上や上がり症の改善といった効果も期待できる。心身の健康を維持することは，生涯にわたって豊かな生活を送るためには欠かせない要素であるが，スポーツトレーニングはその維持のためにも役立つ。

必要性の背景

　競技スポーツにトレーニングが求められる背景には，競技力向上への期待がある。そもそも，競技スポーツの究極的な目的は最高の成績を残すことに他ならない。オリンピックでは「より速く，より高く，より強く」という標語を掲げることからもわかるように，競技スポーツは人類の能力の限界に挑戦するものなのである。しかもその記録は日々更新されていくので，より高い競技能力が求められる。

　このような状況に対して，スポーツ科学の研究や，その成果を踏まえた選手強化の立ち遅れを原因とする競技力向上対策の遅れが問題視されている。このままでは競技スポーツを続けている競技者や競技団体が，競技力を維持し向上させることは難しいだろう。こうした課題を克服するためには，優れた競技者の育成には不可欠のスポーツトレーニングがいま以上に

注目されなければならない。

　一方，一般の人々にもスポーツトレーニングが求められる背景には，社会の変化によって運動量の低下傾向が続いていることがある。昨今では自家用車の普及といった交通手段の変化，労働の機械化，産業構造の変化などの影響で生活環境が変化するのに伴って，日常的な運動量が減りつつある。こうした状況は体力や身体機能の低下を引き起こすだけでなく，**生活習慣病のリスクを高める**ことにもつながる。また，運動不足は日常生活に必要な機能が低下する要因になったり，転倒事故の原因にもなりかねず，そうなると高齢者の自立的な生活を妨げる。こんな時，スポーツトレーニングを行うことにより**介護の予防や健康寿命**（健康な状態で生きることができる年齢）**の延長**が図れる。つまり，スポーツトレーニングは，国民の生活の質（QOL）を向上させる手段の一つであると考えられている。

対応策・解決策

　競技スポーツ・生涯スポーツのいずれにおいても，スポーツトレーニングを実施する際には生物学的な原則を踏まえて，機能を向上させることが求められる。そのためにはまず，次の**5大原則**を踏まえたトレーニングを守ることが必要だ。

① **全面性の原則**　ある要素を向上させるためには，他の要素も高める必要がある。

② **個別性の原則**　個人の体力・技術・年齢・目的はさまざまであるから，一人ひとりに合わせたトレーニングメニューを組む必要がある。そうしないとトレーニング効果に差が出たり，障害を引き起こしたりする恐れがある。

③ **漸進性の原則**　能力の向上に合わせてトレーニングの強度・量・難度を段階的に上げる必要がある。急激に過剰な負荷を与えると，かえって機能が損なわれる恐れがある。

④ **反復性の原則**　トレーニングの効果を得るためには，適度な運動を反復することが必要である。途中でトレーニングを中止すると，トレーニング開始以前の水準に戻る。

⑤ 意識性の原則　トレーニングを実施する時には，その目的を正しく理
　解する必要がある。
　　こうした原則を踏まえてトレーニングプランを立案することにより，ト
　レーニング中の事故を予防したり，効果のないトレーニングを続けて労力
　を無駄にすることも防ぐことができる。

👍 小論文にする時のポイント

　スポーツトレーニングに関するテーマは，教育学・幼児教育系統の学部のうち
体育やスポーツを専門とする学科・専攻(体育学専攻，生涯スポーツ専攻，保健
体育専攻など)，もしくはスポーツ推薦入試でよく出題される。主として，
① 競技スポーツにおけるトレーニングの必要性
② 生涯スポーツにおけるトレーニングの必要性
が問われる。
　①については，過去に競技スポーツの経験があることを前提として，「あなた
がスポーツトレーニングを行った目的とは何か」など，スポーツトレーニングの
目的や意義を改めて考えさせる問題が多く出題される。その際，「自分を高める
ためにトレーニングを行った」といった表面的な記述に終始したり，スポーツ経
験を延々と述べ続けたりすることは好ましくない。トレーニングの究極の目的は
競技力の向上にあるわけだから，「自分自身の競技力，つまり競技に合った心身
の能力をさらに向上させるために，スポーツトレーニングを行った」などと身体
能力・精神力を高めるという目的をもってトレーニングを行ったという意見を述
べてみてはどうか。そのうえで，自己の競技スポーツにおけるトレーニングの経
験を振り返り，トレーニングの5大原則に合ったトレーニングができていたかど
うかを検証するという方向で論じるとよいだろう。具体的には，自分自身にどう
いう課題があり，その解決のためにどういうトレーニングを行い，そのトレーニ
ングはどのような原則に依拠するものであり，トレーニングによってどういう能
力が高まったのか，といったことを詳細に分析するといった具合である。
　②については，「生涯スポーツはなぜ必要なのか」など，一般の人々にはどう
いうスポーツトレーニングが求められるかを尋ねる問題がよく出される。その際，
「一般の人々が人生を楽しむためにスポーツトレーニングが必要だ」といった表

面的な論述では思考力を疑われかねない。背景に社会の変化による運動量の低下があること，トレーニングには骨や筋肉の強度保持・適正な体重の維持・集中力の向上・怪我の防止効果があること，それによって健康の維持ができることといった内容を盛り込む必要があるだろう。

📖 過去の入試問題例

例 筆者がピッチャーとして大切にしてきた，バッターが避けなければ当たるかもしれないようなところには投げないというインコースの使い方について述べた文章を読み，スポーツ選手としてあなたが自分の競技種目に関して大切にしていることを説明せよ。 (東京学芸大・教育学部)

例 スポーツ選手本人や評論家が，「今は調子がいい」とか「調子が下り坂」という表現をするのをしばしば耳にするが，この「調子」とは何か。自分自身の体験に基づいて説明せよ。 (中央大・文学部)

例 スポーツにおいて，その競技場面における選手の心身のコンディションが，パフォーマンスに大きく関与していることは言うまでもない。試合に向けてベストコンディション作りのための準備はどのようにしたらよいか，それぞれ携わってきたスポーツを参考に述べよ。 (国士舘大・体育学部)

例 あなたの専門とするスポーツにおいて，あなたはこれまでどのような指導を受けてきたか，また，指導者はどのような役割を果たすべきだと考えるか，できるだけ具体的に述べよ。また，あなたが指導者の立場に立ったとしたら，どのような指導をしたいか，述べよ。 (名古屋学院大・外国語学部)

例 トレーニング効果を高めるためには，トレーニングの5原則（意識性の原則，全面性の原則，個別性の原則，漸進性の原則，反復性の原則）を守ることが大切だ。この5つの原則について，あなたが経験した運動あるいはスポーツを例にして説明せよ。 (滋賀大・教育学部)

例 運動場面におけるトレーニングの成果を，安全にかつ効果的に得るためには，トレーニングの原理や原則にしたがって実践していくことが望ましい。あなたが知っているトレーニングの原理や原則の例をいくつか示し，自分の専門種目

の技能を高めるためのトレーニング方法について，今まで実践してきた具体例と関連づけて述べよ。

(福岡教育大・教育学部)

🔍 関連キーワード

☑ フィジカルトレーニング

肉体に対する鍛錬のことをいう。主なものとして，筋力の向上を目的としたウエイトトレーニング(バーベルやダンベルなどで筋肉に負荷を与え，筋肉を強化する方法)，体力の向上をめざすサーキットトレーニング(さまざまな運動種目を組み合わせ，各種目を休憩せずに繰り返す方法。ウエイトトレーニングに呼吸・循環機能の持久性トレーニングを加えたもの)，持久力を高めるインターバルトレーニング(急走を緩走でつなぎ，それを繰り返す方法。心肺機能が向上する方法といわれている)といったものがある。

フィジカルトレーニングは海馬(記憶や空間学習能力に関わる脳の器官)の空間認識能力を開発したり，シナプスを柔軟にするとともにニューロンの生成能力を高めたりするものともいわれている。

☑ メンタルトレーニング

一般的に精神に対する鍛錬のことをいう。意志・意欲・決断力を高めるために行われる。競技者に対しては，競技力を高めるための心理的スキルを習得させることを目的とする。

具体的には，ピークパフォーマンス分析(競技者の心理的能力を分析する)，リラクゼーショントレーニング(競技に対する行き過ぎた緊張や不安を軽減するためのトレーニング)，イメージトレーニング(理想の動作を頭の中にシミュレーションすることで集中力を高め，技術の習得を促すトレーニング)，心理的コンディショニング(試合までに心理状態を高めるための調整方法を習得する)といった技法が用いられる。

これらの他には，瞑想系身体技法(心を一つに集中することを通して，癒しやストレスの解消，精神統一，集中力の向上を目指す技法。ヒンドゥー教のヨガなどが代表例)や，自律訓練法(自己催眠によって自律神経の働きのバランスを回復させる方法)などが用いられることもある。

☑ ウィルヘルム＝ルー(1850〜1924)

ドイツの動物学者。実験発生学(個体発生の機構の因果関係を研究する生

物学の分野）の祖といわれている。また，生理学の基本原則であるルーの法則を導いたことでも知られる。

ルーの法則とは，身体機能は適度に用いると維持・発達するが，用いなければ退化し，過度に用いれば障害を起こすというものである。

☑ 無酸素運動と有酸素運動

無酸素運動は酸素を必要としない方法で筋収縮のエネルギーを生む運動のことである。無酸素運動では筋肉内にある ATP（アデノシン三リン酸）を利用するが，ATP の貯蔵量は少ない。そこで筋肉内のグリコーゲンや血糖を用いて，酸素を用いずに ATP を作り出す（嫌気的解糖）。しかし，ATP の産出とともに，痛みやだるさを引き起こすもとになる乳酸を生み出す。

一方，有酸素運動とは，酸素を消費する方法によって筋収縮のエネルギーを生む運動のことである。血中の糖分や筋肉内にあるグリコーゲンを酸素を使って燃焼させる。無酸素運動よりもエネルギーを生み出す効率が高く，乳酸も生じない。しかし，エネルギーの産出が無酸素運動よりも遅い。

これらのことから，トレーニングを行う際には
① 乳酸耐性を高めること
② 酸素の供給能力を向上させること

の両者が必要となる。そのためのトレーニングの例としては，LT トレーニング（乳酸が蓄積しにくい強度でトレーニングを行い，エネルギー代謝能力を向上させたり，乳酸を除去する能力を高めたりする）やインターバルトレーニング（高負荷と低負荷を交互に繰り返すため，最大酸素摂取量を高める効果がある）などがある。

☑ 競技スポーツと生涯スポーツ

競技スポーツとは，競技に勝利することや，記録の達成や更新を目的とするスポーツを指す。野球やサッカーなどのプロ選手が存在するものや，オリンピック競技に該当するものは，競技スポーツに該当する。

一方，生涯スポーツとは主として身体機能の維持や向上，あるいは余暇の楽しみなどを目的とし，勝敗にこだわることなく気軽に楽しむスポーツを指す。ゲートボールやグラウンドゴルフなどといったレクリエーションスポーツのように，老若男女問わず楽しめるように開発されたものが該当する。また，障害者も含め，参加者全員が楽しめることを目的とし，障害の有無や体格などで勝敗が左右されないよう考案されたユニバーサルスポーツも，広義のレクリエーションスポーツに含まれる。

☑ オリンピックとパラリンピック

オリンピックとは，国際オリンピック委員会(IOC)によって開催されるスポーツ競技会のことを指す。4年に一度，夏季大会と冬季大会が開催され，夏季大会では陸上競技や水泳競技などが，冬季大会ではスキーやスケートなどのウィンタースポーツがそれぞれの主要競技内容となる。夏季大会の1回目は1896年にギリシャのアテネで，冬季大会の1回目は1924年にフランスのシャモニーで開催された。

パラリンピックとは，国際パラリンピック委員会(IPC)によって開かれる，障害者のみが参加可能なスポーツ大会のことを指す。夏季・冬季の両方が行われ，オリンピックが開催された年に同じ都市で開催される。

国際的かつ認知度がひじょうに高いオリンピックにはさまざまな問題点もある。まず，オリンピック開催地においては経済効果が期待できることから，IOCに対する誘致工作が展開されるようになり，中には金品贈与などの倫理観が問われる手段まで見られるようになった点である。次に，競技に勝利することを目的に，ドーピング(p.196参照)やパラリンピックへの健常者の出場などの不正が図られるようになったことも問題視されている。さらにパラリンピックにおいては，障害の種類や程度によってクラス分けされることから，必然的にメダル総数が多くなり，メダル1つの価値が下がることや，障害を補助する器具の優劣がメダル獲得の有無を左右することがあり，経済的に豊かな選手が有利になってしまうという課題も生まれてきている。

☑ 国際競技が抱える諸問題

スポーツの国際競技が抱える問題点としては以下のことが挙げられる。

まず，選手やチーム間での競技であるべきものが，国家対国家となってしまうことに伴って起こる暴動や傷害事件の発生や，競技大会の政治的利用などである。有名なものでは，オリンピックの聖火リレーは1936年のベルリンオリンピックで初めて採用されたのだが，これはヒトラーがナチスドイツの威信を誇示するために行ったといわれている。

また，国際競技の開催地や開催国では高い経済効果が見込めることから，時には不正を伴う誘致合戦が展開されることがある。特に過去のオリンピックの誘致においては，複数の国における不祥事が発覚した。

一方，注目度が高い国際競技においては勝利至上主義となり，選手に対し肉体的・精神的に高い負担を強いる結果，ドーピング(p.196参照)などの不正

195

行為を誘発したり，メダルを逃した責任や重圧によって自殺や自傷行為を生んでしまうことさえある。

☑ ドーピング

　スポーツ競技者の身体能力や競技効果を向上させることを目的として薬物を使用することを指す。現在，オリンピックをはじめとしたすべての競技スポーツにおいて，ドーピングは禁止されている。ドーピングが禁止されている背景としては，フェアプレー精神に反すること，薬物の使用による健康被害の恐れ，薬物汚染への影響などが挙げられる。

　これまでさまざまなスポーツ競技においてドーピング事件が起こり，中にはコーチによるチーム全員への投与など，確信的なものまで発覚している。一方で，市販医薬品の摂取や点滴などの医療行為の結果がドーピングに抵触する例もあり，選手の体調管理を難しくしているという現実もある。

☑ スポーツ障害

　スポーツに起因する身体の慢性的障害をスポーツ障害と呼ぶ。多くは，長期間スポーツを続けることにより，運動器に繰り返し弱い負荷がかかることによって起こる。代表的なものはテニス肘や野球肘・疲労骨折・ジャンパー膝・椎間板ヘルニアなどで，一度障害が発生すると経過が長引く場合が多いため，傷害を防止するトレーニングが重要であるとされる。成人スポーツ選手にも多く見られるが，部活動などで日常的にスポーツを行う児童・生徒にも同様に発生する。なお，一度限りの強い負荷によって起こる外傷は，スポーツ障害には含まれない。

☑ スポーツ指導者

　スポーツの知識と技能を身に付けた指導者のことで，日本体育協会の定める各種指導者資格を取得した人のことを指す。具体的には，各種競技別に指導を行う競技別指導者，スポーツドクターと協力して選手の健康管理やリハビリテーションを行うアスレチックトレーナー，幼少年期の子ども達に遊びを通したスポーツ指導を行うジュニアスポーツ指導員などが該当する。

　指導の促進ならびに指導体系の確立を目的として設置された資格であり，指導技術はもとより，医学や科学知識などを幅広く身に付けることにより，スポーツの振興と競技能力向上に寄与するだけでなく，他のスポーツ指導者と連携し合いながら総合的な指導を行うことが，スポーツ指導者の役割だとされている。

3
教育

☑ スポーツ栄養学

怪我の防止や高い競技能力の発揮などを目指した栄養の取り方のことをいう。具体的には，食事環境を整え，目的に応じて日常の食生活で必要な栄養素を摂取したり，トレーニングと食事のバランスを調節したりすることが挙げられる。即効性はないものの，身体作りの基礎になるものであり，近年はさまざまなスポーツ選手がスポーツ栄養学を取り入れている。

また，スポーツ指導者(p.196参照)のうち，スポーツ栄養の専門知識を持ち，栄養・食事面から競技者を支援する者をスポーツ栄養士と呼ぶ。

☑ スポーツ心理学

運動競技としてのスポーツやレクリエーションスポーツ(p.194参照)のほか，身体機能の向上が目的のトレーニング的要素が強いスポーツなど，すべてのスポーツを心理学的に研究する分野のことを指す。

内容も多岐にわたるが，近年注目されているのが運動競技力向上を研究するもので，特にスポーツ選手の心理をサポートすることを目的としたメンタルトレーニングに関する研究が盛んに行われている。日本スポーツ心理学会では，スポーツメンタルトレーニング指導士の認定を実施しており，スポーツ選手などをスポーツ心理学の観点からサポートしている。

☑ スポーツ生理学

細胞や神経，ホルモンといった人間の生理現象を探究する生理学を基に，スポーツに伴う身体機能の変化やその影響を研究する分野のことをいう。

具体的には運動と，呼吸器・筋肉・血液・神経などの人間の各身体組織との関係や，栄養素・運動・身体機能との相互関係，気温や高度などの外的要因，加齢や性別などの内的要因とスポーツとの関係などが研究対象となる。効果的なトレーニングを行ったり，高い競技力を発揮したりするためには欠かせない知識であり，スポーツ指導者(p.196参照)にとっては必須となる学問といえよう。

☑ スポーツバイオメカニクス

スポーツにおける身体運動を，生理学や物理学的知識を基にして研究を行うスポーツ科学のことをいう。

研究は，さまざまな一流選手の身体運動を計測することによって行われる。運動計測はビデオカメラやセンサーなどによって行われ，計測結果は物理学を用いて解析される。これにより，運動のメカニズムを探究し，効率よい運動への改善，新たな運動の創造を行う

ことが最終目的であるとされる。これ
までの成果として，短距離走で速く走
るためには，単に足を高く上げるので
はなく，足を速く上げることが重要で
あることが明らかにされている。

☑ スポーツ基本法

スポーツに関する内容を定めた法律
で，2011年8月より施行された。この
中で，スポーツはすべての人の権利で
あるとし，基本理念や国・地方公共団
体の責務，スポーツ団体の努力，スポー
ツ施策の基本が定められている。

1961年に制定されたスポーツ振興法
を全面改正した法律である。その目的
は，国家戦略としてスポーツ立国を目
指すための施策の実現，ならびに時代
の変化によってスポーツを楽しむ層が
拡大したことを受けて，学校教育を基
にスポーツの普及を目指していたス
ポーツ振興法の最適化を図ることで
あった。それにより，スポーツ振興法
には触れられていなかった，障害者ス
ポーツの推進，プロスポーツの振興な
どが盛り込まれるようになった。

☑ スポーツ政策

これまで，スポーツ振興を目的とし
たさまざまな政策がとられてきた。

その中の1つである総合型地域ス
ポーツクラブとは，地域住民が学校や
公共施設を利用して運営するスポーツ
クラブのことで，生涯スポーツを目的
として1995年より実施されてきた政策
である。全国の各市町村での設置を目
標としているが，指導者不足や認知度
の低さにより，未だ実現できていない。

また，1946年より毎年開催されてい
る国民体育大会(国体)は，競技スポー
ツの選手育成や地域のスポーツ施設建
設への貢献など，スポーツ政策として
重要な役割を果たしている。

一方，2011年に施行されたスポーツ
基本法や2015年に設置されたスポーツ
庁により，新たなスポーツ政策が実施，
考案されることとなった。2020年度の
文部科学省スポーツ庁予算は，過去最
高の351億円となり，内訳の1つとし
て東京オリンピック・パラリンピック
のメダル獲得に向けたトップアスリー
トの支援が政策として盛り込まれた。

ほかにも引退後のトップアスリート
を総合型地域スポーツクラブに配置す
るという政策がある。これは選手達の
選択肢を増やすとともに，地域スポー
ツの活性化につながるのではと期待さ
れている。

☑ スポーツ教育

スポーツを体系化し，知識あるいは
技能として身に付けさせる教育のこと
をいう。体育の授業中で行われるほか，

公共・民間施設などにおいても，生涯学習の一環としてさまざまなスポーツ教育が実施されている。

なお，体育とはスポーツや武道などを通して心身の成長を促す，あるいは促すべく指導を行うものであり，小学校の教科として定められている。一方，保健体育とは，中学校と高等学校の普通教育の教科であり，運動を通して資質や能力・体力を養うという体育分野と，健康や安全の保持という保健分野を総合的に学習するものである。

☑ 運動技能の上達過程

運動技能とは身体運動を繰り返し練習することにより身に付く技能のことであるが，その上達過程はいくつかの段階に分かれる。

一般的には，初期においては意欲的に学習されやすいものの，動作は失敗が多い試行錯誤の段階，部分的に意識することにより成功する意図的な調節の段階，そして運動が確実に行えるようになる自動化の段階の3段階を経ることが多いとされる。

一方，上達が一時的に止まり，技能が停滞することをプラトーと呼び，一定レベルまで上達した技能が低下することをスランプと呼ぶ。プラトーは練習を継続することで再び技能の上達が

見られるが，スランプはその要因を明らかにし，それを解決しないことには上達は難しい。

☑ 体力・運動能力調査

文部科学省が行う国民の運動能力に関する調査（通称スポーツテスト）は1964年から毎年実施されている。1999年にテスト種目が改定され，新しいスポーツテストになった（通称新体力テスト）。新体力テストは，旧テストから継承された6項目（50m走・握力・反復横とび・ソフトボール投げ・立ち幅とび・持久走）と，新規採用の3項目（上体起こし・長座体前屈・20mシャトルラン）からなる。

青少年（6歳から19歳）については，水準が高かった1985年頃と比べると，握力・50m走・持久走（中学生以上）・立ち幅とび（旧テストでは小学校低学年のみ。新テストでは全対象者に拡大）・ハンドボール投げ（小学生はソフトボール投げ）が低い水準となっている（中学生男子の50m走とハンドボール投げを除く）。一方，反復横とびについては向上傾向にある。なお，新体力テスト施行後は，ほとんどの項目が横ばいか，またはわずかな向上傾向にある。

答案例

問題 競技スポーツにおけるトレーニングについて，あなたの考えを述べよ。

600字以内

模範回答 競技スポーツにおけるスポーツトレーニングは，競技者が最高の成績をあげることを目的として行われる。トレーニングを通して競技者の能力や知識を向上させられるので，競技者にとってなくてはならないものである。

(以上，第1段落)

こうしたトレーニングは競技力の向上と怪我の予防のために行われる。前者については，フィジカルトレーニングの継続によって筋力などの基礎体力を効果的に高め，より高度な技術や戦術を得ることが可能となる。また，メンタルトレーニングによって心理的なスキルを得て，セルフコントロールも可能になる。後者については，基礎体力を高めてエネルギー消耗を減らす効果，外部からの衝撃を緩和する効果などが期待できる。つまり，最高の成績を収めるために必要な競技能力を得るためにスポーツトレーニングは必要なのである。 (以上，第2段落)

トレーニングを実施する際には生物学的な原則をふまえて，機能を向上させる必要がある。そのことにより事故の予防や，効果の低いトレーニングで労力を無駄にすることが防げる。競技力を維持してさらなる向上を目指し，最高の成績をあげるためにも，スポーツトレーニングで競技者に必要な身体能力や心理的スキルを身につけることは必要だ。

(以上，第3段落)

解説 第1段落：意見の提示…スポーツトレーニングは競技者にとってなくてはならないものであることを主張している。
第2段落：理由説明…スポーツトレーニングによって競技力の向上と怪我の防止の効果が期待できることを，その理由として挙げている。
第3段落：意見の再提示…スポーツトレーニングは生物学的な原則をふまえて行う必要があることを述べている。

4 国際関係

　昨今では，国や地域の境界を越えた地球規模での人の交流や移動，物・資本・情報などのやり取りが行われる，いわゆるグローバル化が進んでいる。こうしたグローバル化が原因となって，国際間の紛争やさまざまな問題が発生することがある。そのことに関連した小論文は，外国語や外国文学に関係した学部を中心に幅広い学科で出題されている。

　ここでは，その中でも出題頻度が高い4テーマについて，解説する。

取り扱うテーマ

> 異文化理解

> 経済のグローバル化

> 途上国の貧困問題

> 武力紛争

異文化理解

定義

そもそも文化とは，人間が社会の一員として得てきた能力や習慣（知識・芸術・道徳・法律・慣行など）を総合したものを指す。よって人々はそれぞれ，所属している社会により異なる文化を持っているといえる。異文化理解とは，自分が持っている文化やそれに基づいた思考だけにこだわらず，ほかの人が持っている文化や思考をも受け入れることであるといえる。

必要性

国や地域には，それぞれ伝統的に守られてきた習慣や価値観がある。我々はこうした文化のなかで育ち，それらを思考や行動のもととして生きている。そのため，自分とは異なる文化に出会った時，自分の文化が最も正しいと考える傾向が強すぎると，他文化を否定したり，低く評価したりする態度をとることがある（自文化中心主義，エスノセントリズム）。ヘイトスピーチ（個人や集団を攻撃，脅迫，侮辱し，他者を扇動する言動）に至ることもある。しかし，どの文化もその国や地域の歴史のなかで築き上げられたものであり，そもそも優劣など存在しない（文化相対主義）。

異文化を正しく理解しようとする姿勢は，自文化と他文化を対等な立場で捉えることにほかならず，他人そのものの理解にもつながる。そのことはまた，自文化中心主義によって起こる摩擦や対立，紛争などを防止する役割を担うのはもちろんのこと，国際間の接触や協力を円滑に行うことができるという利点もある。さらに，他文化と比較しながら自分の文化の特徴を再認識できるといったことも，異文化理解が必要だといわれる理由の一つでもある。

必要性の背景

最近になって，異文化理解がより一層求められるようになった。それは，

グローバル化（p.213参照）とインターネットの普及によるところが大きい。

　例えば，日本人の出国者数は年間約1895万人，日本を訪れた外国人入国者数は年間約3119万人である。これらの数を10年前と比べると，前者は2割程度の増加，後者は約3.7倍となっており，日本への入国者数が大きく増加している傾向にある。一方，在留外国人の総数は約273万人，海外の在留邦人の総数は135万人程度である。これらの数も10年前と比べると，どちらも3割程度増えている（2018年現在）。

　こうした傾向はひとえに，グローバル化が進み，国内外へのアクセスが容易になったからだといえる。その結果，日本国内にいてもさまざまな国の人と接触する機会が格段に多くなってきたが，外国人との接触の機会が増えるほど，異文化と接触する機会も増えるのは当然のことである。

対応策・解決策

　異文化に対する否定的な態度は，多くの場合，偏見や先入観，あるいは異文化に対する安易なステレオタイプ化（p.17参照）によって起こるといえる。したがって，こうした異文化理解の障害となる自文化中心主義を排除することがまず必要だ。そのうえで，文化を概念的に理解しようとするだけでなく，共感的な態度をもって接することが何よりも求められる。

　そのためには，興味や好奇心だけで異文化を捉えようとしてはいけない。それでは，表面的な理解にしかつながらないからである。とはいえ，我々が異文化をその文化圏に住む人と同レベルまで理解することはとうてい無理である。そのため我々にできることは，自文化と他文化が対立することを恐れずに，互いの文化の類似点や相違点を真正面から捉え，時には想像力を働かせながら，少しずつ理解を深めていく努力をすることが必要なのではないか。

　ただし，このことは異文化をすべて受け入れることを求めているわけではない。なかには，人道的に許し難い非倫理的な文化も存在する。こうした文化に対しては，まずはできるかぎり正しく理解して誤解を排除し，そのうえで他者が自己と異なる存在であることを認める態度が求められる。その文化を認めるか，否定するかを個々人が判断するためには，まずはそ

の異文化の全体像を理解することが必要なのである。

　もちろん互いに共感するレベルまで達することができれば，それに越したことはない。もし相手がそうした共感の姿勢を持たなかったり，我々の文化を否定したり誤解したりしているのであれば，愛すべき隣人として注意や指摘をすることも時には必要だろう。もちろん，逆の立場でも同様で，注意や指摘を真摯(しんし)に受け止める態度が求められる。

👍 小論文にする時のポイント

　入試では，
① 自文化中心主義の問題点
② 異文化と接する際に発生しやすい問題点
③ 異文化を理解する時に必要なこと
の3点がおもに問われる。

　①や②を論じる時には，自文化中心主義の定義を理解しておくことはもちろんのこと，それによって時として摩擦や対立，紛争などの原因となることが事例とともに説明できるとよいだろう。③は文化相対主義を肯定する立場から論じることが望ましい。ただし，人道主義の視点から考えれば，非倫理的な習慣については批判的に論ぜざるを得ないが，すべての文化を無条件に認めるべきだといった展開にはせず，「自己とは異なる存在としての他人を認めるわけであり，他文化のすべてを認めるわけではない」といった視点で論じておきたい。

📝 過去の入試問題例

例 日本とドイツの生活空間認識の違いについて述べた文章を読み，この文章の議論をふまえた上で，異文化理解の際にどのような困難が生じるか，そしてその克服には何が必要か，具体例を挙げて論じよ。　　　　　(宇都宮大・国際学部)

例 開国以来の日本人は西欧文化との融合を意識して取り込もうとしたが，異文化に対する無知により，うまく達成できなかったことについて述べた文章を読み，筆者が言うように，異文化との「融合」が困難なものであるならば，「自

我分裂」を避けながら国際理解をすすめるためにはどのような点に気をつけるべきか。あなたの考えを述べよ。　　　　（立教大・異文化コミュニケーション学部）

4
国際関係

[例]　宗教問題において互いを尊重し合い，寛容することについて述べた新聞記事を読み，日本の宗教文化の特質をふまえながら，異文化間の相互理解についてあなたの意見を自由に論じよ。但し，次のキーワードを5語以上用いよ。

「グローバル化，寛容，宗教的対立，伝統，発信，受信，文化，共生」

（関東学院大・文学部）

[例]　日本のクジラ漁・イルカ漁は，知能の高い動物を殺戮（さつりく）する野蛮な行為として西欧諸国から批判を浴びているが，日本の漁業関係者をはじめ一般の人々のなかには，日本の「伝統文化」であるとしてこれを正当化する主張が広く見られる。この事例を踏まえて，ある国や地域における「伝統文化」に対する海外からの批判と，これに対する「伝統文化」の保有者側からの反発という問題が起こる原因や背景は何なのか，そして，このような問題にどう対処するべきかあなたの考えをまとめよ。　　　　（神戸市外国語大・外国語学部）

[例]　今日のグローバル社会において，ビジネスを成功させるためには何が必要かについて述べた英文を読み，異文化理解についてあなたの意見を述べよ。

（学習院大・文学部）

[例]　文化におけるコミュニケーションについて述べた文章を読み，本文で書かれた以外の事例を挙げ，文化理解における「象徴」の重要性について論じよ。

（熊本大・文学部）

[例]　異文化の受容は伝統文化の衰退を招くという考え方がある。あなたはそれについてどのように考えるか。具体例を挙げながら論じよ。　　　　（東洋大・文学部）

🔑 関連キーワード

☑ 文　化

　人間の手によって作られた有形，無形の様式を総称したものをいう。国家・宗教・言語・風習・民族などによって異なり，その文化を構成する人々によって共有され，伝承されることで発展する。また，芸術・哲学・学問・道徳などの精神的活動のほか，それらによって作り出された有形，無形のものも文化である。

なお，学問研究の発展や技術革新によって生み出される物質的な面での進歩は文明と呼ばれ，文化とは区別して用いられる。

☑基層文化，表層文化

基層文化とは，その文化の基盤を構成し，伝承によって伝えられる日常的な文化のことをいう。一方，表層文化とは，芸術や学問などの高度な創造活動によって生み出されるものをいう。例えば，生活様式や風習，信仰などは基層文化であり，芸術家や研究者，宗教家などによってもたらされるものが表層文化である。

基層文化と表層文化は互いに作用し，影響し合うものだとされる。また，民俗学や文化人類学は基層文化を，歴史学は表層文化をそれぞれ研究対象としている。

☑非言語コミュニケーション

言葉以外の要素を用いたコミュニケーションのことをいう。具体的には表情・目線・仕草・声のトーンや話すスピード・姿勢などのほかに，服装や髪型・匂いなども該当する。

コミュニケーションをとる時には言語によるものだけでなく，非言語の要素も情報として互いに伝達し合っており，時には話す内容よりも，非言語コミュニケーションの方が重要となることもある。例えば，メラビアンの法則というものがあるが，これは初対面の場合，相手に与える印象に影響するのは，言語によるものは1割弱に過ぎず，9割以上が外見や声質，話し方などの非言語コミュニケーションであるというものである。

☑ユーモア

会話や文章などにおいて，相手の気持ちを和ませるような表現を総称したものをいう。駄洒落やギャグ，ジョークなどはユーモアの一種である。17世紀頃のイギリスで発達した。適度なユーモアはコミュニケーションを円滑に行うために有効であることから，今では世界中で用いられている。

ユーモアを理解するには，使う側との共通認識や同一価値観が必要である。これが異なるとつまらなく感じたり，時には不愉快に感じたりすることにつながる。そんなこともあって，異文化間でユーモアを理解するのは困難を伴う場合が多い。

一方，一般的な常識に逆らった皮肉や笑いはブラックユーモアと呼ばれるが，時としてユーモアと捉える人よりも不快なものとして捉える人の割合が多くなることが知られている。

☑ 文化摩擦，カルチャーショック

文化摩擦とは，文化による価値観や風習などの違いによって引き起こされる衝突のことを指す。多くは性別間・世代間・地域間や価値観が違う個人の間などで起こる。一方，カルチャーショックとは，自己とは異なる考え方や習慣，文化などに触れた時に起こる動揺や衝撃のことをいう。こちらは主として異国の文化に触れた際に起こる。

例えば，自国では食用としないものが他国では日常的に食べられている場合，そのことによって衝突が起これば文化摩擦であり，自分の精神的動揺だけにとどまる場合はカルチャーショックとなる。

☑ マイノリティ

全体に照らして見た時，少数であるグループやそこに属する人のことをいう。ただ単に数が小さいことを指すことのほかに，社会的，あるいは政治的な弱者を指してマイノリティと呼ぶ場合もある。

具体的には，少数民族や信者の少ない宗教の宗徒，移民や自国内に居住する外国籍を持つ人などのほかに，障害者などもマイノリティである。一方で，ラテンアメリカや南アフリカ共和国の白人のように，数量的には少数派であってもマイノリティとならない例も

ある。

なお，マイノリティの対義語はマジョリティである。

☑ 文化融合

異なる文化同士を融合させ，新しい文化を作り出すことをいう。有名な例は，紀元前300年頃のギリシャ文化とオリエント文化が融合してできたヘレニズム文化や，ヨーロッパの植民地支配による現地文化とヨーロッパ文化の融合などがある。

日本においても文化融合は多く見られる。例えば，外来語の使用などの言語面や，中国由来のラーメンが独自の変化を遂げて定着したような食文化の面での例などがある。

☑ 多文化共生社会

多文化共生社会とは，国籍や民族などによる異なる文化を認め合い，互いに支え合う関係性を築くことを通して，ともに生きていこうとする社会のことである。

日本においては2006年に総務省が「多文化共生の推進に関する研究会報告書」を発表し，日本に在住する外国人との多文化共生社会を推進する方向性を示した。

似たような言葉に多文化主義とか，文化的多元主義というのがある。多文

化主義とは，一つの国や地域において人種や民族による文化の多様性を認め，法律や政策などで積極的に支援しようとする考え方のことである。一方，文化的多元主義とは，文化の多様性を認める点では多文化主義と同じであるが，現行の法律や政策に抵触しない範囲内での許容としている点で異なる。

☑ エスノナショナリズム

一つの国や地域のなかに存在する民族（エスニック）集団が，自らの利益を求めて活動することをいう。一部の集団は実際に国家からの独立を主張するが，2002年に起こったインドネシアからの東ティモール独立などはその例である。最近ではロシア連邦のチェチェン共和国，中国のウイグル，チベットの両自治区などの独立運動の例などがある。

エスノナショナリズムは1980年代後半より急速に広まったとされるが，その背景としては，ソビエト連邦の解体による冷戦体制の終結，ならびに世界のグローバル化が進んだことで各民族の意識を刺激したことなどが挙げられている。

☑ 日本人と外国人とのトラブル

日本に在住する外国人の数は年々増加し，2018年では約273万人が日本で生活していると総務省が発表している。彼らの増加に伴い，日本人との間でのトラブルも多く見られるようになった。最も大きな問題は外国人による犯罪で，警察庁によると，2018年における来日外国人の検挙件数は約1万6000件という。そのため，外国人とトラブルをセットで結びつけてしまう日本人も，少なからず存在する。また，騒音問題やそのほかの生活マナーの違いなど，文化の相違からトラブルとなるケースも見られる。

☑ 捕鯨問題

クジラの捕獲の是非を巡る国際的な論争のことをいう。かつては日本をはじめとして，世界の多くの国で商業目的とした捕鯨が行われていたが，乱獲によりクジラの生息数が激減したことを受け，1946年に国際捕鯨取締条約が締結された。それを受けて1948年には国際捕鯨委員会（IWC）が発足し，現在88か国が加盟している。日本は2019年に脱退した。

先住民の人たちのほか，長い捕鯨の歴史を持つ日本・ノルウェー・カナダなどの国々は捕鯨賛成国であるが，カナダや日本はすでに脱退しており，現在は，アメリカ・オーストラリアのほか，ヨーロッパ諸国などの捕鯨反対国の数が賛成国の数を上回っている。

反対理由として，生態系の保護や動物愛護を挙げているが，なかにはグリーンピースやシーシェパードのように，捕鯨賛成国に対して直接的な攻撃を仕掛ける団体も存在し，外交問題に発展しかねない妨害行為もある。

☑ 国際捕鯨委員会(IWC)脱退

捕鯨賛成の立場を取る日本は，2018年の国際捕鯨委員会総会で，鯨類の保護・持続的利用の両立と立場の異なる加盟国の共存を訴える改革案を提案したが否決された。その後，日本は2019年に国際捕鯨委員会を脱退し，排他的経済水域での商業捕鯨を再開した。今後，反捕鯨国からの批判が強まることが懸念される。

☑ 靖国神社問題

東京・九段の靖国神社へ，内閣総理大臣をはじめとした公職者が参拝することの是非に対する論争のことをいう。

そもそも靖国神社とは，戦死者を弔うことを目的として1869年に創建された社が前身となっている神社である。第二次世界大戦後は，大戦に伴う一般の戦死者だけでなく，いわゆるA級戦犯と呼ばれている人々が合祀されていることが背景として存在する。

論争内容として挙げられるのは，主として政教分離と戦争責任に関してで

ある。日本国憲法には政教分離の原則が掲げられていることから，国務大臣などが靖国神社を参拝するのは違憲であるとする議論のほかに，公的私的を問わず，公職者がA級戦犯を祀っている靖国神社に参拝することは戦争責任にかかわる問題に抵触するとして，中国・韓国においては外交問題にまで発展している。

☑ 歴史教科書問題

歴史教科書の記述内容や歴史認識を巡って関係諸国間に存在する問題のことをいう。

日本においては韓国ならびに中国との間で，主として第二次世界大戦時の進出や軍事施策に対する記述内容や認識の違いがあり，それに関係した歴史教科書の記述内容が外交問題にまで発展している。しかし，日本にはいくつかの出版社によって発行される，いずれも検定を受けた内容の異なる複数の教科書が存在するのであり，どの教科書を使うかの採択は各自治体に委ねられている現実がある。そんななか，韓国や中国は特定の教科書を指して批判していることから，彼らの言及内容をそのまま受け入れることに対して異議を唱える向きもある。

一方，韓国や中国では，それぞれの国の歴史教科書によって反日感情を助

長するような記述を少なからず行っている事実もあり，それに関して日本政府は声明を発表していないことから，現状のままでは相互理解が進みにくいとの指摘もある。

☑ステレオタイプ

世間で広く浸透している固定イメージやパターン，物事の考え方などのことをいう。(p.17も参照)

メディアや他人の意見をそのまま受け入れることにより，客観的事実を欠く表現や言動が多く見られる。例えば，血液型がA型の人は几帳面であるとか，O型の人はおおらかであるなどといった血液型による性格判断などはその典型的な例である。

このようなステレオタイプは異文化に対しても少なからず存在し，時として，それが異文化理解の妨げになったり，偏見や差別などに繋がる場合もある。特に戦時下や緊迫した情勢下においては，敵国に対する各種のステレオタイプが生まれやすく，その存在が状況の解決を遅らせる原因の一つとなることが多い。

☑文化相対主義，倫理相対主義

すべての文化はそれぞれ固有の背景を持ち，対等かつ価値のあるもので，そこに優劣や善悪は存在しないとする考え方を文化相対主義という。

19世紀中頃までの欧米諸国では，西欧的基準が絶対であると考え，それ以外のものを遅れた，あるいは劣ったものだとしていた。しかし19世紀後半になると他文化にも優れている部分があり，それらは劣っているのではなく異なるだけだという主張が人類学の中で起こり，その考え方が文化相対主義となり，政治などの他分野へ波及したという経緯がある。

また，文化相対主義と似たような考え方に倫理相対主義がある。これは，正しい道徳や倫理の内容は，時代・文化・社会・人によって異なるとする考え方である。

☑イスラム圏における人権侵害

イスラム教には，シャリーアと呼ばれる厳格なイスラム法があり，イスラム教徒にはこのシャリーアが適用される。しかし，シャリーアの定める掟や決まりには人権侵害的な要素が多分にあり，国際社会から強く批判されている。具体的には，棄教者や他宗教の信者と結婚したイスラム女性は死刑になるなどの非人道的な刑罰，非イスラム教徒への差別政策，ムタワと呼ばれる宗教警察によるシャリーアに基づいた取締り，女性蔑視などが挙げられる。

☑ 人道主義，博愛主義

人間愛の観点から，あらゆる区別を超えて人類全体の福祉を目指す思想のことを人道主義という。また，人種，性別，宗教，文化などの枠を超え，人類は相愛して協力すべきとする思想を博愛主義という。

これらはヒューマニズムと混同されることもある。しかし，ヒューマニズムとは人間尊重，人間を中心とする考え方のことで，ルネサンス期における教会主義から脱却した人間尊重を指したり，自然環境は人間に利用されるために存在するといった考え方を指したりすることから，両者は区別される必要がある。

答案例

問題 異文化と接する際に生じる問題点について，あなたの意見を述べよ。

600字以内

模範回答 国や地域には，それぞれ伝統的に守られてきた習慣や価値観がある。我々はこうした文化のなかで育ち，それらをもとに生きている。そのためほかの文化に出会った時，自らの文化が最も正しいと考える傾向にあり，他文化を否定したり，低く評価したりする態度をとることさえある。こうした自文化中心主義的な態度は，異文化を持つ人々を虐げ，軋轢を生む要因となる。(以上，第1段落)

例えば，インド人は料理を手で食べるが，それはインド人の味覚は指にもあり，触覚や温感覚も含めた総合的感覚で食物を味わうためだという。こうしたことを理解しないと，不衛生で野蛮な文化と映る。つまり，表面的に捉えることは，異文化を批判的に捉えることにつながり，真に理解しているとはいえない。こうした誤解は文化摩擦や対立，紛争の要因ともなりかねず，異文化に対する偏見や先入観，安易なステレオタイプ化は，異文化理解の障害物でしかない。

(以上，第2段落)

よって，まずは自文化中心主義から脱することが必要だ。その一方で，我々は異文化をその文化圏に住む人と同レベルまで理解することはできないことも自覚すべきだ。そのため，対立を恐れず，互いの文化の相違点や類似点を真正面から捉え，時には想像力も交えて，理解に向けた努力をすることが必要なのではないか。

(以上，第3段落)

解説　第1段落：意見の提示…異文化と接する時，自文化中心的な態度を取りやすいことが問題であると主張している。

第2段落：理由説明…自文化中心的な態度は異文化理解を妨げるだけでなく，軋轢や摩擦，対立や紛争の要因になることがあると説明している。

第3段落：意見の再提示…異文化理解には自文化中心主義からの脱却とともに，異文化を理解する努力が欠かせないことを論じている。

経済のグローバル化

定義

　グローバル化とは，国や地域の境界を越えて，地球規模（グローバル）で人の交流や移動，物・資本・情報などのやり取りが行われることを指す。この言葉は社会・文化・環境などさまざまな分野で用いられるが，ここでは経済のグローバル化に的を絞って解説する。

　経済のグローバル化は企業活動の効率化を生む。具体的には，

① 商圏の拡大による利益の増加の見込み　国内市場に固執するより，海外市場を念頭に置けば商圏が広がり，より大きな利益が見込める。

② コストの削減　地球規模の経済が実現できるばかりでなく，コストを抑えた設備投資や備品の調達ができ，研究開発コストも削減できる。

③ 自社製品のライフサイクルの拡大　ある地域で製品が売れなくなっても，別の地域で売れる可能性がある。

④ リスクの分散　特定の市場への依存率を低下させることができる。

などが挙げられる。

　また，富の再配分が世界規模で広まったり，国際的な分業(p.220参照)が進んだりするので，経済の活性化にもつながるといわれている。

問題点

　経済のグローバル化に伴って，

① 国際的な二極化(p.220参照)

② 底辺への競争(p.221参照)

③ 経済危機の連鎖

④ 文化・経済・言語の多様性の否定

などが起こることが問題である。

　①は企業の効率化の動きによって起こる。例えば，企業が労働力や資源が安価な国へと生産拠点を移してコストを削減しつつ，グローバル化に

よってスケールメリット（p.221参照）を得ることができれば，その企業は優位に立てる。その一方で，国内にしか生産拠点を持てない企業は価格面や市場の大きさで対抗できず，衰退する恐れがある。それに加え，グローバル化によって多国籍企業が台頭し，世界経済を支配するようになっている。その結果，国が企業を制御する能力が弱まっており，さらに二極化を加速させる要因となっている。

　②も，厳しい競争と企業の効率化によって起こる。激しい競争に耐えるために，生産拠点を海外に移したり，安価な賃金ですむ労働者を海外から集めたりする企業が増えると，産業が空洞化（p.221参照）するとともに，国内の失業者の増加や労働賃金の低下など，労働環境の悪化につながる恐れがある。確かにこうした問題に対しては，例えば国が適切に規制を緩和したり，法人税率や社会保障費の企業負担分を減らしたりする措置を講じれば，対処はできる。しかし，過度に税率を下げる措置を行ったり，必要な規制までも緩和したりすると，社会福祉の水準を低下させたり，労働環境のさらなる悪化を引き起こしたりするほか，自然環境の悪化を招いたりすることもある。

　③は，一企業がさまざまな国で経済活動をするようになったこと，投資家が国境を越えて投資活動が行える環境が整ったことなどが要因となる。2007年に発生したアメリカのサブプライムローン問題（p.223参照）をきっかけに起こった世界同時不況などはその一例である。一企業や一国の経済破綻が世界中に影響を与えることが普通に見られるようになった。

　④は，他国の経済・文化・言語が世界規模で流通するようになったことで起こる。他国との交流に伴って他国の文化が流入するが，それによって自国の文化が変容することがある。もちろん，自他の文化が融合し，新たな文化を生むこともある。しかしながら，その流入が政府の都合や企業の論理によって行われ，結果的に他国の文化が押し付けられることもある。そうした時，自国の文化を尊重するあまり，他国の文化を排除しようとする態度や行動が起こりがちである。なぜなら，こうした状況下にある人々は，文化の均一化によって自国の経済・文化・言語が破壊されることに抵抗するからである。その結果，文化の多様性が否定される恐れがある。例

えば，アメリカ式の政治・経済政策が強力に推し進められた結果，アメリカ文化および英語が他国に輸出され，アメリカ文化を受け入れた国々は発展し，定着したという事例がある。こうした現状はアメリカナイゼーションといわれているが，自国の経済・文化・言語が失われることを理由に，世界各国で非難の対象になっている現実もある。

4
国際関係

問題点の背景

　経済のグローバル化が進む背景には，国内需要の低迷が挙げられる。例えば日本では高度経済成長期，バブル期を経て，経済の成熟度が増してきた。その過程で産業が発展するとともに消費者の欲求が次第に満たされ，人々の生活が豊かになっていた。しかし，多くの人が豊かな生活を享受できるようになった現在では，かえって切実なニーズを失いつつある。こうした状況下では消費活動はむしろ低迷し，経済成長は鈍化することになる。このように国内の需要が拡大しにくい状況下では，資本を持つ人や企業は開発途上国に新たな市場を開拓しようと試みる。特に日本はもともと国内市場が小さいため，より積極的に海外進出を試みるのである。

対応策・解決策

　経済のグローバル化の進展には問題が多いものの，この流れは今後も続くであろうし，その流れを止めるような方策は現実的ではない。また，インターネットの発達などによって市場の規模が急速に拡大しており，企業側は世界を一つの市場として捉えて戦略を練らなければならないという事情もある。したがって，企業の国際展開を推進し，できるかぎりわが国の企業活動が有利に展開できるように支援する必要がある。そのためには，国際競争に打ち勝つことができるだけの環境を整える必要があるが，その主体は海外展開・貿易・取引の円滑化であろう。具体的には，海外市場での販路を開拓するための支援，海外企業とのマッチング，海外で売れる製品の開発，海外で活躍できる人材の育成などが挙げられる。

　一方，経済のグローバル化によって弱者が生まれたり，自文化を破壊したりするという事態も避けられない。よって，必要に応じてわが国の産業

や労働者を保護するためのセーフティネットを張る必要がある。

産業や労働者の保護という観点では，**資本主義の行きすぎを修正する方策**であるが，具体的には，労働者保護や国内企業の保護政策（p.224参照），保護貿易の推進（p.225参照）などが考えられる。しかし，こうした政策は**企業の競争力を低下させる原因**ともなるため，実施に際しては十分に検討されなければならない。例えば，保護政策は効率化を推進する経営を妨げる。また，保護貿易は結果的に効率を下げる（ナッシュ均衡）し，保護を受けない産業が損害を受ける。また，先進国がとった保護主義やブロック経済が第二次世界大戦の要因となったことを踏まえると，これらの施策を積極的に行うことが正しいかどうかは難しい判断だ。

一方，文化を保護するにあたっては，異文化理解（p.202参照）を促し，他文化を尊重する姿勢を育むことが大前提である。そのうえで，自文化の保護・振興・創造が必要である。最も重要なのは人材育成である。芸術文化を担う人を育て，長期的視点から文化を守ることが求められる。また，文化産業として成り立つ分野（映画・アニメ・ゲーム・コミック・音楽など）であれば，作品の輸出支援，著作権保護など，**コンテンツの創造や普及，海外への輸出を押し進めるための支援**が必要となる。ただし，自国の文化産業の保護など，保護主義的な政策を推進することはコンテンツの価格引き上げにつながり，価格競争力が失われる恐れがあるので，注意したい。他方，少数の人にしか支持されない芸術文化もある。こうした文化は産業化が難しく，コスト削減や効率重視のシステムといった市場経済に委ねた場合，文化の衰退・消滅につながる恐れがある。こうした文化を保護するためには，補助金の交付や規制措置の緩和，税制優遇など，公共政策を検討する必要があろう。

👍 小論文にする時のポイント

入試では，グローバル化の利点と問題点を指摘させる出題が多い。また，それを踏まえて，グローバル化を推進すべきか，抑制すべきか，いずれかの立場を選択させるという出題もある。こうした出題に際しては，一方的に利点ばかり，逆

に欠点ばかりを述べるなど，偏った指摘に終始することは好ましくない。推進・抑制いずれの立場で論じてもかまわないが，賛否両論についても指摘しておくことが望ましい。利点としては「効率化」，問題点としては「国際的な二極化」や「多様性の否定」といった点を指摘することになるであろう。

過去の入試問題例

例　私たちが社会とどのようにかかわるとよいかについて，ある人は「世界の一員である以上，広くグローバルな視野をもって世界の発展に貢献するのが当然である」と言う。一方で，ある人は「自分が生まれ育ったり居住していたりする地域や故郷の発展をまず第一に考えるべきである」と言う。これらの意見に対して，考えを述べよ。　　　　　　　　　　　　　　　　　（弘前大・教育学部）

例　グローバリゼーションの進展に伴い，日本の大衆文化が世界に広がっている現状について述べた新聞記事と，日本の大衆文化が受け入れられた要因について述べた談話を読み，日本の大衆文化が世界に広がっている現状について，あなたはどう思うか。二つの記事を参考にして，あなた自身の考えを述べよ。知っている実例をあげ，具体的に論じること。　　　　　　　　　　（宇都宮大・国際学部）

例　グローバリゼーションのメリットとデメリットについて，具体例をあげてあなたの意見を述べよ。　　　　　　　　　　　　　　　　　（日本大・国際関係学部）

例　グローバル時代だからこそ人間の幸せとは何かを考えつづけなければならないと述べた文章を読み，グローバル時代の幸せとは何かについて，考えるところを述べよ。　　　　　　　　　　　　　　　　　　　　　　　（名城大・人間学部）

例　課題図書『風土』（和辻哲郎）を読み，まず，その方法と内容についてまとめ，次に，その理論の独創的な点と問題点を指摘せよ。そのうえで，今日，国際社会を席巻するグローバリゼーションやグローバリズムに対して，和辻風土論がその対抗理論になりうるとしたら，いかなる点に求められるべきか論じよ。

（広島大・文学部）

例　私たちの世界は，さまざまな面でグローバル化しつつある。グローバル化は，私たちの思考や行動にどのような影響を及ぼしているのだろうか。グローバル化がもたらす功罪について，具体的に論じよ。　　　　　　　　（鹿児島大・法文学部）

☑ コスモポリタニズム

民族や国家を超えて，人間が平等な立場で一つの共同体に所属するという思想のことをいう。世界主義や世界市民主義といわれることもある。古代ギリシャの哲学者ディオゲネスによって提唱された。

現在においては，一つの国家内では解決できなくなった環境，貧困などの問題に対して，世界市民の一員として対応することが必要であるという観点のもとで，コスモポリタニズムが語られることが多い。コスモポリタニズムの発展的なものとして，人種や言語を超えた国家を目指す世界国家構想が挙げられる。

なお，コスモポリタニズムを支持する人はコスモポリタンと呼ばれる。

☑ 外国人労働者や移民の受け入れ

他国から受け入れた労働者が外国人労働者である。また，他国から自国へ移り住む人を移民と呼ぶ。

さまざまな面でグローバル化が進む今日では，外国人労働者や移民を受け入れ，自国内の働き手とする例が多く見られるようになった。労働者を送り出す側にとっては優秀な人材の流出につながり，また受ける側にとっては犯罪の増加や社会保障面での問題が生じるほか，自国民の雇用機会の減少につながるとされるなど，課題も多い。

出生率の低下に伴い労働力が減少傾向にある日本においては，製造業を中心とした非熟練労働の分野において，外国人労働者の受け入れが多く見られる。また，深刻な労働力不足に悩む看護や介護分野においては，看護師や介護福祉士の国家資格を取得して日本国内で働くことを目的として，インドネシアやフィリピンとの経済連携協定（EPA）に基づき，2008年より外国人労働者の受け入れを開始している。

☑ 食料自給率

国内で消費される食料のうち，国内産の農産物がどの程度を占めているかを表す指標のことをいう。これには，国民1人・1日あたりの国産農作物熱量を，国民1人・1日あたりの供給食料熱量で割ったカロリーベース総合食料自給率と，生産額ベース総合食料自給率の2つがある。

日本における食料自給率は，2018年度のカロリーベースにおいてはわずか37％ほどである。1965年は73％もあったが，そこから大きく減少した大きな要因は，日本における食生活の洋風化

に伴い自給率の高い米の消費が落ち込み，代わりに自給率の低い畜産物が多く食べられるようになったことが挙げられる。そのほかにも，冷凍食品などの加工食品の利用や外食機会の増加に伴い，従来程度の国内生産では消費を賄えないので，やむなく輸入している食料が増えているという要因もある。

☑ 難 民

人種・宗教・民族・政治的信条などによって迫害されたり，迫害を受ける恐れがあることのほかに，貧困や飢餓から逃れるために他国へ逃れた人のことをいう。有史以来難民は存在していたが，特に第一次世界大戦後，ロシア革命やトルコ帝国の崩壊によりその数が大幅に増え，第二次世界大戦によりさらに深刻化した。現在でも，シリアやアフガニスタンの難民をはじめとして，世界各地に約2600万人もの難民がいるとされている(2018年現在)。

国際問題となった難民に対処することを目的として，1951年7月に難民の地位に関する条約が採択され，また，この条約を補足するために1967年難民の地位に関する議定書が採択された。この2つをあわせて難民条約と呼んでいる。さらに，難民対処のための国際機関として1950年に国連難民高等弁務官事務所(UNHCR)が設立された。日

本においてもインドシナ難民などの受け入れを行っているが，その規模は他国と比べ小さい。

☑ 経済統合

関税や貿易規制，人的制限などを排除して市場経済の統合を図ることをいう。NAFTA（北米自由貿易協定）やEU（欧州連合）は，経済統合の一種である。

経済統合は，加盟国のみで貿易障壁を撤廃する自由貿易協定，制限の廃止だけでなく非加盟国からの輸入に共通関税をかける関税同盟，貿易制限や労働力・資本制限の撤廃を行う共同市場，共同市場を基礎とし，構成国で経済政策の調整もする経済同盟，経済だけでなく政治的統合まで行う完全な経済統合に分類される。

経済統合すれば，貿易の促進による経済効果のメリットだけでなく，構成国同士の関係の安定も望める。その一方で，域内の輸入増加による貿易転換によって自国生産性や競争力が阻害されたりする恐れがある。

☑ TPP

環太平洋地域の国々による経済の自由化を目指す経済連携協定のことで，正しくは環太平洋戦略的経済連携協定という。加盟国の間で取引される品目

に対して原則的に100%の関税撤廃を行い，加盟国の貿易障壁をなくすことを主眼としている。

TPPへの加盟により，関税撤廃によって貿易が拡大するという利点がある一方で，逆に輸入増加により自国産業への打撃が懸念されている。

2016年に参加12か国が署名したが，その翌年になってアメリカが離脱した。この協定はアメリカ抜きでは発効できないため，日本やメキシコ，オーストラリアなど，アメリカ以外の加盟11か国は2018年に新協定であるTPP11に署名した。

☑ 日本企業における英語の公用語化

日本企業において，日本語の代わりに英語を公用語とし，会議や報告などの日常業務を英語で行うことを目指す動きをいう。現在，楽天・ファーストリテイリング・シャープなどの企業で採用されている。

その背景としては，国内市場が縮小しているなか，海外市場へ進出するための国際的コミュニケーション能力の一環として英語の必要性が増していることが挙げられる。また，企業が海外進出していくなかで，現地での外国籍社員と円滑にコミュニケーションを取る必要性が生まれてきている点も，日本企業が英語を公用語化する理由である。しかし，英語を公用語化するために企業側がコストを要するだけでなく，慣れない英語を使用することで業務に支障が出る懸念もある。

☑ 国際的分業

生産条件に合致する製品を重点的に生産・輸出し，逆に合致しないものは輸入することによって，国家間で分業を行うことをいう。

日本の製造業は，国内での生産量が不足している原材料を輸入し，生産技術によって製品に作りかえて輸出するという形の国際的分業を採用しているといえる。この方式では，割安で生産できるものを輸出し，割高なものの生産を減らすことで，合理的かつ効率的な生産を行えることが利点として挙げられる。一方で，重点的な(つねに同種の)生産により産業を固定化させることになるが，そのことがひいては途上国と先進国の固定化につながるという欠点も指摘されている。

☑ 国際的な二極化

経済格差が，国内のみならず世界的に進展している状態のことをいう。

経済のグローバル化により雇用機会も世界規模化したことに伴い，かつては先進国や，その他の地域ではごく一部にしか存在しなかった富裕層が国際

的に増大する一方で，先進国では中流階級が貧困化したり，開発途上国においても富裕層や中流階級層と低所得者層との経済格差の拡大が目立ったりするようになってきた。高度成長期には「一億総中流」であった日本でも，非正規雇用者の増加に伴って低所得者層が拡大したことや，中国では富を手に入れた富裕層が先進国並みの生活をする一方で，地方の農村では公共インフラすら整っていない地域もあることなどが二極化の例として挙げられる。

☑ スケールメリット

規模が大きくなることで，得られる利点（メリット）が拡大することをいう。具体的には，一度に大量の商品や資材の仕入れを行うことで仕入れ価格を下げたり，業務内容や人材面などで分業化・集中化・専門化を図って作業効率を向上させたりすることをいう。

例えば，商品を大量生産することによって低価格で販売できるようになった場合は，スケールメリットが働いているといえる。一方で，規模が大きくなることにより，コミュニケーションの面で障害が出るなど，マイナス面が出ることもある。

☑ 底辺への競争

国内産業の育成や保護を目的として，減税や，労働・環境基準の緩和などを行うことで，税収減のために社会福祉の水準が低下したり，労働環境や自然環境の悪化を招いたりすることを，競争になぞらえて，底辺への競争と呼んでいる。

この背景には，自由貿易や経済のグローバル化とともに海外企業と競争する必要が生まれたことや，国際競争に勝てずに衰退する国内産業が生まれたことが挙げられる。しかし実際には，移転コストや関税などの問題が抑止力となり，底辺への競争はそれほど起こってはいない。

☑ 産業の空洞化

企業のうち，特に製造業を中心に生産拠点を海外に移すことにより，国内の同種の産業が衰退していく現象のことをいう。1985年のプラザ合意以降急速に円高傾向が強まり，日本企業が海外へ生産拠点を移していったこと，さらには90年代には世界の工場と呼ばれるようになった中国の台頭により，そのことがより一層盛んに議論されるようになった。

産業の空洞化は雇用機会の減少や技術の海外流出を招き，また経済成長を支える産業の欠落による国内経済の弱体化や，国内で生産拠点のあった地域の衰退を招くとの懸念がある。

☑ 規制緩和

　ある産業や事業にかかわるさまざまな制限を除去したり，緩和したりすることをいう。そのことによって，企業の活発な経済活動を促し，**市場や経済の活性化**を図ろうとするものである。

　日本においては，産業の育成や保護のために多種多様な規制があるが，その規制自体の必要性の低下のほか，諸外国からの圧力などにより，かなりの数の規制が緩和された。規制緩和のおもな例としては，かつてはNTTのみであった電話通信事業への新規企業の参入などが挙げられる。

☑ ゲーム理論

　一定の条件のもと，複数の行動主体が相互に影響し合う状況を研究する数学的経済学的理論のことをいう。他人の行動ならびに自己が他人に与える影響を考慮しつつ，利益が最大，あるいは損失が最小となる行動を求めることが分析内容となる。

　例えば，まったく同じ力を持つA国とB国が対立している時に，仮にA国がB国を攻撃し，B国が戦わなければA国が勝ってA国の利益となるが，B国がこれに応戦すれば共倒れとなってしまう。したがって，結果としてはともに攻撃はしないが，攻撃されれば応戦するという行動をとるのが最適であ

るという結論になる。

　また，ゲーム理論における最も有名な例の一つに，**囚人のジレンマ**というものがある。囚人A，Bが共同で犯罪を犯して捕まった時に，いずれもが自白しなければ共に2年の懲役とするが，どちらか一方が自白した時は自白した方を釈放し，他方を懲役10年とする。また，どちらも自白した場合は懲役5年とするという取引を，それぞれで話し合いをさせずに行った場合，囚人A，Bとも自白しないことが最適だが，現実には相手に裏切られることを恐れていずれもが自白してしまい，結果として双方が長期の懲役となるというものである。これは，自己の利益のみを考えると最適な状況を逃してしまうことを示す例である。

☑ 反グローバリズム

　経済の国際化に反対する社会運動の一種である。

　経済のグローバル化により，国際市場の活性化は図られたが，反面，多国籍企業が開発途上国に対する搾取を増大させ，先進国と開発途上国との間での貧富の格差が拡大している。さらに，先進国でも途上国の安価な人件費に対抗するために非正規雇用者を増やした結果，国民の間で貧富の差が拡大した。また，大規模な開発による環境破壊や，

異文化の流入による固有文化の破壊などで，結果として世界的に文化が画一化しつつある点も，反グローバリズムが芽生える背景となった。

☑サブプライムローン

アメリカ合衆国におけるサブプライム層（優良な顧客よりも下の層のこと）への住宅ローン商品のことをいう。信用が低い人に向けたローンであるために債務履行の信頼度は低いが，その分利率を高く設定している。

サブプライムローンは証券化され，世界中の金融商品に組み込まれていた。2000年前半までは住宅の価格が上昇していたので，これらを含む証券には高い評価が与えられていた。しかし，2007年頃から住宅価格が下落し，返済の延期を望む人が増加したこともあり，その金融商品の債務不履行の危険性が高まった。また，サブプライムローンによって事業を拡大したリーマンブラザーズ証券の損失処理に伴う株価低迷と倒産，それに付随したアメリカ政府の緊急経済安定化法（次項参照）の否決は世界中の投資家を失望させた。その結果，世界各地で株価が暴落し，世界的な金融危機を招いた。

☑緊急経済安定化法

サブプライムローン問題による金融不安に対処するために公的資金を注入し，金融機関の救済を定めたアメリカの連邦法で，2008年に制定された。

この法律では最大7000億ドルの税金を金融機関へ注入することが定められたが，自己責任の考え方が根付いているアメリカ国民の反感を買い，法案は下院で一旦否決された。だがこれにより，ニューヨーク証券取引所で平均株価が史上最大の下げ幅を記録し，同時に世界各国の株価暴落も招いたため，預金者保護の拡大や企業や個人の減税実施などの追加修正を盛り込み，ようやく可決された。

☑ボーダレス化

経済活動が国境（ボーダー）を越えて世界規模で広がり，企業活動の場が国際化している現象のことを指す言葉である。インターネットなどの情報技術や輸送手段の発達，企業の海外現地生産の拡大などにより，国際的な経済活動が従来よりも円滑に行えるようになったことが背景として存在する。

一方で，ボーダレス化が進むことにより，1つの国で発生した事案が他国へも波及する恐れがあるほか，巨大資本化した多国籍企業が自国に参入してくることで，自国の産業が対抗できずに衰退に追い込まれる可能性もある。

☑ 多国籍企業

複数の国に生産拠点として現地法人を置き，世界的に活動している大規模な企業のことをいう。代表的な多国籍企業に，アメリカのIT企業であるグーグル・アマゾン・フェイスブック・アップル（頭文字を取ってGAFAと呼ばれる）などがある。こうした巨大な企業は，市場に対する支配力が強く独占的になることや，市場となっている地域で課税されないことなどが問題となっている。

☑ 内需振興策

国内需要を拡大するためにとられる方策のことをいう。

現在の日本経済を支えているものは，製造業による輸出であるが，この外需への依存体質は，海外の金融危機や不況に影響を受けやすいという欠点がある。一方で，対応策としての内需振興策が実施されてはいたが，公共投資などの官需への依存度が大きく，民間主導の自発的な経済成長とはならなかったこともあって，新たな需要を生み出すような内需の拡大には至らなかった。少子高齢化が進み，人口も頭打ちとなっている今日のわが国においては，新たな振興策が必須となっている。

☑ 外資規制

国内企業に対する外国資本の流入に関する規制のことをいう。

現在日本においては外為法（外国為替及び外国貿易法）に基づき，直接投資の条約などがない国からの投資や，通信・放送・航空機・旅客運送などの一部の産業分野において，外国人による投資に対する規制が設けられている。外国資本の流入により海外企業が経営権を獲得したり，外資系企業として新規参入したりする場合があるが，その場合，資本の増加による利益拡大や地域の活性化，あるいは新たな雇用の創出をもたらすことがある反面，所得や技術の海外流出や，厳しい雇用調整による雇用不安などを招く可能性がある。

☑ 保護政策

自国の産業を保護する目的で行う経済政策のことをいう。関税率を上げることで輸入の制限をしたり，国内企業を税制面で優遇したりするなどの方策をとることにより，自国の産業の衰退を防止することが目的である。

自国の産業を守ることで，国内の雇用環境の保護に寄与する反面，自由競争を阻むことにつながり，結果として生産効率の低下や，消費者が安価で良い品を手に入れにくくなるなどの欠点もある。

☑ 保護貿易

国家政策として，自国の貿易を保護することをいう。具体的には，国外からの輸入品には関税をかけることによって値段を高く設定させて，自国製品を保護することがおもな手法となる。自国内の産業の保護と育成を目的とするが，外交的な問題の報復措置として行われる場合もある。

保護貿易には特徴があり，ゲーム理論のナッシュ均衡という例で説明される場合がある。つまり，ある国で保護貿易を行い，他国で自由貿易を行った場合，ある国では輸入で他国の製品が制限され，輸出においては促進されるために貿易収支が改善する。一方，他国では，輸出が阻害されるために貿易収支が悪化する。その結果，他国でも貿易収支を改善するために，保護貿易を行わざるを得なくなり，結果として自由競争を阻み，生産効率が下がるというものである。

このように，行き過ぎた保護貿易は世界経済を停滞させることにつながりやすく，国際的に非難を浴びやすい。

☑ 文化財

人間が文化的な活動によって生んだ有形・無形の文化的財産のことで，文化遺産ともいう。具体的には，建造物，遺跡，美術品のほか，音楽や演劇など

も含まれる。

日本では，文化財保護法に基づき，有形文化財(建造物，絵画，彫刻，工芸品，書跡，古文書など)・無形文化財(演劇，音楽，工芸技術など)・民俗文化財(風俗慣習，民俗芸能，民俗技術など)・記念物(古墳，城跡，遺跡，名勝地，動植物など)・文化的景観(地域の人々の生活や風土により形づくられた景観地)・伝統的建造物群(宿場町や城下町の町並みなど)というように文化財の分類がなされている。

☑ 文化遺産(文化財)保護の取り組み

UNESCO(国際連合教育科学文化機関)では，世界遺産や無形遺産といった文化の保護を目的として，各種の条約を採択している。例えば，世界遺産条約(世界の文化遺産及び自然遺産の保護に関する条約。1972年採択，1975年発効)，水中遺産条約(水中文化遺産保護条約。沈没船や海底遺跡といった水中文化遺産の保護が目的。2001年採択，2009年発効)，無形文化遺産条約(無形文化遺産の保護に関する条約。2003年採択，2006年発効)などがある。また，2001年には，文化の独自性と多様性の維持・促進を図る目的で，文化の多様性に関する世界宣言を採択した。

日本では，国による文化財の保護は明治維新以後から行われている。例え

ば，明治政府は古社寺の宝物を維持するために保存金を交付したり，古社寺保存法を制定したりした（1897年）。その後，史蹟名勝天然紀念物保存法（史跡名勝および動植物の保護が目的。1919年制定），国宝保存法（1929年制定）のもと，文化財保護行政が行われた。しかし，第二次世界大戦中は保護措置が十分ではなかったため，文化財が荒れ果てたり，売却されたり，失火によって損傷したりする事態が起こった。そのため，文化遺産保護を総合的に行うために，文化財保護法（1950年）を制定した。1968年には文部省（現・文部科学省）の外局として文化庁が設置され，現在では文部科学省と文化庁が中心となって，文化財保護の取り組みを行っている。また，地方自治体においても文化財保護に関する条例が制定され，保護活動が行われている。

☑日本の文化政策

日本では，同じく2001年に文化芸術振興基本法を定め，文化や芸術の振興に関する理念を掲げた。文化政策は文化芸術振興基本法（芸術・文化政策），文化財保護法（文化財政策），著作権法（著作権政策），文字・活字文化振興法（言語政策）を根拠に行われている。

また，日本では，文部科学省や文化庁のほか，さまざまな省庁で文化関連の施策が行われている。具体的には，外務省（国際文化交流，地域の国際化支援などを通した外交政策），経済産業省（コンテンツ産業などの振興や知的財産の保護を通した産業政策の一環），内閣府（NPO支援，地域活性化など），国土交通省（文化を通した都市再生・地域活性化，歴史的な町並み・歴史的建造物の保存，観光振興，地域間交流・連携などを通した地域政策），総務省（地域振興などを通した地方行財政政策）などが挙げられる。

☑創造産業（クリエイティブ産業）と文化産業

創造産業とは，知的財産権の開発を通して，富や雇用を生み出す産業のことをいう。広告・放送・デザイン・映画・美術・ゲーム開発・音楽・出版などがこれにあたる。なお，これらの分野で過剰な開発競争が起こると，価格の下落や文化の大衆化が起こるとともに，コモディティ化（クリエイターや作品の個性が失われ，均質化する状態）を招く恐れがあるという指摘もある。

一方，文化産業も創造産業とほぼ同じ意味で用いられるが，主として美術館・博物館・図書館・スポーツ・文化観光など，文化活動を通して社会に豊かさを与える産業全般を指す時に用いられることが多い。

答案例

問題 グローバル化の問題点とその対策について，あなたの考えを述べよ。

600 字以内

模範回答 グローバル化とは，国や地域を越えて，地球規模で人の交流や移動，物・資本・情報のやり取りが行われることを指す。経済のグローバル化は企業活動の効率化を生み，富の再配分が世界規模で広まったり，国際的分業が進んだりするので経済の活性化につながる。しかし，文化の多様化を阻害するという問題が起こる恐れがあると考える。　　　　　　　　　　　　　　　　　　（以上，第1段落）

　それは，他国の経済・文化・言語が世界規模で流通することによって起こる。他国との交流により他国の文化が流入し，それに伴って自国の文化が変容することがある。もちろん，自他の文化が融合し，新たな文化を生むこともある。しかし，その流入が政府の都合や企業の論理で行われ，他国の文化が押し付けられた場合，自国の文化を尊重するあまり，他国の文化を排除しようとする態度や行動が起こる。つまり，文化の均一化によって自国の経済・文化・言語が破壊されることに抵抗することで，文化の多様化が妨げられる恐れがある。（以上，第2段落）

　しかしながら，グローバル化や経済の自由化の流れを止めることは非現実的だ。よって，必要に応じて自国文化を保護・振興・創造するためのセーフティネットを張る必要がある。例えば，文化産業の支援，文化を保護する公共政策などを検討すべきだ。ただし，その大前提として，他国文化を尊重する姿勢を育むことも欠かせない。　　　　　　　　　　　　　　　　　　　（以上，第3段落）

解説 第1段落：意見の提示…経済のグローバル化によるメリットは理解しつつも，文化の多様化を阻害する可能性があることを主張している。
　第2段落：理由説明…他国との交流が世界規模で行われていることを挙げ，他文化の流入やそれに伴う他文化への抵抗と排除の動きがあることを指摘し，文化の多様化が妨げられる理由を述べている。
　第3段落：意見の再提示…グローバル化の流れを止めることは非現実的であるということを踏まえ，セーフティネットを張る余地を残した政策を取る必要性を述べている。

途上国の貧困問題

出題頻度 → 教育 ★★★　文学・日文 外語・外文 ★★　幼・保 ★

定義

　貧困とは低所得のために生活必需品を手に入れられず，最低限の生活すら保てない状態のことを指す。ここでは，途上国の貧困に的を絞って論じることにする。

　世界銀行によると，1日1.90米ドル未満で暮らす途上国の貧困層はおよそ7億3600万人（2015年，途上国の人口の10％相当）と推定されており，1990年の18億9500万人からは減少している。しかし，貧困ラインから脱したとされる人の大半は最貧国基準（1日1.90米ドル）を上回ったというだけにすぎず，途上国の人々はいまだに貧しい状態にあることには変わりがないといえる。2015年の国連サミットで採択されたSDGs（持続可能な開発目標）の1つとして，貧困をなくすことが掲げられている。

　なお，世界銀行の貧困の基準は「人間が生きていくうえで必要な費用は，最低1日1.90米ドル」と，これ以上少ないと人間生活が営めなくなるという絶対的な基準を仮定して示しているものであり，実際にはこれ以上の人々が貧困状態にあるといわれている。また，貧困層には多くの18歳未満の子どもが含まれており，貧困下に暮らす子どもへの支援の必要性が高まっている。

問題点

　貧困によって，主として
① 病気や栄養不足による体力の低下と短命化
② 貧困層の固定化
③ 治安の悪化
が起こることが問題視されている。

　①については，生活必需品が入手できないこと，衛生状態がよくないことによる。例えば，食料が得られずに栄養不足になることがある。体力が

低下した状態では満足な労働ができず，低賃金の仕事にしか就けなかった
り，失業したり，飢餓状態に陥る恐れがある。さらに，経済状態が悪いた
め，インフラの整備ができず，清潔な水が簡単には手に入らないので，疫
病や HIV などの感染症が広まることもある。医薬品を入手したり，病院
で診察や予防接種を受けたりすることも容易ではない。こうしたことによ
り，病気になるリスクが高まり，結果として短命化を引き起こすことにな
るのである。

②は，教育への投資ができないことによる。文字の読み書きや計算能力
があることは，高い賃金を得るための必須条件である。しかし，教育が受
けられない人々は低賃金で長時間労働を強いられたり，危険な労働をさせ
られたりする。家計を成り立たせるために，子どもすら労働者とならざる
を得ない。こうした人々や子どもたちは貧困に陥り，さらに教育への投資
が難しくなるという悪循環が生じ，貧困層が固定化される。時には生活の
ために人身売買や売春を強要されることもあり，問題は深刻化している。

③は，貧しい経済状態によって起こる。生活維持を目的に金品や食料品
を盗む者や詐欺を行う者，絶望から親殺し・子殺し・自殺を図る者，薬物
使用や売買を行う者など，貧困により犯罪者が増加する。また，貧困層が
形成したスラムのほか，ホームレスやストリートチルドレン（p.238参照）
が定住する地域は，治安が悪化する。また，こうした状況に至らせた政府
や社会への不満からテロリズム（p.249参照）の支持者が増加し，テロ組織
の温床になるともいわれている。

問題点の背景

富が偏在しやすい環境が存在することが，貧困層が発生する背景にある。
具体的なものとしては，①南南問題（p.235参照），②民族対立，③国家の
腐敗，④小作農の存在，⑤労働力の需要と供給のアンバランスなどが挙げ
られる。

①は，途上国間で生じている格差のことを指す。産油国（原油による収
入をもとに工業化を果たした国）や中進国（豊富な労働力と外国資本を導入
して工業化を果たした NIEs（p.235参照）のような新興工業国）と最貧国（ア

229

フリカや南アジアのように，資源に恵まれず工業化に失敗した途上国）との間には大きな経済格差が生じている。中進国に資本や雇用が集中する一方で，最貧国には外資が入ることもなく，新たな雇用も創出しにくい。雇用があっても，価格競争や搾取によって労働者に支払う賃金が低くなりがちであり，結果として貧困層の収入は増えない。

②は，特にアフリカ諸国でよく見られる。植民地化されたアフリカ諸国の多くは第二次世界大戦後に独立を果たしたが，国内では民族同士の対立が起こった。独立の際に，民族の部落や集落の実情を加味したものにせず，植民地の時のままの国境線をもとに国を形成した。そのため，国内には複数の部族が存在することになった。すると，それぞれの部族は，自らの部族の利益になるように政治を行おうとしたのである。政権を得た部族は自らの立場が有利になるように政治を押し進め，ほかの部族の利益を軽視した。こうして国益が損なわれる結果となった。

③は，富裕層や権力者の権力濫用が発生したことに起因する。②によって政権を握った権力者は，少数派の利益を追い求め，国民の生活や福祉を軽視した。例えば，莫大な国家の利益を搾取する者や，政治家や警察に守られながら搾取を続けて富裕層と化した者などが現れた。また，海外から援助を受けても富裕層や権力者だけに分配される結果となった。一方，国民の自由な経済活動を妨げたり，国家に逆らう者に対しては拉致・拷問を行ったりするなど，国民の自由権を保障しなかった。こうして国家が腐敗し，国全体が潤うことなく，貧困層の増加を引き起こした。

④は，小作農は容易に近代農業に移行できないことが要因である。農村部では農業の近代化によって生産性が上げられる農家は少数の大地主のみで，多くの自作農は焼畑農業などの古くからの農法に頼らざるを得ない。こうした農法は自然災害の影響を受けやすく，生産性が低いため，収益を得ることは難しい。近代農業に転換したくても，生活費すら満足に得られない貧困層にとっては困難である。自らの農地を大地主に売って小作農になる農民もおり，大地主からの搾取を受けることになる。大地主は多くの収益を得られるが，自作農や小作農は収益を得にくい。こうして，深刻な貧困状態を引き起こしている。

　⑤は，都市部における人口増加が要因といわれている。その結果，都市部では労働力の供給が需要を上回る事態が生じている。しかも富裕層の搾取なども相まって，低賃金でも働かざるを得ない。さらに，都市部へは生活費を得るために集中する農民や，戦争から逃れた難民が流入することもあり，事態はより深刻化する。こうして富は富裕層に流れる一方で，貧困状態から脱せない人々も数多く存在する結果となったのである。

対応策・解決策

　富の偏在が貧困の原因と捉えるならば，貧困層にも富をもたらすような仕組みを整えることが貧困問題の解決の糸口となる。

　そのためにまずは，富裕層が持つ富を貧困層に分配する仕組み（富の再分配）が考えられる。例えば，富裕層から税を徴収して貧困層に対する行政サービスに充てること，社会保険の仕組みを整えたうえで富裕層により高い保険料負担を求めること，労働者の給与や福利厚生を保障することなどが挙げられる。ただし，こうした仕組みを整えるためには法制度の整備や行政改革，財政を適切に管理することが必要となる。

　また，貧困層に対する直接支援も考えられる。例えば，農林水産業の近代化の推進を支援して生産性を高めること，無利子や低利子で融資が受けられる制度を整備すること，基礎教育が受けやすい環境を整えること，予防接種・健康診断・保健指導などを行って保健状態を改善すること，上下水道や住宅を整備することなどがある。

　こうしたことを自国の力でできればよいが，国の経済状況が芳しくない場合は難しい。よって，貿易の促進や経済規制の緩和といった自国の経済を立て直す方策を推進すると同時に，国連や各国政府などから支援や融資を受けることが考えられる。その際，権力者や富裕層での搾取がなされないようにするとか，非貧困層よりも貧困層の方により大きな便益をもたらせるように配慮するなどの必要がある。また，貧しい国や貧困層が経済的に自立できるようになることが目的であることをつねに見据え，支援慣れ（支援を受けることに慣れてしまい，被支援者が支援を受けることを当然だと捉えること）の状態にならないようにする配慮も求められる。

👍 小論文にする時のポイント ─────────────●

　入試では，貧困の解消方法について論じさせる問題が多く出題される。その時，「貧困層を救うためには食料を支給したり，医療従事者を派遣したりすることが必要だ」と，貧困層の健康だけに着目して論じるのは好ましいとはいえない。貧困の原因は「富の偏在」にあることを認識し，富が偏在する要因を知ったうえで，貧困層に効果をもたらす方策を示す必要がある。その際には，最終的には貧困層の自立が目的であることを念頭に置きたい。つまり，生命維持のための支援（生活支援，社会保障制度・生活インフラの整備など）のみならず，自らの力で生活できるようにするための支援（融資制度の整備，教育訓練，農業の近代化支援，雇用政策など）も行う必要があることを理解したうえで論じるとよいだろう。

📋 過去の入試問題例 ─────────────●

例　先進工業国と発展途上国との間の経済格差について述べた文章と7つの資料を読み，資料での日本の援助先について援助と貧困・開発問題との関係を論述せよ。また，国際協力がどうあるべきかについて，自分の考え方を自由に論述せよ。

(早稲田大・教育学部)

例　格差と貧困は独立したものではなく，貧困リスクをだれもが持ち，決して他人ごとではないことを理解するために，他者感覚の概念を取り入れた「社会的想像力」について述べた文章を読み，あなたが社会的問題として最も関心を持つ現実を取り上げながら，筆者の主張に対するあなたの考えを述べよ。

(東京学芸大・教育学部)

例　資本主義経済の発展した地域では，大量生産と大量消費が進んでおり，そのため地球上に現存する多くの資源が消失している。さらに，この地球上では「北の豊かさと南の貧困」が発生しているといわれている。これらの問題をどのように捉え，今後どのように対処すべきか，あなたの意見を述べよ。

(日本大・国際関係学部)

例　貧しい国と豊かな国の「食べ物」に関する格差について述べた文章を読み，その中の下線部について，あなたの意見を述べよ。

(十文字学園女子大・人間生活学部)

例 アフリカやその他貧しい国々における貧困やエイズの問題について述べた英文を読み，今後アフリカなどでこういう問題がどのようになっていくと思うか，自分の意見を書け。 (國學院大・文学部)

例 セネガルのような貧しい国では，給食の制度を整えることすら難しい現実があることを述べた文章を読み，セネガルの子供たちにとって給食を食べられることがなぜ喜びなのかについて，あなた自身の小中学校の給食の経験と比較しながら論じよ。 (沖縄キリスト教学院大・人文学部)

例 ハイチのような貧しい国が先進国から支援を受けることで更に貧しくなってしまう問題について述べた英文を読み，あなたが世界銀行に勤務していて，ハイチが貧困から脱出できるように長期的視野から支援するプロジェクトに加わっているとした時，4つの支援プランの案から1つを選び，どのように実行するかについて，具体的に説明せよ。 (学習院大・国際社会学部)

🔍 関連キーワード

☑貧困率

ある国において，全人口に対して貧困層が占める割合のことをいう。単に貧困率という場合は，絶対的貧困率を指す場合が多い。世界銀行の定義では，絶対的貧困率とは1日1.90米ドル以下で生活している国民の割合を指す(2011年基準)。

一方，経済協力開発機構(OECD)によって相対的貧困率が定義されているが，それによると等価可処分所得が全国民の等価可処分所得の中央値の半分に満たない国民の割合を指す。厚生労働省の2016年の発表では，日本の相対的貧困率は15.7％であり，OECDの発表による2013年度の加盟国の平均値

11.4％を大きく上回った。これは，近年の失業率や非正規雇用者の増大により，貧富の格差が広がったためだとされている。

☑飢 餓

食料が不足することによって，生命を維持するための栄養すら不足する状態のことをいう。飢餓は免疫力を弱めるため，はしか・下痢といった病気でも死亡することがある。なお，飢餓によって死亡することを餓死という。

2018年の飢餓人口は世界中で約8億2200万人，その多くは開発途上国の農村部に住む貧困層であり，残りも開発途上国の大都市周辺の貧困層が集まる

地域に住む人であるといわれている（国連食糧農業機関による）。

飢餓は，自然災害・紛争・貧困・農業基盤の不整備・エイズ・環境破壊・経済危機など，さまざまな要因によって起こる。

☑ 世界銀行

国際連合に付随する専門機関の一つで，各国の中央政府または中央政府から債務保証を受けた機関に対して融資を行うことを目的として設立された機関をいう。**国際復興開発銀行（IBRD）と国際開発協会（IDA）を総称して世界銀行と呼んでいる。**

1944年のブレトンウッズ会議において国際通貨基金（IMF）と共に IBRD が設立されることとなり，1946年より業務開始となった。IBRD は中所得国・貧困国・戦災国などに融資を行って復興や開発を支援している。一方，IDAは最貧国と呼ばれる厳しい条件下に置かれている開発途上国に融資を行っており，融資条件は IBRD よりも緩やかである。

設立当初，世界銀行は先進国の復興および発展途上国の開発を目的として，資金提供を行っていた。日本は1952年に世界銀行に加盟したのちに主要借受国のひとつとなり，その資金を新幹線や黒部ダムなどのインフラ整備に充てた。その後の経済成長に伴って資本を供出する国となり，1990年には借受金の全額を返済した。

☑ 経済協力開発機構（OECD）

ヨーロッパやアメリカ，日本などの36か国によって構成される，国際経済の諸問題について協議を行う国際機関をいう。活動目的は，持続可能な経済成長の支持，雇用の増大，生活水準の向上，金融安定化の維持，途上国の経済発展の支援，世界貿易の成長への貢献などとしている。

1961年，当初ヨーロッパと北米が自由経済のもとで相互発展するために設立されたが，その後対象枠がアジア，東欧諸国，新興工業国にも拡大された。その他，ロシアが加盟申請国として，ブラジルや中国，インドなどが加盟を視野に入れた関係強化国として指定されている。日本は1964年に加盟した。

☑ 開発途上国

経済面や開発面から見て先進国よりもその水準が下回り，発展段階にある国のことで，おもに経済協力開発機構（OECD）の「援助受取国・地域リスト」に掲載されている国や地域を指す。発展途上国とか単に途上国とも呼ばれ，アジア，アフリカ，ラテンアメリカ，東ヨーロッパの地域に多く存在する。

その開発状況によってさらに細かく分類されており，それぞれで取り巻く環境が大きく異なる。近年経済成長が著しい中国も分類としては開発途上国である。逆に，開発途上国のなかでも発展が遅れている国々を後発開発途上国と呼び，所得水準の低さや政治的・経済的脆弱さが目立つ国のうち，国連によって認定された国々が該当する。さらに，小島嶼開発途上国とは国家が小規模な島々で成り立っている国を指し，太平洋やインド洋などに存在する。国連によって小島嶼開発途上国と認定された国と地域は52か所で，いずれも資源の乏しさ，自然災害の多さ，市場規模の小ささなどの共通の課題を抱えている。

☑ NIEs（ニーズ）

正しくは新興工業経済地域といい，英語表記の頭文字を合わせて NIEs と呼ばれる。

1979年，経済協力開発機構（OECD）によって発表された報告書のなかで定義されており，開発途上国のなかで工業製品の輸出により経済的に成長を見せた韓国，台湾，メキシコなど10の国と地域が指定されることとなった。1990年代にはアジア以外の NIEs 諸国は低成長期に転じたが，なかには近年になって国家が財政破綻したギリシャ

のような例もある。

☑ BRICS（ブリックス）

近年大きな経済成長を見せる，ブラジル，ロシア，インド，中国，南アフリカ共和国の5か国のことを指し，それぞれの国名のアルファベットの頭文字を取ってこのように呼ばれる。もともとブラジル，ロシア，インド，中国の4か国で BRICs（s は小文字）と呼ばれていたが，そこに南アフリカ共和国が加わった。これらの国々の貿易額や国内総生産（GDP）は，躍進している経済と同様に急成長を見せており，特に中国の GDP は2010年には日本を抜いて世界第2位となった。

5か国とも共通して国土面積の広さ，人口の多さによる人材の豊富さと潜在的市場の大きさ，天然資源の豊かさが特徴として挙げられ，今後もさらに発展を続けると見られている。

☑ 南北問題，南南問題

南北問題とは，先進国と開発途上国との間にある大きな経済格差のことをいう。先進国が北半球に集中する一方で，開発途上国が南半球に多いことからそのように名付けられた。要因として，先進国との第一次産業製品の価格競争に負けたことによる途上国の経済的困窮，先進国の工業化の成功に対し

235

て途上国の発展の遅れなどがあるといわれている。

一方，工業化や産油などにより経済成長に成功した途上国と，経済発展が進まず，貧困が続いている後発開発途上国との間に生まれた格差を南南問題という。

☑ 政府開発援助（ODA）

政府または政府の実施機関によって行われる，開発途上国への公的資金を用いた資金援助や技術供与のことをいう。途上国の経済や社会の発展，さらには福祉の向上を支援することにより，世界の一員として国際貢献することが目的である。

援助方法には開発途上国に直接的に援助を行う二国間援助と，国際機関に資金を拠出して間接的に援助を行う多国間援助とがある。日本はそのどちらにおいても世界トップクラスの資金提供国となっている。

ODAの問題点として挙げられるのはその援助方法である。すなわち，インフラ整備のような間接的な支援や，対政府間で行われる物資や資金援助が主体となるため，本当に援助が必要な貧困層に届かない現実がある。また，ひも付き援助と呼ばれるように，技術移転を伴わずに現物のみの援助が行われていたことにより，途上国が自立す

るための産業が育たず，貧困が改善されないという問題点も指摘されている。

☑ 国際通貨基金（IMF）

国際通貨協力，具体的には通貨と為替相場の安定と貿易拡大の促進を目的とした国連の専門機関をいう。加盟国の出資金を原資として基金を設立し，国際収支が悪化した加盟国に対して融資を行うことをおもな業務とするほか，為替相場や為替政策の監視，「世界経済見通し」を公表することにより，世界各国の経済状況についての報告などを行っている。

1944年のブレトンウッズ会議において世界銀行とともに設立された。2018年現在の加盟国は189か国にのぼる。日本は1952年に加盟国となった。

☑ グラミン銀行

バングラデシュの経営学者ムハンマド=ユヌスが設立した，農村部の貧困に苦しむ人々に無担保で少額融資を行い，自立を促す銀行。借り手が5人一組となりグループの連帯保証に基づいて融資を受け，毎週少額ずつ返済する。その返済率は非常に高く，このモデルの成功により，同様の少額融資（マイクロクレジット）の仕組みが全世界に広まっている。2006年，グラミン銀行と設立者のユヌスは，ノーベル平和賞

を受賞した。

☑ 開発途上国の民主化

　かつて欧米諸国の植民地とされていたアジア，アフリカ，ラテンアメリカなどの開発途上国が独立を果たしたことにより民主化が芽生え，国際的にもそれを支援する動きが活発化している。

　民主化の度合いに関しては一様ではなく，天然資源の産出や産業の発達などで経済的に豊かになった途上国では近年急速に民主化が進んでいるのに対して，国内政治が混乱している国では民主化が進んでいない現状がある。民主化の支援は国際貢献や人権擁護にもつながることから，先進各国も法や司法整備のほか選挙制度の整備などの支援を行っている。日本もこれまでに政府開発援助（ODA）を通じてカンボジア，ベトナム，インドネシアなどの国に法整備支援や警察組織への技術指導などを実施してきている。

☑ 食料危機

　人口の増加や天候不良による不作などの諸問題が単一，あるいは複合的に作用し，食物資源が著しく不足することで価格高騰などの社会動乱を引き起こすことをいう。深刻な食料危機に陥っている地域においては，飢餓状態が発生している。

　背景に存在する諸問題として，開発途上国を中心とした人口爆発，地球温暖化による気候の変動や異常気象による穀物の不作，バイオ燃料への転換による食料資源の減少などがあり，供給不足から価格の高騰を招き，貧困層の食料入手をより一層困難にするなどの事態が発生している。生命維持には食料が不可欠であり，長期にわたる食料危機は社会活動全般に悪影響を及ぼす可能性が高い。

☑ フィラデルフィア宣言

　国際労働機関（ILO）の総会において採択された宣言のことをいう。1944年にフィラデルフィアで開催されたことから，フィラデルフィア宣言と呼ばれている。

　その内容は，「労働は商品ではない」など，労働面における平等・自由・人権尊重・貧困の危険性の4つの原則を具体的に表現し，またILOの目的や考え方を文章化したものである。そのなかで，完全雇用や生活水準の向上を促進する義務がILOにはあること，また達成するためには労働者・雇用者・政府による継続的かつ協調的な国際努力が必要であることが述べられている。

☑ スラム

　貧民層と呼ばれる貧しい人々が集中

して住む地域のうち，都市部にあるものをスラムと呼ぶ。特徴として，高い失業率，犯罪の蔓延，行政サービスが行き届かないことによる不衛生な環境や無秩序な住居場所が挙げられ，荒廃した環境となりがちである。職を求めて都市部に出てきた農村出身者のうち，定職につけなかった人が安価な居住場所を求めて環境の悪い地域に集中したことが，スラムの始まりといわれている。

世界の大都市の多くにスラムが存在するが，特に開発途上国においては完全失業率が非常に高く，仕事があったとしてもゴミ拾いや靴磨きなどの不安定な職種のために生活の維持が難しく，子どもがストリートチルドレンになるなどの問題も引き起こしている。

☑ストリートチルドレン

都市部において路上生活を余儀なくされている子どもたちのことをいう。開発途上国に多く見られ，各専門家によって推計が違うが，約１億5000万人もいるといわれている。

多くは生活苦や家庭の崩壊により親に捨てられた，あるいは自分から家を出たり，親の病死により生活の維持ができなくなったりした子どもたちで，なかには親自身も路上生活者のため，生まれてからずっとストリートチルド

レンである子どもも存在する。生きるために路上で物売りや物乞いをするなど厳しい状況に置かれており，教育も受けられない。また，伝染病やHIVに感染したり，犯罪に加担したりするほか，逆に人身売買などの犯罪被害に遭いやすくなるなど，大きな問題を抱えている。

☑焼畑農法

森林を焼くことにより作られる焼灰を肥料として作物を育てる農法のことをいう。収穫後は再び森林が回復するまで畑地を休息させ，その後再び焼くという循環的なものであることが特徴で，熱帯から温帯地域を中心として行われる伝統的な農法である。

近年では，十分な休耕期間を置かずに追焼することによって起こる砂漠化や，未熟な新規農業参入者による予定外の大規模な延焼が熱帯雨林を減少させるなど，問題視されている。

なお，かつては森林を焼く際に放出される二酸化炭素が地球温暖化をもたらすとされていたが，次なる森林が再生する過程において二酸化炭素は吸収されると考えられるので，持続可能な農法と定義づけられた。

☑放　牧

牛や馬などの家畜を一定の管理下で

放し飼いにすることをいう。

自然草原に放牧する場合と，人工管理された草地を利用する放牧形態とがある。また，森林を形成するうえで不要な下草を処理させる（食べさせる）目的で放牧をする林間放牧もある。近年では無秩序な放牧や，人口増に対応して家畜数を増やしたことで起こる牧草の回復遅れがもたらす森林破壊や砂漠化が問題となっている。

☑ 資源ナショナリズム

資源生産国が自らの手で国内資源を生産・管理するという考え方のことをいう。植民地の独立や開発途上国の格差是正を求める動きの中で，おもに豊富な天然資源を持つ途上国によってこの考え方が主張された。

1962年に国連が発表した「天然資源に対する恒久主権の権利」宣言によって，その指針は国際的にも支持・強化されることとなる。具体的な行動として，外資であった資源採掘会社の国有化や経営参加，産出量や輸出価格の決定を資源国自らが行うことなどが挙げられる。また，産出国が共同して利益を守る例もある。例えば，1960年には中東諸国により石油輸出国機構（OPEC）が設立され，その後は原油の価格決定に大きな影響を与えている。例えば，1970年代の中東戦争時には原油価格を

大幅に引き上げ，二度のオイルショックを引き起こした。

☑ 富の再分配理論

大企業や高所得者がより多くの税負担を行い，社会保障・医療・公共事業などを通して富を社会還元することで所得格差を少なくし，利益を公平に配分するという考え方のことをいう。所得再分配とも呼ぶ。貧富の差を緩やかにし，階層の固定化による社会の硬直化を防止する役割がある。

20世紀初頭の社会革命などによって生まれた考え方であり，自由主義経済下では，一国内だけでなく，先進国から開発途上国に向けた再分配も必要であるとして，議論がなされている。

☑ 人口爆発

人口が急激に増加する現象のことをいう。世界の人口は19世紀末から急増し，西暦1年頃には約3億人であった人口が，1927年には20億人，現在では70億人を超えている。原因は，保健や医療の改善による死亡率の低下のほか，科学技術の発展による食料生産の増加にあるといわれている。

☑ フェアトレード

途上国で作られる農作物や製品を適正な価格で取引できるようにする仕組

239

みのことをいう。

　価格競争などを理由に，途上国の生産者は不当に安い価格で製品を買いたたかれることがあるが，そうしたことが貧困層を生む原因ともなっている。また，貧困から脱するために生産を増やそうとするあまり，生産者は乱開発を進め，それが環境破壊へと繋がっている。こうした問題に対し，貧困の解消や環境の保護，さらには生産者の自立を支援することを目的にフェアトレードが行われている。

☑ 感染症

　病原体（細菌・ウイルス・寄生虫など）の感染により発症する病気のことをいう。結核（結核菌によって引き起こされる感染症），MRSA（抗生物質メチシリンに対する薬剤耐性を持った黄色ブドウ球菌）の院内感染，エイズ（ヒト免疫不全ウイルス；HIV が免疫細胞に感染し，免疫細胞を破壊して後天的に免疫不全を起こす免疫不全症），エボラ出血熱（エボラウイルスを病原体とする急性ウイルス性感染症），SARS，MERS（コロナウイルスによる感染症）などが代表例である。2020年には新型コロナウイルス（COVID-19）による感染症が全世界に広まった。

　人と物が世界的に行き交う現代においては，感染症も世界的な流行となりやすくなっている。

☑ 小作農，自作農

　自作農とは土地を持った農民のことをいい，小作農とは土地を持たない農民のことをいう。小作農は自作農に小作料（農作物の一部を地代として支払ったもの）を払って土地を借り，農業を行うのが普通である。

　日本では，第二次世界大戦以前は小作農が多数を占めていた。自作農は小作農に土地を貸すことで地代収入を得るとともに，農作業をやめ，地主と化した。しかし，戦後の農地改革で政府が地主から農地を買い上げ，小作農に安価で売り渡したため，多くの小作農は自作農となった。

答案例

問題 途上国の貧困を解消するためには，どのような支援が必要か。あなたの考えを述べよ。**600字以内**

模範回答 貧困層が発生する背景には，富が偏在しやすい環境の存在がある。よってその環境を変え，貧困層に富をもたらすことが問題解決の糸口となる。

（以上，第1段落）

　まず，南南問題を例に挙げたい。資金が豊富で工業化が進んだ中進国と，そうでない最貧国には大きな経済格差がある。中進国に資本や雇用が集中し，最貧国には外資も入らず，雇用も創出しにくいので低収入，もしくは失業者が増加する。

（以上，第2段落）

　また，国家の腐敗も原因となる。貧困が発生している国では富裕層や権力者の権力濫用が多く見られ，政権を握った権力者は自分たちの利益を追い求め，国民の生活や福祉を軽視した。さらに，国民の自由な経済活動を妨げたり，国家に逆らう者に拉致や拷問を行うなど，国民の自由権を保障しなかった。こうして国全体が潤うことなく，貧困層の増加を引き起こしたのである。　（以上，第3段落）

　よって，まずは富裕層が持つ富を貧困層に分配する仕組みが必要だ。そのためには法制度の整備や行政改革のほか，財政を適正に管理することが必要となる。一方，農業支援や融資制度，教育環境整備や保健活動，インフラ整備の推進などが挙げられる。その時，貧困層の側により利益をもたらす支援や，国や貧困層が経済的に自立できる支援を行うことが求められる。

（以上，第4段落）

解説 第1段落：意見の提示…貧困層発生の背景を「富の偏在」と捉え，その改善が貧困の解消につながると述べている。
　第2～3段落：理由説明…南南問題や国家の腐敗を例に，富が偏在すると貧困層が増加することを説明している。
　第4段落：意見の再提示…貧困解消を行うために富の再分配が必要であることを説明するとともに，システム構築やその支援の際の注意点を論じている。

4
国際関係

241

武力紛争

定義

　紛争とは，もめごとのことを指す。一方が利益を得ようとすると，他方が損失を被るような状況の際に生じる。紛争が起こるおもな背景には①侵略のため，②防衛のため，③宗教的理念を実現するためなどがある。特に，無政府状態(p.246参照)のもとで紛争が発生すると，国や互いの勢力を調停する機関が存在しないため，武力が行使されることが多くある。このように，戦争(国家が軍事力や武力を用いて組織的に戦闘を行うこと)や内戦(国内で対立する勢力が武力を用いて行う戦争のこと)など，敵対する者同士が行う戦力を用いた紛争のことを特に武力紛争という。なお，国際紛争とは，国家間で行われる紛争のことを指す。

問題点

　武力紛争では，兵士だけでなく一般市民の命を奪う事態になることが多い。第二次世界大戦(p.247参照)では約6000〜8500万人が，朝鮮戦争(p.247参照)では約300万人が，ベトナム戦争(p.248参照)では約240万人が，イラン・イラク戦争(p.248参照)では約100万人が，それぞれ犠牲になったといわれている。

　確かに，武力紛争が軍事技術の発展をもたらせば，民生に転用されるというメリットはある。例えば，世界初の原子炉はマンハッタン計画(第二次世界大戦中にアメリカが行った爆弾の開発・製造計画)によって作られたものである。広島・長崎に投下された原子爆弾も，この計画によって作られた。他にも，コンピューター(もとは弾道計算のために作られたもの)，電子レンジ(レーダー開発の副産物)，GPS(軍用の衛星測位システムが転用されたもの)などがある。また，軍需景気により，当事国の軍事産業が盛んになり，国内経済が潤うこともある。さらに，日本の朝鮮特需(p.248参照)のように，第三国が利益を得ることもある。

　しかしこうした利益は，武力紛争によらなくても，平和的に得ることが可能である。つまり，積極的に武力紛争を起こそうという主張は認められないのである。むしろ，国同士の関係破綻や，社会・経済・インフラ(p.246参照)の破壊，総力戦(国力を総動員して戦うこと)や核戦争(p.247参照)などによる国民や国内経済の消耗というデメリットを考慮すべきであるし，それ以上に人道的にも許されるべきことではない。

問題点の背景

　紛争の原因は対立である。例えば，

① 国境をめぐる対立(領土問題・国境問題・独立運動など。パレスチナ問題が代表的な例)

② 国内勢力の対立(国内の民族対立・宗派対立・反政府運動など。ルワンダの内戦が代表的な例)

③ 軍事的優位性の誤認(軍事力を持つ勢力が，すぐに武力で解決できると誤認して紛争を始める。朝鮮戦争が代表的な例)

④ 軍事的劣位性の認識(軍事力が弱い勢力が，恐怖や焦りによって紛争を始める。太平洋戦争が代表的な例)

など，事情は多岐にわたる。

　ただし，こうした指摘は紛争の原因を一つの側面から見ているにすぎない。その裏側では，法律・経済・社会・心理・文化的な要素が複雑に絡み合って発生していると考えるべきだ。紛争の原因を捉える際には，一つの要因のみで断片的に捉えるのではなく，歴史的な経緯や種々の要因を広く捉える必要がある。

対応策・解決策

　紛争は利害関係の対立によって起こるものだから，対立を何らかの方法で解消することが紛争解決，すなわち和平への糸口となる。もちろん優先すべきは国際紛争を平和的に処理することである。

　確かに，国際法(条約など)で武力紛争を禁止するなど，法的措置も手段として考えられる。事実，パリ不戦条約(1928年)によって，自衛戦争以外

の侵略戦争は禁止されている。しかし，強い権力によって国際社会の秩序維持を図る機関がないため，国際法が適切に執行されるかどうかは不明である。例えば，国際司法裁判所や国際海洋法裁判所という国際司法機関はあるものの，当事国同士が訴訟に応じる旨を批准（条約を確認し，同意する手続き）しない限り，国際裁判は成立しない。つまり，国際法で武力紛争を禁止することは有効な手段とはなり得ず，対立解消にはつながりにくいのである。

　このようなことから，外交努力による解決も重要である。そのため，
① 当事者双方の妥協点を探ること
② 当事者の一方の主張の妥当性を説得すること
がまず考え得る手段であろう。しかし，①②とも何らかの妥協を強いられるため，当事国の要求が完全に実現するわけではなく，後の紛争の火種になる恐れは否定できない。

　こうした限界を踏まえ，紛争研究の第一人者であるヨハン=ガルトゥング氏（ノルウェー）は「超越法」によって紛争解決を目指した。これは，当事国の目標や考えを聞き出した後，双方が受容・持続できる解決法を生みだすという方法である。当事国双方が共に目指すことができる新たな目標を，当事国双方が持つもともとの目標を超越する形で創り，敵対状態を変化させようとするのである。

　いずれにせよ，こうした紛争解決法を実践するには，第三者による介入が不可欠だ。その方法としては，当事国と国交がある第三国や紛争ワーカー（第三者として仲裁する人）が両者の話し合いを斡旋したり，意見を調整・仲裁したりすることが考えられる。

👉 小論文にする時のポイント ─────────────●

　入試では，①国際紛争の原因，②紛争解決の方法（国際平和をもたらすための方法）がおもに問われる。

　①は，紛争の原因は「対立」であることを念頭に置きつつ，取り扱う紛争の事例によって対立の要因が異なることに注意したい。例えば，パレスチナ問題の原

因を述べる時，宗教対立という視点だけでは足りない。イギリスの侵略戦略への翻弄，第二次世界大戦中のユダヤ人迫害，国連によるイスラエル建国と後の領土問題など，さまざまな要因が複雑に絡み合っている。このように，もし①について論じるのであれば，国際紛争に関わる事例をいくつか把握しておく必要がある。

一方，②を論じる時には，対立の解消を掲げるのは当然である。しかし，「国際紛争を解決するには，国際司法機関の権力を強化すべきだ」とか，「国際平和には，当事国どうしの対話が必要だ」などといった内容で終えることは，採点者に表面的だと捉えられる恐れがある。対立の要因は複雑であり，司法機関に委ねても対話を重ねても，結果としては当事国に妥協を強いる結果となることを認識すべきだ。よって，双方に妥協をさせないようにする方法を考えることが，思考を一段階上に高めるポイントとなる。本書ではヨハン=ガルトゥング氏の「超越法」を紹介しているが，こうした解決法を答案の中で表現できるとよいだろう。

過去の入試問題例

例 攻撃性の解消と攻撃抑制能力の回復の問題について，「戦争を宿命としてあきらめたりしない」という姿勢が平和を考えることだと述べた文章を読み，筆者の見解を簡潔にまとめ，それに対する考えを述べよ。また，「あきらめない理由」について，考えを述べよ。 （岩手大・教育学部）

例 実際の戦争や暴力の抑止には直接的には役立たなくても，日々の食事を作るように，自分も決して腕力にはならないような無力な音楽でも作り続けていこうと思うと述べた文章を読み，著者は戦争と日常についてどう考えているか。あなた自身の言葉でまとめよ。 （群馬県立女子大・文学部）

例 戦争倫理学についての文章を読み，平和に対する三者の立場を説明したうえで，三つの立場の是非を比較検討し，平和について見解を述べよ。

（東京大・文科Ⅲ類）

例 イスラエルの空爆下で今，レバノンの人々が殺されているとき，文学にいったい何ができるのかを考察した文章を読み，文学は「戦争」の対義語たりうるかについて，考えを述べよ。 （慶應義塾大・文学部）

例 2001年9月11日にアメリカで起きたテロと，日本の真珠湾奇襲の類似点につ

いて述べた文章を読み，本文を踏まえて，戦争・紛争における人種，文化，プロパガンダがもたらす影響について，あなたの考えを述べよ。

(都留文科大・文学部)

例 戦争は人間の資質から生まれるのかについて述べた文章を読み，「人間の本性」と「戦争の原因」の関係についての著者の考えに対して，あなたの意見を述べよ。

(愛知教育大・教育学部)

例 一兵士として戦争を体験した筆者の戦争に対する考えの変遷を述べた文章を読み，傍線部「戦後はまだ始まったばかりなのである」という見方についてあなたはどう考えるか。

(広島市立大・国際学部)

🔑 関連キーワード

☑ 無政府状態

国家の行政機能が麻痺し，社会秩序が大きく乱れている状態のことをいう。つまり，無秩序状態のことを意味する。アナーキーともいう。

革命や内戦などによって行政機関が崩壊し，新しい行政機関が成立していない時に起こりやすい。例えば，2011年のリビア内戦では，反体制派(リビア国民評議会)がカッザーフィー(カダフィ大佐)政権を打倒したが，その後に無政府状態に陥った。部族対立や，反体制派間で政権の主導権争いが発生するなど，混沌とした状況となった。

☑ インフラ(インフラストラクチャー)

産業や生活の基盤となる施設や設備のことをいう。具体的には，上下水道・道路・鉄道・通信・送電網・公共施設などがある。

国民の福祉を向上させたり，経済を発展させたりする目的で，公共機関(国・地方公共団体・電力会社・水道局・ガス会社・医療機関・金融機関・交通機関・通信機関など)が整備する。インフラを整備することによって，企業や個人の経済活動を円滑に進めることができ，経済によい影響を与える。

しかし，維持するためのコストがかかることを念頭に置く必要がある。維持コストばかりが増え，新たなインフラ整備に予算が割けない事態が起こる恐れもある。また，インフラは一度整備すると，そのインフラをもとに産業が成り立つので，途中で削減したり放棄したりすることが難しい。

☑ 第二次世界大戦（1939〜1945年）

連合国（アメリカ・イギリス・フランス・ソビエト連邦など）と枢軸国（日本・ドイツ・イタリアなど，ファシズム（次項参照）の政治体制をとる国）との間で起こった戦争をいう。**人類史上最大の戦争**といわれている。

ドイツがベルサイユ条約（第一次世界大戦の講和条約）において莫大な賠償金を課せられたことや，**世界恐慌**（1929年に始まった世界的な大不況）の危機から脱したくとも植民地や資源を多く持たない日本・ドイツ・イタリアにおいてファシズムが台頭したことが，戦争勃発のおもな背景である。1939年の英独戦争，1941年の独ソ戦争・太平洋戦争を経て，1945年にドイツと日本が降伏したことでようやく終結した。

☑ ファシズム

全体主義（個人の自由や人権よりも，国家や民族の利益を優先させる思想）的な独裁体制のことをいう。ドイツのナチス（ヒトラーを中心としたドイツの独裁政党）や日本の軍国主義などがこれにあたる。

☑ 核戦争

核兵器を用いた戦争のことをいう。原子爆弾（原子核が起こす核分裂反応を利用した爆弾）・水素爆弾（水素やその放射性同位体の核融合反応を利用した爆弾）・中性子爆弾（核爆発の際の中性子線の割合を高め，強力にした爆弾）などを用いる。

戦争で核兵器が実際に用いられた例は，第二次世界大戦において日本へ投下された2発の原子爆弾（広島・長崎）のみである。ただし，キューバ危機（次項参照）など，核戦争になる寸前まで至った事例はある。

☑ キューバ危機（1962年）

冷戦（アメリカを中心とした資本主義・自由主義陣営と，ソビエト連邦を中心とした共産主義・社会主義陣営との対立）末期の1962年に起こった，核戦争になる寸前まで至った危機のこと。

ソビエト連邦が攻撃用のミサイルをキューバに設置したことで対立が激化した。最終的にはアメリカがソビエト連邦と交渉の末，ソビエト連邦はミサイルを撤去した。

☑ 朝鮮戦争（1950〜53年停戦）

大韓民国（韓国）と朝鮮民主主義人民共和国（北朝鮮）との間で生じた戦争のことをいう。

1950年に北朝鮮がアメリカ国務長官アチソンの発言を聞いた際，西側諸国が韓国を放棄したものと理解し，韓国へ侵攻したことがきっかけである。そ

の後，アメリカ軍を中心とした国連軍が韓国を支援したのに対し，中国やソビエト連邦が北朝鮮を支援した。戦線は北緯38度線付近で膠着し，その状態で休戦協定が結ばれた。

なお，朝鮮戦争に伴い，アメリカ軍・国連軍などから日本に多くの物資類の発注がなされた(朝鮮特需)。この特需によって日本経済は潤い，好況に転じて，その後の経済成長の足掛かりとなったといわれている。

☑ベトナム戦争(1960〜75年)

南北に分裂したベトナムで生じた戦争のことをいう。南ベトナムにおいて反政権を唱える南ベトナム解放民族戦線が，ベトナム統一国家を築こうとしていたベトナム民主共和国(北ベトナム)の支援のもと，南ベトナム政府軍と戦った。北ベトナム軍はソビエト連邦や中国の支援を，南ベトナム軍はアメリカの支援をそれぞれ受けていたことから，冷戦を背景とした代理戦争であったといわれている。

当初，アメリカは北ベトナム軍がすぐ降伏するものと思って軍事介入したが，戦争は長期化した。アメリカ軍はアメリカ内外の反対運動と大きな戦費の負担に耐えられず，撤収した。その後，北ベトナム軍がベトナムを統一し，ベトナム社会主義共和国が成立した。

☑イラン・イラク戦争(1980〜88年)

イランとイラクの国境線をめぐる戦争のことで第一次湾岸戦争ともいう。

イランとイラクの石油輸出の際に重要なシャトルアラブ川の領土問題や航行権について，両国が対立していたことが戦争のきっかけである。当初，イラクがイランへ侵攻したが，82年には形勢が逆転し，イランがイラクへ侵攻した。その後，1988年に国連安全保障理事会の停戦決議を受け入れて，戦争は終了した。

イラン革命(反欧米主義とイスラム主義を掲げる勢力による革命)の拡大を恐れた周辺諸国や，アメリカをはじめとした多くの国々はイラクを支援した。そのことがイラクの軍事力を強める結果となり，その後のイラクのクウェート侵略へとつながったといわれている。

☑湾岸戦争(1991年)

フセイン大統領が率いるイラク軍が，隣国であるクウェートを占領した際，アメリカを主体とする多国籍軍がクウェートからイラク軍を撤退させるために起こした戦争のことをいう。第二次湾岸戦争ともいわれる。

もともとイラクとクウェートはイギリス領メソポタミアであり，独立の時

期の違いで両国に分割されたという背景があった。そのため，イラクは湾岸戦争以前からクウェートも自らの領土であると主張していたが，国際社会の多くは侵略とみなした。最終的にはクウェートからイラク軍は撤退し，停戦が成立した。その後も，フセイン政権は存続したが，2003年のイラク戦争によって崩壊した。

☑ パレスチナ問題

中東のパレスチナ地方をめぐる，**イスラム教徒・ユダヤ教徒・キリスト教徒の2000年にわたる確執**のことをいう。**三枚舌外交**（第一次世界大戦中，イギリスはオスマン帝国の領土であったパレスチナを手に入れるため，フランス・アラブ人・ユダヤ人それぞれとパレスチナの共有に関する協定を結んだ），**国連によるイスラエル建国**（第二次世界大戦で迫害を受けたユダヤ人のための国家をつくった），**中東戦争**（イスラエル建国後にパレスチナを追い出されたアラブ人が，イスラエルに仕掛けた戦争。アメリカがイスラエルを支援し，イスラエルが勝利）などで問題は深刻化した。

イスラエル建国後，国内のアラブ人勢力（パレスチナ解放機構）が独立を求める運動を行った。1993年にはオスロ合意のもと，イスラエル国内にパレスチナ自治区が作られたが，イスラエルとの和平に合意しない勢力によるテロ（次項参照）や武力行使が行われる事態に見舞われた。現在では，和平交渉が停止している。

☑ テロリズム

政治的な目的を達成するために，敵対する者や一般市民に対して暴力を振るい，その脅威に訴えて目的を達しようとする主義のことをいう。暗殺・殺害・破壊・監禁・拉致といった手段が用いられ，恐怖心をあおることで相手側に譲歩させたり，抑圧したりする。

2001年に発生した**アメリカ同時多発テロ**は，**イスラム原理主義**（古来のイスラム社会への復帰を求める思想）を掲げる**アルカイダ**（過激派国際ネットワーク）によるものである。以降も，ISILなどのイスラム過激派がアメリカを敵視し，テロ活動を行っている。

☑ ルワンダの内戦（1990〜93年）

アフリカ中央部のルワンダで起こった武力衝突のことをいう。ルワンダはドイツ・ベルギーの植民地であり，植民地時代にはツチという部族が支配層となり，フツとトゥワという部族は差別されていた。しかし，ツチとベルギーの関係悪化により，ツチは隣国のウガンダに脱出し，難民となった。

1962年に独立後，フツが政権を握ったが，ウガンダのツチ系難民がルワンダ愛国戦線を組織して，内戦が勃発した。この内戦ではルワンダ愛国戦線が勝利し，1993年に和平合意をした。しかし，1994年にフツによるツチの大量虐殺が行われた（ルワンダ虐殺）。ルワンダ愛国戦線が制圧するまでの間，ルワンダ国民の1〜2割程度が犠牲になったといわれている。

☑ ボスニア・ヘルツェゴビナ紛争（1992〜95年）

ユーゴスラビアから独立したボスニア・ヘルツェゴビナで行われた内戦のことをいう。第二次世界大戦後のヨーロッパにおいて最悪の紛争といわれている。クロアチア人・ボシュニャク人（ムスリム人）勢力と，セルビア人勢力とが対立したことから紛争に発展した。

この紛争では，互いに異民族を排除し，自民族の勢力圏を拡大しようとする民族浄化が行われたといわれている。北大西洋条約機構（NATO，アメリカとヨーロッパによる軍事同盟）による介入によって1995年に停戦が実現し，和平合意がなされた。

今では，クロアチア人・ボシュニャク人がボスニア・ヘルツェゴビナ連邦を，セルビア人がスルプスカ共和国をそれぞれ建国した。

☑ 世界貿易機関（WTO）

自由貿易を促進するための国際機関のことをいう。

① 自由（関税を低くする，数量制限を原則禁止する）

② 無差別（関税など第三国に対する優遇措置と同じ措置を他の加盟国にも約束する「最恵国待遇」，関税を除いて輸入品への待遇は国内産の製品と差別してはならないという「内国民待遇」）

③ 多角的貿易体制

を原則として掲げ，包括的に国際通商ルールを協議する機能を有している。世界貿易機関は強力な紛争処理能力を持っているが，それは提訴に対して，全加盟国が反対しなければ採択される方式（逆コンセンサス方式）を採用しているからである。

☑ ノーベル平和賞

ノーベル賞の一部門で，平和の維持に関する功績に対して与えられる世界で最も大きな権威の賞とされている。

ミャンマーのアウンサンスーチー氏（1991年受賞）や中国の劉暁波氏（2010年受賞）などのように，自国では政治犯として扱われているものの，彼らの人権活動や民主化運動の功績に対して授与されることもある。

☑ 平和主義（日本国憲法）

　日本国憲法では，前文と第9条において平和主義が掲げられている。現行の日本国憲法のもとで，自衛隊は『戦力』にあたるか否か（自衛隊の存在を認めるべきか否か），自衛権の行使が認められるか否かといったことが議論の対象となっている。

　第9条では戦力の不保持が謳われているが，当初はこの条文を文字通りに捉え，武力による威嚇や交戦権を否定し，軍隊を持っていなかった。しかし，国際情勢の変化によって自衛の必要性が生じたためとして，現在では事実上の軍隊（自衛隊）を有している。政府は「（自衛隊が）憲法第9条第2項で保持が禁止されている『戦力』にあたるか否かは，わが国が保持する全体の実力についての問題であって，自衛隊の個々の兵器の保有の可否は，それを保有することで，わが国の保持する実力の全体がこの限度を超えることとなるか否かにより決められる」，また「自衛権の行使にあたっては，わが国を防衛するための必要最小限度の実力を行使することは当然のこととして認められており，たとえば，わが国が自衛権の行使として相手国兵力の殺傷と破壊を行う場合，外見上は同じ殺傷と破壊であっても，それは交戦権の行使とは別の観念のものである」という見解を示している。

☑ 集団的自衛権

　自国と密接な関係にある外国に対する攻撃を，自国が攻撃されていないにもかかわらず，戦力を用いて阻止することができるという，国際法上で認められている権利のことをいう。従来の憲法解釈は集団的自衛権に否定的であったが，2014年に第2次安倍内閣において，集団的自衛権を限定的に行使できるように解釈を変える閣議決定がなされた。また，武力の行使の新3要件（①我が国または我が国と密接な関係のある他国に対する武力攻撃が発生し，我が国の存立が脅かされ，国民の生命，自由および幸福追求の権利が覆される明白な危険があること，②①を排除し，我が国の存立を全うし，国民を守るために他の適当な手段がないこと，③必要最小限度の実力行使にとどまるべきこと）も決定した。これに基づき，2015年には平和安全法制関連2法案（自衛隊法改正などの平和安全法制整備法と自衛隊の海外派遣を可能にする国際平和支援法）が成立した。

答案例

問題 国際紛争を解決するために必要なことについて，あなたの考えを述べよ。

600字以内

模範回答 国際紛争の原因は対立であるが，国境問題や国内勢力の対立など，事情は多岐にわたる。また，その背景には法律・経済・社会・心理・文化的な要素が複雑に絡み合っているので，解決手段を考える際には，一つの要因だけを断片的に捉えるのではなく，歴史的経緯や諸要因を広く捉える必要がある。

(以上，第1段落)

イスラエル建国に関する場合を例に挙げたい。パレスチナ地方には，イスラム教徒・ユダヤ教徒・キリスト教徒の長年の確執がある。それに加え，イギリスの侵略戦略への翻弄，第二次世界大戦中のユダヤ人迫害などの要因が問題を複雑化した。それにもかかわらず，国連はユダヤ人のためにイスラエルを建国することで解決を図ろうとした。この行動は対立の当事者であったアラブ人を難民化させ，後の紛争激化へとつながった。このように，断片的に捉えた要因だけで解決方法を選択すると，適切に対処できないのである。

(以上，第2段落)

紛争を解決するには，対立の要因を時間軸・要素ごとに解きほぐし，対応を考えることが大事だ。その際，片方にだけ有利な結果や妥協点を見出すことは，相手側に不満を残す。平和的に解決するためには，敵対状況を変える手段を講じることが必要だろう。例えば，ヨハン=ガルトゥング氏が提示する超越法のように，双方が受容し，持続できる解決法を新たに生みだすことなどが考えられる。

(以上，第3段落)

解説 第1段落：意見の提示…国際紛争の原因を踏まえたうえで，それを解決するためには要因を広い視野で捉える必要があると主張している。
第2段落：理由説明…パレスチナ問題を例にとって，要因を断片的に捉えては紛争解決につながらないことを説明している。
第3段落：意見の再提示…紛争解決には対立の要因を解きほぐすことが必要であるとともに，当事者間に不満を残さぬよう，敵対状況を変化させる新たな方法を考えるべきだと述べている。

5 生 活

　教育学部の家庭科専攻や生活科学系の学部を中心に，衣食住や健康に関連したテーマがよく出題される。また，食や健康については体育科専攻やスポーツ推薦入試の課題として，住については社会科専攻の課題としても頻出である。こうした出題は，専攻を希望している分野への興味・関心の度合いを測ることを目的としている。

　ここでは衣食住・健康に関する4テーマについて解説を施す。どれも出題率の高いテーマなので，確実に理解しておきたい。

取り扱うテーマ

> 被　服
> 日本人の食生活
> ストレス
> まちづくり

被　服

定義

　被服とは人体を覆う着装物の総称のことであり，主として学術研究や教育などの分野で用いられる言葉である。

　被服は，次の5種類に分けられる。

① **腰衣形式**　腰回りを紐や布で巻く。古代エジプト人が着用しており，現代のスカートや下着の起源といわれる。

② **ドレーパリー形式**　布を体に巻きつける。インドのサリーが代表例。

③ **ポンチョ形式**　布の中心に穴をあけて頭を通す。

④ **カフタン形式**　丈の長いガウン。和服が代表例。

⑤ **チュニック形式**　体に合わせて裁断した布を縫製したもの。現代の服はおおよそこの形である。

　なお，被服には衣服をはじめ，被り物・履物・手袋・装飾品などが含まれることがある。

必要性

　被服に求められている目的としては，①生命の維持や運動のしやすさ，②社会適応，③自己表現，④自己のイメージを形作る，などである。

　①は，気候や環境の変化に対応して，快適かつ安全な状態を保ったり，人間の運動や動作に適応したりするためである。例えば，アノラック(アラスカ先住民であるイヌイットが着用するアザラシ皮の上着)のような防寒服，サリー(インドの女性が着用する被服で，裾から空気を入れ替えることで熱と湿気を排出する)のような暑さをしのぐためのもの，防護服のように身を守るためのもの，ジャージー(伸縮性のある布(メリヤス)で作られた衣類)のように動きやすさを重視したものなどがある。

　②は，被服を着ることによって品位を保ったり，自らが社会的・儀礼的に順応していることを表すためである。例えば，冠婚葬祭では礼服，学校

内では制服，就職活動などでは**リクルートスーツ**を着用する。一方，プライベートな時間ではカジュアルな服装にする。このように，人は置かれた状況に合わせて服装や化粧を調整したり，場合によっては指定された服装の着用を義務付けられたりする。

③は，自分はどのような人物であり，どういう思想を持ち，自分や社会をどのような方向に導いていきたいのかを表現するために被服を用いることがあるということである。例えば，1960年代の**ヒッピー**(長髪やジーンズ，サイケデリックな衣装。アメリカの若者を中心に自然回帰を主張した)や1970年代の**パンク**(パンクロックの舞台衣装を模したファッション。ロンドンの若者や失業者の間に流行した)，1980年代の**カラス族**(白と黒を基調にしたファッション。左右非対称，ねじれや歪みといった有機的なデザインが特徴。男性に媚びることなく，社会で活躍しようとする女性を中心に広まった)などが代表例であるが，彼らは被服によって自らの意志を伝えようとしたともいえよう。

④は，被服は**自他の心理に影響を与える**という機能を持つということである。例えば，濃い青色の衣服が誠実さや爽やかさを演出する一方で，着用する本人の気持ちを落ち着かせるという効果があるといわれている。また，汚れやしわのない制服を着用することによって折目正しさがアピールできるとともに，自らも凛々しい気分になれる。このように，被服によってその印象を自分自身で管理することができ，着用している人自身の印象も形作ることができるのである。

必要性の背景

必要性の①については，**ホメオスタシス**(恒常性と訳される。内部環境を一定に保つ働き)に限界があることが背景にある。そもそも恒温動物である人間は体毛で体温を保持したり，身体を保護したりしていたが，進化の過程で体毛が少なくなった。しかし，人間にはホメオスタシスの一つとして体温調節機能が備わっている。そのため，外気の温度が低下すると鳥肌を立たせて体温の放散を抑えるとともに，震えや代謝亢進によって体温を上げようとする。逆に，暑い時には汗をかいたり皮膚の血管を拡張した

255

りして体温を放散し，体温を一定に保つことができるのである。しかしホメオスタシスにも限界がある。極端に温度が低い場所では深部体温が生命を維持できる水準を下回り，低体温症となることがある。他方，人の細胞の温度が42℃以上になると，ホメオスタシスは破綻し，細胞が変質・凝固・死滅する。このような，自律的に体温調節ができなくなる事態を避けるためには，被服による調節が欠かせないのである。

　必要性の②については，「恥」を意識しながら行動する日本人の特性によるといわれている。ルース＝ベネディクトは日本社会を「外面的強制力に基づいて善行を行う」，つまり恥の文化を持つ社会であると指摘している。目立つ行為や失敗をした時，あるいは自己の欠点を他人に指摘された時に生じるのが恥であるが，日本人はこうした恥を嫌い，恥を生じないように自らの行動を制御する。それは，自分自身の自己評価が他人と比べて下がることを否定的に捉えるからである。このようなことから，つねに他人の存在を想定し，自らの恥を避けられるように，場に合わせた被服を身につけたといわれている。

　必要性の③は，若者文化の誕生と第二次世界大戦後における被服の大衆化が背景にある。20世紀初頭まではファッションは上流階級の文化であり，大衆の被服は配給服や制服など，集団に所属するための道具と捉えられる傾向にあった。しかし，戦後は一般大衆もファッションを意識し始めるようになった。特に，自己表現の仕方を被服に見出したのはティーンエイジャー（p.263参照）であった。モラトリアム（p.72参照）の状態にある若者たちは，大人や体制に反抗的な態度を取ることがしばしばある。被服についても同様で，大人の嗜好には影響されず，若者の間で新たな文化を生み出した。例えば1950年代のテディボーイ（p.263参照），1960年代のロッカーズやモッズ（p.264参照）などはその代表的な例である。彼らは服装によって，自らの価値観を他人に向けて表現しようとしたのである。

　必要性の④は，印象形成に関する心理的研究の成果による。他人を認知する場合（対人認知），断片的な情報しかなくても，全体的な印象を形成することができる（印象形成）。その時，その人のすべての特徴が均等に影響を与えるわけではなく，重みのある特性（中心特性）とそうではない特性

(周辺特性)とがある。例えば，初めのほうに示された情報のほうがより影響を与えやすかったり(初頭効果)，ポジティブな情報よりもネガティブな情報のほうが影響を及ぼしやすかったりする(ネガティビティバイアス)。しかも，その人の断片的な特徴であっても，その評価をその人の全体的な評価に広げ，他の特徴の評価を歪める現象も起こる(ハロー効果・後光効果・光背効果)。その意味で，被服は相手を知るための視覚的情報であり，その人の印象形成に影響を与える大きな要素となる。

5
生
活

対応策・解決策

　必要性の①に対しては，さらなる技術革新により，より快適な被服を生み出すことが考えられる。例えばダウンジャケットのように，生地内に熱伝導率が低いとされる空気を溜め込み，暖まった空気を外に逃がさない工夫を施すことで，保温性を向上させることができる。現在では中空糸(マカロニのような穴を持った繊維)を使用して保温性と軽量化を図るなど，素材のさらなる開発が進んでいる。また，太陽光を遮蔽して被服内の温度上昇を抑える素材，繊維の編み込みを工夫して通気を調節する素材の開発も進み，温度上昇に対抗している。一方，夜間でも明るく光る素材，耐火・対爆用の素材，紫外線や放射線をカットする素材など，人体に有害な物質や危険から身を守るのに有効な被服も開発されている。

　必要性の②③④に対しては，自らが置かれた状況下ではどういった被服がふさわしいかを考えることが必要である。特に重視すべきは，TPO(p.268参照)に合わせた被服を心がけることである。確かに，相手に対して自己の思いを表現したり，自己を演出したりすることは本人の意志に委ねられるべきである(本人の自由である)という主張は理解できる。しかし，公共の場で身につける被服については，他人への影響も考える必要がある。なぜなら，初対面であったりコミュニケーションが乏しかったりする相手にしてみれば，服装は印象形成のための数少ない情報であり，服装によって自らの印象を左右しかねないからである。例えば，校則を逸脱した服装や華美な化粧をしていれば，規範意識の低い学生であることを相手に印象づけるだろう。また，ビジネスの場において過度にカジュアルな服装をし

て応対すれば，相手には「自分は軽視されている」という印象を与えることになりかねない。ファッションを自己表現の一環として捉えることに対して否定するものではないが，時や場所を考えたものにしないと，被服だけで自らの評価が歪められる恐れがある。被服が他人に与える心理的な影響を考え，相手にどういう影響を与えたいのかによって意識的に被服をコントロールすることが必要だ。

👉 小論文にする時のポイント ━━━━━━━━━━━━━━━━━━●

　被服に関するテーマは，教育学部の家庭科専攻，生活科学系学部でよく出題される。主として被服の役割についての出題が多いが，具体的には，①被服の必要性，②被服の機能，③被服と自分，④被服と他人，の4パターンがある。

　①については，「なぜ被服が必要なのか」とストレートに被服の必要性を問うものが典型例である。論述の方向としては，生命維持機能，社会順応効果，自己表現手段，心理的影響のいずれかを示すことになるだろう。その時，それぞれが求められる背景まで言及できるとよい。一例を挙げれば，生命維持機能についてであれば，ホメオスタシスの限界についても触れると内容が充実するだろう。

　②については，「なぜ被服は布でできているのか」「安全な被服とは何か」などと，被服の機能について問うものが典型例である。その時，「布だと動きやすいから」「体を守れる服が安全だ」などと，保温性・快適性・安全性・機能性のいずれかの指摘だけで終わる回答ではもの足りない。できれば，これらの中の複数要素を指摘した回答が望ましい。例えば，前者であれば「保温性や安全性を考慮すれば，他の素材も考えられる。しかし，布であれば，編み方や縫製の仕方で通気をコントロールでき，快適性が保てる。もちろん，裁断の仕方で機能的な服にも仕立てられる。保温性や安全性とともに快適性や機能性を保つために，被服に布が用いられる」などとする。後者であれば「外界からの刺激に耐えうる防護性能だけでなく，ホメオスタシスを補うことができる保温性や通気性を保った被服が安全だと考える」などと示すと，一面的ではない視点を持っていることがアピールできるだろう。また時には，「和服が生まれた背景を分析せよ」などと，民族衣装の発生の背景を分析させるものも出題される。その時にも，保温性・快適性・安全性・機能性という観点から分析できるとよい。関連キーワードの服飾

変遷の原則(p.260参照)，洋服の歴史(p.261参照)，和服の歴史(p.262参照)あたり
が参考になるだろう。

③については，「自分らしさと被服との関係について」など，被服が自己に与
える影響を分析させる問題が代表例である。こうしたテーマの時，自分がどのよ
うに被服を選んでいるかを延々と論じたり，自分のファッションのポイントを羅
列することに終始したりする答案が見られる。そうではなく，「被服を選ぶ時，
どういう要素が自己に影響を与えているのか」といった考察があると，内容が深
まる。例えば，ファッションジャーナリズム(p.265参照)やファッションビジネ
ス(p.265参照)，若者文化(p.263参照)が影響を与えていることを踏まえるとよい
だろう。

④については，「被服が他人に与える影響」といったストレートな尋ね方もあ
れば，「制服の乱れが社会に与える影響」などと制服や服装の乱れについて問う
ものもある。その時，「他人にどういう影響を与えようとして，被服を選んでい
るのか」といった考察ができればよいだろう。例えば，自己中心的な視点に重き
を置きがちで，被服による他人への影響を意識していないことを指摘することな
どが考えられる。また，印象形成(p.256参照)について言及し，被服という断片
的な情報が他人の印象を形作ってしまうことを述べるのもよいだろう。

過去の入試問題例

例　私たちが日常利用している衣服は，いろいろな布を材料としてつくられてい
る。なぜ，紙や金属・プラスチックではなく，布が用いられるのか，その理由
を述べよ。
(東京学芸大・教育学部)

例　人間にとって服装やファッションはどのような役割を果たしてきたと考えら
れるか。また，今後，服装やファッションはどのような役割を果たすことが期
待されるか。
(信州大・人文学部)

例　今日，あなたはどんな服装をしているか。その服装は「あなたらしい」か。
そのことを踏まえたうえで，人間にとって「その人らしさ」と服装の関係につ
いて論じよ。
(大阪大・文学部)

例　世界の衣服について，そこに住む人の服装を研究していくとその地に住む人

を知ることができると述べた英文を読み，この文章に対するあなたの意見を書け。 （畿央大・教育学部）

例 安全な衣服とはどのようなものかを説明せよ。さらに，衣服の安全性を考えたおしゃれについて，あなたの考えを述べよ。 （福岡教育大・教育学部）

例 「衣」の構成技術の発達過程について述べた文章を読み，日本において，着物（和服）の形体をした衣服が生まれ，長年にわたり着用されてきた理由について，自然環境や日本人の暮らし方を踏まえて述べよ。 （鹿児島大・教育学部）

🔑 関連キーワード

☑ 被服学

被服学とは，衣食住の衣の部分に焦点を当て，被服と人間との関連を広く研究する分野のことを指す。研究対象は被服の製作のみならず，被服素材・デザイン・生産過程・販売・消費・歴史など，幅広い内容が該当する。

そのうち，被服材料学とは，被服に必要とされる素材を研究する分野であり，繊維の性質や製造方法などを扱う。被服整理学とは，被服の表面に関する研究が該当し，被服の洗浄・染色・色彩加工・保管などが対象分野となる。被服構成学とは，実際の被服製作の理論と実践を研究する分野であり，デザインや縫製技術などが該当する。

☑ 被服着用の動機

「なぜ人間は被服を着用するのか」ということについて，社会心理学の立場から研究がなされている。J=C=フリューゲルは著作『衣服の心理学』の中で，「装飾（身体を美化するため）」「慎み（衣服で身体を隠して他人の注意を引きつけないようにするため）」「身体保護（皮膚を保護し，体温を調節するため）」と指摘した。一方，ホーンは著作『第二の皮膚』の中で，上記3つに「身体顕示（自分の身体美を示すため）」を加えた。

これに対して神山進は，「身体・生理的目的（身体の生命維持・健康増進）」と「社会・心理的目的（自己顕示・環境や社会への適応）」の2つの目的に分類している。

☑ 服飾変遷の原則

歴史とともに服飾もさまざまな変化を遂げてきたが，服飾変遷には以下の11のような原則が存在する。

① 自然環境によって変化する環境適応の原則

② 規則や規律よりも自己の好みを優先させることにより変化する内因優越の原則

③ 服装が見慣れることによって変化していく漸変慣化の原則

④ 機能性追求と装飾性追求を交互に繰り返す逆行変化の原則

⑤ 他人の模倣を取り入れることによって変化する模倣流動の原則

⑥ 変化が最終形態にたどり着くと消滅あるいは質素なものに転換する競進反転の原則

⑦ 上着の下に着用していたものが服飾として一般化することによる変化である表衣脱皮の原則

⑧ 一般大衆文化が上流階級に取り込まれることによって変化する形式昇格の原則

⑨ 細分化されることによる変化である系列分化の原則

⑩ 実用性のない箇所が省略されることによる変化である不用退行の原則

⑪ 流行が過ぎ去った過去の服飾が文化として根付くことによる変化である停滞残留の原則

☑ 洋服の歴史

古代ギリシャやローマにおいては身分や性別に関係なく，一枚布を用いた洋服を着用していた。中世に入ると装飾性や色彩の追求が始まり，男女の衣服の違いが明確になった。

16世紀頃から人為的に体型を誇張させる服装が用いられるようになり，女性はコルセットを用いてウエストを締め，腰から下を大きく広げる衣服が流行したが，広げるためにドレスの下に着用するパニエはこの時期に登場した。また，男性はズボンをはくことが一般化し，この時期は半ズボンが正装であった。また，髪型にも変化が見られ，男性はカツラを日常的に被るようになり，女性はスタイルが良く見えるよう高く結うなどの工夫をした。

18世紀に入ると華美の追求が加速するが，フランス革命後は一旦落ちつき，女性はコルセットを着けず，ハイウエストの簡素化された服を着た。男性ではカツラの着用が終わった。

しかし，19世紀中頃から再び女性の間でコルセットの着用が始まり，パニエには針金や鯨の骨など，より強固で自在に変化させられるものが使われた。男性は長ズボンが一般化し，帽子やタイなどの小物も現代に近いものが登場し，19世紀後半には現在もある燕尾服がほぼ完成された。

20世紀に入ると，女性の社会進出とともに，ドレスも動きやすくするために過剰な装飾が外されるようになった。

261

20世紀中頃にはコルセットは完全に外され，より動きやすいよう，長い歴史の中で変化がなかったドレスが上着とスカートに分割されたスタイルのほか，女性には禁忌とされてきた脚を出すスカートやパンツスタイルが登場した。

☑和服の歴史

日本の歴史は縄文時代まで遡ることができるが，8世紀頃までは資料がほとんどなく，当時の人々がどのような服装をしていたのかは不明な点が多い。しかし考古学的資料から，麻のようなものから布を織る技術があり，一枚布を用いて服を作っていたことは判明している。8世紀初頭に作られたと推測される高松塚古墳の壁画には当時の服装が描かれているが，それによるとこの頃は上半身と下半身をそれぞれ覆う服を着用し，腰に帯のようなものを巻いていたことがわかっている。

奈良時代に関しても文章のみの資料で詳細はわからないが，中国の唐の服装に影響を受けたものであったことは推測されている。

平安時代になると平安装束が確立し，貴族の間において，男性は衣冠束帯（いかんそくたい）と呼ばれる服装を，女性は十二単と呼ばれる服装を着用していた。平安装束は現在も皇族が宮中祭祀の際に着用するほか，雛人形の衣装も平安装束である。

平安中期に入ると武士の台頭とともに，男性の間では武士の服装である直垂（ひたたれ）が用いられるようになった。直垂は上着の袖が長く，袴の中に上着を入れるのが特徴であり，江戸時代後期まで身分の高い人を中心に，長い期間着用された。女性の服装も簡略化され，現代の着物の原型となる小袖が一般的となる。

江戸時代に入ると直垂がさらに簡素化され，裃（かみしも）と呼ばれる衣服が一般的となる。武家のみならず，町人や百姓も着用した。女性の間では婚礼用の衣装として振袖が生まれただけでなく，現代で着用されている着物スタイルは江戸時代に完成されたものである。

明治・大正時代には女学生の間で袴姿が流行したが，現在も大学生などが卒業式などの際に袴を着用するのは，これに由来する。

なお，和服という単語は，明治時代に洋服が着用されはじめたのを受けて，伝統服である着物と洋服とを区別するために生まれた言葉である。

☑服装の西洋化

服装の西洋化の歴史は，江戸時代に起こった鎖国の終焉とともに始まった。開国と同時に外国人と交渉する立場の人々の間で洋服が着用され，その動きやすさに着目した幕府は軍服を洋服化したが，これが日本で最初の洋服の大

量生産であったといわれている。

その後，1871年に官僚や軍の服装を洋服とする勅諭が出されると，次第に男性の間で洋服の着用が広がっていった。一方，明治時代において，女性の洋服着用は上流階級の間のみであったが，1923年の関東大震災において，和服着用の女性の被害が甚大であったことから，一般大衆においても洋服が着用されるようになった。

その後昭和に入ると，政府は1940年に国民服令を施行し，男性の正装用衣服として国民服を定義した。この国民服とは洋服であり，冠婚葬祭などの正装時には，男性はみな国民服を着用した。その後，第二次世界大戦が終わったあと，1970年代までは和服を普段着として着用する人もいたが，着用の煩わしさ，手入れの難しさ，価格の高さから徐々に少なくなり，現在は日常的に着る人はほとんどいなくなった。

☑ 若者文化とファッション

若者文化とは，主として13歳から20代前半くらいまでの若者を中心に構成される文化のことである。若者文化は自己表現の一環としてファッションを採用することが多く，若者文化とファッションは密接な関係があるといえる。例えば，若い女性で構成されるギャルは1990年代より数年ごとに変化

を続けながら独自の文化とファッションを持ってきた。また，オタク文化から派生するコスプレファッションもその一例として挙げられる。

これら若者文化のファッションは，消費による経済効果のほかに，近年では海外からの注目度も高く，文化輸出として期待できるものである。一方，問題点として，人気ブランドのコピー品や無許可のカラーコンタクト販売などの法律違反を生むことがある。

☑ ティーンエイジャー

13歳から19歳の青少年のことをいう。思春期に該当し，身体的に大きな変化が現れる時期である。また，自我が形成される時期でもあり，同時に心境が変化しやすく，また不安定になりやすいのも特徴とされる。

彼らは独自の文化を形成し，それは独自の若者言葉や若者ファッションなどの形で現れ，ほかの世代にも大きな影響を与えることでも知られている。さらに，メディアに影響を受けやすいが，一部の映画などにレイティングシステム（年齢制限）が設けられているのは，そのことに依拠している。

☑ テディボーイ

テディボーイとは，1950年代のロンドンで流行したファッションと，それ

を好んで着用した若者のことを指す。テッズともいう。

テッズジャケットと呼ばれる丈の長いジャケットや，テディジャケット，あるいはエドワーディアンと呼ばれる襟と袖がベルベット地のジャケット，細身のパンツにラバーソールと呼ばれる厚底の靴を着用し，髪型はリーゼントであったのが特徴である。当時アメリカを中心に世界中で流行していた音楽であるロカビリーに影響を受けたロカビリーファッションを，イギリス風に編成し直したものともいわれている。

また，テディボーイはロカビリーを好んで聴いたことから，音楽とファッションが結びついた初期の例であり，1950年代後半に登場するロッカーズ（次項参照）に影響を与えた。

☑ ロッカーズ

ロッカーズとは，1950年代後半から1960年代を中心にロンドンの労働者階級の若者を中心に流行したファッションと，それを好んで着用した若者および若者の特徴を総称したものである。ライダースジャケットと呼ばれる革のジャケットやパンツあるいはジーンズを着用し，ライダースジャケットに鉄鋲や缶バッジを取り付けたファッションが特徴で，髪型はリーゼント，そしてバイクを移動手段とした。バイクを自分好みに改造し，またカフェにこぞって集まっていたことから，ロッカーズをカフェレーサーと呼ぶこともある。1950年代にアメリカで流行していたロックンロールやロカビリーを好んで聞き，モッズ（次項参照）とは対立関係にあった。ロッカーズの若者は，夜間にしばしば公道レースを行った挙げ句に事故を起こしたり，夜間外出が目立ったりしたことから，当時のイギリス国会で議論が行われるほど，一時は社会問題化した。

☑ モッズ

モッズとはモダニストの略語で，1950年代から1960年代中頃まで，ロンドンの中流階級の若者を中心に流行したファッション・音楽・特有の行動様式を総称したものを指す。

モッズファッションの特徴は，モッズスーツと呼ばれる三つボタンのイタリア風細身スーツに細いネクタイとブーツに，モッズカットと呼ばれる髪型であり，アメリカ軍が採用したミリタリーパーカーを好んで着用したことから，このコートはモッズコートと呼ばれ，現在でもファッションの流行の中にしばしば登場する。流行からはずれた音楽を好み，夜になると深夜営業を行うクラブでダンスに興じた。ロッカーズとは対立関係にあった。

なお，モッズファッションで最も有名なのはイギリスのバンド「ビートルズ」であり，彼らの来日後，日本でもモッズブームが起こり，現在もファッションの一つとして定着している。

☑ファッションジャーナリズム

ファッションを扱うメディアの総称。2000年代中頃までは，ファッションジャーナリズムを牽引していたのは雑誌であり，世界の主要都市で人気ファッション雑誌が次々と生まれた。その読者が雑誌のファッションを真似たり，あるいは雑誌が読者を取り上げたりといった相互関係により，爆発的に発行部数を伸ばしていった。

しかし，インターネットの普及とともに休刊に追いやられるファッション雑誌が増え，発行部数も減少傾向にある。代わりに影響力を持つようになってきたのはインターネットのサイトであり，有名人のブログや海外のファッション関連のブログ，SNS（コミュニティ型のWebサイト）などが新たなメディアとして注目されている。

一方，マスメディアの中で最も影響力があるテレビの中においても，1960年代よりファッションを取り上げることが多くなり，ファッション専門の番組が生まれるなど，ファッションジャーナリズムの新たな一翼を担うようになっている。

☑ファッションビジネス

ファッション消費財を扱う産業，特にアパレル消費財を扱う産業を総称してファッションビジネスと呼ぶ。大きく分けて，繊維や布帛を取り扱う産業である川上産業，ファッション商社やメーカーである川中産業，ファッション小売業界である川下産業がある。

近年，ファッションビジネスは衣料品や服飾雑貨だけでなく，化粧品などの美容分野やインテリアなどの住環境分野，ファッション要素の強い映画や東京ガールズコレクションなどの文化事業も含まれるという見方がされており，生活文化に関する産業がほとんど該当するともいえるようになってきた。

☑ファストファッション

ファストファッションとは，流行を取り入れた衣料品を大量生産し，低価格で販売する業態やファッションブランド，あるいはファッションアイテムのことを指す。2000年代後半より使われるようになった言葉で，安くて速いファーストフードが語源となっている。

最新の流行を取り入れるために各アイテムの販売期間が短く，それにより常に新しい商品が並び，顧客が何度も来店しやすい鮮度の高い売り場となる

のが特徴である。また，低価格を実現するためには圧倒的な大量生産が必要とされ，新たな販売先と売上を求めて海外進出する例も目立つ。具体的には，日本のユニクロ，アメリカのGAPやフォーエバー21，スペインのZARA，スウェーデンのH&Mなどがファストファッションに該当する。

☑ リアルクローズ

日常生活で着用可能かつ購入可能な衣服を総称してリアルクローズと呼ぶ。元々は高価なプレタポルテ（p.267参照）やファッションショーで発表されるようなデザイン性に富んだ衣服の対義語として生まれた。高品質ながらプレタポルテよりも価格を抑え，適度なデザインで着回しが可能な既製服のことで，リアルクローズを制作・販売するデザイナーズブランドや，種々のブランドを集めて販売するセレクトショップで販売される衣服が該当した。

現在では，ファストファッションよりも価格が高めで，若者の流行を担う衣服を総称してリアルクローズと呼ぶ場合が多い。

☑ 流行色

一定期間内に流行する特定の色のことを流行色と呼ぶ。ファッション分野における流行色は，春・夏と秋・冬の年2回に分けられることが多く，それぞれの流行色はまず，流行色を決定する国際機関によって設定される。設定された色を参考に，国内の流行色機関が具体的な色を決定し，それに基づいて商品企画が行われ，店頭に並ぶという手順を踏んでいる。

一方，近年においてはファストファッションの台頭や，各アパレルメーカーがシーズン途中で商品の売れ行き動向に基づいて新たな商品を企画するのが一般的になったことなどにより，決定された色とは別の色が流行色となることもある。

☑ 制 服

ある一定の組織あるいは職業に属する人が，着用を義務づけられる服のことをいう。制服は学生をはじめとして，警察官などの公務員，店員や銀行員，列車や飛行機の客室乗務員まで，実にさまざまな分野で採用されている。

制服を定める第一目的として，その組織に属する人とそうでない人を明確に区別する，見た目で職業が判断できるといった，属性を可視化することが挙げられる。一方で，同じ制服を着用する者同士の連帯感を高める，規律正しい人間性を育成するといったことを目的として制服を設定する場合もある。

制服の是非はしばしば起こる議論で

ある。肯定派は，上記の目的以外に服
装にかかる金額を抑えることができる，
学生においては全員同じにすることで
格差を少なくし，いじめを防ぐといっ
たことをその理由として主張すること
が多い。逆に反対派の意見としては，
個性が尊重されない，気温などの変化
に対応しにくく機能的でない，また企
業においては制服維持のための経費が
かかることなどがある。

☑ クールビズとウォームビズ

　ビジネスの世界において着用が一般
化しているスーツスタイルに関して，
夏期に軽装化することをクールビズ，
逆に冬期に重装化することをウォーム
ビズと呼ぶ。

　環境省を中心として2005年より開始
され，二酸化炭素排出量を抑え，環境
に配慮することを目的としている。夏
期は室内温度を28度，冬期は20度に設
定することが推奨され，その室温下で
快適に過ごすため，夏はジャケットや
ネクタイなしのスタイルが，冬はジャ
ケットの下にセーターや保温性イン
ナーを着用するなどが一般的である。

　2012年には，東日本大震災後の電力
不足を受けて，さらなる節電を促進す
ることを目的として，環境省はスー
パークールビズを打ち出し，クールビ
ズファッションのさらなる浸透・定着

を目指している。

☑ プレタポルテ

　有名高級ブランドや有名デザイナー
が制作する高級既製服のことをプレタ
ポルテと呼ぶ。一般的には，高級ブラ
ンドの路面店舗や百貨店の高級洋品売
場で購入できるものがプレタポルテに
該当する。

　高級服の展示会ならびにファッショ
ンショーであるミラノコレクション，
ニューヨークコレクション，東京コレ
クション，ロンドンコレクションはす
べて，プレタポルテの新作発表会であ
る。なお，シャネルやクリスチャン＝
ディオールなどの一部高級ブランドは，
プレタポルテのほかに，上顧客からの
み受注し，すべて手作業で製作する高
級服オートクチュールも持つ。

☑ コンフェクション

　コンフェクションとは，一般大衆向
けの既製服を総称したものである。

　19世紀以前には既製服は存在せず，
すべてが手作業によって作られていた
ものが，19世紀に入りメジャーが発明
され，正確な計測が可能となったこと
を契機に，既製服が生まれることと
なった。それと同時に生まれた言葉で
あるため，当初は既製服という意味で
しかなかったが，プレタポルテが生ま

267

れた1940年代以降は，プレタポルテと区別を図ることを目的に現在の意味が生まれた。

なお，コンフェクションはフランス語だが，英語では既製服という意味を持つレディメイドのほか，一般大衆向けのファッションという意味を持つマスファッションが近い意味を持つ。

☑ TPO

Time（時間），Place（場所），Occasion（場合）の頭文字を取ってつくられた和製英語。1963年，ファッションブランドVAN（1960年代のアイビーブームを巻き起こした企業）の社長であった石津謙介氏が考案した。

東京オリンピックを目前にして，外国人に合わせ，日本人に適切な服装の着こなし方を啓蒙しようとした。現在では，マーケティングにも応用されており，商品開発や販売手法においては社会状況（Time），地域事情（Place），ライフスタイルや消費者嗜好（Occasion）を考慮することが重視されている。

☑ ソロモン=アッシュ（1907〜1996）

ポーランド出身のゲシュタルト心理学者で，人間の印象形成を主に研究したことで知られている。

アッシュが唱えた印象形成の特徴に，ゲシュタルトモデルがある。これは，人の印象というものは，さまざまな特徴の集合体ではなく，中心となる特性であるゲシュタルトが形成され，他の特徴の意味や印象は，このゲシュタルトにより決定されるというものである。

また，最初の方に出てきた情報が全体に大きな影響を与えたり，逆に最後に出てきた情報が最終決定に大きな影響を与えたりという，順序効果を研究したことでも知られている。

☑ 社会的スキーマ

スキーマとは，過去の経験に基づいて形成された知識構造のことを指すが，これが社会的要素と結びついたものが社会的スキーマである。社会的スキーマは4つに分類される。

パーソン・スキーマとは自分以外の他人の特性や目標に関するスキーマである。人をタイプ別に分類する属性分類は，パーソン・スキーマで可能となる。

セルフ・スキーマとは，自分自身に関するスキーマのことで，このスキーマが明確であるほど，関連領域の記憶が促進されるという特徴がある。

ロール・スキーマとは年齢や職業などの社会的分類に関するスキーマで，集団や，集団を構成する個人に特定イメージを当てはめて考えてしまうステレオタイプを生むことがある。

イベント・スキーマとは，社会的な出来事に関する一連の決まった行動や動作に関するスキーマである。これにより，現在起こっている出来事の内容把握や，次にすべき行為の実行が可能となるというものである。

答案例

問題 被服の必要性について，あなたの考えを述べよ。 **600字以内**

模範回答 被服には，アノラックのような防寒用，サリーのような暑さをしのぐためのもの，防護服のような護身用，ジャージーのような動きやすさを与えるものなどがある。私は，気候や環境の変化に対応し，快適・安全な状態を保ったり，人間の運動や動作に適応するために被服が必要だと考える。 （以上，第1段落）

こうした機能が求められるのは，ホメオスタシスには限界があるからだ。例えば，外気温が低下すると鳥肌を立てせて体温の放散を抑え，震えや代謝亢進によって体温を上げようとする。暑い時には汗をかいたり皮膚血管を拡張したりして体温を放散する。しかしホメオスタシスには限界があり，極端に温度が低いと深部体温が生命維持の水準を下回り，低体温症となることがある。他方，人の細胞が42℃以上になるとホメオスタシスは破綻する。自律的な体温調節ができなくなる事態を避けるために，被服による体温調節が必要だ。 （以上，第2段落）

昨今では気候変動など，環境の変化が問題視されている。そんななか人間の恒常性を保つためには，被服の機能向上が欠かせない。例えば，中空糸を使用して保温性と軽量化を図ったり，太陽光を遮蔽して被服内の温度上昇を抑えたり，繊維の編み込みを工夫して通気を調節することが考えられる。こうした素材開発も含め，さらなる技術開発が今後も必要だ。 （以上，第3段落）

解説 第1段落：意見の提示…いくつかの被服の例を示しつつ，被服は人間の安全性を保つために必要であることを主張している。

第2段落：理由説明…被服が必要になる背景には，人間のホメオスタシスに限界があることを説明している。

第3段落：意見の再提示…気候や環境の変化に合わせるために，より快適な被服を生み出すことの必要性を述べている。

日本人の食生活

出題頻度 → 教育 ★ ★ ★　文学・日文 ★ ★　幼・保 ★

定義

　日本人の食生活は，戦後を契機に大きく変化したといわれている。朝食の欠食(p.279参照)，食塩の過剰摂取(p.275参照)なども問題視されるが，ここでは摂取する食品が偏重していることに的を絞って論じたい。特に，①米の摂取量の減少，②脂質の過剰摂取，③野菜類や果物類の摂取不足を取り上げる。

　まず，①について。農林水産省が公表した「食料需給表」にある国民1人1日当たりの消費量(純食料供給量)を品目別に見ると，米はピークの1962年では324.0 gだったが，2017年には163.7 gとほぼ半減した。一方，小麦は1960年の70.6 gより上昇し，2017年には116.2 gとなっている。これらのことから，米の摂取量は安定減少し，小麦の摂取量は増加していることがわかる。

　次に，②について。「食料需給表」によると，PFC熱量比率(p.275参照)は次のとおりである。

1965年	P：F：C＝12.2％：16.2％：71.4％
2000年	13.1％：28.7％：58.2％
2017年	12.9％：30.1％：57.0％

P：F：C＝13〜20：20〜30：50〜65となることが理想的とされていることから考えると，三大栄養素(p.274参照)のうち脂質の摂取比率がやや高いことがわかる。

　最後に，③について。農林水産省が発表する食料需給表で成人の1日当たりの摂取量を見ると，野菜類はピークであった1968年の340.4 gから下落し，2017年には283.8 gに，果物類は1994年の121.6 gから2017年には127.2 gとなった。一方で，肉類は1960年では14.2 gであったものが上昇し続け，2017年には135.9 gとなった。つまり，肉類の摂取量だけが増加

する傾向にある。

　なお，成人の1日当たりの目標平均摂取量は，野菜は350ｇ程度（健康日本21（p.287参照）による），果物は200ｇ（食事バランスガイド（p.287参照）による）といわれている。

5
生
活

問題点

　このような食生活の変化は脂質の過剰摂取や蓄積を引き起こし，肥満（p.278参照）やメタボリックシンドローム（p.288参照），生活習慣病（p.285参照）の要因となり得る。その結果，大腸がん・乳がん・心臓病・高血圧などの罹患リスクや死亡リスクを高め，健康へ悪影響をもたらす。

　例えば，米や果糖（果物に含まれる甘味のもと）は，砂糖や小麦製品（パンや麺類）よりも小腸で吸収されるスピードが遅いために血糖値の上昇が遅くなる。血糖値が上昇するとインスリン（血糖値を下げる役割を担う）が働くが，同時に代謝や脂肪分解の抑制とともに脂肪合成を促進するため，体脂肪が蓄積されやすくなる。

　もちろん，肉中心の食生活は脂質の過剰摂取につながることはいうまでもない。しかも一方で，野菜や果物類の摂取量が減少すれば，相対的に肉類や炭水化物の摂取量が増え，さらに脂肪が蓄積しやすくなる。過剰に蓄積した脂肪は，皮下脂肪から内臓脂肪，さらにさまざまな臓器に沈着する。それに伴い，がんや高脂血症・高血圧・動脈硬化・糖尿病など，生活習慣病をはじめとした合併症を引き起こす危険度が高くなる。さらに，皮下脂肪の増加によって睡眠時無呼吸症候群（p.289参照）になりやすい。

　生活習慣病にかかるリスクが高い肥満者は医療費が高くなりやすく，肥満の度合いが高くなるほど医療費が増加するといわれている。つまり，肥満は社会が負担する医療費上昇の一因となっているのである。

問題点の背景

　肥満者の増加は食の欧米化に原因があるといわれるが，その発端は戦後のアメリカの農業事情と小麦戦略にあるといわれている。第二次世界大戦中は兵食として，戦後はマーシャルプラン（アメリカによるヨーロッパ復

興計画)の一環として，アメリカは小麦をはじめとした農産物を海外へ輸出していた。しかしマーシャルプランも朝鮮戦争も終結すると，アメリカは大量に小麦の在庫を抱えることになった。そこでアメリカは1954年に余剰農産物処理法を成立させ，食糧不足状態にあった日本で主食を米から小麦へ転換させようとした。また，栄養改善運動により牛乳や乳製品・肉類・卵などの消費が推し進められた。こうして日本では，パン食やおかずの洋風化が普及したといわれている。

それに加え，外食・調理済み食品・冷凍食品などの普及によって市民の消費形態が変化したことで，自身で食生活の内容をコントロールすることが難しくなってきている。つまり，これらの食品は一般的に濃い味付け・油脂の多さ・肉類偏重・野菜不足であり，脂質の過剰摂取や蓄積につながりやすい。一方で，肉体労働の減少・ストレスの増加・労働の長時間化などといった労働環境の変化や，遊び場やスポーツ施設の減少・屋内で娯楽を楽しむ機会の増加など，遊び空間の屋内化や静的遊びへのシフトなどにより，現代人は運動不足となる傾向にある。その結果，脂肪が蓄積しやすい環境にあることも指摘されている。

対応策・解決策

こうした食生活を正すためには，カロリー摂取量の減少（食事療法）と運動量の増加（運動療法）が欠かせない。

個人によるカロリー制限や運動の実施もさることながら，政府や企業の関与も必要だ。前者であれば，栄養ガイドラインの提示，自転車の利用や徒歩の推奨，健康増進に関する啓蒙活動，健康を害する食材使用の禁止措置の実施などの施策を政府が進んで行うことなどが考えられる。一方，食品を供給する企業側は健康を害する食材を避けることや，低カロリー食品の提供，消費者へ食品成分を表示することなどが挙げられる。

また，健康診断におけるメタボリックシンドローム（p.288参照）の判定など，予防医療による対策も効果的である。

👉 小論文にする時のポイント

　食生活に関するテーマは教育学部のうち，家庭科専攻・体育専攻・小学校教員養成課程専攻でよく問われる。その中で家庭科専攻に対しては「日本人の食生活の変化」,体育専攻には「肥満者の増加」といった切り口で出題されることが多い。具体的には,

① 食生活の変化(もしくは肥満)が引き起こす問題点
② 食生活の変化(もしくは肥満者の増加)の背景
③ 食生活改善のための取り組み(または肥満者への対応)

という3つのパターンのどれかで問われるのがほとんどである。

　①の場合，罹患リスクや死亡リスクの上昇など，健康への影響を指摘するのはもちろんだ。その時，「米や野菜の摂取量減少や脂質の過剰摂取がどう健康に影響を与えるのか」「なぜ朝食を抜くと健康に悪影響が出るのか」「塩分の過剰摂取が罹患リスクを高める理由とは何か」などと根拠を十分に説明したい。また,「医療費上昇の要因となる」など，こうした問題が社会に与える影響も指摘しておきたい。

　②の場合なら，食生活が変化した背景をできるだけ掘り下げて考察できるとよい。ただし，背景は多岐にわたるため，主なポイントとして，「戦後の農業・食糧事情」「摂取カロリーの増加」「運動量の低下」のいずれかの指摘に重きを置くとよいのではないか。

　③の場合は，食事療法・運動療法・予防医療という観点から，具体的な対策を述べておきたい。例えば，学校で肥満や生活習慣の調査や検査を行うとともに，養護教諭や担任教諭の個別指導や生活習慣病に関する啓蒙や授業を実施することなどが考えられる。特に，肥満児に対しては，食事指導と運動指導の実施とともに，家庭との連携が必要となることが指摘できるとよいのではないか。

📝 過去の入試問題例

例 『学校保健統計調査』(文部科学省)から表1「年齢別肥満傾向児の出現率」,『国民健康・栄養調査報告』(厚生労働省)から図1「運動の好き嫌いの比率」, 図2「休日に座ったり寝転んだりして過ごす時間の分布」, 表2「小中学生の朝

食の欠食状況」，図3「小中学生における朝食及び夕食の共食状況」，図4「小中学生における朝の目ざめ方の状況」のそれぞれを読み，すべての図表から示唆される小中学生の心身の健康に関わる問題に対して，あなたが将来教員になったなら，その立場でどのように対応するのがよいかを述べよ。

（北海道教育大旭川校・教育学部）

例 健康づくりのために食生活で気をつけなければならないことを5つあげ，なぜそれが必要なのかを，簡潔に述べよ。 （東京学芸大・教育学部）

例 多様な食料を利用する縄文時代の生業を「タコ足的」，2，3種類の限られた食料に強く依存する農耕民や牧畜民の生活を「一本足的」生業と表現して縄文前期の鳥浜村の人々の食生活について述べた文章を読み，課題文をふまえて，今まで自分が送ってきた食生活を含めた現代日本の食事文化について，あなたの考えを述べよ。 （岐阜大・教育学部）

例 食生活の乱れは健康に良くないと言われているが，どのようなことが生ずるのか一例をあげて，あなたの考えを述べよ。 （東海学院大・人間関係学部）

例 肥満傾向児出現率と痩身傾向児出現率についての図を読み，この傾向の原因について述べよ。また，このような児童に対して小学校教育がすべきことを述べよ。 （佐賀大・文化教育学部）

例 既成食品への依存度が高く，子どもの舌が添加物入りの料理に慣れていることから始めた，弁当を自分で作って持ってくる「弁当の日」の取組について述べた新聞記事を読み，栄養的に高校生のあなた自身に適した昼食用弁当のおかずを，2，3品考えよ。さらに，あなたが作成した弁当がどのような点で高校生のあなた自身に適しているか説明せよ。また，「本格派」の食事をとり入れ，健康的な食生活を営むには，どのようにする必要があると考えるか，あなたの考えを述べよ。 （長崎大・教育学部）

🔎 関連キーワード

☑三大栄養素

人間が生命活動を行うために必要な栄養素のうち，炭水化物・タンパク質・脂肪のことを三大栄養素と呼ぶ。

炭水化物は体内で糖に変わり，活動エネルギーとして利用される。脂肪と

比較すると消化や吸収のスピードが速いため，エネルギーとしては即効性があるほか，脳は炭水化物から生成されるブドウ糖のみをエネルギーとして利用することが知られている。

タンパク質は，内臓や髪などの体組織だけでなく，ホルモンや遺伝子などの構成の基となる栄養素である。体内で常に新しいものと古いものが入れ替わっており，タンパク質の中には体内で作り出すことが不可能な必須アミノ酸が含まれていることから，食品から摂取することが求められる。

脂肪はエネルギー源として利用されるほか，神経細胞や細胞膜などの構成や体温調整を行うのに使用される栄養素である。脂肪には種類があり，その中でもマーガリンや外食産業で多く使用されるトランス脂肪酸の過剰摂取は，体への悪影響が指摘されている。

☑PFC 熱量比率

Protein；タンパク質，Fat；脂質，Carbohydrate；炭水化物それぞれの摂取カロリーの比率のこと。PFC バランスともいう。それぞれの栄養素の1g 当たりのカロリーは異なるため，摂取カロリーを算出する計算式も栄養素によって異なる。1g 当たりのカロリーは，タンパク質 4kcal，脂質 9kcal，炭水化物 4kcal である。

$$\text{タンパク質}(\%) = \frac{\text{タンパク質摂取量(g)} \times 4\,(\text{kcal})}{\text{総摂取カロリー}\,(\text{kcal})} \times 100$$

$$\text{脂質}(\%) = \frac{\text{脂質摂取量(g)} \times 9\,(\text{kcal})}{\text{総摂取カロリー}\,(\text{kcal})} \times 100$$

$$\text{炭水化物}(\%) = \frac{\text{炭水化物摂取量(g)} \times 4\,(\text{kcal})}{\text{総摂取カロリー}\,(\text{kcal})} \times 100$$

☑食 塩

食用にするための塩を総称して食塩と呼ぶ。食塩の製法には，岩塩を採掘する方法，塩田で海水を天日干しする方法，海水を電気分解して不純物を取り除き，塩味の基となる塩化ナトリウムのみを取り出す方法，死海などの塩湖から採掘する方法の4種類がある。

塩は生命維持のために欠かせないものであるが，逆に摂取量が多すぎるとがん発生のリスクが上がるなど，人体へ悪影響を及ぼすことが知られている。そのため，世界保健機構（WHO）は塩分の摂取量は1日5g未満が適切であると定めている。一方，厚生労働省の調査によると，日本人の1日当たりの平均塩分摂取量は10g前後であり，塩分摂取量の多さが目立つ。その理由として，味噌汁や漬物といった伝統ある日本食が高塩分であることに由来していると考えられる。

5
生
活

☑ 糖

糖とは，人体に吸収されてエネルギー源となる物質のことである。栄養学(p.277参照)においては糖質と呼ばれている。

糖は三大栄養素(p.274参照)である炭水化物に含まれ，炭水化物が摂取されると，体内で消化・吸収される糖と，吸収されずに体外に排出される食物繊維に分解される。吸収後の糖は，1グラム当たり4kcalのエネルギーとなり，すぐに使用されない分は脂肪となって体内に蓄積されることから，糖の過剰摂取は肥満や生活習慣病を引き起こす要因となる。また，糖はおもにブドウ糖や砂糖・果糖などの甘味成分である糖類，でんぷんやオリゴ糖などの多糖類，水あめやキシリトールなどの糖アルコールに分類される。

☑ 脂　肪

脂肪とは三大栄養素(p.274参照)の1つで，主として人体の活動エネルギーの基となる栄養素である。脂質とも呼ばれる。

脂肪には常温で液体状の油と，固体状の脂があり，どちらも水に溶けないのが特徴である。脂肪は体内に摂取後分解されて小腸で吸収されて，すぐに脂肪に再合成されて一度肝臓へと運ばれ，その後全身に行きわたる仕組みになっている。すぐに利用されない分は体脂肪となって蓄えられることから，過剰摂取は肥満や生活習慣病を引き起こす要因となる。脂肪は，おもにエネルギー源となる単純脂肪，細胞膜の構成成分などになる複合脂肪，コレステロールに大別することができる。単純脂肪と複合脂肪には構成要素として脂肪酸が含まれる。脂肪酸の中には体内で合成できるものと，合成することができないために食物から摂取する必要のある必須脂肪酸が存在する。

☑ タンパク質

タンパク質とは，主として筋肉や内臓などの組織を作り出す基となる栄養素で，三大栄養素(p.274参照)の1つである。

タンパク質はおもにアミノ酸でできている。体内に摂取されるとアミノ酸に分解され，吸収されたあと肝臓に運ばれ，再びタンパク質として合成される。アミノ酸は20種類から成り，そのうち9種類は体内で合成することができないので，食物から摂取することが必要となる必須アミノ酸である。タンパク質は肉や卵などに含まれる動物性タンパク質と，豆類や穀物に含まれる植物性タンパク質とに分類され，一部の必須アミノ酸は植物性タンパク質には含まれていないことがわかっている。

タンパク質は他の三大栄養素と同じように熱量エネルギーを持つことから，過剰摂取は肥満の原因となる。また，動物性タンパク質を含む食品は脂肪も含むものが多いので，動物性タンパク質に偏った摂取は脂肪摂取量が増えることになる。

☑ ポリフェノール

数多くの植物に含まれる，植物の色素や苦みの基となる成分のことをポリフェノールと呼ぶ。ポリフェノールには，動脈硬化や老化現象の原因物質である活性酸素を取り除く抗酸化作用があり，水溶性であることが特徴である。

代表的なポリフェノールはワインや緑茶などに含まれるフラボノイド，コーヒーに多く含まれるフェノール酸，イチゴに多く含まれるエラグ酸，柑橘類に多く含まれるクマリンなどである。また，市販のサプリメントや栄養強化食品として販売されることが多いカテキン，アントシアニン，イソフラボンはフラボノイドの一種である。

☑ カロテノイド

野菜や果物，一部の魚介類に含有される赤・橙・黄色などの色素を総称してカロテノイドと呼ぶ。カロテノイドは700種類以上も発見されており，脂溶性であること，高い抗酸化作用を持つことを特徴としている。一般的に熟したものほど含有量が高く，体内で合成することができないことから，食物からの摂取を必要とする。

カロテノイドには体内に吸収されるとビタミンAに変換されるものと，そうでないものが存在する。代表的なカロテノイドとして，体内でビタミンAに変換され，緑黄色野菜に多く含まれるβカロテン，ビタミンAには変換されないものの，高い抗酸化作用があり，トマトやスイカなどの赤い色素を持つ植物に含まれるリコピンが挙げられる。

☑ 栄養学

食物に含まれる栄養素が人体に与える影響，ならびに健康的な生命維持活動に必要とされる栄養の摂取方法に関して研究する学問のことをいう。日本の医学博士である佐伯矩により，20世紀前半に確立された。かつては医学の一分野にすぎなかった栄養という概念が，栄養学の確立により栄養素そのものの研究のほかに，食事と栄養の関係に関する研究にまで広げられた。

20世紀後半には，食事と生活習慣病の関係が注目されるようになり，栄養学の分野として栄養疫学の研究が活発化し，現在においても調査研究が続いている。なお，食育基本法(p.279参照)や2000年に農林水産省などによって策

定された食生活指針などの国家政策は，いずれも栄養学に基づいたものである。

☑ 飽和脂肪酸と不飽和脂肪酸

飽和脂肪酸は，炭素−炭素の二重結合あるいは三重結合を持たない脂肪酸のことである。バター・牛肉・チョコレート・サーモン・鶏卵・ヤシ油などに多く含まれる。飽和脂肪酸はエネルギー源ではあるが，インスリン抵抗性（次項参照）を生じさせ，糖尿病のリスクを増大させる恐れがある。また，血液中のLDLコレステロール（悪玉コレステロール）を増加させ，冠動脈疾患を引き起こす可能性が指摘されている。なお，体内において，飽和脂肪酸から不飽和脂肪酸を合成することができる。

不飽和脂肪酸は，1つ以上の不飽和の炭素結合をもつ脂肪酸のことである。魚介類・亜麻仁油・しそ油・えごま油・大豆油・菜種油・クルミなどに多く含まれる。エネルギー源になるほか，種々の有効な役割を担う。例えば，一価不飽和脂肪酸であるオレイン酸（オリーブ油に含まれる）を飽和脂肪酸の代わりに取ると，LDLコレステロールを減らすことができる。また，多価不飽和脂肪酸の一つであるn-3系脂肪酸（魚の油に含まれるIPA；イコサペンタエン酸やDHA；ドコサヘキサエン酸が代表例）は血中の中性脂肪を減らし，HDLコレステロール（善玉コレステロール。動脈硬化の防止などに役立つ）を減らさない。ただし，多価不飽和脂肪酸の中には，LDLコレステロールもHDLコレステロールも減らすn-6系脂肪酸（大豆油やコーン油に含まれるリノール酸が代表例）もあり，肥満や動脈硬化，アレルギーの原因になるといわれている。

☑ インスリン抵抗性

血糖を抑制する役割を担うインスリンの効力を弱める性質のことをいう。脂肪が過剰に蓄積した時に生じる脂肪細胞から脂肪酸や単球走化性タンパク質MCP-1が遊離し，インスリン受容体基質であるIRS-1タンパクのセリン残基をリン酸化する。すると，インスリンによってグルコースが細胞に取り込まれにくくなり，インスリン抵抗性が起こるとされる。インスリン抵抗性は高インスリン血症（インスリン抵抗性が招く高血糖を抑えるため，インスリンが過剰に分泌される状態）を引き起こし，高血圧や動脈硬化などの生活習慣病の原因となるといわれている。

☑ 肥　満

カロリーを過剰に摂取した結果，体内に脂肪が異常に蓄積した状態のことをいう。消費カロリーよりも摂取カロ

リーが多くなることで起こる。

　おもな要因は，運動不足と食生活の変化によるカロリー摂取過剰といった環境的なもののほか，遺伝的な要因，基礎疾患による症状によるものなどが挙げられる。

☑ 食　育

　健全な心身と豊かな人間性や食文化を育むことを目的とし，食に関する正しい知識と食を選択する判断力を養うための取り組みを食育と呼ぶ。栄養バランスの偏りや食生活の乱れによる健康被害，グローバル化が進んだことによる伝統的な日本食の摂食機会の減少，食品自給率低下による海外食品への依存などが要因となり，近年重要視されるようになった。2005年には食育基本法が施行され，学校・家庭・地域などでの食育の推進，生産者と消費者の交流推進，研究・検査の情報公開などが定められた。

☑ 朝食の欠食

　食習慣の乱れの代表的なものとして，朝食の欠食が挙げられる。厚生労働省によると，その割合は20代男性が最も多く，2017年の調査では約30％が日常的な朝食の欠食状態にあると発表している。また，文部科学省の2018年の調査では小学生の5.5％，中学生の8.0%が朝食を欠食しており，年々増加している。

　なお，朝食を食べないことに伴う問題点として，集中力の欠如や思考力の低下だけでなく，肥満を引き起こしやすくなり，その結果，成人病などの健康被害が懸念されている。特に児童においては，学力や体力面への悪影響が指摘されている。

☑ 食の安全

　食材そのものの安全性はもちろんのこと，加工食品などの安全性も含めて食の安全と呼ぶ。

　高度経済成長期に発生した水俣病やイタイイタイ病をはじめとして，集団食中毒事件や2001年に発生した牛肉のBSE問題，2005年に流行した鳥インフルエンザ問題，また近年においては食品の放射能汚染など，食がもたらす健康被害や安全懸念は過去に何度となく発生している。

　食の安全を脅かすものとして，ダイオキシンや環境ホルモンなどによる大気・水・土壌の汚染，遺伝子組み換え食品などの安全保障がない新技術，BSEや鳥インフルエンザなどの人体への健康被害が懸念される家畜の流行病，同じく健康被害が懸念される合成着色料や合成保存料を含む食品添加物などがある。食品添加物に関しては，

279

世界各国において基準が異なるため，輸入食品から無認可の添加物が発見されるといった問題も起こっている。

☑ 企業の不祥事

企業が社会の信頼を失墜させる出来事をいう。具体的なものには企業自体や従業員の犯罪行為，不正行為，商品の欠陥，不正表示，捏造などがある。例えば，エレベーターやシュレッダーの製品事故，自動車やガス機器の不具合による死亡事故，牛肉の産地偽装，製品の消費期限や賞味期限の偽装，運転ミスによる死亡事故といった企業や組織が関与する事件以外にも，業務上横領，業務に使用すべきものの私的流用，痴漢行為，飲酒運転，盗撮，セクシャルハラスメント，パワーハラスメントなどのように，行為者は社員個人であっても企業の不祥事として取り上げられることがある。

企業の不祥事に関わる最大の問題点は，企業に対する信頼が失墜することである。さらに，株主や消費者などへも深刻な影響を与える。

企業の不祥事が起こる背景としては，次の2つが考えられる。

1つ目は企業外の利害関係者（株主・顧客・消費者など）を無視や軽視した行動を取ることである。もう1つは，経営者や従業員のモラル低下やミスによって発生する。

このようなことから，企業の不祥事への対策としては，

① 利害関係者を重視した活動が行える仕組みを整えること
② 従業員のモラル向上とミス防止策
③ 不祥事の隠ぺい防止策を講じることが重要となる。

☑ リコール隠し

製品に欠陥があるとき，生産者がその内容を公表して回収したり，修理することをリコールという。また，企業がリコールを届けないで隠ぺいする悪質な行為をリコール隠しという。例えば，自動車のハブの欠陥を企業側は認知していたにもかかわらずそれを隠ぺいしたため，車輪の脱落で歩行者が死亡する事故につながった。

☑ カルテル

同業種の企業の間で，価格や生産する数量について協定を結ぶことをいう。カルテルは正当な自由競争を妨げるため，独占禁止法によって原則的に禁止されている。

カルテルには，価格カルテル（企業同士で価格を決め，不当に利益を上げる），数量制限カルテル（数量を制限して，価格を引き上げる），販路カルテル（販売地域や取引先を予め決めて，

競争を避ける)などが代表例である。

談合(公共事業での競争入札の時,入札に参加する者が落札価格や落札者を内密に決めること)もカルテルとして扱われる。

☑ ヒューマンエラー

人為的なミスのことをいう。計画段階での勘違いや思い込みが原因で起こるもの,計画自体に問題はないが正しく実行できなかったことによって起こるもの,物忘れや不注意によって起こるもの,目標を途中で見失って起こるものなどが挙げられる。

☑ リスクマネジメント

組織の中で発生する可能性があるリスクを管理し,リスクによって起こる損失を回避したり,リスクを減らしたりすることをいう。まずは,リスクの原因となるものを想定し,リスクの大きさを評価する。そのうえで,どの要因を優先して対処すべきかを決定し,それに対して具体的な対策を講じるという手法がとられる。

☑ コーポレート・ガバナンス (企業統治)

株主が企業の経営を監視する仕組みのことをいう。もともとは所有と経営の分離(株主が会社を所有するが,経営は株主総会で選ばれた取締役が行うこと)により,企業は株主のために企業価値を高めることが求められていた。しかし,実際には株主以外にも投資家・従業員・消費者・金融機関・取引先・地域・行政などの利害関係者(ステークホルダー)が存在する。こうした利害関係者にも不利益が生じないようにする必要がある。よって,経営上の意思決定が株主の利益の最大化という経営者の責務を果たしているか,企業の価値創造につながっているかを統制することが重要視されている。コーポレート・ガバナンスは,経営陣の独断・暴走・組織の企業倫理の逸脱を防止する役割を担う。

しかし,日本の企業はこうした経営のチェック機能が弱いといわれている。株主が経営陣の法的責任を追及することは難しいため,株主のチェック機能は弱くなりがちである。すると,経営陣の都合で企業を運営したり,コンプライアンス意識の低下につながったりする恐れがある。一方,こうしたチェック機能を担うべき監査役に経営陣の関係者がなることが多く,機能不全に陥っている企業もある。

こうしたことから最近では,社外からの取締役や監査役の招聘,委員会制度や執行役員制度の導入,行動規範や倫理憲章の導入などを行う企業もあ

る。なお，2006年より東京証券取引所に上場する企業は「コーポレート・ガバナンスに関する報告書」の提出が義務付けられている。

☑ 内部統制

企業内部の監査システムのことをいう。企業は社の目的を達成するために，組織を整備し，運用するのであるが，まず何よりも必要なことは，違法行為・不正・ヒューマンエラーを起こさぬよう，組織が健全かつ効率的に機能するための基準や手続きを定めることである。また，それらを監視する仕組みも必要となる。さらに，企業会計だけでなく，コンプライアンス（次項参照）や経営方針，業務上のルール，リスクマネジメントなどの整備を含めて，内部統制が行われる必要がある。

☑ コンプライアンス

コンプライアンスとは，法律はもちろんのこと，企業内の規則や社会的規範，さらには企業倫理に反しないように企業活動を行うことである。株式会社では商法に定められ，取締役や執行役の義務として定められている。

大企業においては，内部統制システムを構築する義務が課されている。コンプライアンス違反は企業犯罪であり，不祥事として取り扱われることもある。

その場合，企業は損害賠償訴訟または株主代表訴訟などによる法的責任を負わなければならない。

一方，コンプライアンスは法令遵守のことであるから，モラルに反していても法令に反しなければよいという考えも成立する（法律の抜け穴）。しかし，そうした行為は社会的信用の失墜につながる原因になる。なぜなら，企業が一定の社会的責任（Corporate Social Responsibility，略してCSR）を負っているからである。企業は，さまざまな利害関係者や社会全体へ与える影響に責任を持つ。

いかに効率よく収益を上げるかということを考えることは企業活動にとって重要であるが，自社の利益さえ追求できればよいという考えに陥ると，コンプライアンスや倫理観を無視することにもなりかねない。

☑ 内部告発

企業や組織内の人間が，所属する企業や組織の不正行為や法令違反を監督省庁や報道機関へ通報することをいう。欧米では内部告発者を保護する法律が定められているところがある。例えば，イギリスの公益開示法，アメリカのホイッスルブロアー法などである。日本では2006年に公益通報者保護法が成立した。一方，企業・組織では内部告発

を制度化するところもある。

しかし，内部告発者に対して企業や組織が制裁や報復を加える例が後を絶たない。また，監督省庁や部署が内部告発を放置することで，企業や組織の不正摘発が遅れ，利害関係者に大きな被害が及ぶことも起こり得る。

☑ 食品偽装

食料品や飲食店で提供される食品について，**本来とは異なる表示が行われて消費者の手に渡ること**をいう。例えば，産地や原材料の偽表示，消費期限や賞味期限の改ざん，食用でないものを食用であるなどと偽装すること，別の客が食べ残したものの再提供などがある。

食品偽装は，不正競争防止法の虚偽表示（経済産業省），JAS法の品質表示の適正化（農林水産省），食品衛生法の虚偽・誇大表示・誇大広告の禁止（厚生労働省），景品表示法の優良誤認表示（公正取引委員会），刑法の詐欺罪（警察）などに該当する。

☑ 地産地消

ある地域で作られた農作物を，その地域でできる限り消費しようとする考え方を地産地消と呼ぶ。食の安全を巡る問題や食品自給率の向上，生産者の販売経路の多様化，輸送距離の短縮による環境保全などの点から注目されるようになった。

農林水産省は2005年の食育基本法内で地産地消が言及されたのを受けて，産地直売所の推進，学校給食における地元農作物の積極的な利用の推進など，地産地消を推進する取り組みを行ってきた。また，2010年にはさらなる地産地消と農家の6次産業などの新事業を促進することを目的とした新しい法律が公布されている。

☑ 食品ロス

食品ロスとは，**本来食べられるべきものを廃棄した食品のこと**を指す。要因として，賞味期限切れや売れ残りの食品，食べ残し，調理時の残余処分などが挙げられる。

2016年の農林水産省の推計では，年間2759万トンの食品廃棄物のうち，643万トンが食品ロスによるものだとしている。食品廃棄物のうち，約50%が飼料や肥料などに再利用され，約10%が減量や熱回収されているが，残りの40%は焼却や埋立により処分されている。農林水産省は，世界における食品価格の高騰や人口増加による供給不安定を挙げて食品ロスの減少を提唱し，具体的な取り組みについて提言している。

283

☑ 肥満児

　標準体重を基本にして割り出す肥満度が20%以上多い子どもを肥満児，あるいは肥満傾向児と呼ぶ。文部科学省が実施する学校保健統計調査によると，2018年の肥満傾向児の割合は，11歳が10.0%，14歳が8.2%，17歳が9.3%であり，約10人に1人が肥満傾向にあるとしている。その背景として，食習慣の乱れや運動量の低下が存在する。

　肥満児のうち70%から80%は成人肥満へと移行し，糖尿病やメタボリックシンドロームといった生活習慣病にかかりやすい傾向にあるだけでなく，小児糖尿病を発症することもある。

　なお，肥満度が標準よりも20%以上少ない子どもを痩身傾向児といい，その割合は3%前後である。

☑ 孤食・個食・固食

　たった1人で食事をとることを孤食，家族で同じ物を食べずにそれぞれが別の物を食べること，あるいは別々の時間に食事をとることを個食，同じ物ばかり食べる，あるいは好きな物ばかり食べることを固食と呼ぶ。

　孤食には，食事をとることに孤独や苦痛を感じさせるという問題点，個食には協調性を学んだりコミュニケーションをとる機会が減るという問題点，そして固食には好き嫌いを助長すると

いう問題点がそれぞれある。さらに，全体に共通する問題点として，栄養バランスの偏りやそれに伴う健康被害が懸念される。また，これらは食育の観点からも好ましくないとされている。

☑ 給　食

　特定の多人数に対して，決められた内容の食事を継続的に提供すること，あるいはその食事そのもののことを給食と呼ぶ。学校や病院，福祉施設などで採用されており，衛生管理が徹底された調理場で調理され，管理栄養士によって栄養バランスが考慮された食事が提供されることが特徴である。そのことにより適切な栄養が摂取でき，健康保持や増進に役立つことから，学校給食法により，義務教育（p.139参照）においては給食の実施に努めなければならないとされている。一方，食べ残しによる食品ロスが出ることやアレルギーへの対応が難しいこと，さらには個人の好みや味覚が反映されにくいという欠点もある。

☑ 栄養教諭制度

　学校において，児童・生徒に食に関する指導を行ったり，給食管理をしたりする教員を配置する制度のことをいう。栄養教諭は，学校内における食育の推進や，肥満児やアレルギー児への

個別指導，学校給食の栄養管理や衛生管理などを職務とする。

2005年より施行された制度であり，朝食の欠食をはじめとした食習慣の乱れの顕著化，肥満傾向児の増大などによる健康被害への懸念などにより，給食制度と食育を一体化し，相乗効果を生むことを目的として設置されたという背景を持つ。文部科学省によると，2018年現在，全国で6324人の栄養教諭が配置されている。

☑ 生活習慣病

生活習慣が発症原因に深く関わっていると考えられている疾患の総称である。従来は「成人病」と呼ばれていた。なかでもがん・心臓病(心疾患)・脳卒中(脳血管疾患)は三大生活習慣病と呼ばれる。疾病の原因はさまざまであるが，生活習慣病は脂質・塩分・アルコール・糖分の取り過ぎといった食習慣の乱れのほか，運動不足や喫煙などによっても起こるといわれている。

日本人の死因の5割程度は，がん・心疾患・脳血管疾患といわれている。これらの多くは，糖尿病・脂質異常症・高血圧・高尿酸血症といった生活習慣病によって引き起こされやすい。また，生活習慣病関連の医療費は医療費全体の3割以上を占めており，医療財政を圧迫する要因となっている。健康寿命を延ばし，かつ医療財政を破綻させないようにするには，生活習慣を改める対策を講じることが欠かせない。

今までの対策は，生活習慣病を抱える人を早期に発見するという保健活動が主体であった。学校・職場・地域で実施している健康診断によって疾病を早い段階で見つけ，該当者に治療を施すなどがその具体化であった。しかし，より医療費を圧縮し，さらに健康寿命を延ばすには予防医学の観点が欠かせない。鍵は，疾病予防と健康維持である。望ましい食生活や運動，禁煙など，生活習慣病の要因となる行為を行わないことが肝心である。

なお，日本では「健康づくりのための運動指針」「食事バランスガイド」「禁煙支援マニュアル」などの策定や，メタボリックシンドロームの該当者や予備軍への保健指導の徹底などが行われている。

☑ 疾病の原因

疾病は，遺伝要因(両親から受け継いだ遺伝子によるもの)，外部環境(細菌・ウイルス・有害物質など)，生活習慣(食習慣・睡眠不足・喫煙など)という3つの要因によって引き起こされる。

5

生活

☑ が ん

他の組織を宿主として生体に害をなす悪性腫瘍の別の呼び方である。悪性新生物ともいう。

正常な状態では生体の細胞数が保たれるように分裂するものだが，がん細胞は無制限に分裂と増殖を繰り返し，全身に転移する。

原因のほとんどは**遺伝子の突然変異**といわれている。一方で，血液循環の悪化に伴う身体の酸素不足が原因の一つであるという説もある。これは食事や運動不足，喫煙などの生活習慣に起因する。そのため，健康診断などで早期にがんを発見するだけでなく，がんにならないような生活をして，予防することが欠かせない。

☑ 脳卒中（脳血管疾患）

脳の血管に障害が起こり脳細胞が障害を受ける病気の総称のことをいう。脳卒中にはさまざまな種類があるが，脳の血管が詰まって血液が流れなくなる脳梗塞，血管が破れて出血する脳出血などが代表例である。

脳卒中が原因で脳の細胞が壊死すると，手足の麻痺やしびれ，意識障害などの症状が出る。脳卒中で倒れると死亡したり，一命を取り留めても後遺症が残ったりする。後遺症を克服するためにはリハビリテーションが必要であ

るが，それでもすべての機能が完全に回復するわけではない。

☑ 糖尿病・脂質異常症・高尿酸血症

糖尿病とは，血糖値（血液中のブドウ糖濃度）が高い状態が続く病気のことである。膵臓から分泌されるインスリンというホルモンの働きが十分でないと血糖値が高くなる。高血糖は全身の臓器に障害をもたらす。特に，眼の網膜，腎臓，神経への障害をはじめ，動脈硬化による狭心症や心筋梗塞，脳梗塞の発症，足の血管の閉塞や壊疽など，さまざまな合併症を引き起こす。

また，脂質異常症とは血液中の脂質（中性脂肪，コレステロール）の数値が異常をきたす疾病のことである。血液中の脂質が血管内にたまると，動脈硬化を引き起こすが，動脈硬化は心筋梗塞や脳梗塞の要因となる。

そして，高尿酸血症とは血液中の尿酸の数値が異常をきたす疾病のことである。細胞の核酸の素材であるプリン体が過剰になると肝臓で尿酸に変えられるが，体外に排出されずに血中に蓄積されることで起こる。

以上の3つの疾病はいずれも，遺伝に加え，過食や肥満，運動不足，ストレス，加齢といった因子が絡み合って発症するといわれている。

☑ 健康寿命

日常的に介護を必要とせず，自立した生活ができる生存期間のことをいう。要介護状態となった期間を，平均寿命から差し引いた値であり，世界保健機関（WHO）が提唱した指標である。WHOによると，2016年時点の日本人の健康寿命は74.8歳で，世界第2位である。

健康寿命を長く保つためには，寝たきりや痴呆，感染症やがんなどのリスクを減らすことが必要となる。そのためには，血管（動脈硬化を防ぎ，脳卒中による認知症や障害の発症リスクを減らす），骨（骨粗鬆症による骨折を防ぎ，寝たきりとなるリスクを減らす），腸（加齢による悪玉菌の増加を防ぎ，免疫力が低下するリスクを減らす）の健康を保つことが求められる。

☑ 食事バランスガイド

1日に「何を」「どれだけ」食べたらよいのかの目安をイラストで示したもの。厚生労働省と農林水産省が共同で，生活習慣病の予防を目的とした日本の食生活指針を実践するための道具として2005年に策定された。これには健康的な食生活を実現するために，摂取する食品の組み合わせや摂取量の目安が示されている。

☑ 健康日本21

「21世紀における国民健康づくり運動」のこと。2000年に当時の厚生省（現在の厚生労働省）によって始められた健康づくり運動である。生活習慣病の予防を目的とし，生活習慣を改善することを訴える。食生活，栄養，運動，休養，たばこ，アルコール，歯の健康，糖尿病，循環器病，がんなどの各分野において具体的な数値目標を設定し，自己管理能力の向上だけでなく，専門家などによる支援，保健所などによる普及活動の推進などを謳っている。

☑ 体脂肪率

動物（ヒトを含む）の体内に含まれる脂肪の割合のことをいう。体脂肪率の測定には困難が伴うため，BMIなど簡易的な診断法が広く一般に使われていた。ところが，近年体脂肪計（体組成計）が一般家庭にも普及し始め，体脂肪率によって肥満の判定ができるようになった。

なお，体脂肪率は低ければ低いほどよいというものではない。低すぎると体温の低下や筋力の低下を招くことがある。女性の場合は特に，ホルモンバランスの異常から，生理不順や早発性閉経を招くこともある。

☑ 基礎代謝

何もせずじっとしていても，生命活動を維持するために生体で自動的に行われている活動に必要なエネルギーのことをいう。相当するエネルギー量は，成長期が終了して代謝が安定した一般成人で，1日に女性で約1200 kcal，男性で約1500 kcalとされている。そのエネルギーの半分以上は骨格筋のほか，肝臓や脳で消費される。

☑ メタボリックシンドローム

内臓脂肪型肥満（内臓肥満・腹部肥満）に，高血糖・高血圧・高脂血症のうちの2つ以上を合併した状態のことをいう。腹囲が男性で85センチ，女性で90センチ以上であれば，検査を受けたほうがよいとされる。

おもな原因は食べ過ぎと運動不足であり，必要以上の内臓脂肪ができると代謝の異常が生じてしまう。症状が進むと血液中のコレステロールや中性脂肪が必要以上に増えるなどし，動脈硬化の原因になる。

☑ BMI（ボディマス指数）

体重と身長の関係から算出したヒトの肥満度を表す指数である。計算式は「体重÷身長の2乗」である。もともとは小児の発育指数として利用されるなどして普及した。

しかし，この指数では体脂肪率が考慮されていないため，高体重で低体脂肪率の場合が肥満となり，低体重で高体脂肪率の場合が痩せと判定されることになる。このような問題はあるものの，計算式が簡便なこともあり，多用される指標の一つとなっている。

☑ 日本人の食事摂取基準

厚生労働省が，健康な個人または集団を対象として，国民の健康の維持・増進，エネルギーや栄養素欠乏症の予防，生活習慣病の予防，過剰摂取による健康障害の予防を目的として制定した，エネルギー及び各栄養素の摂取量の基準のことである。保健所や民間健康増進施設などが実施する「生活習慣病予防のために実施される栄養指導」や「学校や事業所等の給食提供」のための最も基礎となる科学的データで，栄養士などの専門家が利用することを目的に作られている。

☑ 日本食

日本国内で古くより独自に発達してきた伝統的食事のことを指す。特徴として，刺身のように食材の鮮度や本来の味を重視した調理法，豆腐・納豆・味噌・醤油などの大豆加工製品の豊富さ，穀物・野菜・魚介類と鶏肉を中心とした低脂肪の食材，旬の食材を取り

入れた**季節感のある料理**などが挙げられる。

伝統的食材には，穀物・野菜・芋類・豆・魚介類・卵・鶏肉・山菜やキノコなどがあり，鶏肉以外の肉や乳製品などは明治時代より一般的に食されるようになった。

なお，トンカツなどの洋食やお好み焼きなどの鉄板焼きなどは日本国内では日本食に該当しないが，海外においては日本食として人気が高い。

☑ 食の外部化

食事や調理を家庭外に依存する状況のことをいう。例えば，レストランなどで外食をしたり，調理食品や総菜・弁当といった「中食」を購入して食事を済ませたりする状況を指す。このような状況の背景には，女性の社会進出や単身世帯の増加，高齢化の進行，生活スタイルの多様化などがある。

☑ 睡眠時無呼吸症候群

睡眠時に呼吸が停止したり，低呼吸になったりする疾病のことをいう。症状として，いびき，就寝中の意識覚醒の短い反復，脳の不眠，昼間の眠気，抑うつ，集中力の低下，起床時の頭痛などが挙げられる。ほとんどは気道が閉塞する閉塞型睡眠時無呼吸症候群である。

睡眠中に無呼吸が繰り返されると，脳が目覚め，熟睡ができない。すると，動脈血中の酸素が不足し，二酸化炭素が溜まって血液が酸性になる。すると，不整脈・心筋梗塞・脳梗塞などが起こりやすくなる。また，自律神経の乱れによる内分泌系への影響も懸念される。

答案例

問題 日本人の食生活の変化について，あなたの意見を述べよ。**600字以内**

模範回答 日本人の食生活は戦後から大きく変化したといわれている。特に，米の摂取量の減少，脂質の過剰摂取，野菜類や果物類の摂取不足が顕著である。これらは肥満やメタボリックシンドローム，生活習慣病の要因となって罹患や死亡のリスクを高め，健康へ悪影響をもたらす。　　　　　　　　　　（以上，第1段落）

　例えば，小麦製品は米よりも小腸で速く吸収され，エネルギーが体脂肪として蓄積されやすい。肉中心の食生活は脂質の過剰摂取につながるが，さらに野菜・果物類の摂取量が減少すれば，相対的に肉類や炭水化物の摂取量が増え，脂肪が蓄積しやすくなる。蓄積した脂肪は臓器に沈着して罹患リスクを高める。一方で，肥満の度合いが高くなるほど医療費が増加するといわれており，肥満は医療費上昇の一因となっているのである。　　　　　　　　　　（以上，第2段落）

　こうした食生活を正すために食事療法と運動療法が欠かせない。個人的なカロリー制限や運動はもちろんだが，政府や企業の関与も必要だ。政府では，栄養ガイドラインの策定，自転車の利用・徒歩の推奨，健康を害する食材使用の禁止などが考えられる。企業では健康を害する食材の排除，低カロリー食品の提供，食品成分の提示などである。　　　　　　　　　　（以上，第3段落）

解説　第1段落：意見の提示…日本人の食生活の変化は健康に影響を与えることを具体的に論じている。

　第2段落：理由説明…食品と肥満との関係性を説明するとともに，肥満は医療費上昇の一因となることを具体的に論じている。

　第3段落：意見の再提示…運動療法と食事療法といった個人の対処のみの言及にとどまらず，政府や企業の関与の必要性を論じている。

ストレス

定義

外部の刺激(ストレッサー；p.294参照)によって引き起こされる生体の歪みのことをいう。ストレッサーは多岐にわたるが，ここでは人間関係のトラブル，精神面の苦痛，怒り，不安，憎しみ，緊張などといった精神的なストレッサーによるもの(精神的ストレス)について触れたい。

精神的ストレスの要因は，主として

① 欲求不満(目的が達成できない状況にある)

② 葛藤(不安な状況，決断に迫られる状況)

③ 重圧(時間的・精神的な重圧がかかっている状況)

の3つに分類できる。

問題点

精神的ストレスは心身の病気の原因となる。ストレスがかかると，体温・血圧・血糖値・呼吸数の上昇，筋緊張，血液の濃縮などが見られる。その時，通常であれば生体はストレスに抵抗して元の状態に戻ろうとする。また，継続するストレスの場合なら，生体はストレッサーと抵抗力のバランスを保つために生体防衛反応を完成させる。しかし，過度なストレスがかかると適応するためにエネルギーを消耗する結果，身体機能が低下して，免疫力の低下や自律神経の失調を引き起こす。こうして，うつ病や神経症といった心の病気や，胃潰瘍，過敏性大腸症候群，気管支喘息，片頭痛，心身症，アトピー性皮膚炎，円形脱毛症といった疾患が発症するといわれている。

問題点の背景

ストレスが起こる背景はさまざまである。本人の性格に加えて，家族・上下・友人関係による葛藤や苦しみ，家庭・職場・学校などで与えられた

役割が果たせないことによる苦痛や空虚感，欲求不満など，その人が置かれている状況や環境が相互に絡み合って心身に悪影響を与えている。それに加え，高度情報化社会における職場でのテクノストレス（p.295参照），不況によるリストラや就職難，核家族化による仕事と育児の両立困難，受験戦争，介護疲れなどの社会的背景からもストレスは生じる。

対応策・解決策

　まずは，ストレスを軽減する方策を試みたい。リラックスした状態を作って気持ちを静めたり，運動したりして，ストレスを別の方法で解消することが考えられる。また，ストレスにあたる事柄に対して，評価を変えてみたり，前向きに考えたりするなど，捉え方を変えてみるのもよい。場合によっては自らの気持ちや考えを相手に伝えたり，我慢できそうな時には我慢したりする必要があるかもしれない。

　一方，ストレスの要因に対応した解消法を実践することも必要となる。例えば，欲求不満には認知療法（p.295参照），葛藤には行動療法（p.295参照），重圧には呼吸法や気分転換などのリラクゼーションやバイオフィードバック（p.296参照）などが適しているといわれている。

　時にはストレッサーから逃避したり，相談相手や専門家など他人の助けを借りたりする試みが求められる場面もあるだろう。

👆 小論文にする時のポイント

　ストレスに関するテーマは，教育学部のうち，体育専攻・生涯スポーツ専攻・養護教諭養成課程専攻に対してよく出題される。また，スポーツ推薦入試でも比較的よく出題される。

　入試では「ストレスが起こる原因を分析したうえで，ストレスにどう対処すべきかを論じよ」などと，ストレスの原因と対処法がセットで問われることが多い。しかし，「ストレスとなる源から遠ざけることが根本的な対策だ」などといった，私たちの生活からストレスを完全になくせないという現実を念頭に置いていない回答は好ましくない。ストレスの要因を分類したうえで（欲求不満，葛藤，重圧），

それぞれのストレスへの対処法を具体的に示すとよいだろう。例えば，欲求不満には認知療法，葛藤には行動療法，重圧にはバイオフィードバックなどといった具合である。

過去の入試問題例

例 これまでの教育は，次々と浮上する子どもたちの問題をつぶすことばかり考えてきたが，それで子どもたちのストレスが癒されるわけではない。教育は，バラバラなゴールに向かっている一人ひとりと向き合う営みであるから効率が悪いが，効率が悪いほどいい教育が行われていると思うと述べた新聞記事を読み，筆者の意見について，あなたの考えを述べよ。

(東北学院大・教養学部，文学部)

例 次のキーワードをすべて用いて，ひとつのまとまった文章を書け。
キーワード：恒常性，自律神経系，心身症，ストレス　　(茨城大・教育学部)

例 自分のストレスとなっているものを挙げ，そのストレスの解消方法について述べよ。

(金沢大・教育学部)

例 ストレスとその対処法について説明せよ。　　(京都教育大・教育学部)

例 ストレスについて述べた文章を読み，心理的なストレスがからだに及ぼす影響について説明したうえで，ストレス社会にどのように立ち向かえばよいか，あなたの考えを述べよ。

(大阪教育大・教育学部)

例 『国民生活白書』から図1「生活満足度及び1人当たり実質 GDP の推移」，図2「日頃のストレスの程度」，図3「ストレスの原因」をそれぞれ読み，この3つの図から，国民が日々どのようなことを感じながら生活をしているのかを読み取り，そのことを述べたうえで，生活における満足ということについてあなたの考えを論じよ。

(琉球大・法文学部)

☑ ストレッサー

ストレスの原因となる刺激のことをいう。温度による刺激，騒音による刺激などといった物理的ストレッサー，酸素の欠乏や過多，薬害，栄養の不足などといった化学的ストレッサー，病原菌などによる生物的ストレッサー，人間関係のトラブル，精神面の苦痛，怒り，不安，憎しみ，緊張などによる精神的ストレッサーがある。

☑ ホメオスタシス（恒常性）

生物体や生物システムが環境の変化を受けながらも，個体やシステムの内部環境を一定状態に保とうとする働きのことをいう。体温や血圧，体液の浸透圧，ph，微生物やウイルスなどの異物排除，創傷の修復など，生体機能全般に及ぶ。

恒常性を保つ役割を担うのが間脳の視床下部（交感神経・副交感神経・内分泌の調節機能，欲求などの本能行動，怒りや不安などの情動行動の中枢を担う）であり，その指令の伝達をするのが自律神経系や内分泌系（ホルモン分泌）である。

☑ うつ病

気分の変調により，苦痛を感じたり，日常生活に支障をきたしたりする気分障害の一種で，抑うつ気分や不安・焦燥・精神活動の低下・食欲低下・不眠などを引き起こす精神上の疾患である。

脳内物質（ドーパミン，ノルアドレナリン，セロトニンなど）が不足して起こる内因性うつ病と，性格や心理的葛藤が原因となって起こる心因性うつ病，脳や体の病気などによって起こる外因性うつ病に分類され，脳と心の両面から起こるといわれている。ただし，原因についてはさまざまな仮説が存在しており，学問的には明確な結論は得られていない。

☑ アロマテラピー

花や木など植物に由来する芳香成分（精油）を用いて，心身の健康や美容を増進する技術もしくは行為のことをいう。また，お香やフレグランスキャンドルなども含め，生活に自然の香りを取り入れてストレスを解消したり心身をリラックスさせることも含めて呼ぶ場合も多い。

☑ 主人在宅ストレス症候群

夫が定年退職やリストラによって長期間在宅することで，妻が昼夜を問わずに束縛され，そのストレスが原因で

病気となる状態のことをいう。胃潰瘍，高血圧などの身体症状のみならず，過敏性大腸症候群や過換気症候群などの心身症，うつ状態やパニック障害などの心理的色彩の濃いものまでさまざまな症状を示す。治療には，投薬やカウンセリングのほか，夫婦関係の調整なども必要になる。

☑ 心的外傷後ストレス障害（PTSD）

死亡や重症を負うような出来事に遭遇したことが原因となって起こるさまざまなストレス障害のこと。地震・洪水・津波・火事のような自然災害，交通事故・戦争といった人災，強盗や殺人などの犯罪といったさまざまな出来事がその原因となる。

不安や不眠などの過覚醒症状，トラウマの原因となった出来事への回避傾向，出来事に関わる追体験（フラッシュバック）といった症状が現れる。また，出来事以前の記憶の喪失，幸福感の喪失，感情の麻痺，興味や関心の減退，腹痛・頭痛・吐き気・悪夢など，種々の心身障害が起こる。

☑ テクノストレス

コンピューターやOA機器との関係が不全となった時に起こる精神的な失調症状の総称である。

高度情報化社会に適応できていないことへの不安を原因とするテクノ不安症と，コンピューターがつねに側にないことに不安感を抱いたり，コンピューターに親しみ過ぎるあまりに人付き合いを煩わしく感じたりするテクノ依存症とがある。前者は仕事上でどうしてもコンピューターを使わなければならなくなった中高年のホワイトカラーに，後者はコンピューター愛好者にそれぞれ多く見られる。

☑ 認知行動療法

事象・自動思考・感情・行動が密接に関わっていることに着目して，認知療法と行動療法を合わせた療法を認知行動療法と呼ぶ。具体的には，学習心理学に基づいた科学的行動理論を用いて，不適応を引き起こす考え方や感情，行動を改善し，適切な反応を学習させることを治療法とする。あらゆる精神疾患において，高い効果があるとされている。

なお，認知療法とは，ある事象に遭遇した際に自動的に起こる自動思考のうち，ストレスにつながる感情を認知し，改善を図る治療法のことである。一方，行動療法とは，特定事象下で起こる自動思考・感情・行動を一連の行動特性とし，学習心理学を用いてこの行動特性を分析する。そして，改善へ

と向かう新たな行動特性を学習することにより症状を軽減させる治療法のことである。

☑ バイオフィードバック

　無意識的に変化する体内状況を，工学的手法を用いて知覚できるようにし，その情報により自己制御を図る技法のことをバイオフィードバックという。具体的には，脳波や心拍数・血・体温などの自律神経が司る体内変化を同時に計測して知覚することで，意識的に数値をコントロールする方法を身に付け，治療法とする。

　てんかん・頭痛・心身症・気管支喘息などに効果があるほか，スポーツ選手のトレーニングとしても採用されている。また，脳障害後のリハビリテーションや集中力の向上，ストレスの緩和などにも有効であることから，高齢者向けのリハビリ用のほか，一般家庭での応用など，今後が期待される技術である。

☑ 喫　煙

　ナス科の植物であるタバコの葉に含まれているニコチンを摂取する行為のことをいう。タバコの葉を乾燥・発酵させたものに火をつけ，その煙を吸引するものである。

　ニコチンは中脳に影響を与え，快の感覚を得られるものであることが知られている。しかし，強い神経毒性を持つ一方で，毛細血管の収縮と血圧の上昇を引き起こす。また，依存性の高い薬物でもあり，ニコチン依存症となる恐れがある。

　また，たばこの煙にはニコチン以外にも，種々の発がん性物質など，多種類の有害物質が含まれており，循環器系や呼吸器系などに悪影響を与える。そして，肺がんをはじめとする種々のがん，虚血性心疾患，肺疾患，胃・十二指腸潰瘍などの消化器疾患，その他種々の疾患のリスクが増すところから，生活習慣病の一因として捉えられている。さらに，妊婦が喫煙した場合には低体重児，早産，妊娠合併症の率も高くなる。未成年者の喫煙は，発育障害の原因にもなる。

　そのほかにも，受動喫煙の影響を懸念する声が高まっている。たばこの先から出る副流煙に含まれる有害物質は，主流煙（喫煙者本人が吸う煙）よりも多いことがわかっている。また，受動喫煙により肺がん・虚血性心疾患・呼吸器疾患などのリスクが高くなることも報告されている。一般的に受動喫煙は非喫煙者の健康を脅かすもの，嫌煙権を侵すものとして捉えられている。

　喫煙によるリスクを避けるには，喫煙者が禁煙することが必要である。た

ばこを我慢してニコチンに対する依存をなくすこと，禁煙グッズの活用，別のリラックス方法の実践などが考えられる。もう一つは，非喫煙者が副流煙を吸わないですむ環境を整えることである。日本では健康増進法が2018年に改正され，公共施設などの敷地内を禁煙とするなど，受動喫煙防止のための措置が求められることになった。

☑ 合併症

ある病気が原因となって起こる別の病気のこと，また，手術や検査が原因で起こる病気のことを指す。

例えば，妊娠合併症とは，妊娠糖尿病・妊娠高血圧症・感染症・前置胎盤（胎盤の一部が子宮下部に付着し，子宮口を覆うもの）など，妊娠に伴って発症する疾患が原因となって起こる。

☑ 嫌煙権

非喫煙者がたばこの煙を体内に入れないようにすることを求める権利のことをいう。非喫煙者の健康と生命を守るために，公共の場所や職場などでの禁煙や分煙（喫煙室を設けるなど，非喫煙者がたばこの煙を吸わないで済むようにすること）などの規制を確立することを目指している。

☑ 健康増進法

これからの高齢化社会に対応した国民の健康増進策の基本を決め，国民の保健の向上を図ることを目的として，2002年に公布，2003年から施行された法律のことをいう。

2018年に健康増進法が一部改正され，2019年からは学校や病院などの公共施設の敷地内が禁煙に，2020年からは工場やホテル，飲食店などの屋内が原則禁煙となった。喫煙を認める場合には喫煙専用室などの設置が必要となった。

☑ taspo（タスポ）

2008年から順次日本全国に導入されている，成人識別 IC カードの名称，及び同カードを使用したシステムの総称のことである。日本国内では2008年7月以降，taspo 対応成人識別たばこ自動販売機でたばこを購入する時には taspo による成人識別が必要となった。

5
生
活

答案例

問題 ストレスが引き起こす問題と対処法について，あなたの考えを述べなさい。
600字以内

模範回答 ストレスとは，外部の刺激で引き起こされる生体の歪みのことである。特に，精神的ストレスは心身の病気を引き起こすことが問題である。過度なストレスがかかると適応のためにエネルギーを消耗して身体機能が低下し，免疫力の低下や自律神経の失調を起こす。こうしてうつ病や神経症などの心の病気のほかに，胃潰瘍や片頭痛，過敏性大腸症候群をはじめとした心身症が発症するといわれている。　　　　　　　　　　　　　　　　　　　　　　　（以上，第1段落）

　ストレスが起こる背景はさまざまで，本人の性格，家族・上下・友人関係による葛藤や苦しみ，家庭・職場・学校などで自分の役割が果たせないことによる苦痛や空虚感，欲求不満など，その人が置かれている状況や環境が相互に絡み合っている。そのほか，不況によるリストラや就職難，核家族化による仕事と育児の両立問題，受験，介護疲れなどの社会的背景からも生じる。　（以上，第2段落）

　これらのことから，ストレス源から遠ざかることが根本的な対策ではある。しかし，私たちの生活からストレスを完全になくすことはできないので，まずはストレスを軽減する方法を試みたい。リラックスしたり，運動したりして，ストレスを軽減・解消することのほか，ストレスに感じる事柄を前向きに考え直したりすることも有効であろう。　　　　　　　　　　　　（以上，第3段落）

解説 第1段落：意見の提示…ストレスは心身の病気を引き起こす点が問題であることを主張している。
第2段落：理由説明…ストレスが起こる背景を，本人の性格・人間関係・社会的背景の3点から説明している。
第3段落：意見の再提示…ストレスの対処法について述べている。そのことについて，ストレスを完全になくすことはできないことを踏まえたうえで，ストレス軽減の方法を論じている。

まちづくり

定義

　地域住民や自治体，NPO法人や民間会社などにより，建物や道路建設などの都市計画，景観や歴史建造物の保全・保護，都市や地域の活性化（p.311参照）などの形で，「まち」を現状からさらによいものにするために改善を図る行為を総称してまちづくりと呼ぶ。つまり，まちの空間のみならず，住民の暮らしそのものまで創造・再生する行為のことを指す。

　例えば，交通改善（ユニバーサルデザイン，交通ネットワークの整備など），住環境保全（敷地面積の最低限度規制，マンションや商業施設の開発規制など），景観形成（町家の活用，街並みの形成など），地域資源の保全（森林や緑地の保全，井戸水保全など），地域生活の支援，地域起業の創出，情報交流などがある。そのほかにも，高齢者や障害者などが生活しやすいまちづくりを行う福祉まちづくり，歴史的な建造物を保護し，景観を維持しながら現代生活との共存を図る歴史まちづくりなども代表例である。

　現在では，住民・行政・民間事業者が目標を共有し，協力し合ってまちの課題解決を行う「協働のまちづくり」が行われるようになっている。

必要性

　協働のまちづくりは，住民が自らのニーズにあった市民サービスが受けられるようになるというメリットをもたらす。これまでのまちづくりは行政や民間事業者（建設業者，不動産会社など）主導の開発事業となりがちで，住民のニーズと必ずしも合うわけではなかった。特に，近年では少子高齢化の進行，高度情報化，女性の社会進出など，住民のライフスタイル（p.309参照）や価値観が多様化しつつある。こうした状況において，すべての市民が満足する公共サービスを提供することは難しい。場合によっては，生活利便性が低下したり，生活空間としての魅力を失うといった事態まで発生した。こうしたことから，住民の視点に立って地域の課題解決を図るこ

299

とを目的として，住民がまちづくりに積極的に介入するという「協働のまちづくり」が行われるようになった。市民・行政・民間事業者のそれぞれが持つ専門性・発想力・即応力をフルに活用できれば，課題をスムーズに解決することも可能になる。こうした協働から生まれる相乗効果により，きめ細やかなサービスの提供が期待されている。

必要性の背景

　協働のまちづくりが求められる背景を，①住民，②行政，③民間事業者それぞれの立場からまとめてみる。

　①については，地域コミュニティ機能の低下が問題視されている。例えば，居住する場所と職場や学校が離れている場合，おもな生活の舞台は職場や学校となりがちで，人々はその中でコミュニティを作り，濃密な人間関係を構築することが多い。一方，そうした人々は昼間に居住地域にいる機会が少ないわけだから，地域とのかかわりが希薄になりがちとなる。ほかには，少子化（p.30参照）によってコミュニティ活動のきっかけとなる子どもが減少したこと，住民が頻繁に入れ替わるので地域への愛着や帰属意識が低下したことなどにより，住民と地域とのかかわりが薄くなる。こうしたことから，住民の問題意識や当事者意識が希薄化しつつあり，課題となっている。そこで，協働のまちづくりによって地域社会を主体的に作っていくという意識を芽生えさせ，まちづくりへの当事者意識や住民自治を重要視する意識が高まることが期待されている。

　②については，地方分権の進展が背景にある。戦後，地方自治制度が住民参加型に変わったが，地方自治体の権限や財源についての改革はなされなかったため，地方自治体の運営に国が関与する体制は変わらなかった。結局，中央集権体制が実質的に継続される結果となり，地方自治体が国に依存しがちな体質を作り上げた。この体制は高度経済成長（p.49参照）による国民の生活水準の向上に寄与したが，都市化や過疎化，公害問題といった外部不経済も引き起こし，それに伴って住民の要望も多様化した。また，国主導の公共事業政策が膨大な財政赤字の原因となったこともあり，地方の実情に合わせて公共事業の実施を吟味する必要性に迫られた。こうした

ことから2000年に地方分権一括法（p.310参照）が施行され，地方自治体が自らの判断と責任のもとで地域社会を築くことが求められるようになった。しかしながら，行政主導では住民のニーズに合わないまちづくりが行われる恐れがあり，結果的に行政が負担するコストが増大する要因になる。こうしたことから，まちづくりに住民を積極的に介入させ，ニーズに応えようという動きが活発化したといわれている。

③は，民間事業者の利益を優先する姿勢が指摘されている。例えば，不動産会社がミニ開発（開発土地1000㎡未満・敷地規模100㎡未満の小さな規模の建売住宅団地）をまちづくりと称することがある。しかし，事業主が民間企業である以上，事業性（その事業がビジネスとして成り立つかどうか）を優先せざるを得ないため，その多くは開発と地域との関係性の意識が希薄なままで事業が行われる。そうすると，土地利用がスプロール現象（郊外に無秩序・無計画に宅地が広がること）を引き起こして都市施設の整備が遅れがちとなったり，土地が細分化されるために後のまちづくりの妨げになったり，住宅が密集して建てられるために災害に対して脆弱になったりする。ほかにも，郊外のショッピングセンターの開発によって中心市街地が衰退したり，自動車の利用を強いられる立地のために交通弱者が住みにくいまちに変化したりすることもある。このように，地域とのつながりを意識しない民間事業者の開発行為により，地域住民が意図しないまちに変貌してしまう恐れがある。こうしたことから，住民と行政が民間の開発に介入し，互いに連携する仕組みが求められるようになった。

対応策・解決策

協働のまちづくりを行うためには，地域の合意形成の仕組みをつくることが必要である。例えば，ワークショップ（p.73参照）を通して地域に関わるさまざまな立場の人々が地域の課題の改善計画を立てるといった取り組みがある。一方，こうした場に参加しなかった住民の意見を反映させるため，インターネット上での意見聴取や，アウトリーチ（p.313参照）といった手法を取りながら，多くの意見を集める工夫がなされている。また，まちづくりNPOや建築家・都市計画家を介入させて，まちづくり活動を活

性化することも考えられる。このように，さまざまな手段によって多くの住民に参加してもらい，住民・行政・民間事業者が対等に話し合いながらまちづくりを行っていくことが重要となる。他方，まちづくり条例(p.312参照)の中に三者が関与できる仕組みを盛り込むこと，住民を交えた建築協定(建築基準法の基準以上のルール。法的な拘束力がある)を結ぶこと，建築協約や住民協定(自治会などで自主的に決めた建築に関するルール。法的拘束力はないが，規約を尊重することが求められる)を制定して住民が街並みを管理すること(住宅以外の建物の制限，一戸建て以外の建物の制限，ブロック塀の規制，敷地の最低基準，敷地分割の制限など)のほかに，都市計画(p.311参照)の作成も検討すべきだろう。

👍 小論文にする時のポイント ―――――――――――――――――――――・

　まちづくりについては，教育学部の社会科・家庭科専攻，文学部などでよく出題される。入試では

① まちづくり全般について尋ねるもの

② 特定の地域のまちづくりについて尋ねるもの

の2パターンに分かれる。

　①は「地域づくりには何が必要か(どういう活動が好ましいか)」などの形で問われる。こうした場合，「住民の意見を尊重することが必要だ」という方向性で主張することになるだろう。こうした設問では，まちづくりに関する知識の有無が回答の出来・不出来を左右するので，全国でまちづくりが求められる背景(行政主導のまちづくりに対する批判)や，一般的なまちづくりの手法(ワークショップ・アウトリーチ・条例や建築協定などの制定といった住民合意のための手法)などの具体例を調べておくことを勧める。

　②は「農山村のまちづくりには何が必要か(どういう活動が好ましいか)」などと，地域が特定される。こうした出題ではまちづくりに関する知識の有無だけでなく，問題発見・解決能力の有無も問われる。それは，そもそも地域ごとに発生する課題はさまざまであり，その原因も解決方法も多岐にわたるものであり，受験生の思考力の差が生まれやすいからである。よって，回答する時には，

(1) 与えられた設問が想定する地域の特性をつかむこと

(2) その地域が抱え得る問題は何かを把握すること

(3) 問題が発生する原因を特定すること

(4) 問題の原因を取り除く方法を提示すること

という4点について意識して述べるとよい。

　例えば，農山村のまちづくりであれば，(1)農業に従事する高齢者が多く，現役世代が都市部に流出しているという特性をもとに，(2)農業従事者の減少や，情報弱者や交通弱者の発生という問題を抱えていることを想定し，(3)農業による収益があげにくい現状やバリアフリーの未整備，医療・福祉や交通に対する施策の不備といった原因を見つければ，(4)現役世代の農業従事者や医療・福祉関係従事者の育成，交通網の整備，ユビキタス，バリアフリーの推進などの方策を練ることが必要であることが導けてくるであろう。

過去の入試問題例

例　都市の若者が農山村に滞在してさまざまな地域づくり活動にかかわる「地域づくり」インターンについて述べた文章を読み，このような事業が始まることになった農山村の社会的状況について説明したうえで，あなたが「地域づくりインターン」に参加するとすればどのような活動を行うか，あなたの考えを述べよ。　　　　　　　　　　　　　　　　　　　　　　　　　　　（群馬大・教育学部）

例　ある漫画家が計画している住宅を巡る問題を取り上げた新聞記事を読み，住宅の建設における周辺住民の住環境を守る権利と，施主の自由に表現する権利の問題をどのように考えるか，論じよ。　　　　　　　　　　　　（埼玉大・教育学部）

例　雑居性であり，複合性，多義性といってもよい江戸の住環境の特色に対し，近代都市計画の分離主義は非人間的環境をもたらすため，これからの都市計画は，高密度で，様々な世代や階層の共生する江戸のコミュニティが大きなヒントとなるだろうと述べた文章を読み，この文章に対するあなたの意見または感想を述べよ。　　　　　　　　　　　　　　　　　　　　　　　（立命館大・文学部）

例　地域社会を住民にとっての安全性・保健性・利便性・快適性が兼ね備わった場所にするため，アメニティや地域コミュニティにはどのような存在意義があ

5
生
活

るのかについて，あなたの考えを述べよ。 （広島大・教育学部）

例 安心・安全で健康な生活ができる地域づくりに必要なことは何か。身近な具体例を挙げて論述せよ。 （佐賀大・文化教育学部）

例 「宮崎市の総人口の推移」「都道府県別人口増減率」を読み，地方における人口の減少は，中山間地だけではなく地方都市でも今後ますます加速していくことが予想され，人口の地域間格差は今後ますます広がっていくことが予想される。あなたはこのことについてどのように考えるか。地方における人口減少と大都市への人口の集中により，私たちの社会は今後どのように変化すると予想されるかを述べた上で，そのことについてのあなたの考えを述べよ。

（宮崎公立大・人文学部）

🔑 関連キーワード

☑ 住 宅

　住宅とは人が居住する建築物である。気候・騒音・異臭・プライバシー・天敵などから住む人を守り，快適な生活を送るうえで欠かせないものである。一つの敷地に一世帯が居住する一戸建て（建築基準法における専用住宅）と，複数の世帯が居住する集合住宅（建築基準法における共同住宅）に分けられる。ところで，2018年に国土交通省が実施した住生活総合調査によると，住宅に対する評価の不満率（「非常に不満」＋「多少不満」の率）は23.1％であり，2003年実施の調査（42.4％）と比べて大きく低下した。一方，居住環境に対する評価の不満率は27.8％となり，2003年実施の調査（31.6％）とやや低下している。住宅の評価として「高齢者

への配慮」「地震時の安全性」「遮音性」などへの不満が高く，住環境の評価として「周辺からの延焼のしにくさ」「歩行時の安全性」「災害時の避難のしやすさ」などへの不満が高かった。

☑ 住居学

　その環境下で生活する人の視点に立って住環境を研究する学問のことを住居学と呼ぶ。建築学（p.305参照）が建物そのものに関する研究を行うのに対し，住居学は建物の内部と住居者との関係を研究分野とすることが特徴である。そのため，研究対象は効率的な生活動線のほか，生活スタイルや年齢に応じた住居のあり方をはじめとして，住居の歴史・住居様式・住居意匠・住環境問題・住居地計画など，住居に関

する幅広い分野が対象となる。

☑ 建築学

建築物に関する総合的な研究を行う学問のことを建築学と呼ぶ。建築構造・建築材料・建築意匠・建築史・都市計画など，多岐にわたる内容を研究分野とするだけでなく，建築物の設計に関する技術を深く学ぶことができるのも特徴である。

日本においてはこのような定義であるが，世界的に見ると，建築学から建築意匠が分離し，デザイン分野の学問とされることが多い。住居学と関連が深く，住居学の研究成果が建築学に生かされたり，また建築学の研究成果が住居学に生かされたりする相互関連性を持つ。

☑ 建築基準法

建築物を建てる際の敷地・構造・用途・設備に関して必要最低限の基準を定め，国民の生命・健康・財産を保護することを目的とした法律である。

具体的には建物の性能に関する基準と，建ぺい率や用途地域規制などの都市計画に準ずるものや，違反建築物に対する行政処置などの建築物そのもの以外の基準に大きく分けることができる。1950年に制定され，しばしば改正を繰り返して現在に至っている。近年では2003年にシックハウス（p.306参照）に関する対策規定が加えられたほか，2006年には建築確認と検査の厳格化や，建築士業務の適正化や罰則の強化，2014年には学校等の防火基準の見直し，2015年には大規模な非住宅建築物の省エネ義務化，2018年には耐火性の低い建物の建て直し推進などの改正が行われた。

☑ 住生活基本法

住生活基本法とは，住宅・居住，ならびに居住環境に関して定めた法律で，2006年に施行された。良質な住宅の供給，良好な居住環境の形成，住宅市場の環境整備，高齢者や子育て家庭などに対する居住の安全確保を基本理念として掲げ，具体的内容を定めている。

住生活基本法が成立する背景としては，少子高齢化に対応した住宅政策の必要性，環境負荷の軽減などを目的とした中古住宅市場活性化策などが挙げられる。この法律に基づいて住生活基本計画が閣議決定され，その後5年ごとに内容が見直されている。

☑ 住 育

家や住環境に関する知識を身に付け，住むことに関して適切に判断する力を養うことを住育と呼ぶ。

住育が生まれた背景として，欠陥住

宅（p.307参照）や住宅購入に際しての高額ローン問題，日本住宅の耐久年数の低さによる環境負荷などの解決に向け，住宅や住宅を取り巻く環境を住む人自らが学んで，改善を図る必要性が生まれたことが挙げられる。住生活基本法（p.305参照）の成立に前後して使われるようになった言葉であり，現在では住育に基づいた住宅の建設・販売や，住育を広めることを目的とした住育検定の実施などが行われている。

☑ シックハウス症候群

住居における室内空気の汚染と，それによる健康被害をシックハウスと呼ぶ。住宅が高気密化したことによる空気循環の悪さや，化学物質を含んだ新建材を用いたことによる空気の化学物質汚染，また高断熱化により住宅内に増えたカビやダニなどが要因となって起こる現象である。新築住宅やリフォーム（p.308参照）したばかりの住宅だけでなく，ビルや学校などでもシックハウスが報告されている。

健康被害の症例としては咳などの呼吸器系疾患だけでなく，頭痛や倦怠感，湿疹など，症例は多岐にわたり，症状も人により異なる。対策として厚生労働省は，13の揮発性有機化合物に関する濃度基準を定めている。

☑ PM2.5

粒径が $2.5\,\mu m$ 以下の微小粒子状物質のことをいう。大気汚染の原因物質とされる浮遊粒子状物質（SPM，粒径 $10\,\mu m$ 以下の粒子状物質）より小さい。

PM2.5を日常的に吸い込むと，呼吸器に沈着し，呼吸器疾患・肺機能の低下・呼吸困難・肺気腫・アレルギーの悪化などが起こるといわれている。工場の煤煙や自動車の排気ガスなどに含まれていて，ディーゼル排気微粒子（粒径 $0.1\sim0.3\,\mu m$）が代表例である。

中国では，おもに自動車の排気ガスや工場からの排煙などによってPM2.5が急速に増加し，大きな環境問題となっている。

☑ 住宅寿命の短さ

日本の住宅の寿命の平均は32.1年であるが，アメリカ（66.6年）やイギリス（80.6年）と比べると格段に短い。また，全住宅流通量（既存流通＋新築着工）に占める既存住宅の流通シェアは14.5%であり，こちらもアメリカ（81.0%）・イギリス（85.9%）・フランス（69.8%）と比べて非常に低い。他方，住宅投資に占めるリフォームの割合は26.7%であり，これもイギリス（55.7%）・フランス（53.0%）・ドイツ（73.8%）と比べて小さい（いずれも総務省「住宅・土地統計調査」，国土交通省「住宅着工

統計」などによる）。住宅の平均寿命が約30年というのは親から子への世代交代の期間と重なり，世代交代のたびに住宅を建て替える「短寿命・高コスト」型の住宅取得のスタイルが定着しているといえる。

　短いサイクルで住宅を建て替えれば，大量の廃棄物を発生させるとともに，資源を大量に消費することにつながり，環境への負荷が懸念される。また，建て替えのたびに次世代が年収を遥かに超える住宅ローンを背負うことになり，家計を圧迫する。

　このような現実の背景にはスクラップアンドビルドに偏重した住宅供給の仕組みがある。そもそも日本の住宅政策は住宅供給側に有利に働いてきた。戦争直後の住宅難により，国は一世帯一住宅の確保を目指して住宅建設を推進し，1968年には住宅数が世帯数を上回った。しかし，都市部への人口集中，世帯の細分化を原因とした住宅需要が増加する一方で，建築資材や人材不足による住宅不足が深刻化した。こうした背景から国は1966年に住宅建設計画法を制定し，国と地方が主導して住宅の建設をさらに強力に推進した。こうした状況は，住宅を提供する側（建築会社・不動産会社・金融機関など）にとってみれば，利益が大きい新築住宅建設に関連する受注が継続的に行える

というメリットを生む。大量生産・大量消費型社会であった時代背景も手伝って，住宅が使い捨てを前提に建てられ，短い期間で建て替える文化が根付いていったといえる。

　このような問題の解決のためには既存住宅市場の活性化が考えられる。例えば，時代に合わせるために，質の低い住宅を更新するための支援が必要となる。特に，少子高齢化の進展に伴って，居住者のニーズに合わない住宅もあることから，バリアフリーリフォームやバリアフリー住宅の新築などが考えられる。また，中古住宅の市場流通を促し，積極的にリフォームしやすい環境を整備することも一つの策といえる。一方，既存住宅性能表示制度の活用，瑕疵担保期間の設定，リフォームに関する保証制度の充実など，住宅供給者と購入者とのリスクを適切に配分し，購入者への負担を軽減して中古住宅の流通を促すことも重要な施策となるだろう。

☑ 欠陥住宅

　本来あるべき住宅としての安全性や快適性を欠き，居住に問題が生じる住宅のことを欠陥住宅と呼ぶ。さまざまな例があるが，施工不良や施工不足がおもな原因であり，近年においてはコストダウンのために見えない部分の品

質を下げる，あるいは手を抜くことによる欠陥住宅化が目立つのが特徴である。また，実際に居住することには問題は発生しないものの，耐震性などの基準が建築基準法(p.305参照)に違反している場合もこれに該当する。

欠陥住宅が大きな社会問題となった事件として，1995年の阪神・淡路大震災が挙げられる。死者の90%弱が倒壊家屋によるものであり，倒壊家屋には欠陥住宅が多く含まれていたことが報告されて大きな問題となった。

☑リフォーム

住宅の内部や外部に改装を加えることをいう。新築当初の性能に戻すことを目的とした比較的小規模な改装がリフォームであるが，具体的には，住宅設備の交換，バリアフリー化，耐震工事などが該当する。住生活基本法(p.305参照)にはリフォーム推進が明記されており，2025年までにリフォーム市場規模を7兆円(2013年)から12兆円にすることが目標とされている。

リフォームに関しても建築基準法などの建築に関する種々の法律が適用となるが，法令を無視したリフォームが行われることが時折あり，問題となっている。

なお，新築時の状態にさらに付加価値を加えることを目的とした大規模な改装はリノベーションと呼ぶ。

☑住宅の安全性への懸念

危険に対するリスク(支障が生じる確率)が高い住宅の存在が問題視されることがある。例えば，日本は有数の地震国であるが，建物に耐震性が備わっていれば倒壊のリスクは低くなる。2015年度末時点で，耐震化率9割を満たしているのは47都道府県中神奈川県のみで，2020年度までに達成する見込みがあるのは15都道府県にとどまった。耐震化率を上げるための工事については，特に集合住宅で問題となる。集合住宅では建物全体の耐震改修が必要になる場合，住民全体の合意が求められ，結果，改修自体ができないこともある。また，住宅の担い手がいないために改修できない空き家も増えている。このように地震をはじめ，火災・水害・雪害・犯罪といった危険から身を守ることができない住宅(もしくは住環境)が存在しており，住宅が本来備えているべき性能を持っているとは言い難い。

こうした事態に対応するためには，ハザードとリスクを分け，居住者・行政・専門家がともに安全性の確保を試みる必要がある。例えば，行政がハザードマップ(地震・水害・犯罪などのリスクを地域ごとに色分けしたもの)を公表したり，耐震診断・耐震改修の助

成や減税措置を行うことのほかに，居住者が連携して防災・防犯ネットワークを確立すること，そしてこれらの試みに専門家が参画することなどが考えられる。また，住宅を選択する時，上記の情報をできるだけ多く入手し，安全性の高い住宅を手に入れることが必要となる。

☑ コンバージョン

　従来の建物の使用用途を別用途に変更すること，また変更に際して発生する工事のことをコンバージョンと呼ぶ。例えば，余剰オフィスビルや工場の住宅化などが過去に行われてきたコンバージョンの具体例として挙げられる。建物を取り壊して建て直す方法よりも建築廃材が少なく，環境に配慮する方法として注目を集める一方で，建築基準法で定められた採光などの基準を満たすことが難しい，あるいは満たすための改修に莫大な費用がかかるといった問題点があるため，日本国内においての実施例はさほど多くない。

☑ シェアハウスとルームシェア

　1つの家を複数の人で共有したり居住したりすることをシェアハウスといい，アパートやマンションなどの一室に複数の人が共同で居住することをルームシェアと呼ぶ。どちらも個人専用の部屋やスペース以外のキッチンやバス・トイレなどを共有すること，および個人専有部分が少ないことで家賃を抑えられることが特徴である。

　ルームシェアは希望する相手を個人で探す必要があるのに対して，シェアハウスは運営会社が存在することが多く，空室状況に応じて入居可能となる。欧米の若者の間では一般的であるが，近年，日本においても，学生や社会人を中心に，シェアハウスやルームシェアを利用する人は増えつつある。

☑ ライフスタイル

　個人や集団における生活様式をライフスタイルと呼ぶ。年齢・社会属性・文化・性別・経済状況・興味・関心などによって異なるのが特徴であり，時として生活様式を超えて，個人や集団の価値観を表す意味でも用いられることがある。

　近年は物や情報の選択肢が増えたことにより，ライフスタイルも多様化を続けている。そのことにより，マーケティング分野では盛んにライフスタイルの研究や分析がなされており，それぞれのライフスタイルに応じた商品の開発が行われている。シェアハウスやルームシェアが増えているのも，多様化したライフスタイルに対応するためであるといえる。

5

生
活

☑ コンビニエンスストアの24時間営業の是非

食品や雑誌，日用品などを販売し，年中無休で長時間営業を行う小規模小売店舗をコンビニエンスストアと呼び，多くの店舗において24時間営業が行われている。創業当初は早朝から深夜までの営業であったが，個人のライフスタイルの多様化に対応するために，24時間営業を行うことが一般的になったという経緯を持つ。

この24時間営業の是非については盛んに議論がなされている。肯定意見としては，利便性や治安維持効果，また緊急時の駆け込み場所となりうることから，犯罪抑止となる点が挙げられる。一方，否定意見としては，24時間電気を使用し続けることによる環境負荷，深夜に人が集まることによる騒音被害のほか，長時間労働への懸念などが挙げられる。こうした中，2019年に経済産業省はコンビニエンスストアの24時間営業について「一律に決めず，地域の需要の変化を踏まえて検討すべきだ」とする提言の骨子をまとめた。これにより，今後コンビニエンスストアの営業時間や仕事に従事する人たちの仕事の仕方が変化していくものと思われる。

☑ 高度経済成長

1950年代半ばから1970年代初頭にかけての日本経済の急成長のことを指す。1950年代の朝鮮戦争特需(国連軍の中心を担っていたアメリカやイギリスから日本に発注された軍事関連用品やサービス)により，高度成長が始まったとされる。第4次中東戦争による原油価格上昇に伴って，オイルショックが発生し，終焉した(1973年)。

この間の経済成長率は平均10%程度であり，1968年には国民総生産(国民が生産した財やサービスの付加価値(儲け)の合計)が資本主義国家において第2位となった。しかしながら，公害・都市部の人口過密・農村部の過疎などの問題も発生した。

こうした経済成長を遂げた要因は複数ある。円安(輸出に有利)，質の良い労働力，高い技術力，安価な石油，護送船団方式(行政が最も力の弱い企業に合わせた指導を行い，業界を統制すること。金融業界で行われた)，所得倍増計画(池田内閣で策定された経済計画。ケインズ経済政策をもとに，完全雇用を目指して生活水準を引き上げることを目的とした政策)などが挙げられる。

☑ 地方分権一括法

地方分権に関係する法律の改正・廃

止が定められた法(2000年施行)。地方自治法の改正が中心となっている。地方分権推進委員会(内閣総理大臣の諮問機関)の勧告を受け，政府が定めた地方分権計画を実施するために定められた。国に集中した権限や財源を地方に移譲し，地域の実情に合った行政を推進することを目的とする。

例えば，機関委任事務の廃止と法定受託事務・自治事務の創設を通して，国の指揮監督権を排除したことが挙げられる。また，地方税法に定めのない税(法定外普通税)を地方自治体が新設したり変更したりする時にも，以前は総務大臣の許可が必要であったが，現在では大臣との協議と同意によって可能となった。

☑ 地域活性化

地域活性化とは，停滞あるいは衰退している地域を再び活性化させることをいう。1980年代頃から注目されるようになった。背景として，ライフスタイルの変化，あるいは少子化や都市への人口集中などにより，かつて栄えていた地域の衰退化が目立つようになったことが挙げられる。農村部の過疎化や都市部のシャッター通り化などは，衰退化の顕著な例である。

地域活性化の具体例としては，地域特産品の開発や活性化イベントの開催などのほかに，地域特性を生かしたまちづくりを行うことにより活性化を図る手法もある。

☑ 地方創生

東京一極集中を是正し，地方の活性化を目的とした一連の政策のことをいう。2014年に第二次安倍内閣において，「まち・ひと・しごと創生本部」が設置され，「まち・ひと・しごと創生法」が施行された。日本全体では人口減少に向かっており，さらに今後も東京への人口集中が続くことは予想され，このままでは地方の衰退は明らかである。地方経済の縮小を改善するため，地方における安定した雇用の創出や，地方への人口の流入，若い世代の結婚・出産・子育ての希望をかなえ，地域間の連携を推進することなどで地域の活性化とその好循環の維持の実現を目指すとしている。

☑ 都市計画

都市の発展や環境保全などを目的とし，土地利用・都市施設の整備・市街地開発に関する計画を立て，実現に向けて各種規制や施策の実施などを行うことを都市計画と呼ぶ。実際の都市計画は，主に都市計画法，大規模小売店舗立地法，中心市街地活性化法から成るいわゆるまちづくり3法に基づいて

計画される。

　都市計画法は，都市の均衡ある発展と健康で文化的な住民生活を守ることを目的とし，市街地開発や施設整備を行うための基本的な法律であり，市街地開発を積極的に行う区域と，逆に抑制する区域のそれぞれの制限などが定められている。

　大規模小売店舗立地法は，大型店舗の周辺環境保全のために，店舗の設置や運営に関する手続きなどを定めた法律である。

　中心市街地活性化法とは，各市町村の中心となる市街地の設備改善と，商業の活性化を目的とした市町村支援などを定めた法律である。

☑ まちづくり条例

　地方自治体が独自に定めるまちづくりに関する条例のこと。まちづくりに関する基本的事項や手続きを定めたもの，行政・市民・事業者の共同協力のもと，まちづくりを行うための仕組みを定めたものなど，条例の内容は自治体によって異なるのが特徴である。地域によっては自治基本条例や，まちづくり基本条例という条例名で，まちづくりを行っている。2019年現在，まちづくり条例を定めている自治体は390自治体である。

☑ ソーシャルキャピタル

　社会に属する人のそれぞれが協力・協調し合うことで社会効率を高めるという考え方のもと，信頼関係や社会的ネットワークを重要資本と見なす概念をソーシャルキャピタルと呼ぶ。具体的には地域コミュニティへの参加や地域ボランティアの参加などが活発な地域ほど，ソーシャルキャピタルが培われているといえる。

　ソーシャルキャピタルと人間行動は正の相互関係があると考えられている。ソーシャルキャピタルが豊かな状態においては，犯罪が抑制され，経済活動をはじめとしたすべての活動が活発化し，社会が効率的に機能するとされる。地域活性化やまちづくりを行ううえで重要となる概念であり，近年とみに注目されている。

☑ コミュニティビジネス

　地域住民が主体となり，地域が抱える問題点の解決を目的としたビジネスのことをいう。組織形態や活動分野は多岐にわたるが，雇用機会の創出や地域活性化への貢献などが期待できることが共通している。一方，利益の確保が難しい分野を対象としたものや，経営に関して精通していない者が興した事業などは，ビジネスとしての自立や継続が困難な場合もあり，課題点とし

て挙げられる。

なお，コミュニティビジネスの具体例としては，障害者や高齢者の生活支援事業，地域通貨の発行による消費喚起，地域情報をインターネットサイトや情報誌で発信することなどがある。

☑ アウトリーチ

アウトリーチとは，まちづくりを行うにあたり，行政が直接市民のもとに出向いて意見や情報を収集したり，まちづくりへの興味や関心を引き出すような活動をしたりすることを指す。元々は，福祉分野において，公的機関が利用者のところに出向いてサービスを行うことや，芸術分野などで人々の潜在的関心を引き出すような活動のことを意味していた。

アウトリーチを行うことにより，行政担当者と市民との間に交流が図られ，それによってソーシャルキャピタルが充実して，地域活性化やより良いまちづくりへの貢献が期待できるとされる。

☑ コンパクトシティ

生活に必要な機能を中心地へ集約し，郊外へ機能が分散することを抑止するような都市政策，あるいは政策が実現している都市のことを，コンパクトシティと呼ぶ。

コンパクトシティにおいては，徒歩や自転車を移動手段とした生活圏が構成されることにより，環境や高齢者などの交通弱者に配慮した都市計画となるほか，シャッター通りを代表するような中心地の空洞化の解消，さらには郊外化抑制を図ることにより，道路などの設備投資が削減でき，行政の財政が改善するなどの利点がある。

コンパクトシティを政策として採用している都市としては，札幌市・青森市・神戸市・富山市などがある。そのうちでも，除雪費の削減を目標にコンパクトシティを取り入れた青森市では，実際に中心地の人口が増加するなどの効果が見られているという。

5
生活

答案例

問題 まちづくりの必要性について，あなたの意見を述べよ。**600字以内**

模範回答 まちの空間だけでなく，暮らしそのものも創造する行為をまちづくりという。住民のニーズにあったサービスが受けられるというメリットをもたらすゆえに，まちづくりは必要だと考える。 (以上，第1段落)

これまでは行政や民間事業者主導の開発になりがちで，住民のニーズとまちづくりが必ずしも一致しなかった。特に近年では少子高齢化，高度情報化，女性の社会進出など，住民のライフスタイルや価値観が多様化しつつあり，すべての市民が満足できる公共サービスの提供は難しく，生活利便性が低下したり，生活空間としての魅力を失うことが多かった。もし住民がまちづくりに積極的に参画すれば，市民・行政・民間事業者らが持つ専門性や発想力を活用することで課題をスムーズに解決でき，より良いサービスの提供が可能になるだろう。 (以上，第2段落)

こうしたまちづくりを行うためには，地域の合意形成の仕組みをつくることが必要だ。例えば，ワークショップやインターネット上での意見聴取，アウトリーチなどの方法で多くの意見を集めるなどして，できるだけ多くの住民に参加してもらい，住民・行政・民間事業者が対等に話し合いながら，まちづくりを行っていくことが重要だ。 (以上，第3段落)

解説 第1段落：意見の提示…住民のニーズに合ったサービスを受けるために，まちづくりが必要であることを主張している。
第2段落：理由説明…いままでの行政・民間事業者主導の開発ではなく，住民を主体としたまちづくりの必要性を述べている。
第3段落：意見の再提示…住民主体のまちづくりを行うためには，住民の参加と住民・行政・民間事業者が対等に話し合える場が必要であるとまとめている。

6 ことば・コミュニケーション

　人文系・教育系の分野ではことばやコミュニケーション関係が重視され，入試において頻出のテーマである。また，昨今ではマスメディアによる一方的な情報送信だけでなく，スマートフォンやパソコンを活用して情報を主体的に収集・選択できるようになり，コミュニケーションのあり方も変化しつつあることから，高度情報化やマスメディアに関連した話題も出題されやすい。ここでは出題頻度が高い3テーマに絞り，解説を施す。

取り扱うテーマ

> 日本語の乱れ
> インターネット
> スマートフォン

日本語の乱れ

出題頻度 → 文学・日文 教育 ★ ★ ★   外語・外文 心理 幼・保 ★

定義

　そもそも使用している日本語が乱れているか否かを判断するには，規範となる日本語の存在が必要であるが，それにあたるものとして，書き言葉に重きを置く標準語・共通語(p.319参照)や，文部科学省や文化庁による国語施策が用いられるのが一般的である。そして，これらの規範となる日本語からはずれた言葉遣いを否定的に捉える人たちは，「日本語が乱れている」と指摘しているのであるが，中立的に捉えれば「日本語の揺れ」や「日本語の変化」などというべき現象ではないだろうか。

問題点

　日本語の揺れや変化に対して，賛否両論の主張が展開されている。例えば，「正しい日本語」を他人とのコミュニケーションの道具として重要であると捉えれば，相手に不快感や誤解を与えないようにするためにそれらを適切に運用することは欠かせないだろう。すなわち，「正しい日本語」の使用は他人との人間関係をつくるうえでの必須条件であり，積極的に規範となる言葉を用いるべきだと主張するので，その人たちは日本語の揺れ(変化)に対しては否定的になる。

　一方，言葉の乱れを容認してもよいと捉える立場の人もいる。家族・友人・地域などの共同体など，言語は用いられる環境によって変化する。つまり，言語は変化することが必然であり，その変化を「乱れ」と捉えるのは主観的な判断にすぎない。むしろ，時代に即していない規範となる言葉にこそ問題があると，その人たちは主張する。

問題点の背景

　戦前，国家を挙げて標準語を整備する機運が高まったが，戦後は国による標準語政策が行われなくなった。むしろ，思想や良心の自由が保障され

るようになったこともあって，国が標準語や共通語を強制的に定めること
に対して否定的な立場を取る人も出現した。こうして，「正しい日本語」
という概念を個々人の感覚や慣習をもとに捉えるようになった。

　また，使いやすい方向へ日々変化するという言語の特性も影響している。
例えば「見れる」「着れる」などのら抜き言葉(p.319参照)，「ケータイ」「コ
ンビニ」などといった短縮言葉は，言葉の伝達を効率的に行おうとして，
単純化したり省略したりした結果だと捉えることもできる。

対応策・解決策

　まず，ある言葉の変化が一般化した時点で，国語施策の再検討を行い，
必要なら規範を修正することになるだろう。一方で，言葉の使い手もその
時どきでの標準語や共通語を理解したうえで，時や場合で言葉を使い分け
る必要がある。

　友人同士や私的な空間で揺れた日本語を用いるのは，その場にいる人た
ちの承諾があれば問題はないだろうが，ビジネス上や自分よりも年長の世
代の人との対話において使用するのは，適切なコミュニケーションを取る
うえで支障をきたすことが多い。こうした場合には，当然のことながら標
準語や共通語を用いるように心掛けるべきである。つまり，誰に対してそ
の日本語を用いているのかという視点をつねに持ちつつ，日本語の変化に
対応していくことが必要だ。

👉 小論文にする時のポイント ────────────────●

　日本語の乱れに関するテーマは，教育学部の国語専攻や文学部でよく問われる。
入試では，日本語の乱れをおもなテーマとし，よりよい日本語にしていくための
方策を問う出題が多い。

　まずは，「日本語が乱れている」という見方は，日本語が変化していくことを
否定的に捉えた立場であることを念頭に置く必要がある。こうした捉え方には賛
否両論があるだろうから，自分の立場を明確にするだけでなく，予想される反論
に対する答えまで用意しておきたいものだ。決して「日本語は乱れているから，

美しい日本語を守ろう」といった常識的な主張で終わらないようにしたい。

過去の入試問題例

例 あいまいなカタカナ語の多用は，日本語の表現を豊かにするのに必要かどうかについて述べた文章を読み，本文を参考にして，カタカナ語に対するあなた自身の考えを論じよ。
(弘前大・教育学部)

例 日本語における格助詞使用の乱れについて述べた文章を読み，現代日本語における格助詞使用の乱れについて，自分自身の経験をふまえて，あなたの考えを論ぜよ。
(東京学芸大・教育学部)

例 日本語では，話しことばと書きことばでは相応の違いがあると言われているが，あなた自身の観察にもとづいて，具体的な例をあげ，それぞれの特徴を記述せよ。
(大東文化大・外国語学部)

例 「東京の話しことば」と「標準語」をはっきり分けて考え，そのうえで「標準語とは何か？」を考え直す必要性について述べた文章を読み，あなたが考えたことを書け。
(和光大・表現学部)

例 日本語について述べた文章を読み，「敬語」「言葉の乱れ」などに見られる「言葉の問題」を具体的に指摘し，その問題に対する考えを，あなた自身が日常用いている言葉と関連づけて明確に述べよ。
(長崎純心大・人文学部)

例 そもそも「ことばの乱れ」とはどういうことなのかについて考察した文章を読み，あなた自身が最近気づいたことばの変化の事例を紹介し，その変化が生じた理由を推察した上で，それに対してどのように考えるか，筆者の考えを踏まえながら論述せよ。
(尾道市立大・芸術文化学部)

🔑 関連キーワード

☑ 標準語と共通語

標準語とは，国内の公的生活において規範となる言語のことをいう。一方，共通語とは，国内で地域や階級に関係なく通用する言語のことを指す。どちらも東京近辺で使われている語が基盤となっている。両者の大きな違いは，規範性をもつか否かである。

なお，1949年に国立国語研究所が行った調査の報告書では，標準語を「何らかの方法で国として制定された規範的な言語」としたうえで，日本ではいまだにそれが存在しないので共通語という言葉を用いたとしている。

☑ ら抜き言葉

「見れる」「食べれる」「寝れる」など，文法的な活用では必要な「ら」を抜いて使っている動詞のことをいう。

上一段活用動詞（「見る」など），下一段活用動詞（「食べる」など），カ行変格活用動詞（「来る」など）に可能の意味合いを添える時は，本来なら助動詞「られる」を用いるべきところである。しかし，誤って「れる」を使用し，「ら」が脱落したように見える。

最近の若者では，「ら抜き言葉」を使っている人の方がそうでない人より多いのではないか。

☑ さ入れ言葉

「読まさせていただく」「休まさせていただく」など，文法的には不要な「さ」を入れて使っている表現のことをいう。

五段活用動詞（「読む」など）に使役の助動詞が接続する時は，本来「せる」を用いるべきところに「させる」を用いている。「さ」を入れることで敬語として誤用されることが多い。

☑ 敬語の揺れ

敬語の揺れを指摘する人も多い。「入れさせていただく」など，本来であれば他人の許可を得て実施するという意味で用いるはずの「～させていただく」を，単なる謙譲語「いたす」の代わりに用いることに否定的な見解を示す人もいる。

多くの場合，本来の文法から外れた使い方が論議の対象となっている。

☑ 若者言葉

青少年が特徴的に用い，他の世代の人はあまり用いない言葉のことをいうが，はっきりした定義はない。

例えば，「超○○」「マジ○○」といった強意を示すもの，「…ていうか」「なんか」といった場つなぎとして使うもの，「うざい」「やばい」といった俗語

319

や侮蔑表現を起源としたもの,「一応
○○」「○○とか」などといったぼか
し表現などがその代表例である。

若者以外の人がこうした言葉に対し
て拒否感や嫌悪感を覚える理由として
は,誤用していることに対する批判,
語源に対する批判,使用すると品格が
問われかねないという懸念などが挙げ
られる。

☑美しい日本語

文化庁の「国語に関する世論調査」
(2008年実施)によると,日本国民の多
くは思いやりのある言葉や挨拶など,
他人を尊重するために使われる言葉を
美しい日本語として捉えているという
結果となった。こうした言葉を評価す
るのは,多くの国民が共有することに
よって他人を敬うことの大切さが広ま
り,ひいてはこうした思想が言葉の乱
れを防ぐことにつながると考えるから
ではないか。つまり,**美しい日本語と**
礼節とを結びつけようとする風潮があ
ることがうかがえる。

一方,表現内容だけでなく,文字の
形や響きの美しさなど,さまざまな側
面から日本語の美しさを捉えるべきだ
と主張する人もいる。例えば,漢字・
カタカナ・ひらがなという3つの文字
を巧みに使い分けた日本独特の文字文
化は,日本語の美しさの一つであると

いう指摘はその例である。

☑文 学

文学とは,言語を用いた表現による
芸術性のある作品のことを指す。

かつて,文学は学問と同様の意味で
用いられていたが,18世紀頃には現在
のような意味が確立し,さらに19世紀
に入ると,作品の研究や文芸評論
(p.322参照)も文学のうちに含まれる
ようになった。また,文学形式におい
ても,古代や中世においては口頭で表
現が可能な詩(p.321参照)や,現在は
劇文学として扱われるようになった戯
曲が中心であったが,近世に入り印刷
技術が生まれると,文章表現による認
識が容易となり,小説をはじめとした
散文(p.321参照)形式へと文学の主流
が移行した。

☑口承文芸

口頭でのみ伝えられてきた文学を口
承文芸と呼ぶ。文字を持たない民族や
非識字の民衆の間で語り継がれてきた
文学,文字にすることを敢えて避けて
きた文学などが該当する。

多くは語り手の立場で出来事を語る
物語の形式を取る。文章のように表現
を保存できないという特徴から,時代
を経るごとに話の内容が変化したり,
起源が不明であったり,多民族の侵略

などにより物語そのものが消失してしまったりすることが起こる。

なお，口承文芸にはネイティブアメリカン，ケルト民族，イヌイットなどの少数民族による神話のほか，キリスト教の聖書も口承文芸の集約であるといわれている。

☑ 散　文

特別な形態や字数制限を持たない，通常の表現による文章を散文と呼ぶ。韻文の対義語である。

文学としての散文には，作られた物語である小説，筆者の体験・感想・思想などを綴った随筆，日常で起こったことを書き留めたものである日記，文学作品の評論である文芸評論，個人の業績や古来の伝承を文章に著した伝記，虚構（フィクション）ではなく，事実や記録に基づいて作品を作り上げるノンフィクションなどの分類がある。

また，新聞や雑誌，解説書や指南書などの一般的な読み物も，散文で書かれている。

☑ 詩

文章そのものの意味を伝えるほかに，感情的な反応やイメージを引き出すような表現を用いた短い文章形式を詩と呼ぶ。古代より世界各地で存在しており，最も古い文学形式の一つであると

される。

詩の多くは，韻を踏んだり，特定の音数によりリズム感を出す音数律を用いたり，一定制限内で表現を行ったりする。また，短い文章で効果的に感情などを引き出すために，さまざまな修辞技法が用いられるのも詩の大きな特徴である。

詩には，和歌・俳句・漢詩などに代表される韻文詩，散文と組み合わせて表現を行う散文詩，物語形式の韻文で長さを持つ叙事詩，読み手の感情表現を主とした抒情詩などがある。

☑ 日本文学

日本文学とは，日本語で書かれた文学や日本人が書いた文学そのもののほかに，それらの作品研究や作家研究の記述も含む。

およそ7世紀頃より和歌を詠むことが知識層のたしなみとされていたため，8世紀頃より和歌を研究する学問である歌学が栄えるようになり，万葉集や古今和歌集の研究，和歌の本質を研究した歌論の研究などが行われるようになり，以後長きにわたって日本文学の主流となった。

一方，文学や書き言葉という概念が生まれた明治時代以降，作品としての芸術性を追求した小説である純文学が生まれ，数多くの名作が生まれた。第

6 ことば・コミュニケーション

二次世界大戦後頃より発表された純文学は現代文学に属するが，特に近年では大衆小説と純文学との境目が曖昧になりつつある。

☑ 文芸評論

文学作品や作家などを批評することを文芸評論と呼ぶ。評論の手法には，作品の研究である作品論，作家の研究である作家論，文学の歴史やその時代の特徴などの研究である文学史研究，異なる言語や地域の文学を比較する比較文学，メディアを通して文学評論を行う文芸時評などがある。

一方，評論の論点になりやすいものは，視点・ストーリー性・構造・文体・修辞技法などが挙げられる。

文芸評論の歴史は古く，西洋においては古代ギリシャ時代にアリストテレスによって評論が行われたほか，日本においては10世紀初頭に書かれた『古今和歌集仮名序』が起源である。その後時代ごとに数多くの評論が発表されたほか，その内容を巡って文芸論争が起こることも多い。

☑ 文学理論

文学の目的や意義など，文学の根本に関する考察を文学理論と呼ぶ。20世紀初頭より本格的にこの分野の研究が開始され，その後，現象学や記号学などの哲学を取り入れた理論や，ポスト構造主義やフェミニズム，社会学などの思想を取り入れた理論が提唱されるようになった。

これまで，新しい思想が生まれると，それに伴って新たな文学理論が生まれる傾向がある。例えば，哲学における脱構築や，20世紀半ばに起こった思想である新歴史主義などの立場により新たな理論が構築された。また20世紀後半より起こった，旧植民地の文学研究であるポストコロニアル理論も文学理論の1つである。

☑ 書誌学

書物そのものを研究対象とする学問を書誌学という。ビブリオグラフィーとも呼ぶ。書物の歴史や分類，内容のほか，印刷・製本・装丁・材質など，実にさまざまな事項の分析や実証が研究内容となる。

古くは紀元前200年代の，エジプトのアレクサンドリア図書館における蔵書分類が起源である。日本においては奈良時代の書物編纂に端を発し，江戸時代には優れた書誌学者が現れた。また，著者名・著作名・発行年などを目録化したものを書誌というが，この書誌の作成法や書誌そのものの研究も，書誌学で扱う分野である。

☑ カルチュラルスタディーズ

　文化と，政治や経済などの他領域，あるいは地域との結びつきや影響を分析・研究する学問をカルチュラルスタディーズと呼ぶ。統一された理論はなく，哲学などのさまざまな分野の手法や観点を取り入れていること，従来は学問として取扱いがなかった現在の文化事象，特に大衆文化やフェミニズム運動，マイノリティ運動などの社会運動を研究対象としていることが大きな特徴である。

　カルチュラルスタディーズは，20世紀後半に起こった新しい学問である。その起源はイギリスのバーミンガム大学に設立された現代文化研究センターであり，そこで行われていたイギリスの労働者階級に関する研究にあるといわれている。

☑ ニューアカデミズム

　日本において1980年代に見られたフランス現代思想である構造主義やポストモダンの流れをくむ知識人の思想運動をニューアカデミズムと呼ぶ。思想雑誌『現代思想』に論文を掲載していた学者や知識人が中心となった。1983年に，当時京都大学の助手であった思想家の浅田彰が出版した著書が，難解な記号論を扱ったものであったにもかかわらずベストセラーになり，流行語を生みだしたことにより起こった。

　ニューアカデミズムが起こった背景としては，1970年代に入り，それまでの主流であったマルクス主義への批判として新しくフランス現代思想が紹介されたこと，そして1970年代後半の精神世界の流行に違和感を覚えた若者層がこれに関心を寄せたこと，などが挙げられる。

☑ 国　学

　古事記や日本書紀などの古い文献研究を通して，日本古来の精神や思想を追求しようとする学問を国学と呼ぶ。江戸時代初期〜中期前半までの儒教思想に異議を唱えるものとして，江戸時代中期に興った。

　具体的には，道徳的価値観や仏教思想は人間本来の姿を歪めるとして批判対象とし，仏教伝来以前にあった古代日本の在り方を重要視するものであった。荷田春満(1669〜1736)，賀茂真淵(1697〜1769)を初期の大成者，本居宣長(1730〜1801)を中期の大成者，平田篤胤(1776〜1843)を後期の大成者とする。特に平田篤胤の思想は，神の子孫である天皇を最も尊いものと位置付けたことにより，幕末の尊皇攘夷運動を支える概念となった。

☑日本語学と国語学

　言語としての日本語を研究する学問を日本語学、国語学と呼ぶ。具体的には日本語の文字・音韻・文法・敬語・文体・時代考証などの研究が該当する。

　近年では日本語学と国語学は統一化が図られているが、従来は別のものであった。国語学は日本国内で使用される日本語としての意味合いが強いのに対して、日本語学は世界の言語としての日本語と捉える点で異なる。そのため、国語学においては多言語との比較や、外国人の日本語学習、日本語教授法は含まれない場合が多い。

　学問としての日本語研究は、中世の歌学（p.321参照）を起源とし、江戸時代の国学（p.323参照）における古語の研究などを通して発展した。近代に入ると、国語学者上田萬年（1867〜1937）によって言語学（次項参照）が取り入れられたことで、研究が科学的手法へと変化した。

☑言語学

　人が使用する言語の研究を行う学問のことを言語学と呼ぶ。言語に関するあらゆる事象を科学的に解明することを目的としており、具体的には音声・音韻・構造・意味・語彙・比較言語などが研究対象に該当する。

　世界に存在するあらゆる言語が言語学の研究対象となるが、どの言語も平等であり、優越はないとするのが言語学の基本である。歴史は古く、古代ギリシャの修辞学や古代ギリシャ語の文法書は言語学の一種として見なされる。19世紀に入ると、ヨーロッパの言語が似通っていることに気が付いた言語学者が比較言語の研究を開始し、20世紀には話し言葉の研究へと対象が移ったほか、言語を人間の持つ認知力の観点から捉える認知言語学が生まれた。

答案例

問題 日本語の乱れについて，あなたの考えを述べよ。 600字以内

模範回答 日本語が乱れているか否かを判断するには規範となる日本語の存在が必要であるが，それからはずれた言葉遣いを否定的に捉えると「日本語が乱れている」と指摘できるのであろう。私は言葉が変化することには反対しないが，言葉の使用方法が乱れることは容認できない。「誰のために日本語を用いるのか」という視点を持って，日本語を使っていくことが必要だ。　　　（以上，第1段落）

　確かに言葉の乱れを容認してもよいと考える立場の人もいる。そうした人は，言葉には使いやすい方向へ変化する特性があり，言語は変化するものだと主張する。しかし，言語を他人とのコミュニケーションの道具として捉えた場合，こうした立場では支障をきたす。相手に不快感や誤解を与えないためには，「正しい日本語」を適切に使うことが必須条件なのである。　　　（以上，第2段落）

　今後，言語の使い手はその時どきでの標準語や共通語を理解したうえで，使用場面に即して適宜言葉を使い分ける必要がある。友人同士や私的空間でなら，揺れた日本語を用いても皆の承諾があれば問題ないだろう。しかし，ビジネス上や自分よりも年長の人との対話で使用するのは，適切な関係を築くうえで支障をきたすだろう。そうした場合には標準語や共通語を用いるべきである。

（以上，第3段落）

> **解説**　第1段落：意見の提示…日本語の乱れについて，言葉の変化自体には反対しないが，言葉の使用方法まで乱れることに対しては異議を唱えるという主張を述べている。
> 　第2段落：理由説明…言葉の乱れを肯定する立場に譲歩しつつ，コミュニケーションの道具としては，正しい日本語の使用が欠かせないことを示して，自分の主張の理由説明としている。
> 　第3段落：意見の再提示…今後は，その時どきでの標準語や共通語を理解したうえで，時と場合に応じて言葉を使い分ける必要があると述べている。

6 ことば・コミュニケーション

325

インターネット

定義

コンピューターを介して相互に情報をやり取りできるように，回線を網の目状に張り巡らしたものを**ネットワーク**という。そして，複数の小さなネットワーク（**LAN**；Local Area Network）や広い範囲に及ぶネットワーク（**WAN**；Wide Area Network）を相互に接続して作り上げた地球全体をカバーするネットワークのことを**インターネット**という。インターネットは ARPANET（p.331参照）を起源とし，**インターネットプロトコル**という通信上の規定を定め，相互に情報のやり取りを行っている。

インターネットの普及に伴って，即時に，国内のみならず国境を越えてでも，双方向でコミュニケーションが取れるようになった。今では，情報端末とインターネットの接続環境さえ整えば，世界中からの情報が即時に入手できるとともに，世界に向けて情報を発信することもできる。こうした環境が整備されるのに伴い，ソーシャルメディア（p.332参照）などを用いた双方向通信やインターネットショッピングの普及，行政サービスのデジタル化（p.332参照）など，生活のさまざまな場面でインターネットが活用されている。つまり，手軽に情報を取り扱える環境が整い，幅広い世代が情報の恩恵を受けることができるようになったのである。

さらに最近では，スマートフォンやタブレット端末が普及し，公衆無線LAN が利用できるところが増えたことにより，インターネットの利用価値は非常に大きなものになっている。

問題点

インターネットの普及に伴って問題点も多く発生している。そのなかでは使い手の悪意によって引き起こされる事例がよく指摘されているが，そのおもなものは，

① 情報の信憑性の低下

② 個人情報の漏洩と悪用

③ なりすまし(他人になりすますこと)

④ インターネットを利用した違法行為

などである。

　①は、インターネット上では第三者による監視やチェックが入りにくいために起こることである。例えば本などの出版物であれば、出版社側(編集者など)によって原稿の内容がチェックされた後に刊行されるのが普通なので、問題は生じにくい。しかし、インターネットでは接続さえできれば誰でも好きな時に情報をネット上にアップロードすることができ、第三者のチェックが入らない。そのため、不正確な情報がネット上で提供される可能性は高くなり、信憑性の低い情報が拡散することになる。さらに最近では、スマートフォンなどの携帯端末の普及や、ブログやSNSなどの利用者が増えたことにより、より手軽にその作業を行えるようになったこともあって、こうした傾向が顕著になりつつある。つまり、信憑性のチェックがないままに情報が流布されることがあるのだ。時にはサイバーカスケード(p.333参照)によって主張が極端に偏ったものになり、特定の人や企業への誹謗や中傷に発展することがあるなど、社会問題化するケースも起きている。

　②は、個人情報のデータ化が進んだことによる。コンピューターウイルス(p.334参照)への感染やハッカーやクラッカーによる不正アクセス(p.335参照)によって情報が漏洩することで、個人情報が悪用される恐れがある。それらは、暗号化やパスワードの使用をしないこと、さらにはウイルス対策ソフトを導入しないなど、個人情報漏洩に対するリスクマネジメントの不十分さが原因で起こるといわれている。また、本物のウェブサイトを装った別サイトへ巧みに誘導し、その過程で個人情報を盗み出して架空請求や預金の引き出しなどを行うフィッシングといわれる詐欺行為も発生しているので、注意を要する。

　③は、他人が何らかの方法で個人情報を入手することによって起こる。他人のユーザーIDやパスワードなどの個人情報を入手し、その人になりすましてネットワーク上で使用することが問題となる。例えば、他人の名

327

前を使って掲示板やブログに投稿したり，他人のメールアドレスを用いてスパムメール（p.335参照）を送る，あるいは他人のIDやパスワードを用いてネットゲームに興じたりすることなどである。場合によっては，情報の改ざんやアダルトサイトなどへの誘導など，犯罪行為に発展することもあり，問題視されている。なお，こうした行為は**不正アクセス禁止法違反**となる**違法行為**である。

④は，インターネットオークションを利用した詐欺行為や，違法行為を行うサイトの存在などが代表例である。このうち前者は，オークションサイトを介して金銭を受け取ったにもかかわらず品物を渡さなかったり，逆に品物を受領したにもかかわらず代金を送らなかったりする詐欺行為である。また後者は，著作権者に無断で著作物などをインターネット上で公開したり，有害画像などを公開したりする**違法サイト**のことである。

問題点の背景

こうした問題が発生する背景には，ネットワークを通して多量の情報を即時に場所を選ばず得ることができる環境が整ったこと（IT革命を発端とした**環境整備の充実**）のほか，対面ではなく匿名で情報のやり取りができること（**匿名性**）といった，いわばネット社会の特性が関係している。匿名では情報の送受信の際に他人が介入しにくく，使用者は自己都合だけでネットワークを利用しがちである。そうした場合，情報リテラシー（p.337参照）や情報倫理観（p.337参照）を欠く使用者は，匿名性を悪用してこうした問題行為を平気で行うようになる。一方，問題行為に関与した者を発見しようにも，高度な専門性が必要とされるほか，調査範囲が広範に及ぶため，その発見や摘発は極めて困難であるのが現実である。

対応策・解決策

現在，日本では**ユビキタス社会**（p.331参照）が実現し，いつでもどこでも手軽に情報に接触できる環境が整ってきている。こうした流れを踏まえて，前記①〜④のような問題点に対する防止策を講じる必要がある。

例えば，①であれば，発信者側・受信者側双方に対する対処法を考えな

ければならない。具体的には，倫理観や情報リテラシーの育成，悪意のある者への対応や処罰などが挙げられる。また，第三者機関が監視やチェックを行えるような機能の強化も必要となろう。さらに②③④であれば，自己防衛策を講じることを最優先にすべきであろう。具体的には，個人情報の管理を厳重にすること，セキュリティ面の強化，フィルタリング（インターネット上の特定の web ページを見せないようにするための仕組み）の徹底，低年齢の使用者に対する操作端末所持そのものや端末機能の制限などといった方法が考えられる。

　このように，法整備と取り締まりの強化，倫理観や情報リテラシーの育成，端末所持や機能の制限に向けての取り組みなどを一体的に行う必要があるだろう。

👍 小論文にする時のポイント ─────────────────────────

　インターネットに関するテーマは，文学部や教育学部の技術専攻をはじめ，人文・教育系学部ではよく出題される。入試では主として，インターネットによる恩恵および問題点を指摘させるシンプルな問題が出題される。その時，匿名性や第三者のチェック機能が働きにくいというネット社会の特性を踏まえ，今後はどういう対策を講じるべきかというところまで論じておきたい。

　対策のポイントは，対症療法と根本的対策とに分けて考えられる。一般に後者の方が効果があるので，その方向で述べることが多いかもしれないが，例えば「政府の介入による違法サイトの遮断（ブロッキング）」などのように，政府が個人の自由権に触れるような対策を講じるべきだといった意見を示す場合には，十分慎重に内容展開をする必要がある。

　また，受け手側に対する対策としては，ネット上に流れている情報の信憑性は自らの責任で判断できるようにしておくことが挙げられる。そのためには，何にも増して情報リテラシーを養っておくことが必要であるといえる。

過去の入試問題例

例 現在，日本社会にはインターネットが広く普及しているが，そこにはさまざまなメリットと同時にデメリットも見受けられる。そのメリットを社会の中で最大限に生かすためには，今後どのようにしていけばよいと考えるか。まず，メリットとデメリットをそれぞれ挙げて説明し，今後の方策について論述せよ。

(大妻女子大・文学部)

例 近年では，社会や生活の様々な場面でインターネットが利用されている。インターネットの利用に関して，様々な利用方法・場面をふまえて，インターネットを適切に扱うにはどのようなことを考える必要があるか。あなたの考えを述べよ。

(広島大・教育学部)

例 近年，私たちの生活のなかで「インターネット」にアクセスする機会が多くなっており，種々の情報を短時間で得ることができるようになった。学習において「インターネット」による情報検索の問題点と対策について具体例を挙げて述べよ。

(鹿児島大・教育学部)

例 フェイクニュースについて述べた英文を読み，もしあなたの国で反フェイクニュース法が成立する場合にどの範囲で，賛成または反対か。英語で答えよ。また，あなた自身がフェイクニュースを信じるのを防ぐためにできる方法について論じよ。

(高知大・人文社会科学部)

関連キーワード

☑高度情報化社会

　情報がほかの資源や産業と比べて高い価値を持ち，主導的な地位を占めている社会のことをいう。脱工業化社会ともいわれる。特に，1990年代から2000年代にかけて起こったコンピューター・インターネット・携帯電話それぞれの普及と情報技術の発達(IT革命)以後の社会を指すことが多い。

　コンピューターや携帯電話といった操作端末の性能や操作性が向上し，一方でブロードバンド環境(光通信など)や携帯電話通信網などといったネットワークの基盤が整備・拡大された。その結果，情報の蓄積・検索・伝達・処理・提供がしやすくなるなど，情報技

術の進展が顕著になった。

☑ ARPANET (アーパネット)

アメリカ国防総省高等研究計画局（ARPA）が軍事利用を目的として開発したコンピューターネットワークのことで、1969年に導入された。当時主流だった中央集中型のネットワークではなく、情報分散型のネットワークであったことから、インターネットの原型とされている。

当初は米国内の4つの大学や研究所をネットワーク回線で結んだものにすぎなかったが、徐々にARPANETに接続する大学や研究所が増え、1983年には学術利用として独立した。その後、世界に向けてネットワークを開放することになったことで、爆発的に広まって現在に至っている。

☑ IT革命

情報技術（IT）の発展に伴った社会の急速な変化を、革命になぞらえてIT革命と呼ぶ。2000年の九州・沖縄サミットでは議題の一つとして取り上げられた。

このような急速な変化が起こった背景には、1990年代のパーソナルコンピューターの普及と機能向上、インターネットの普及、そして携帯電話の浸透などにより、瞬時に情報の交換が可能となったことが挙げられる。

IT革命により、電子商取引などそれまでにない産業が起こったことによる経済活動への影響や、メールの普及によるコミュニケーション手段への影響など、もたらされた変化は非常に大きく、しかも多方面に及んでいる。

一方で、ITを利用した新たな犯罪が生まれたり、新しい社会格差であるデジタルデバイド（p.338参照）などの問題も同時に起こっている。

☑ ユビキタス社会

そもそもユビキタスとは、「神が遍在する」（広くゆきわたって存在する）という意味である。そのことからユビキタス社会とは、いつでも、どこでも、誰でも、意識せずに情報通信技術が利用できる社会のことを指す。

パソコンや携帯電話端末だけでなく、電化製品・電車・自動車・クレジットカードなど、あらゆるものが接続の対象となる。近い将来、ユビキタス化がさらに進むと、「品物を持ったまま店舗を出ても、クレジットカードや電子マネーで自動的に決済される」「いま自分がいる場所の位置情報をもとに帰宅時間を予測し、帰宅した時には自動的に風呂の用意や炊飯ができている」といったことが可能となるだろう。

6 ことば・コミュニケーション

☑情報産業

　情報産業と呼ばれているものには，通信機器・コンピューター・半導体など，いわゆるハードウェアを生産する電子工業と，ソフトウェアの開発や販売・情報処理・情報提供サービスを行う情報処理サービス業とがある。

　情報産業が進展した背景には，産業構造の変化がある。1970年代から80年代にかけて，重工業に代表される重厚長大な産業から，電子工業を主とした軽薄短小の産業へと転換した。そして，電子工業の発展によって，ソフトウェアの開発や情報の必要性や価値が高まり，さらなる発展を遂げた。しかし，1990年代の景気悪化に伴って，コンピューター市場も低迷した。その影響もあって現在では，ソフトウェア開発やソリューション（問題解決型）事業を主軸に置いたIT関連企業が多くなっている。

　情報化社会の進展によって情報関連産業が盛んになり，多くの雇用確保につながったという利点はあるものの，国内産業が情報関連産業に偏るあまり，産業の空洞化を引き起こすことに対する懸念も，一部では根強くある。

☑情報通信技術（ICT）

　情報や通信に関わる技術の総称である。ITと同様の言葉ともいえるが，情報技術（IT）にコミュニケーション（C）が加味されたもので，ネットワーク通信による情報の共有が念頭にある。

　ITは情報技術そのものを指すことが多く，主としてインフラ整備面に着目したが，ICTは世代や地域を超えたコンピューターの活用や人とのコミュニケーションを重視している。

☑ソーシャルメディア

　インターネット上で，ユーザーが情報を発信して形成していくメディアのことをいう。個人が日々更新する日記のようなwebサイト（ブログ）のほか，コミュニティ型のwebサイト（SNS；ソーシャルネットワーキングサービス），短い文章や写真を投稿して公開するブログサービス（TwitterやInstagram），動画の共有サイト（YouTube）などがある。

　これらは，自己の責任で自由に情報を発信することができることのほか，その内容に対して返信もできるなど，容易にコミュニケーションをとることができるという特徴がある。

☑行政サービスのデジタル化

　従来なら役所の窓口での手続きが必要だった行政サービスを，コンピューターなどを利用することでデジタル化したり，省力化・簡便化したりしよう

とする試みのことをいう。おもな具体化として，住民票の発行や税の確定申告(e-Tax)などがある。

　こうした動きが進むと，事務手続きのワンストップ化(複数の窓口での手続きが必要だった事務手続きを一つの窓口ですませること)が可能となる。例えば，引越しの際には，運転免許証の住所変更は警察署か運転免許センターで，国民年金や印鑑登録は市町村役場で，自動車登録の変更は陸運局で，電気やガスの移転手続きはそれぞれの企業での手続きが必要であるが，これらが一括して同じ窓口でできるようになる。

　2015年にはいわゆるマイナンバー法により，国民一人ひとりに個人番号が付与され，行政の様々な分野で利用されるようになった。また，2019年にはデジタル手続法が制定されるなど，行政サービスのデジタル化へ向けての動きが進められている。

☑ ブロードバンド

　ブロードバンドとは，電波や電気信号・光信号などの周波数の帯域幅が広いこと，また，それを利用した高速・大容量の通信が可能な回線や通信環境のことである。したがって，ブロードバンドインターネット接続とは，高速通信が可能な回線によってつくられたコンピューターネットワークを活用して行われるインターネットサービスのことをいう。

　大容量のデータの送・受信を高速で行えるため，映像や音声を用いた通信も容易にできるようになった。インターネット電話によってインターネット会議が普及したのも，ブロードバンド環境が整った恩恵といえる。

☑ サイバーカスケード

　ある特定の考え方が，同調者を得ることにより集団行動化していくインターネット上の現象のことをいう。カスケードとは「滝」のことで，極めて短時間に同じ意見を持つ者を引き寄せていく様子を滝になぞらえたもので，アメリカの憲法学者キャス=サンスティーンが提唱した。

☑ ネット右翼

　インターネットの掲示板やブログなどで，保守的・国粋主義的・右翼的な発言や表示をする人のことをいう。また，自分と相容れない意見に関して，執拗に書き込みを繰り返す人のことを指す場合もある。

　発言が過激であったり，誹謗中傷的な言動であったりするのが特徴で，サイバーカスケードを引き起こしやすい。実社会でも右翼的な言動をしているか

6

ことば・コミュニケーション

どうかは不明である。匿名投稿が可能なインターネットの特性上，ネット右翼の存在数などの実態が掴めていないのが現状である。

☑ フェイクニュース（虚偽報道）

事実ではない，虚偽の内容の情報・報道のことで，主としてインターネット上で発信・拡散されるニュースのことをいう。近年のSNSの発達で，誰もが簡単に情報を発信できるようになり，その真偽が確認されることなく世界規模で拡散されるようになった。その結果，虚偽の情報が社会に大きな混乱を招いたり，選挙などの結果に影響を及ぼしたりといった事態を招くこともあり，社会問題となっている。

☑ インターネット犯罪

インターネット上で発生する犯罪のことをいう。インターネットは社会生活において便利で有用なものである反面，悪用される事例もあとを絶たず，新たな社会問題となっている。

犯罪の代表的なものとして，実体のない利用料金を請求される架空請求，パソコンに不正アクセスして個人情報を抜き取る行為，他人のパソコンに不適切な働きをするプログラムを送りつけるコンピューターウイルス被害などが挙げられる。

さらに，不正アクセスによって，企業の顧客リストや機密事項などをネット上に流失させる情報漏洩も，インターネットを利用した犯罪である。

☑ コンピューターウイルス

ネットワークを介して他人のコンピューターに侵入することで被害をもたらす不正プログラムのことをいう。画面表示を変えてしまったりするものや，パソコンデータを盗み出すもの，蓄積データを破壊したりするものまで，種類は多岐にわたっている。

侵入したウイルスは侵入先のファイルの一部を書き換えて自分自身を複写するので，多くの場合，自分のコンピューターにウイルスによって書き換えられたファイルが存在することに気づかない。その状態でデータをやり取りすることで，ほかのコンピューターにウイルスを増殖させてしまうことがさらなる問題となる。

増え続けるウイルス被害に対処するため，2011年には刑法の一部改正がなされ，コンピューターウイルスの作成や提供を罰することが盛り込まれた。

☑ ハッカーとクラッカー

ハッカーとは，もともとはコンピューター技術に深い知識があり技術的にもたけている人のことを指す言葉

であった。インターネット普及間もない頃，ハッカーのなかにはあえてセキュリティを突破して侵入し，その証拠を残すなどの方法で相手にセキュリティに対する警告を発する人がいた。つまり，当時ハッカーが行う行為のなかには，自分の技術的知識を利用してネットワークのセキュリティを突破したり，コンピューターウイルスを作成したりすることも含まれていたのである。ところが，今日ではそれを悪用する者が増え，転じてコンピューターを利用して悪事を働く者もハッカーと呼ぶようになった。

しかし最近では，この用法は誤用が定着したものなので使用すべきでないとする人も多い。そして，技術を悪用する者のことをクラッカー(破壊者)と呼んで区別すべきだという主張も多い。

☑不正アクセス

コンピューターやネットワークへのアクセス権がない人が，ID やパスワードなどを不正に入手して，それらに侵入することをいう。侵入するだけの場合はハッキング，侵入後にファイルの改ざんやデータの消去などを行う場合はクラッキングと呼ぶ。

クラッキングを常習的に行うクラッカーは，侵入後にコンピューターの破壊作動をしたり，ほかのコンピューターへの侵入を行うプログラム(ワームという)を仕込んだりして，多くのコンピューターに影響を与えることがある。

1999年に不正アクセス禁止法が成立し，不正アクセスに関連する行為は処罰の対象となった。

☑サイバーテロ

インターネット上での大規模な破壊活動のことをいう。国家や社会の機能を麻痺させる目的で意図的に行われることが多い。

具体的には，企業や行政のコンピューターネットワークに侵入するスパムメール(無差別かつ大量に送信するメール)や，容量が大きいファイルを添付したメールの大量送付，webサイトへの不正侵入，バックドア(正規のアクセス権を使わずにコンピューターシステムへ侵入できる接続経路を設けること)を用いてコンピューターを遠隔操作するなど，さまざまな手段を使って，ネットワークやコンピューターを破壊したり改ざんしたりする。

☑スパムメール

営利目的で，無差別に大量一括配信されるメールのことをいう。受信者の意向や立場を無視して送りつけられるところから迷惑メールとも呼ばれてい

る。

発信者側からすると，郵便や宅配便などにするよりコストや手間の削減になるなどメリットが多い。一方，受信者側にとっては，必要な電子メールよりもスパムメールの受信数が多くなり，文字通り迷惑である。

スパムメールの内容の多くは広告メールだが，なかにはワンクリック詐欺や架空請求，場合によってはコンピューターウイルスを含むメールまでもあるので，これらのメールの閲覧には注意が必要である。

☑チェーンメール

不特定多数の人々に対して，さらに連鎖的に多くの人に配布するように求めて出すメールのことをいう。不特定多数の人々に対して送付され，その人々がまた別の多くの人々に転送し，それが次々と続くといった連鎖が繰り返されることで，増殖しながら転送されていく。チェーンメールによってネットワークやメールサーバーに対して負荷をかけるだけでなく，噂やデマが拡散するといった問題を引き起こす。東日本大震災においてもさまざまなチェーンメールが広まり，混乱を引き起こした。

メールの内容に情報源が示されているか，内容が伝聞によるものではないか，事実に基づいたものであるか，情報内容が偏重したものではないかなど，メールの信憑性を十分に検討・確認する必要がある。

☑架空請求

使用実態のない名目で料金を請求されることをいう。利用していない有料サイトの利用料を電子メールや郵便などを使って請求し，不当に金銭を騙し取ろうとするのがおもな手口である。

インターネットの普及によって出現したいわゆるインターネット犯罪の一種で，2004年頃をピークに減少傾向にあったが，2018年に国民生活センターに寄せられた架空請求に関する相談件数は約22万6000件と，再び増加に転じてきている。

☑ネットオークション

インターネット上で行われる競売（オークション）のことをいう。誰でも出品や落札（購入）が可能であること，違法でないかぎりどんな物でも出品や落札ができること，個人出品物には消費税がかからないことなどの利点から，インターネットを介した個人商取引の代表例となっている。

利用者数が拡大していることもあり，最近では小売業者がネットオークションを使って商品を販売したり，官公庁

や地方公共団体が財産を処分する際に利用したりするなど，その形式は多様化してきている。しかしオークション詐欺（代金だけを受け取り，商品を発送しない）や違法品や盗品の出品，条例で禁止されているチケット類の転売など，問題点も多く存在する。

☑ワンクリック詐欺

インターネット上のサイトや電子メールにアクセスしただけとか，ページ上で一度クリックしただけで，そのサイトを利用したり契約したかのような料金請求画面を表示し，その料金を振り込ませるという不当料金請求行為のことをいう。

双方の合意なくしては契約は成立しないにもかかわらず，IPアドレスや携帯電話の個体識別番号などを表示したうえで，個人情報を取得済みだから法的手段も辞さないなどと脅しをかけ，指定口座へ振り込ませるように仕向ける悪質な行為が多い。最近では，メールなどでプログラムのダウンロードを誘い，インストールをした瞬間に料金請求画面が現れるなど，手口が巧妙化している。

☑情報リテラシー

リテラシーとは，読み書きの能力のことを指す。そのことから，情報リテラシーとは情報機器やネットワーク，あるいは情報やデータを扱ううえで必要な知識や能力のことをいう。コンピューターリテラシー（コンピューターやソフトウェアの操作や，プログラミング能力，インターネットでの情報検索の能力など）だけでなく，他人への影響を考えることや，情報を適切に収集・判断・評価・取捨選択・発信することなど，情報を適切に取り扱うための能力も含む。

そして，こうした能力を教育によって養おうとするのが情報教育であり，それを中等教育の課程で行うことを目的として，高校では2003年に「情報科」が設けられた。

☑情報倫理

情報化社会における道徳的な規範のことをいう。

インターネットの普及と発達により，さまざまな情報の公開や収集が容易となったが，反面，個人のプライバシーや知的所有権の侵害など，情報に関する被害が生まれやすい状況となっている。このような情報誤用に関する倫理的な問題を解決するためには，個人個人がより高い情報倫理観を持つことが必要である。またインターネット上でのマナーの遵守も，いままで以上に重要となっている。

なお，情報倫理として直接的に規制できる法律は存在しないが，情報倫理から派生した法律(不正アクセス禁止法など)は多数制定されている。

☑ デジタルデバイド(情報格差)

情報機器を使いこなせる人とそうでない人との間に生じる情報の量における格差のことをいう。

パソコンや携帯電話を所有していない人，機器の操作に不慣れな人，インターネットや携帯電話の通信網が遮断された人など，ネットワークからの情報収集が困難な人を情報弱者と呼ぶ。こうした弱者を減らすためにも，ブロードバンド通信基盤の整備を一層進めることのほかに，学校における情報教育カリキュラムを策定することや，情報教育を行える人材の育成を行うことなどの必要がある。

☑ 電子出版，電子図書館

文字や画像などをデジタルデータ化し，インターネットなどのオンライン上やディスク(CD や DVD)などの電子メディアの形で販売や配布する出版形態が電子出版である。

インターネットの普及により，出版物をパソコンやスマートフォンにダウンロードする形で配布する電子出版が徐々に広まりつつある。また，デジタルデータ化された書籍をオンライン上で図書館のように集積し，公開しているウェブサイトを電子図書館というが，24時間，場所を選ばず閲覧可能なことや，複数の人が同時に同じ書籍を読むことができるなどの利点があり，こちらも徐々に認知されつつある。しかし，著作権の問題があり，蔵書数は一般の図書館には及ばない。

☑ 著作権の侵害

著作物を著作者の許諾を得ずに無断で利用することをいう。近年のインターネットの普及に伴い，著作者の許諾を得ずに個人のホームページなどで著作物を使用することや，ファイル共有ソフト問題(音楽や映画，ソフトウェアなどを著作者の許諾なく，ファイル共有ソフトで交換すること)など，かつては存在しなかった形での著作権の侵害が新たな問題となっている。

著作権の侵害は，民事上の損害賠償を請求されるだけでなく，刑事的にも罰せられる。ただ，私的利用のための複製などの例外的な場合には，著作権侵害とならない場合もある。

なお，著作権が保護される期間は，著作物が作られた時から，著作者の死後70年がたつまでの間とされている。

☑ 著作権法

　著作権および著作隣接権の範囲と内容を規定し，著作者などの権利を保護するために制定された法律のことをいう。現行の著作権法は，1970年に制定された。

　著作権とは本の著者，音楽の作詞・作曲者，コンピュータープログラムの製作者など，著作物（「思想又は感情を創作的に表現したものであって，文芸，学術，美術又は音楽の範囲に属するもの」）を作った者に与えられる権利である。また著作隣接権とは，レコード製作者や放送事業者など，著作物の製作に関係する者に与えられる権利である。著作物や著作製作物を複製したり，あるいは上演・上映・演奏・放送・翻訳したりするためには，著作権者や著作隣接権者の許諾を得ることが必要であり，違反した場合には著作権侵害および著作権法違反に該当する。

　2010年には法改正がなされ，違法配信と知りながら音楽や画像をダウンロードしたり，違法複写物と知りながら販売したりすることも禁止された。

☑ 電磁的記録毀損罪

　刑法で規定された犯罪の一つで，公有または私有の電磁的な記録物を毀損した者を罰することをいう。毀損に該当する行為には，電子記録物の消去や

内容の不明化のほか，電子記録物を保管しているコンピューターやディスクそのものの破壊行為も含まれる。また，私文書のうちでは，権利・義務に該当する内容だけが電磁的記録毀損罪に該当し，単なる事実に関する記録（金銭データや携帯電話のメモリーなど）を消去しても罰せられない。

☑ 個人情報の保護

　高度情報化社会の進展に伴って，ますます増え続ける個人情報の利用を保護することをいう。

　IT化が進むにつれて個人情報の集積や編集が容易に行えるようになり，またインターネットを介してその情報が世界中に広がりかねない現状においては，個人情報を保護することは個人のプライバシーや利益を守るという点において非常に重要なことである。

　個人情報の有効利用とその保護のために，2005年には個人情報保護法が施行され，個人情報を取り扱う事業者に対してその取り扱い方法に関する規定が設けられた。

☑ フィルタリング

　インターネット上の情報に対して，一定基準を設けて分別・制限・遮断を行うことをいう。パソコンにソフトウェアを導入して行う方法と，イン

6 ことば・コミュニケーション

ターネットプロバイダーや携帯電話事業者が提供するプログラムを用いて行う方法とがある。

おもなフィルタリングの方法としては、一定基準を元に情報に格付けを行い、受信者側の判断でフィルタリングを行うレイティング方式、あらかじめキーワードやフレーズを指定し、それらを含む記載のあるホームページを遮断するキーワード方式（フレーズ方式、全文検索方式ともいう）、有害なホームページをリスト化し、それに該当する情報を遮断するブラックリスト方式、逆に安全なホームページをリスト化し、リスト以外の情報を遮断するホワイトリスト方式などがある。

近年では携帯電話が低年齢層にも普及していることを受けて、2006年からは政府もフィルタリングの普及に乗り出している。

☑ インターネット民主主義
（電子民主主義）

世論調査や投票などの民主主義的行為を情報通信技術を用いて行うことをいう。従来のものと比較して費用が削減できること、より多人数にアプローチできる可能性を秘めていること、政治離れが進む若年層に馴染みのあるデジタル技術を使うことにより、回答率や投票率の向上が望めることなどの点において注目を集めている。

世界的に見ても、取り組みが始まったばかりの分野である。日本では2002年に内閣府がインターネット民主主義に対する協議書を発表した。

☑ 電子商取引

コンピューターネットワークを用いて商品やサービスの売買・契約などを行うことをいう。イーコマース（eコマース）とも呼ばれる。

従来は、企業間において行われる電子データの交換のことを指したが、インターネットの普及に伴い、企業同士の取引以外にも、オンラインショップなどの企業対消費者、ネットオークションなどの消費者対消費者、などの新しい取引形態も生まれた。

電子商取引は情報通信技術の普及と向上につれて年々拡大しており、2018年に発表された経済産業省の統計では、企業対企業間、企業対消費者間の取引を合わせると362兆円にのぼるとされる。このような拡大の裏では、個人情報の漏洩のほか、商品販売を装ってクレジットカードなどの情報を騙し取ろうとするフィッシング詐欺など、電子商取引に特有な問題も存在する。

☑ 宣伝と広告

商品やサービスなどを他人に知って

もらうために行う活動を宣伝という。おもに企業や店舗などが，商品やサービスの内容のほか，企業や店舗そのものの存在を一般消費者に広く認知してもらうことを目的とした活動を指すことが多い。

一方，新聞や雑誌・テレビなどのマスメディアのほか，電車内や駅・街角などの場所で，管理可能な媒体を使って宣伝すること，あるいはその媒体のことを広告という。

経済産業省の統計調査によると，インターネットを利用した広告や宣伝は年々増加しており，その広告費は，地上波テレビ広告費に迫る1兆7600億円にものぼっている。

☑ 子どもと有害情報の接触

内閣府によると，小学生の86.3%，中学生の95.1%，高校生の99.1%が，それぞれパソコンやスマートフォンなどでインターネットを利用しているという(2019年現在)。

それに伴い，子どもがインターネットを使用し，有害情報(誹謗中傷や暴力的な画像，成人向け情報など)に接触する危険性も非常に高くなっている。そして，実際に接触したことによる事件や事故の事例も報告されている。

このような事態に対する対応策として，携帯電話各社やインターネットプロバイダー各社がフィルタリングのサービスを行っている。また，各都道府県は青少年健全育成条例を施行し，フィルタリングの普及を推進するとともに，青少年のインターネットカフェなどの施設への入場時間制限を行うなどして，有害情報に接触することの防止に努めている。

☑ マスメディアによる報道

マスメディアとは，特定少数の発信者から不特定多数の受信者(mass；群衆・社会集団)に向けて一方的に情報を伝達する媒体(media)，もしくはその送り手のことをいう。マスメディアは，一度に大量の受け手に対して，広範かつ同時に素早く情報を伝える機能を持つという特徴がある。

一般的に，マスメディアの報道は市民にとって信憑性が高いものだという認識がある一方で，情報の動きが双方向ではなく一方的で，メディア側の独断で情報を提供するという性質を持っていることから，

① 情報操作の恐れがある
② 情報の画一化が見られる
③ 予言の自己成就の恐れがある
といった問題を引き起こす。

マスメディアの報道が民衆扇動や印象操作・世論操作(p.344参照)につながりやすいのは，情報操作によって偏

341

向的な報道がなされることもあり得るからである。

　もしマスメディアが報道の中立性や正確性という社会的な役割意識を欠いた場合，特定の立場の人々が有利になる報道がなされ，多くの一般市民が不利益をこうむることとなる。よって，マスメディアは自らが持つ影響力の大きさを自覚して，一般企業以上に公共性を意識すべきである。

　ただし，メディア自身が社会問題を掘り下げて市民に伝え，重要な情報を選び出す役割を担っていることを自覚することはもちろん大切だが，同時にマスメディアの中立性を保つ姿勢や仕組みも求められており，現在，関連団体が報道の自主規制を行っている。例えば，放送ではBPO（放送倫理・番組向上機構），新聞では日本新聞協会，出版では出版倫理協議会などがその役割を担っている。

☑ ジャーナリズム

　ジャーナリズムとは，現状を報道し，論評する時の理念のことをいう。

　国・行政・企業によって情報が独占されたり，ブラックボックス化されているという現状から，ジャーナリズム活動が国民の「知る権利」を代行する行為として求められている。また，さまざまな事件をスクープして事の真相を明らかにしたり，そうした活動を通して社会へ問題提起をしたりする。

　しかしながら，誤報・虚報・捏造・やらせといった事実ではないことを報道することが皆無ではなく，問題視されている。視聴者や読者の感情に訴えようとスキャンダリズム（スキャンダルを詮索したり暴露したりすること）やセンセーショナリズム（人の興味や関心を引くことを第一とする考え方。扇情主義）に走ってしまうこと，あるいはステレオタイプ（考え方が画一的で，新鮮味がないこと）によって取材対象に先入観を抱いてしまい，事実を見落とすことがあることも問題だ。

　こうした行為は事実を歪めるだけでなく，時には人権侵害につながることもある。そうしたことを防ぐために，ジャーナリストに活動の自由を与えて自らの良心に従って報道に携わること（報道の自立性），ジャーナリスト教育を施して正確な取材の技法を学ぶこと，ステレオタイプから脱却すること（報道の正確性），社会的な勢力から自立するとともに視聴者や読者を神聖視しないこと（報道の中立性）といったことが欠かせない。

☑ 情報操作

　虚偽にならない範囲内で，情報を変化させたり制限したり，あるいは追加

情報を加えたりすることによって，受け手側に与える理解度や印象を恣意的に操作することをいう。

第二次世界大戦頃より，国民を誘導する手段として情報操作が盛んに用いられるようになった。現在でも北朝鮮のように，政府が大々的に情報操作を行っている国の例もある。また，政府以外にもマスコミや企業も「やらせ報道」や「誇大広告」などの形で情報操作を行うことがあり，しばしば問題となる。

現在ではインターネットでの情報拡散力が高まっており，情報の根拠が確認されないまま広まり，大きな影響を及ぼすことが社会問題となっている。主としてインターネット上で，真実ではない情報が発信されることをフェイクニュース（虚偽報道）（p.334参照）という。例えば，2016年のアメリカでの大統領選の際には，インターネットを通して多くのフェイクニュースが拡散され，投票行動に大きな影響を与えたという批判が出た。また，最初から虚偽であることを認識したうえで行う架空の報道や，推測を事実のように報道するなど，故意のものについては捏造報道といわれる。

☑ 過剰報道

マスメディアなどにより，特定の情報ばかりが必要以上に多く報道されること，あるいは必要のない細部にわたってまで報道がなされることをいう。過剰報道は風評被害や二次的被害を生むことがある。

☑ 民衆扇動

一般大衆がある特定の行動をするように仕向けたり，あおり立てたり，情緒に訴えかけたりすることをいう。発信者の主観を流布させるために行われることが多い。

有名な例としては，第二次世界大戦中にナチスドイツが行った民衆扇動がある。そのためドイツでは過去の反省から，民衆扇動を行って特定人物を傷つけることは犯罪行為となる。また現在のマスメディア報道においても，事実だけを客観的に伝えるという本来の報道の姿から外れ，民衆扇動となるような伝え方をすることがあり，問題となることがある。

☑ 印象操作

もともと印象操作は心理学用語で，相手の好みに自分自身を合わせることをいう。転じて，人が特定の印象を持つように言動や情報などを意図的に操作することを指すようになった。

例えば，テレビ番組内で特定の発言に笑い声の音声を付けることにより，

343

その発言はおもしろいものだという印象を与えたり，グラフや統計を虚偽にならない範囲内で操作し，自らの主張内容を視覚の面から強烈に印象づけたりすることがあるが，これらは印象操作の具体例といえる。

☑ 世論操作

世間一般の意見である世論を，自らの意図する方向に向けようとして情報などを操作することをいう。特に，情報の出処が曖昧であったり，世論と言いがたいような偏ったものを使用したり，情報そのものが意図的に捏造されている場合に用いる。

また，マスメディアなどで特定の情報を繰り返し流し，その内容を受け手側に意図的に刷り込むという手法の世論操作もある。かつてはマスメディアを用いたものが主流であったが，インターネットの普及に伴い，オンライン上での世論操作も見られるようになってきている。

☑ マスコミ不信

テレビや新聞，雑誌といったマスコミュニケーション（マスコミ）の報道内容や，マスコミそのものに対して不信感を抱いたり，信じなかったりすることをいう。

マスコミが与える影響は絶大である

ことから，その報道内容は正確かつ公平であることが必要であるが，情報操作や過剰報道などの横行によりマスコミ不信が生まれる結果となった。また，インターネットの普及により，マスメディア以外にも情報入手源が生まれてきたことも，マスコミ不信の要因となっている。

☑ 予言の自己実現
（予言の自己成就）

ある予言がたとえ根拠のないものであっても，人々がそれを信じて行動することによって，結果的に予言が現実のものとなってしまう現象のことをいう。アメリカの社会学者マートンが定義した。例えば，銀行が倒産するという根拠のない噂が流れた時に，多くの預金者がそれを信じて預金を引き出してしまうと，本当に銀行が倒産してしまうような場合である。

☑ アナウンス効果

報道することが人々に一定の影響を与える効果のことをいう。選挙報道の際の負け犬効果（ある候補者が不利であるという報道が，かえって同情票を集めやすいという効果），勝ち馬効果（有利な候補者がいるという報道が，勝ち馬に乗りたいという組織の票を動かすという効果）などが例として挙げ

られる。

☑記者クラブ

官公庁(国会や都道府県庁)などの公的機関に記者を常駐させ、継続的に取材することを目的とした、主として大手マスコミ各社によって構成された組織のことをいう。

記者クラブは、市民への情報開示を求めるためとして明治時代に組織されたことに端を発する。しかし太平洋戦争時に、政府の意向を伝えるだけの役割になって以来、現在においても各公的機関や政府関係者との馴れ合いや癒着、あるいは報道機関同士の記事内容のすり合わせなどが見られ、これが問題となっている。また、新規加入が容易ではなく、特に個人記者や外国報道機関の記者に関しては厳しく制限される点や、加入していない記者は取材活動そのものが難しい点などにおいて、報道の自由を損なう恐れがあるということで問題視されている。

☑特オチ

各報道機関が一斉に取り扱っている内容を、自社だけが報道し損なうことをいう。特ダネの反対語である。

ニュース番組であれば最初に放送されるような、新聞であれば一面で掲載されるような内容を特オチすることは

大問題だとされるため、記者クラブでは特オチ防止のための横並び取材がしばしば行われている。また、スクープや反感を買うような内容を報道すると、以後の取材において当局によって意図的に特オチさせられる場合もなくはないことから、仮にスクープがあっても報道しないなどの自主規制が行われることもある。

☑自主規制

企業やメディアなどが、製品の販売や報道内容に関して、自発的に何らかの形の制限を行うことをいう。問題や事件・事故が起こった場合や、社会通念上、規制するのが望ましいとされるものにさまざまな形や程度の自主規制がかけられることが多い。

具体的な例としては、煙草や酒類の企業がテレビCMや新聞・雑誌広告をできるだけ子どもの目に触れさせないようにするために、放送時間や掲載媒体の自主規制を行っていることや、放送業界が設けている放送禁止用語などがある。また、さまざまな利害関係の問題から自主規制をする場合もあり、マスメディアにおけるスクープの自主規制などはこれに該当する。

☑報道協定

人命保護や人権尊重などを目的とし

て，報道機関が報道自粛のために結ぶ協定のことをいう。警察などの公的機関の要請によって結ぶ場合もあれば，報道機関が自主的に結ぶ場合もある。いったん報道協定が結ばれたあとは，その協定が解かれるまで協定内容に関する一切の報道を行わない。1960年に起こった誘拐殺人事件の犯人が，殺害動機を「マスコミ報道により追い詰められたから」としたため，以後この協定が導入されるようになったが，近年では協定が結ばれている事件に関して，関係者と思われる者によるインターネット上の書き込みなどが見られることもあり，この制度のあり方に関して見直しの必要性が出てくる可能性もある。

☑ コンテンツ

　コンテンツとは内容・中身という意味の英単語である。文字・画像・音声などの情報や，それを使用した映画・音楽・アニメ・ゲームなどの創作物のことをいう。従来はこれらはすべてソフトウェアと呼ばれていたが，メディアを動かすために必要なプログラムと，人が閲覧するデータとを区別することを目的として作られた言葉である。プログラム部分がソフトウェア，データ部分がコンテンツである。

　また，デジタルデータ化されたものをデジタルコンテンツ，書籍や生ライブや観劇，キャラクターグッズなどをアナログコンテンツと呼んで区別することがある。2004年にはコンテンツの保護や活用の促進を目的として，いわゆるコンテンツ振興法が制定された。

☑ スポンサー

　資金面で援助をする個人・団体・企業などのことをいう。スポンサーはスポーツ選手などの個人のほか，スポーツ団体・各種イベント・テレビ番組などを援助の対象とする。スポンサーは資金提供をする代わりに自身の宣伝ができることから，広告主とも呼ばれる。

　宣伝方法としては，スポーツ選手のユニフォームや用具などに社名やロゴを表示する方法，イベント名や番組名にスポンサーの名前をつける方法，スポーツ団体名にスポンサーの名前を加える方法，中継放送のテレビやラジオの番組内でコマーシャルを流す方法などがある。

　また，スポンサーが資金提供する代わりに，スポーツ施設や公共施設などの名称を自由に決めることができるネーミングライツ（命名権）を得ることもできる。スポンサー側は，企業名や商品名を施設などにつけることで，イベントが行われた際にニュースで名称が呼ばれたり，施設を使用する人が名

称を意識したりすることによって，自社や商品をPRすることができる。施設を保有する側にとっても，運営資金を得ることができるというメリットがある一方で，スポンサーが変わるたびに施設の名称が変わることになり，施設の名称が定着しにくくなるというデメリットもある。

☑ 国家主義

国家内において，最優先されるのは国家そのものや国益であるとする考え方のことをいう。ナショナリズムと呼ばれることもある。

国家主義の下では，個人の自由や経済の自由といったものは厳しく制限・統制される。かつての日本は，1920年頃から第二次世界大戦終了後まで国家主義政策を実施しており，治安維持法や国家総動員法を制定して社会運動を取り締まるほか，政府が人的および物的資源をすべて管理できるようにしていた。

☑ 商業主義

利益を獲得することがあらゆるものに優先するという考え方のことをいう。

従来は商業とは無関係であった文化やスポーツ，福祉などの分野においても利益追求を目的とした企業の介入が見られるようになったが，それがあま

りにも度を越した場合に使われることが多い言葉である。例えば，クリスマスやハロウィンなどの外来文化行事に便乗した過熱商戦や，スポーツにおけるスポンサー企業名の過度な宣伝などは，典型的な商業主義だといわれている。

☑ マスメディアによる人権侵害

マスメディアが報道を行う際に，事実とは異なる内容や，故意に事実を歪曲した内容などを伝えることにより，報道される側の人権を侵害することをいう。名誉毀損だけでなく，時には失業や転居を余儀なくされるなど，生活環境や家族関係・人間関係の破壊などにつながる深刻な被害をもたらすことがある。

具体的な例の一つとして，1994年に長野県松本市で起こった松本サリン事件がある。犯行はオウム真理教によって行われたものであったが，当時は別の人物が重要参考人として警察の捜査を受けていたため，マスメディアは一斉にこの人物を犯人扱いで報道した。その結果，その人物に対して全国から誹謗中傷の手紙が届くなど，激しい人権侵害を引き起こすことになった。

☑ 実名報道

事件や事故の関係者や関係団体を加

6

ことば・コミュニケーション

347

害者・被害者を問わずマスメディアなどが実名で報道することをいう。現在日本では実名報道が原則だが，犯罪報道などで被害者や加害者が未成年である場合や，情報源を隠す必要がある場合などでは特別に匿名報道が用いられている。

実名報道のメリットは，加害者へ社会的制裁が加えられることになるほか，再犯予防や同類犯罪の予防となることである。一方デメリットとしては，実名報道された加害者の社会復帰が困難になること，本人のみならずその家族にも影響が及ぶこと，実名報道そのものがプライバシーの侵害の恐れがあることなどが挙げられる。

☑ クロスオーナーシップ

メディア関連事業(特にマスメディア)において，同一資本が複数のメディアを獲得して傘下に置くことをいう。クロスオーナーシップ制度の下では，同一資本のメディアは基本的に同一内容の報道となるため，言論が一元化しやすいこと，別資本のメディア数が少なくなることによって，メディア同士のチェック機能が働かなくなり，業界が停滞することなどの弊害がある。

欧米諸国ではクロスオーナーシップを禁止する法律があるなか，日本では「マスメディア集中排除原則」という

総務省令が定められているのみであり，その内容も同一地域内での新聞・ラジオ・テレビの３つの同一資本を禁止するというだけのものである。したがって，現状のように，テレビと新聞が系列化しているケースが多く見られる。

☑ 第三者効果

マスメディアにおける影響は自分には少なく，他人には大きく作用するとみなす考え方のことをいう。また，マスメディアが他人に与える影響を考慮した結果，自分自身も他人と同じような行動を取る可能性が高くなるということも第三者効果である。

例えば，テレビ番組などで特定の食品が健康やダイエットに効果があると放送されると，翌日には売り切れが発生することがある。その場合，自分自身は効果をあまり信じないけれども，他人が買うのを見て買ってしまったり，多くの他人が信じて買うことで品薄になるのを恐れて，結局自分も買ってしまったりしたら，それは第三者効果が働いたからだと考えることができる。

☑ 強力効果説・限定効果説・複合効果説

いずれもマスメディアの影響力に関していわれている説である。

強力効果説とは最も古くから(ラジ

オ放送が始まった1920年代頃）唱えられている説で，マスメディアの影響は過大に強力であるとし，直接的に人々の態度を変容させるものだと捉えたものである。「弾丸理論」（弾丸のように人の心を直撃するというイメージ），「皮下注射効果モデル」（直接個人の内面に注射されるようなイメージ）などとも呼ばれることがある。

限定効果説は1940年代から1960年代頃までに唱えられた説で，マスメディアの影響を限定的なものとして捉えたものである。それは，受け手の媒介的要因の連鎖によってマスコミュニケーションが機能するからである。例えば，受け手の都合のよいようにマスメディアからのメッセージを解釈したり（選択的需要），受け手が所属する集団の規範に基づいて自らの態度や判断を決めたり（準拠集団），マスコミュニケーションの中継機能を持つオピニオンリーダー（他者への影響力が強い人）が影響を与えたりする。

その後，1970年代以降になって複合効果説が台頭する。これは強力効果説と同様に，マスメディアの影響力を強いものと捉える。しかし，限定効果説を踏まえて修正しており，マスメディアの効果について，さまざまな研究がなされてきた。例えば，マスメディアが特定の内容を強調したり，繰り返し

たりすればするほど，人々もその内容に関して重要だと認識するという「議題設定効果」がある。ニュースなどで盛んに放送されていることが，現在最も重要な内容だと考えてしまいがちなことはその典型例である。一方，マスメディアに長期かつ反復的に触れることにより，たとえ客観的事実とは異なっていたとしても，マスメディアが描き出す非現実世界と自己認識を近づけてしまうという「培養効果」というものもある。また，マスメディアが与える影響の一つとして「沈黙の螺旋」という現象があるが，これは，意見が強調されればされるほど，その意見に反対する人は沈黙するという状態を指す。言い換えると，マスメディアがこぞって同じ意見を報道すればするほど，反対意見は出しにくく，あるいは出にくくなるということである。

このように，強力効果説・限定効果説・複合効果説の順に学説が変化してきた。また，その過程において，コミュニケーションの成果や効果を決定づけるのは発信者側よりも受信者側にあると捉えられるようになった。

☑ ポリティカルエコノミー理論
マスメディアは大企業や大資本，権力などによって操作されているとする考え方のことをいう。マスメディアも

企業であり，その経営は大企業をはじめとしたスポンサーが支払う広告料に左右されざるを得ない。よって，報道内容は少なからずスポンサーの意向を汲む必要があり，客観性に欠ける場合がある。また大企業の取締役などは，各種の経済団体の役員を務める人が多いことから，ある意味で権力にも影響を受けるともいえる。これらのことが理論の背景として存在する。

☑ アクティブオーディエンス理論

視聴者(オーディエンス)はメディアからの情報を一方的に受け取るのではなく，自分自身で情報を選んだり，メディアを選択したりすることなどによって，能動的に活動しているとする理論のことをいう。

これは，視聴者それぞれが年齢・性別・人種・生活環境など異なる背景を持っていることに加えて，自分自身の経験などによっても各メディアを選択し，個々に情報を解釈しているとする

研究結果により生まれたもので，1960年代から1980年代にかけて広く一般化した。

能動的に活動する視聴者であるアクティブオーディエンスに関する研究は現在もなされている最中であり，その結果は各メディアの今後に応用できるものとして注目されている。

☑ 子どもの発達とテレビ

乳幼児は両親や保育者と触れ合うことによって，知識や情緒，社会的なかかわり方や認識力を身につける。しかし，乳幼児期においてテレビに依存した生活をすると，大人とかかわる時間が減り，子どもの発達に悪影響を与えたり，生活習慣が乱れたりする要因となるといわれている。

とはいえ，テレビとの接触度合いと子どもの発達との直接的な因果関係については科学的に解明されておらず，今後研究を進める必要がある。

答案例

問題 インターネットの問題点について，あなたの意見を述べよ。**600字以内**

模範回答 インターネットの普及に伴って，幅広い世代が情報の恩恵を受けられるようになった。最近ではソーシャルメディアなどで双方向通信が容易に行えるようにもなったが，インターネット特有の問題点も多く生じている。なかでも，他人への誹謗中傷，個人情報の漏洩，不正アクセス，チェーンメールによる虚偽の情報の拡散など，使い手のモラルの低さに起因することが多い。

（以上，第1段落）

こうした問題の背景には，ネットワークを通して多量の情報を，即時に場所を選ばずに得られるようになったこと，対面ではなく匿名で情報のやり取りができることなどのネット社会の特性がある。匿名では情報の送受信の際に他人が介入しにくく，使用者側は自己都合だけでネットワークを利用しがちである。その時，情報リテラシーや情報倫理観を欠く使用者は，匿名性を悪用して重大な問題行為を行う恐れがある。

（以上，第2段落）

今後，日本では本格的なユビキタス社会が到来し，いつでもどこでも情報に接触できる環境になることが予想される。こうした流れを踏まえ，防止策を講じる必要がある。セキュリティの強化，フィルタリング，法整備と取り締まり，低年齢層に対する操作端末所持や機能の制限などの対症療法だけでなく，倫理観やメディアリテラシーの育成など，情報教育を推進することも求められる。

（以上，第3段落）

解説 第1段落：意見の提示…インターネットの普及によって，情報収集や双方向通信が容易になったという利点を示しつつ，一方で問題点もあることを指摘している。

第2段落：理由説明…問題が発生する背景には，通信の即時性や匿名性，モラルの欠如といったネット社会の特性があることを指摘している。

第3段落：意見の再提示…対症療法と根本療法という両者の視点から問題に対処すべきであることを論じている。

▶ スマートフォン

出題頻度 → 文学・日文 外語・外文 教育 心理 幼・保 ★ ★ ★

定義

スマートフォンは，通話やインターネット，メールのほかさまざまな機能を持った多機能な携帯電話の総称である。

1980年代の携帯電話の登場で屋外でも通話ができるようになったが，1990年代後半からは普及したフィーチャーフォンによってメールやインターネット機能も使えるようになった。2007年に発表されたアップル社のiPhoneから始まったスマートフォンは，さらにアプリを追加することでゲームや地図，漫画などさまざまな機能を使うことができるようになっており，パソコン並みの機能を有するスマートフォン端末も珍しくない。現在では，人工知能(AI)を使った音声認識によるバーチャルアシスタント機能を備えるものも多い。

持ち運びが簡単で，いつでもどこでもメールやインターネットを利用でき，最も身近なコミュニケーションツールとして広く活用されているスマートフォンは，今や世界中で普及している。

問題点

スマートフォンは我々の生活に利便性をもたらす一方で，さまざまな問題も引き起こしている。おもなものには次のようなものがある。
① スマートフォン依存症(スマホ依存症)
② 使用に際してのモラルの低下
③ 事故を引き起こすリスク
④ 電磁波(p.358参照)やブルーライト(p.358参照)の影響

①は，スマートフォンが常に手元にあって自由に操作できないと落ち着かない状態を表している。メールやチャットアプリの返信や既読，SNSへの投稿に対する反応を気にするあまり，スマートフォンを頻繁にチェックしなければ落ち着かなくなったり，自由に操作できないと情緒不安定に

なったりする。若年層を中心に広まっているマナーとして即レス（受信したメッセージ等になるべく早く返信すること）というものもその一因となっている。こうした状況がこうじると，学習時間の確保が難しくなる学生を生んだり，業務に支障をきたす社員を増加させたり，睡眠時間の減少による生活習慣の乱れや体調不良などを引き起こすなど，社会に適応できない人々が生まれることが問題視されている。

②は，スマートフォンを使って誰でも気軽に発信できるようになったことにより，その使用に際してのモラルが問われることが増えてきている。自身の経験や訪れた場所の記事や写真・動画を不用意にSNSなどで発信することで，プライバシーの侵害や個人情報の流出などが起こることがある。また，悪質ないたずらの発信が拡散し，いたずらを受けた企業が大きな損失をこうむることもある。一方で，不用意な発信をきっかけに，批判的な反応が殺到する，いわゆる「炎上」という状況も頻繁に起きている。

③については，自転車や自動車を運転しながらスマートフォンを操作することによる事故が増加している。また，歩きながらスマートフォンを操作する「歩きスマホ」により，人どうしの衝突，階段や駅のホームからの転落，交通事故などの事故も起きている。スマートフォンを操作すると画面や操作に気を取られて視界が狭くなり，周囲に注意が払えなくなることが原因である。

④は，スマートフォンの発する電磁波が，医療機器や航空機，また人体へ影響を及ぼすのではないかという懸念がある。また，スマートフォンやパソコンが発するブルーライトが眼の疲れや体内リズムの乱れを引き起こす可能性が指摘されている。

問題点の背景

①に関しては，人間関係の場が現実の世界からインターネットの世界に移行しつつあることが背景にある。スマートフォンを介しての人間関係が主体になっている場合，スマートフォンを手放すことはその人間関係から隔離されるのと同然であり，集団から疎外されてしまうとまで考えてしまうのである。つまり，スマートフォンが情報伝達の手段ではなく，他人と

つながるためのすべてであるとまで認識しているのである。その結果，スマートフォンで常にコミュニケーションを交わすことだけが人間関係を保つという意識になり，スマートフォンに依存する体質が生まれてしまうのである。

②に関しては，プライバシーや個人情報に対する認識不足，スマートフォンの機能や操作に対する知識不足，自身の情報発信がどのような影響を与えるかという想像力の欠如などが問題の背景として挙げられる。スマートフォンの性能やアプリの機能は日々進歩しており，社会のルールやモラルの枠組み作りが間に合っていないという現状もある。また，発信者の考えが世間の考えと異なっていたり，独善的なものであったりしたために，多くの批判を浴び「炎上」することが起きている。これもスマートフォンの広範囲につながることができる機能の裏返しの影響であろう。

③に関しては，規範意識の欠如があることはもちろんであるが，スマートフォンのアプリによりさまざまな機能が備わったこともその背景にあるだろう。チャットアプリやゲームや地図，漫画などのさまざまな機能が，スマートフォンにより移動中でも手軽に利用できるようになった。そのため，歩行中や運転中にスマートフォンを見たいという欲求が大きくなると考えられる。

④に関しては，1990年代の携帯電話の普及期においては，医療機器や航空機への影響に関する報告があり，人体への影響を懸念する声もあった。その後，無線通信システムの発展やスマートフォンの普及により，電磁波の医療機器や航空機への影響は限定的なものとなり，利用制限は緩和されている。一方で，スマートフォンやパソコンが発するブルーライトは，波長が紫外線に近く強いエネルギーを持つ光であり，ブルーライトを長時間見続けることは，眼の疲労や肩こりなどにつながるだけでなく，その覚醒作用により睡眠障害などの原因にもなりかねない。

対応策・解決策

①に対しては，ケースバイケースで考える必要がある。スマートフォンの所持禁止や使用制限が効果的な場合もあれば，使用に際しての教育や指

導がよい場合もある。ただ，所持禁止や使用制限で改善する場合はよいが，それでは改善しないほど病的に依存している場合もある。近年では，本人の自制や家族の助けがあっても依存状態から抜け出せない深刻なケースも増えてきている。その場合には，専門の病院での治療を受けることが必要であろう。

②に対しては，プライバシーや個人情報の取り扱いやスマートフォンの機能，スマートフォンを通じて発信された情報がどのような影響を及ぼすかについて知る必要がある。そのためには，特にスマートフォンを使い始める時期にきちんと学んでおく必要があるだろう。これまで起きた事件や事故を振り返りつつ，効果的な教育・研修を行い，スマートフォンを使用する際のマナーをしっかりと身につける必要がある。

③に対しては，2019年12月に道路交通法が改正され，運転中のスマートフォンの操作などのいわゆる「ながら運転」に対する罰則が厳しくなった。また，今のところ日本では「歩きスマホ」についての罰則はないが，今後条例や法改正により，危険を防ぐルール作りがなされていくものと思われる。ただし，罰則の有無にかかわらず，「これくらいなら大丈夫だろう」とか，「自分は大丈夫」といった思いが，自分の怪我だけでなく，最悪の場合，他者の命をも奪いかねないということを認識する必要がある。

④に関しては，スマートフォンの発する電磁波による医療機器や航空機への影響が調査され，2014年に病院や航空機などでのスマートフォンの利用制限が緩和された。ただし，電車の優先席付近での混雑時の利用制限や，航空機内での機内モードの利用など，一部の制限が残っている。また，ブルーライトに関しては，使用時間の制限のほか，ブルーライト軽減機能やブルーライトをカットする眼鏡などを利用することが考えられる。

👍 小論文にする時のポイント ─────────────────●

スマートフォンに関するテーマは，人文系や教育系の学部では非常に多い。入試では，スマートフォンを使用する際のモラル，スマートフォンの利用と健康な

どの出題が見られる。それらの問題点を挙げる時に，ともすると「マナーの低下が著しいという問題があるので，マナー向上に努めるべきだ」とか，「スマートフォン依存症は問題だから，スマートフォンの所持を制限すべきである」といった短絡的な主張の展開になりがちなことに注意したい。その場合，人間関係の場が現実世界から仮想世界に移行しつつあることを踏まえ，深みのある考察が展開できるようにしておきたい。また，スマートフォンの利便性や今後の可能性など，いかに活用していくかを問われることも考えられる。その場合にも，スマートフォンのすばらしさだけを論じるのではなく，よい面と悪い面の両方から問題に向かうことを心がけたい。

　また，小・中学生のスマートフォン利用の是非といった問題は，携帯電話が普及していた頃から出題が見られた。もちろん，賛成反対のいずれかの立場から論じても構わないが，それぞれ賛成の立場だけ，反対の立場だけで論じることは，内容に偏りが生じがちなので好ましいとはいえない。賛否両論の根拠を整理しつつ，どちらの方が若年層の健全育成につながるのかといった視点から論じたいものである。

過去の入試問題例

例　子どもにスマートフォンを持たせることについて，あなたはどのように考えるか。メリット，デメリットについて触れながら論じよ。

（奈良教育大・教育学部）

例　スマホいじりによる不快感について述べた文章を読み，なぜ「スマホいじり」を注意されるのか。この文章における「情報空間」及び「物理空間」という単語を使用して，あなたの考えを述べよ。　　　　（弘前大・人文社会科学部）

例　スマートフォンがもたらした影響とその問題点を説明し，危険性を認識した上で，ツールとしてのスマートフォンをどう生かすかについて述べた文章を読み，「私たちが日常を，よりおもしろく他者と共に生きていく」とある部分について，他者と共に生きていくためにはどのようなことが大切だと思うか。あなたの知る具体的な例を挙げ，筆者の意見を踏まえて，あなたの考えを述べよ。

（岩手大・人文社会科学部）

例 SNS の普及によって従来とは異なった人間関係が生まれてきている。SNS を通した人間関係について，メリットとデメリットの両面からあなたの意見を述べよ。

(帝塚山大・人文学部)

🔑 関連キーワード

☑ 携帯電話

移動しながら通信できる無線通信機器の一種で，電波によって情報をやり取りすることができる。最初の携帯電話は，第二次世界大戦中にアメリカ軍が使用したトランシーバーだという説や，1970年に開かれた日本万国博覧会で発表された携帯電話だとする説などがある。1979年，日本電信電話公社(現NTT)によって世界で初めて実用化された。

☑ タブレット端末とスマートフォン

タブレット端末とは，液晶ディスプレイを直接触って操作でき(タッチパネル)，平板(タブレット)状で持ち運びがしやすい PC やモバイル端末などの情報端末の総称のことである。薄くて軽く持ち運びしやすいほか，タッチパネルによって操作が簡単なこと，無線 LAN 接続範囲内ならば場所を選ばずにインターネットに接続できることが特徴である。

2010年にアメリカのアップル社が「iPad」を発表したのを皮切りに，競合各社が次々とタブレット端末を発売したことで，カテゴリーとして定着した。また，タブレット端末のような機能を持ち，小型化し，さらに通話可能にしたものがスマートフォンである。タッチパネル形式ではないスマートフォンは2000年前後にはすでに存在し，海外では利用者数を伸ばしていた。日本国内では2009年にタッチパネル形式の「iPhone」が発売されたことで，急速に普及が進んだ。

☑ 知識社会

知識が，これまでの伝統的な天然資源や労働力，資本などと同様に，社会や経済の発展に大きく関与すると同時に，重要性を増していく社会のことをいう。ここでいう知識とは，従来の一般教養的なものとは異なり，生きた知識，また新たな知識を生み出すための知識だとされている。

インターネットやスマートフォンなどの新しい情報技術の普及・浸透により，知識はかつてよりも容易に手に入るようになったことを受け，政治や経

357

済，教育や文化のみならず，日常生活においても知識やその量があらゆる結果を大きく左右する現代社会を象徴しているのが「知識社会」という言葉であろう。

知識社会の特徴として，①情報技術の進歩とともに知識に国境がなくなり，グローバル化がさらに進むこと，②知識は日々更新されることにより，新たな競争や技術革新が日々発生すること，③発想の転換を必要とされる場面も多く，さまざまな知識と柔軟な思考がより重要になることなどが挙げられる。

☑ 電磁波

空間の電界と磁界がお互いに作用しあうことで発生する波動のことをいう。空間そのものが振動するため，真空中であっても発生し，伝播速度は光の速さと同等とされる。電気が流れたり電波が行き交ったりする場所では必ず何かしらの電磁波が存在する。紫外線や赤外線，レントゲンのエックス線や放射能のガンマ波も電磁波の一種である。

エックス線・ガンマ線・一部の紫外線に関しては電磁波の電離放射線に該当し，多量照射は人体に有害であることが知られている。一方，赤外線やテレビ，ラジオなどの放送電波，携帯電話の電磁波は非電離放射線に該当し，人体に影響はないとされつつも，現在

も研究途中である。

☑ ブルーライト

可視光線のなかで，波長が短い青色の光のことをいう。テレビやパソコン，スマートフォンの液晶画面や LED 照明などの光に多く含まれる。強いエネルギーを持っており，眼の疲れや肩こりなどの原因となる。また，就寝前や夜間に見続けると，その覚醒作用により睡眠障害などを引き起こす可能性も指摘されている。

☑ 航空機や医療機器への電磁波の影響

精密機械は電磁波の影響を受けやすく，誤作動を引き起こす可能性がある。国土交通省と総務省はそれぞれ航空機や医療機器と電磁波との影響に関して報告を発表している。

国土交通省の調査では，スマートフォンのみならず，パソコンやビデオカメラなどから発せられる電磁波が航空機の計器に異常を起こさせることが報告された。そのため航空法により，航空機内での電子機器の使用は制限されている。また総務省では，携帯電話端末は，医療機器から1m程度離すことを目安とすること，病院内ではエリアによって携帯電話端末の使用を制限するのが望ましいことなどを指針と

して打ち出している。

☑公共の場でのマナー違反の増加

そもそもマナーとは，その場にいる人全員が快適であると感じられるようにするために守ることが求められる礼儀や作法，他人への配慮のことである。例えば公共の場においては，順序や秩序を守る，静かにするなどのマナーが求められるが，近年では公共の場におけるマナー違反の行動が多くなっている。

特にスマートフォンの普及に伴い，公共交通機関内や劇場など，本来は静かであることが前提になっている場所での着信音や通話のほか，歩行中や自転車乗車中の通話による通行妨害や事故など，スマートフォンに関するマナー違反が多く見られるようになり，問題となっている。

☑スマートフォンの普及による問題行動

内閣府が2019年に実施した調査によると，中学生の81.8%，高校生の98.6%がスマートフォンを所有しており，中・高生を中心とした若年層へのスマートフォンの普及速度は目覚ましい。

このようなスマートフォンの急激な普及に伴い，問題と思われる行動も顕在化してきた。2000年にカメラ付携帯電話が発売されると，相手を盗撮したうえ，誹謗中傷とともに携帯メールで配信するといった，ネットを使ったいじめ行為が見られるようになった。近年ではスマートフォンでインターネットに接続することが可能になったことにより，ブログや学校裏サイト（学校の公式サイトとは別に，在校生や卒業生などが作成した学校サイトのこと。多くはスマートフォン等でしか見ることができず，発見が困難である）を使用したオンライン上のいじめや誹謗中傷行為が多発している。そのことを受け，文部科学省は学校や教員向けの対応マニュアルを作成するなどして問題行動の解決に乗り出している。しかしながら，匿名投稿が可能であったり，無料でサブメールアドレスが取得できたりするといったインターネットサービスの特性もあり，現段階では全面解決には至っていない。また，メールやネット上でやり取りが可能なこともあり，保護者や学校関係者だけでなく，中・高生当事者たちも交友関係や行動が把握しにくいといった問題も起こっている。

☑スマートフォン依存症

スマートフォンなどの個人向け通信機器をつねに所持し，それがないと落ち着かない状態のことをいうほか，場合によっては，そのことが原因で日常

生活に支障をきたすまでの状態となることをいう。特に高校生や大学生を中心とした若年層に多く見られる。

背景として、スマートフォンの機能が充実していて、通話やメールといった通信機能以外に、ゲーム・インターネット・カメラ・音楽など、さまざまなサービスが利用できるようになってきたことがある。そのことでほとんどの欲求が満たされるからである。また近年、チャットアプリなどを用いて、友人との交流をすることが増え、ますますスマートフォンは手離せないものとなってきている。

スマートフォン依存により、学力の低下や生活習慣の乱れ、スマートフォン使用に関するマナー違反などの問題が指摘されているほか、スマートフォンがないとパニック障害に陥るなどの激しい症例さえ報告されている。

☑ 子どものスマートフォン所持の是非

スマートフォンの普及が進むのと同時に、利用開始時期の低年齢化が進行している。それに伴い、子どもが携帯電話を所持すること自体に関しての是非が問われるようになった。

肯定意見としては、いつでも連絡が取れること、GPS機能により居場所の把握ができること、また防犯ブザーの代わりになることなど、保安面において有効であるという点が多くを占めている。一方否定意見としては、有害サイトや誹謗中傷などの問題情報に接触しかねない、ワンクリック詐欺などの犯罪被害にあう、利用料が高くつくなどがある。

子ども自身がスマートフォンを利用することによって、直接的に被害者や加害者になるケースが増加したことを受け、2009年には文部科学省が各都道府県に携帯電話を学校に持ち込むことを禁止する旨の通達を出した。しかし、近年スマートフォンの所有率が上がり、また災害時に必要となるケースも出たことから、指針が見直されつつある。

☑ 監視社会

情報技術の発達に伴い、技術を駆使して情報を監視しようとする社会形態のことをいう。情報に対する安全性の確保や犯罪の抑制などの利点もある一方で、プライバシーの侵害や個人情報の漏洩につながる可能性もあること、さらには個人情報保護の観点からも問題があるとされている。

以前に比べて監視カメラの設置が多くなった、マイナンバーに関して監視社会の助長につながるなどといったことが議論されてきた。それに加え近年では、GPS機能・個人ブログ・ツイッ

ターなどの情報サービスの普及により，監視体制が強化されているとの見方も広まってきた。また，インターネット関連の犯罪（インターネット犯罪）への対策として，2011年にコンピューター監視法が成立したが，市民の電子メールやインターネットアクセスへの監視を認める内容であることから，個人情報保護や通信の秘密を侵害するとして問題視されている。

☑ 共同体の崩壊

　共同体とはコミュニティのことで，血縁や地域などのつながりによって結びついている集団のことをいう。

　第二次世界大戦後の日本は，経済成長を成し遂げるとともに，一方でこの共同体が崩壊したといわれている。すなわち，戦前の日本は大家族であり，特に農村地域では住民の相互扶助によって作業を行っていた。また，都市部においても「向こう三軒両隣」という言葉が表しているように，近隣住民同士の結びつきが強かった。しかし，戦後の日本においては核家族化が進み，都市部では住宅がマンション化して，両隣の住民の顔もわからないような状態になった。農村地域においても機械化が進んだために，共同作業の必要性が低くなった。そのほか，終身雇用が前提であった日本企業では，企業もま

た共同体の一つであったが，成果主義の導入と共に雇用環境が流動化したことが，結果として共同体の崩壊に加担したともいわれている。

☑ 自動車や自転車を運転中のスマートフォンの使用

　携帯端末の普及に伴い，自動車を運転中に携帯端末を使用したことによる事故が多く発生するようになった。そのことを受けて1999年に道路交通法が改正され，運転中の携帯端末操作は禁止されることとなった。しかし禁止規定のみだったために事故は減らず，その後のスマートフォンのさらなる普及によって，むしろ事故件数は増加した。そこで2004年と2019年に2度道路交通法が改正され，違反者には30万円以下の罰金と，違反点数の加算が追加された。

　なお，自転車も車両扱いとなっているため，自転車運転中の携帯端末の使用は違反となるが，罰則に関しては各都道府県によって異なる。

☑ アプリケーション

　コンピューターや携帯端末などで使用される，特定の目的を実行するためのソフトウェアのことをいう。正しくはアプリケーションソフトウェアであるが，アプリと略されることが多い。

6　ことば・コミュニケーション

表計算ソフト，文章入力ソフト，ウェブページを閲覧するためのブラウザソフト，電子メールソフトなどが代表的なアプリケーションの例であるが，ほかにも，スマートフォンの普及により，近年ではゲームやカメラのアプリケーションなど，スマートフォン専用に開発されたものも多数存在する。

無料のものと有料のもの，基本は無料であるが課金により機能を追加するものなどがある。

☑ 日本の携帯電話市場の特殊性

日本の携帯電話市場の動向は，その特殊性から，独自の生態系を持つガラパゴス諸島になぞらえてガラパゴス化（次項参照）と呼ばれてきた。

日本の携帯電話市場を海外のそれと比較すると，携帯電話端末機が異常なまでに高機能，かつ高額である点において特殊であるといわれている。その背景には，日本の消費者が携帯端末を選ぶ際して，通話機能そのものよりも，カメラ機能や携帯電話会社の独自サービスといった，いわば付随機能を重視するようになった結果，機能を抑えて安価に設定された携帯電話端末は淘汰され，高価でも機能が充実した機種が主流となったことが挙げられる。しかし，海外ではこのような端末は需要が低く，一般的ではなかった。

そのほかにも，日本では端末機メーカーではなく，各携帯電話会社主導で開発が進められてきた結果，携帯電話会社間での端末の互換性がない点も特殊性の一つである。海外では端末機メーカー主導で開発が進められるために互換性があり，消費者が使用する携帯電話会社を選べるのが一般的であった。

☑ ガラパゴス化

市場から隔離された環境で独自の進化を遂げ，世界標準から離れてしまう現象のことをいう。南米エクアドルにあるガラパゴス諸島が独自の生態系を持つことを市場世界に例えて表現したものである。

ガラパゴス化の代表的なものとして携帯電話の例があるが，これに関しては2006年に総務省が開催したICT国際競争力懇談会でも議論が行われた。日本の携帯電話は，電波・機器ともに技術力は突出しているが，世界基準とはかけ離れているため，海外では販売不振となった。逆に，世界と基準を同じくするスマートフォンが普及した現在では，日本独自の多機能携帯電話（ガラパゴスケータイ）の市場は縮小している。このような，世界基準から孤立した状況は，電子機器だけでなく，医療・教育の分野でも散見され，その将

来が懸念されている。

☑ 電子マネー

　金銭をデジタルデータ化したもの，あるいはそのデータを持つ媒体のことをいう。金銭データを記録したICチップを用いて決済を行うICチップ型電子マネー（カード形式，携帯電話）と，ネットワーク上で決済を行うネットワーク型電子マネーとがある。

　SuicaやPASMO，ICOCAなどのように鉄道各社が発行しているものや，WAONなど流通各社が発行しているカード式のものが代表例として挙げられる。現金を出し入れする手間が省けるほか，クレジットカードと連携して，残額が一定額を下回ると自動的に入金されるオートチャージ機能などもあり，現在使用者が拡大している。

☑ キャッシュレス決済

　現金（紙幣や貨幣）を使用せずに商品購入時の支払いをすることをいう。キャッシュレス決済には，クレジットカードやデビットカード，電子マネーなどを利用するものや，QRコードを利用するものなどがある。

　キャッシュレス決済の導入は，日本は海外よりも遅れており，外国人観光客が増えている現状も鑑み，政府はキャッシュレス化を推進している。

2019年10月から翌年6月までの間「キャッシュレス・消費者還元事業」として，小売店がキャッシュレス決済システムを導入する際に補助金を出したり，キャッシュレス決済を利用した消費者にポイントを還元したりするなどの政策を打ち出している。これは2019年10月の消費税増税に伴う消費の冷え込みを軽減するための対策でもある。

☑ スマートフォン決済

　スマートフォンのアプリを用いて商品購入時の支払いをすることをいう。事前にアプリにお金をチャージしておいたり，事後にカードで支払いしたりすることにより，現金を使用せずに決済することができる。スマートフォン決済には，大きく分けて非接触型決済とQRコード決済の二つがある。非接触型決済にはSuicaや楽天Edyなどがあり，端末に搭載されているNFC（近距離無線通信規格）を用いて，専用端末にかざすことで決済するシステムである。QRコード決済にはPayPayや楽天Pay，LINE Payなどがあり，スマートフォンの画面に表示されたQRコードを読み取ってもらったり，店頭のQRコードをスマートフォンのアプリで読み取ったりすることで決済するシステムである。

答案例

問題 スマートフォン依存について，あなたの考えを述べよ。**600字以内**

模範回答 スマートフォンは我々の生活に利便性をもたらすものである。通話やメールに加えて，写真を撮る，インターネットを見るなどの機能もあり非常に便利である。そのうえ，アプリケーションがどんどん進歩し，さらにさまざまなことができるようにもなっている。しかしながら，スマートフォンの過度な使用が，生活習慣の乱れをはじめとして，さまざまな事故やトラブルを引き起こしている。例えば，SNSの反応や返信を即時にしないといけないという強迫観念から，常に画面を見ていないと落ち着かないスマートフォン依存の状態になってしまうことも起こっている。 (以上，第1段落)

この背景の一つとして，人間関係が現実世界よりも仮想空間でのつながりに移行していることが挙げられる。実際に会うのではなく，インターネット上でつながることに重きが置かれており，その関係維持のためにすぐに返信することや，自身があげた内容への反応を気にするようになってしまっている。またスマートフォンの機能やアプリケーションが日々進歩をしていて，利用についてのルールやマナーの枠組みが追いついていないという課題もある。 (以上，第2段落)

スマートフォン依存にならないためには，使用時間や使う場所など家族や友人間でのルール作りが必要である。同時に，スマートフォン依存の怖さや弊害についても学ぶ必要がある。スマートフォンの便利さを享受しつつも，危険性を回避する考え方をもち，健全な使用が求められる。 (以上，第3段落)

解説 第1段落：問題の提示…スマートフォンの利便性は肯定しつつも，問題があることを指摘している。
第2段落：背景説明…スマートフォン依存になる理由を人間関係のあり方から説明している。
第3段落：対策の提示…依存的にならないための予防策を述べる一方で，スマートフォン依存の危険性を知ることの必要性についても触れている。

7 環　境

　環境に関するテーマの内容は，教育系の小論文においては
かなり高い頻度で出題されている。特に，小学校・社会科・
理科教育選修では頻出である。ここでは，その中でも特に頻
度の高い3テーマを厳選して紹介する。

　なお，環境破壊は国民の消費行動および企業の生産活動に
起因することが多いため，今後は環境保全や環境破壊につな
がる行為の自粛に向けた取り組みをすべきだという認識が一
般的である。それを受けて入試では，これまでの環境保全に
向けての取り組みに対する評価や，今後の対策についてよく
問われる。

取り扱うテーマ

> 地球温暖化

> 生物多様性の危機

> 再生可能エネルギー

地球温暖化

出題頻度 → 文学・日文 外語・外文 教育 ★ ★ ★ 幼教 心理 ★

定義

地球温暖化とは，地球全体の平均気温が長期的に上昇する現象のことである。一般的には，20世紀以降に起こった人為的原因によって見られる温暖化現象を指す。地球温暖化のおもな原因物質は，温室効果ガスとエアロゾル(p.371参照)であるといわれている。このうち前者の代表例は二酸化炭素・メタンガス・ハロカーボン(フッ素・塩素などを含む炭素化合物)であり，後者のそれは硫酸塩エアロゾルである。

なお，2019年の世界の年平均気温(地表付近の気温と海面水温の平均)は，1981～2010年の平均気温よりも0.43℃高くなっている。また，過去100年間あたり世界の年平均気温は約0.74℃の割合で上昇しているというデータがある(ともに気象庁による)。

問題点

地球温暖化によって，次のような問題が引き起こされる。

① 異常気象や水資源格差の拡大

② 浸水による被害

③ 感染症の拡大

④ 生物多様性への影響

これらは直接的あるいは間接的に，食糧危機，人間の死亡リスクの増大，建造物への悪影響の要因となる。スターン報告(p.371参照)では温暖化を放置した場合，今世紀末には世界がGDP(国内総生産)の約20％に相当する損失を被るリスクがあることを指摘している。

①は，温暖化に伴って地上の気温の分布が変化することによって起こる。特定の地域の気温が上昇すると，気圧配置に影響を与え，前線(p.372参照)が停滞する時期や場所が従来と変わる。また，海水の温度が上昇すると水蒸気が増加し，地域によっては豪雨の発生や降水量の増加，竜巻や台風の

発生など，異常気象を引き起こしやすくなる。他方で，気候の変化に伴って降水量が減少する地域が生まれ，その結果水資源の格差が現状よりも拡大する可能性も指摘されている。

②は，海水の熱膨張，および南極やグリーンランドの氷床（氷河の塊）が解けることによって起こるといわれている。それに伴って侵食（p.372参照）が起こったり，浸水による二次被害が増加したりする。また，沿岸漁業に深刻な影響を与えるとの指摘もある。なお，IPCCの第5次評価報告書（p.372参照）では，21世紀末に海面が26〜82cmも上昇すると推測されている。

③は，生物が生息する地域が変化することによって起こる。例えば，マラリア（p.373参照）は熱帯に生息するハマダラカという蚊によって媒介されることが知られているが，温暖化によってハマダラカの生息地域が拡大すると，熱帯以外の地域にまでマラリアが流行する危険性がある。また，デング熱（p.373参照）を媒介するネッタイシマカという蚊についても同様のことがいえる。

④は，気温の上昇や気候の変化による。暑さに弱い生物は変化に対応できずに死に絶えて減少するが，それらを餌にする生物も減少，さらには絶滅する恐れがあることが指摘されている。例えば，サンゴの白化と生息域の縮小，ホッキョクグマやアザラシの減少などが挙げられる。また，海水温が上昇すると海流や海水の循環にも影響を与え，生息する魚類相や数が変化する可能性がある。

問題点の背景

地球温暖化の最大の原因は，人類によるエネルギーの過剰消費にある。そもそも地球上の生物は，物質やエネルギーの量と生物の生息数とのバランスを，生態ピラミッド（p.374参照）によって保ってきた。しかし，人口爆発（p.374参照）によって人類が急速に増え，地球上の資源やエネルギーを大量に消費する事態が起こっている。例えば，食糧や資源の大量消費，宅地化や工場用地開発に伴う森林地帯の破壊が進む一方で，大量生産・大量消費に伴う大量の廃棄物の放出など，環境に多大な影響を与えている。

こうした行為に伴って，温室効果ガスが多量に生じる。IPCCの第5次評価報告書では，人類の産業活動などに伴って発生する人為的な温室効果ガスが地球温暖化の主因であり，なかでも二酸化炭素やメタンの影響が大きいと指摘している。

対応策・解決策

対策として，
① 地球温暖化の進行を食い止めること(緩和策)
② 地球温暖化による悪影響を個々の事象ごとに軽減すること(対応策)
が考えられる。

①は，温室効果ガスの排出削減策がおもな取り組みとなる。現在，気候変動枠組条約(p.375参照)によって温室効果ガスの削減に向けた国際的な取り組みを促すとともに，パリ協定(p.375参照)では温室効果ガスの排出量の削減目標を定めている。また，代替エネルギー(p.375参照)の開発，省エネ技術やエネルギー供給のさらなる効率化，廃棄物の熱利用と廃棄物による発電，炭素吸収量の拡大への取り組み，リフューズへの取り組みなど，さまざまな対策が考えられる。一方②の主要対応策としては，防災施策への投資を拡大することが挙げられる。例えば，渇水対策，高温地域でも栽培できる農作物や栽培技術の開発，海からの高波被害を防止するための防波堤の設置などである。

しかしながら現状において，①②とも十分な効果を発揮しているとは言い難い。①については，いまなお温室効果ガスの排出量は増え続けているのが実情である。その原因として，アメリカが2019年にパリ協定から離脱するなど，各国の足並みがそろっていないことなどが挙げられる。②についても，対応策による効果は限定的であり，根本的な解決策とは言い難いのが実情ではあるが，さらにこれらの対策を確実に推進し，温暖化被害の軽減への取り組みを継続する必要があることはいうまでもない。

👉 小論文にする時のポイント ─────────────●

　地球温暖化は，環境に関する出題のなかでも最も重要なテーマである。入試では現状の取り組みに対する評価と今後の対策がよく出題される。出題の切り口はさまざまで，

① 消費者や生産者の取り組み（例：「エネルギーに依存しない消費生活」，「企業の温暖化防止対策」など）

② 日本国内での取り組み（例：「環境税（p.376参照）の導入」，「太陽光発電」など）

③ 国際的な取り組み（例：「パリ協定の効用と問題点」など）

④ 各専門分野での取り組み（例：「温暖化防止対策をふまえた観光政策」など）

が代表例である。

　いずれの課題に対しても，緩和策と対応策が考えられるが，取り組む主体（国際組織・国・地方自治体・企業・個人など）によって取り組める策が異なることに注意しておきたい。例えば，「個人レベルでの温暖化防止対策」という設問であれば，対応策は考えにくい（防災対策などは巨額の費用が必要であり，国や地方自治体によって取り組むべきことである）から，緩和策としてリフューズへの取り組み（レジ袋の辞退とエコバッグの推進など）や省エネ製品の購入促進などを示すとよいということである。

　また，こうした温暖化に関する回答として，「地球温暖化は人間のエゴイズムが原因で起こっているから，一人ひとりが温暖化を意識して生活すべきだ」などの精神論に偏ったものや，「地球温暖化は人間の生産活動の拡大が原因で起こっているから，大量生産・大量消費に依存した生活を改めるべきだ」といった経済への影響を考慮しないで短絡的に述べるものがある。もしこうした方向で論じるのであれば，前者であれば「個人が意識しないうちにも温暖化防止対策になっているようなメカニズムをどのように組み込むべきか」，後者ならば「環境保全と経済活動の維持・発展をどのように両立させるべきか」といった視点からの論述を含めることで，できるだけ具体的かつ発展的な主張を展開してほしい。

7

環
境

例 地球温暖化問題においては,温暖化によって海水面が上昇し,それにともなって沿岸域での高潮や浸水の問題が頻発化・深刻化することがもっとも注目されている。地球温暖化がもたらす影響のうち,海水面上昇とそれによる被害以外の具体的な問題について,

① 何が問題とされているのか,

② とくにどういう地域において,それが深刻である(と予測されている)のか,

を中心に説明せよ。　　　　　　　　　　　　　　　　　　　　（国士舘大・文学部）

例 地球の温暖化について述べた文章を読み,今までの温暖化対策の実態と,その問題を示し,今後の対策における重要課題は何か,論じよ。

　　　　　　　　　　　　　　　　　　　　　　　　　　　　（清泉女子大・文学部）

例 ある中学校の地球温暖化に関する授業での生徒と先生の会話文を読み,地球温暖化の影響がいろいろ心配されているが,あなたが最も深刻だと思う影響について,その理由も含めて述べよ。また,「温暖化がなぜいけないのか。温暖化で暖房費の節約ができ,エネルギー問題の解決にもつながるのでは。」という生徒の質問に対して,あなたならどのように答えるか。　（滋賀大・教育学部）

例 化石燃料の燃焼による地球温暖化の問題が指摘されているが,それ以外でどのような問題が生じているか答えよ。　　　　　　　　（大阪教育大・教育学部）

例 近い将来,温室効果による地球温暖化が進行した場合に予測される海水準変動について,次の3点について述べよ。

① 海水準変動の原因　② 海水準変動の規模　③ 人類に与える影響

　　　　　　　　　　　　　　　　　　　　　　　　　　　　　（広島大・文学部）

🔎 関連キーワード

☑ 温室効果ガス

　地球はつねに太陽からのエネルギー放射（日射）を受けていて，そのうちのある部分を宇宙空間に向けて反射している。温室効果ガスと呼ばれているのは，地球から反射する太陽エネルギーのうち，赤外線などの長波長部分を吸収する性質がある気体（ガス）の総称である。これらのガスによって地球がおおわれると，それが温室のガラスのはたらきをするため，地球から放出される熱がその内側に蓄積され，地表の温度が上昇する。これが地球温暖化と呼ばれる現象である。

　最も影響がある温室効果ガスは二酸化炭素である。大気中の二酸化炭素濃度を産業革命以前のそれと比較した場合，その増加量の75％以上が人類が使用した化石燃料に起因しているといわれている。次に影響力があるのはメタンであり，こちらは自然界に広く存在する。メタンは天然ガスの採掘によって地表に放出されるほか，植物などの有機物の腐敗・発酵によっても生じる。

　そのほか，大気中濃度はそれほど高くないものの，温室効果が二酸化炭素の数千倍もある人工物質にハロカーボン類があり，フロンガスなどがこれに該当する。ハロカーボン類は温室効果ガスとして直接的に作用するだけでなく，一部のハロカーボンが成層圏に存在するオゾン層を破壊することでも知られている。

☑ エアロゾル

　大気中に存在する微小な液体または固体のことをいう。一般的に液体状のものを霧・もや・煙霧・スモッグと呼び，固体状のものを粉塵・煤煙・煤塵と呼ぶことが多い。そのほか，火山灰や煤，中国からの黄砂，重金属の粒子などもエアロゾルの一種である。

　これらの中で，化石燃料起源のものは健康被害だけでなく，大気汚染や酸性雨，オゾン層の破壊などの環境問題にも影響しているとして，長年問題視されてきた。その一方では，近年になってエアロゾルによる雲形成が地球寒冷化に効果があると発表されたこともあり，将来にわたる地球温暖化の正確な予測にエアロゾルが大きく関与する側面があるとして注目されている。

☑ スターン報告

　2006年10月に経済学者のニコラス＝スターン博士がイギリス政府の要請に応じて発表した，気候変動に関する報告書のことをいう。このなかで，地球

温暖化は深刻化しており速やかな対応が必要であること，対応しない場合には異常気象による損害額が世界の年間GDPの0.5〜1％にも達し，温暖化が進むとさらに拡大することが述べられている。また，気候変動に対する早期かつ強力な取り組みによってもたらされる利益は，何もしなかった場合の損害額を上回ることを明記し，費用予測の例として，温室効果ガスを2050年までに現在の4分の3に削減した場合（二酸化炭素換算で500〜550ppm），年間GDPの1％程度のコストで対策が可能であるとしている。

　なお，有効な対策としてバイオマス燃料やエネルギー貯蔵などを挙げているが，個々の対策だけで終わるのではなく，エネルギー供給全体のシステムを変える必要があること，国際的協調行動の条件を整える必要があることも記されている。

☑ 前　線

　冷たい気団（空気の塊）と暖かい気団の境界面が地表に接する部分のことをいう。前線全体としては，北半球では偏西風の影響を受けて西から東へ動いていき，前線通過時には天気だけでなく気温や風の急激な変化を伴うことが多くある。

　前線には次の4種類があり，それぞれで気象状況が異なる。短時間で気温が急激に低下したり，激しい雨や突風を伴うことが多い寒冷前線，進行方向のおよそ300kmの範囲の地域に，連続した比較的穏やかな雨や雪を降らせることの多い温暖前線，状況により性質が寒冷前線寄りと温暖前線寄りに変化する閉塞前線，ほぼ同じ位置に停滞して長期間の雨をもたらす停滞前線の4種である。なお，梅雨前線や秋雨前線は停滞前線に属する。

☑ 侵　食

　風・水・氷河・波などが岩や地層を削り取る作用のことをいう。リアス海岸やカルスト地形，氷河地形も侵食が影響してできた地形であり，それらの具体例として，アメリカのグランドキャニオン，トルコのカッパドキア，山口県の秋吉台などが挙げられる。

　侵食作用に関連して現在問題視されているのが，地球の温暖化に伴う海面上昇による低地の浸水のほか，河川に貯水ダムや砂防ダムを作ったことによる砂の流入量の減少に起因した海岸の砂浜減少などである。

☑ IPCC

　Intergovernmental Panel on Climate Change の略で，気候変動に関する政府間パネルと呼ばれる。

人為によって起こされる地球温暖化の科学的・技術的・社会経済学的な見地からの評価，ならびにその判断基準の提供を目的とした政府間機構のことで，1988年に世界気象機関(WMO)と国連環境計画(UNEP)が設立した。3つの作業部会および温室効果ガス目録に関するタスクフォースで構成されており，気候システムや気候変化の科学的根拠についての評価，気候変化が社会経済や生態系に及ぼす影響とその対応策に関する評価，温室効果ガスの排出削減など気候変化の緩和オプションについての評価を行う。

1990年の第1次評価報告書以降，5〜6年おきに評価報告書が発表されている。最新のものは2014年の第5次評価報告書で，その中では温暖化が人為起源である可能性が極めて高いとし，21世紀末には世界の平均気温が1986〜2005年と比較して0.3〜4.8℃上昇し，海面は26〜82cm上昇することが予測されている。また極端な高温や熱波，豪雨の増加などによって人々の健康や食料の安全が脅かされるリスクがあるとしている。

☑マラリア

蚊によって媒介されるマラリア原虫が人体内に侵入して起こす疾患のことをいう。症状はおもに発熱であるが，短期間のうちに重症化し，時には死に至ることもある。世界保健機関(WHO)によると，年間に3〜5億人の患者と，150〜270万人程度の死亡者が予測されているが，その大部分はアフリカの5歳未満の小児であるとしている。それ以外にも東南アジアや南アジア，南太平洋諸島や中南米などで多くの発症例がある。

なお，現在のところマラリア原虫に対するワクチンは存在しないので，蚊に刺されないことが最も大切な予防となっている。国内で承認されている予防薬もあるが，医師による処方せんが必要となる。

☑デング熱

デングウイルスを保有した蚊(ネッタイシマカ，ヒトスジシマカ)を介して起こる感染症のことをいう。非致死性でインフルエンザのような高熱を引き起こすデング熱と，高熱と同時に皮膚の点状出血や鼻，口腔粘膜などの出血を引き起こし，重篤な場合は死に至るデング出血熱やデングショック症候群の2つの病態がある。

熱帯や亜熱帯の地域で見られ，世界保健機関(WHO)の推計によれば毎年5000万人が感染している。そのうちデング出血熱で入院が必要な患者数は小児を中心に50万人にものぼり，そのう

7

環境

373

ちの約2.5%が死亡するとしている。

予防ワクチンは実用化されておらず、マラリアのような予防薬も存在しないことから、蚊の繁殖を抑えることが最大の対応策である。

☑ 生態ピラミッド

生物間の食物連鎖の関係を各段階の生物量で模式的に表したものをいう。各段階で利用できるエネルギー量と物質量には限りがあり、その量は下層ほど多いため、それらを積み上げた形がピラミッドの形に似ていることから、このように呼ばれている。

従来は地球上の生物は生態ピラミッドに沿って生息数を保ってバランスをとってきたが、頂点に立つ人類の人口が爆発的に増加したことによりこのバランスが崩れ、そのことで他の段階の生物層に対して大きな環境負荷を強いた結果、生物多様性にダメージを与える事態を招いてしまった。

☑ 人口爆発

まるで爆弾が爆発するかのように人口が急激に増えることをいう。この現象は19世紀末頃から始まって現在もなお続いている。国連推計によると、現在約77億人の世界人口は2050年には97億人に達するとしている。その背景として、医療技術の進歩により乳幼児死亡率が低下したこと、産業革命以後の工業化により技術革新が進んだこと、またそれにより穀物の生産力が高まり、人口増を許す状況にあることが挙げられる。

現在人口爆発を促しているのは主としてインドやサハラ砂漠以南のアフリカ諸国で、これらの国々の人口増加率は世界平均を大きく上回る。しかし、世界の人口増加率は近年鈍化してきており、今世紀末ごろ約110億人で頭打ちになると予想されている。今後は、世界的規模での高齢化が問題となってくる。

☑ かけがえのない地球 (Only One Earth)

1972年にスウェーデンで開催された国連人間環境会議のキャッチフレーズである。

この会議は国際会議としては初めて環境保全に関する取り組みを議題として行われ、会議の成果を人間環境宣言（ストックホルム宣言）として採択した。この宣言は、人間を取り巻く環境の保全と向上に関して、世界の人々を啓発・指導するための共通の見解と原則を示している。

なお、この宣言は国際環境法の基本文書とされ、ウィーン条約や気候変動枠組条約に再録されている。

☑ 気候変動枠組条約

1992年の地球サミットにおいて気候変動枠組条約(地球温暖化防止条約)が締結され，温室効果ガスの排出量を1990年レベルにまで戻すことを目標とした。2019年現在，197か国が加盟している。

具体的には，締約国に共通ではあるが差異のある責任，開発途上締約国などの国別事情の勘案，速やかで有効な予防措置の実施などを原則とし，先進締約国(日本，アメリカなど40か国とEU)に対しては温室効果ガス削減に向けての施策などを義務付けた。

なお，同条約に基づいて，1995年より毎年，気候変動枠組条約締約国会議(COP)が開催されている。

☑ 京都議定書

1997年に京都で開催された第3回気候変動枠組条約締約国会議(COP3)において採択された，先進国に対して温室効果ガス排出削減の数値目標を定めた議定書のことをいう。この時，排出権取引(削減義務を超えて温室効果ガスを削減した国は，余剰分の権利を他国に売却できる仕組み)，クリーン開発メカニズム(先進国が途上国で行った事業による温室効果ガス削減分を，自国の削減分に含めることが許される制度)などが定められた(京都メカニズ

ム)。地球温暖化に関する世界で初めての国際協定であったが，削減義務を負うのが先進国に限られること，2012年までの短期的目標であることなどの問題点があった。

☑ パリ協定

2015年に第21回気候変動枠組条約締約国会議(COP21)において採択された，気候変動抑制の枠組みを定めた国際協定。先進国，発展途上国を問わず，すべての国が参加し，産業革命前からの世界の平均気温上昇を2度未満に抑え，平均気温上昇1.5度未満を目指すことがおもな内容である。締約国は，削減目標を作成・提出・維持する義務とその削減目標を達成するための国内対策をとる義務を負う。日本の場合，2030年までに，2013年比で，温室効果ガス排出量を26%削減することを目標としている。2019年時点での批准国は187か国に及んでいるが，2019年11月にアメリカがパリ協定から脱退した。

☑ 代替エネルギー

現在主力となっている化石燃料や原子力によるエネルギーに代わるものをいう。その対象としては，従来から存在する風力・地熱・太陽熱を利用したもののほかに，近年開発された太陽光発電，バイオマス発電やバイオマス熱

利用，バイオマス燃料，温度差エネルギー，燃料電池などもこれに含まれる。

代替エネルギーはいずれも，空気中の二酸化炭素量を増加させない，あるいは大気汚染物質の排出を抑えるなどの効果が確認されている。しかし，導入や運用にコストがかかるなどの問題点があり，代替エネルギーへの転換や普及のスピードは緩やかである。

☑ 環境税

環境保護対策を強化することを目的とした税のことをいう。その中には，ガソリンなどのように環境に負荷をかける物質そのものに対して課税する方法と，環境保護を目的に国民や企業に直接課税する方法とがある。

1990年に世界で初めてフィンランドで，いわゆる炭素税として環境税の課税がスタートしたのを皮切りに，ヨーロッパの各国を中心に導入が進んでいる。導入済の国では温室効果ガスの削減を実現していることから，地球温暖化対策として有効とみなす一方で，化石燃料の価格上昇により経済活動全体への悪影響を懸念する見方もある。

日本では，2012年から地球温暖化対策税が導入されている。

☑ オゾン層の破壊

成層圏に存在するオゾン濃度が高い層(オゾン層)が破壊されることをいう。破壊の原因物質はフロンガスである。フロンガスは紫外線で分解され，その際に遊離した塩素が触媒となってオゾン濃度が減少するといわれている。その結果，北極や南極上空では，春にオゾン層の濃度が下がり穴があいたようになる現象(オゾンホール)が見られている。

オゾン層は，太陽から注がれる紫外線を遮蔽する役割を担う。紫外線はタンパク質を変性させる性質を持ち，皮膚の老化やDNAの損傷を起こすほか，皮膚がんのリスクを増大させたり，目の炎症や白内障の発症といった健康への影響が懸念されている。

1985年にウィーン条約にてオゾン層保護のための枠組みを定め，1987年に特定フロンおよび代替フロンの使用禁止が求められた(モントリオール議定書)。

☑ 酸性雨

大気汚染が原因となって，酸性の雨が降る現象のことをいう。

化石燃料などの燃焼によって生ずる硫黄酸化物(SOx)，窒素酸化物(NOx)などが雲粒や雨粒に吸収されて，酸性雨となる。これらの酸化物は空気中で飛散するため，風で長距離を移動し，広範囲に影響を与えることが多い。

ヨーロッパでは酸性雨によって森林破壊や湖の酸性化による魚の死滅が発生したほか，建物や文化財の腐食などが起こっている。

1979年に長距離越境大気汚染条約が締結された。それによって，硫黄酸化物の1980年度比30％削減（ヘルシンキ議定書）や窒素酸化物の1987時点の排出量水準での凍結（ソフィア議定書）など，具体的な措置が講じられている。

☑砂漠化

もともと植物が生息していた土地が，植物の生育に適さない土地となる現象のことをいう。土地の砂漠化は，養分を含む土壌が豪雨や洪水によって流れ出したり，地下水の水位上昇と蒸発によって土壌の塩分濃度が上昇したりすることによって起こる。

砂漠化の背景には，過度な森林伐採や過度な農業のほか，焼畑農法による過度な焼却など，行きすぎた農業や経済活動がある。さらに，人口爆発による人口の増加で過放牧や過耕作を行わなければならないという事情も重なって，さらなる砂漠化や干ばつが起こり，その結果として飢餓を生んだ。

1996年に砂漠化対処条約が発効し，先進国は砂漠化防止に対する積極的支援と資金提供を義務付けられるとともに，特に砂漠化の激しいアフリカに対して具体的な行動計画の策定が求められた。また，他の地域でも行動計画を策定することになっている。

☑森林破壊

過度な森林伐採により，森林が失われていく現象のことをいう。森林が失われると保水力が低下し，養分を含む土壌の流出や，山崩れや洪水を引き起こす。また，生態系を乱し，森林に生息する動植物に影響を与える。さらに，光合成によって二酸化炭素を取り込むはたらきをする森林が減少するため，地球温暖化の原因となる恐れがあることも指摘されている。

森林破壊の背景には，建築材などとしての木材の過剰な伐採のほか，薪や炭の材料としての過剰伐採，過度な土地開発事業などがある。

☑海洋汚染

海の水が廃棄物などで汚染される現象のことをいう。海洋汚染は，産業排水や生活排水，船舶からの原油の流出，廃棄物の投棄，森林伐採に伴う土砂の流入などによって起こる。

汚染に伴って有機物や栄養塩が蓄積され，その結果海の生態系を乱したりすることのほか，生活排水による富栄養化によって赤潮や青潮が発生したり，廃棄物や土砂の流入によって海洋生物

の産卵場所が減少したりする。また，有害物質の排出は，流出時にはたとえ低濃度であっても，生物体内で高濃度に蓄積される生物濃縮が起こり，さらに，食物連鎖によって高次の栄養段階の生物へと移っていき，最終的にはかなりの高濃度になっていることが多い点が問題となる。

1972年にロンドン条約が採択され，有機ハロゲン・水銀・カドミウム・プラスチック・放射性物質などの有害物質の海洋投棄を禁止した。日本は1980年にこの条約を批准した。

また近年，海洋を漂流したり海岸に漂着したりしている海洋ごみ（海ごみ）の問題が深刻化している。中でも，プラスチックごみが風化して細かくなったマイクロプラスチックは，生物によって分解されず半永久的に蓄積されるため，生態系への影響が懸念されている。

☑ **汚染者負担原則**

（Polluter Pays Principle；PPP）
汚染物質を排出する者が，公害防止対策費や，汚染された環境を元に戻す費用を負担すべきだという考え方のことをいう。1972年に OECD（経済協力開発機構）が提唱した。

そもそも OECD の PPP は，国際貿易上の競争を公正に行うための原則として掲げたものである。外部不経済の内部化（次項参照）のための諸費用は汚染した者が支払うべきであり，税金からその費用を捻出することは公平とは言い難く，不合理であるという立場である。日本でも公害問題の反省から PPP を公害対策の原則とするようになり，公害防止のための費用や健康被害の補償を事業者が負担する制度が整えられた。

☑ **外部不経済の内部化**

環境に負荷を与えることが考えられる場合，その対策費用の負担を市場のメカニズムに組み込むことをいう。

これまでは，個人の消費活動や企業の生産活動によって環境汚染や被害が発生したにもかかわらず，処理費用や補償費用を社会全体で負担していた。この状況は，汚染者は利益を得るのに対して，社会全体には負担が強いられるわけであり，平等や公平とは言い難い。このようなことから，環境に負荷を与える製品やサービスに対しては，その価格に処理や補償の費用を上乗せすることで，受益者に負担させようという考えが生まれた。

答案例

問題 地球温暖化の原因と個人レベルでできる対策について，あなたの意見を述べよ。**600字以内**

模範回答 地球温暖化は，異常気象や水資源の格差拡大，浸水被害，感染症の拡大，生物多様性への影響など，さまざまな問題を引き起こす。地球温暖化のおもな原因は温室効果ガスといわれている。　　　　　　　　　　（以上，第1段落）

　温室効果ガスの増加の原因は，人間によるエネルギーの過剰消費にある。その背景には，人口爆発による人口の増加がある。人口の増加による大量生産・大量消費に伴う資源の多用や廃棄物の放出などは，環境に多大な影響を与える。特に，化石燃料の燃焼で生じる温室効果ガスは，気温の上昇のほかに海面の上昇や気候の変化も引き起こし，生態系の乱れや異常気象の増加，農林水産業への影響などが懸念されている。　　　　　　　　　　　　　　　　　（以上，第2段落）

　こうした重大な問題に対応するために，今後は地球温暖化の進行を食い止めることが求められる。そのために個人レベルでできる対策としては，レジ袋の使用を控えることなど，リフューズへの取り組みが考えられる。ほかには，代替エネルギーや省エネ製品の積極的利用，植樹や自宅の緑化をして二酸化炭素吸収を増やす取り組みなども考えられる。個人レベルでできる対策による効果は決して大きくはないが，それらを多くの人が継続して行うことが大切であると考える。

（以上，第3段落）

解説 第1段落：意見の提示…地球温暖化の原因を示すとともに，その影響を簡潔に述べている。

　第2段落：理由説明…人口増加を温室効果ガスが発生する要因として示し，その影響についても説明している。

　第3段落：意見の再提示…どのような対策が個人レベルでできるのかを具体的に示すとともに，それらを多くの人が継続して行うことが大切だと結んでいる。

7

環境

生物多様性の危機

定義

　生物多様性とは，地球上にさまざまな生物が存在していることを指す言葉である。より詳細にいえば，ある地域において，

① 生態系の多様性(森林・山地・河川・湿原・海洋といった自然の種類が多様であること)

② 種の多様性(動物・植物・微生物といった種が多様であること)

③ 遺伝子の多様性(個体それぞれが異なる遺伝子を持つこと)

が備わっていることをいう。

　生物多様性は約5億4000万年前のカンブリア大爆発(p.385参照)の頃に始まったといわれている。また，現在地球上に存在する種の数は，推計には幅があり，300万種から1億種以上ともいわれている。しかし，近年になって生物多様性が崩壊しつつあり，種が減少したり絶滅したりしている。IUCN(国際自然保護連合)のレッドリスト(p.385参照)には，約3万種が絶滅危惧種として挙げられている(2019年版)。また，1年間に4万種が絶滅しているという推定や，1年に生物全体の0.01〜0.1%の種が絶滅しているという警告もある。いずれにせよ，科学者によって内容はさまざまであるが，生物が絶滅するスピードが速まっているという指摘においては一致している。

問題点

　2012年に閣議決定した生物多様性国家戦略(p.386参照)では，生物多様性に関する次のような「4つの危機」を掲げている。

① 開発など人間活動による危機

② 自然に対する働きかけの縮小による危機

③ 人間により持ち込まれたものによる危機

④ 地球環境の変化による危機

①は，生物の乱獲や過剰採取が行われたり，埋め立てや森林伐採などによって生息地や生育地の破壊や環境悪化が起こっていることを指している。また，河川整備や農地開発によって，氾濫原(p.386参照)や草原，湿地などが消えたこともその要因といわれている。

一方②に関しては，自然に対して人間の働きかけが減少していることによるものだとされる。例えば，木炭の材料や木材を得るために人間が手入れした森林には，結果的に人間が生態系を撹乱したことで多様な生物が生息・生育していた。しかし，木炭や木材の需要縮小で人の手が入らなくなると，森林が荒れて多様性を失うとともに，涵養機能(p.386参照)や土砂流出防止機能が低下したほか，生物の生息・生育環境の質も低下した。

③は，人によって，本来はそこにいない生物がほかの地域から持ち込まれ，生物相(p.387参照)や生態系を乱す原因となっていることを指す。例えば，侵略的外来種(p.387参照)が在来種を駆逐してしまったり，外来種と在来種の間に雑種が生まれることによって遺伝子が変化したりすることがある。その場合，病気の抗体が失われることもある。一度持ち込まれた外来種を完全に駆除することは難しく，行うとしても多大なコストが必要となる。また，生物多様性が崩壊すると，人間をはじめ多くの生物が生態系サービス(p.387参照)を受けられなくなる。例えば，資源・食糧・薬品の原料の枯渇を招いたり，災害を受けやすくなったりする。

④に関しては，主として地球温暖化によるものである。気温の上昇により，強い台風や局地的豪雨の発生など，これまでに経験したことのないような天災に見舞われることが増えている。また，急激な気候変動により，それまで生息していた地域の気候が生息に適さなくなり，生物が生きていけなくなる，作物の成育が悪くなるなどの影響も出ている。これらは，人間活動が原因ではあるが，地球規模での危機であり，その影響は広域で直接的な原因の特定が難しい点で第1の危機とは異なる。

問題点の背景

こうした危機の背景には，①経済発展，②山間部の人口減少と自然資源の利用実態の変化，③グローバル化(p.213参照)，④地球温暖化(p.366参照)

があるといわれている。

①に関しては，戦後の経済成長に伴って工業化が進み，土地の用途が変化したことがある。例えば，干潟を工業用地へ転用するための干拓事業などはその代表的な例である。現在では，干拓で明治時代と比べて湿地が6割以上も消失したり，自然海岸が半数以下になったりしている。特に，戦後以降に生物がすむ環境の様相が大きく変化した。また，経済的な利益のために生物の乱獲（クジラやマグロなど）が行われたこともあった。

②に関しては，主たるエネルギー源が木炭から化石燃料や電気へと変化したことと，安価な輸入木材が多用されるようになったことなど，わが国における生物由来の資源利用量が減少したことがある。その結果，間伐や火入れ（p.388参照）などを行って山林を管理することがなくなり，山林が放置されるようになったのである。

③に関しては，特に高度成長期以後においてグローバル化が進んだことによって，ヒト（入国と出国）とモノ（輸入と輸出）の流動化が激しくなった。その結果，人や物と一緒に動植物が移動するため，その地域にはいなかった外来種が移りすむことが多くなった。帰化生物と呼ばれているものがそれである。そのほかにも，例えばペットなどのように，珍しい動物を輸入することも多くなってきた。今後も特に新興国と呼ばれる地域の経済発展に伴って，人やモノの出入りはさらに増加すると考えられる。

④に関しては，人類が豊かな生活を営もうとする活動によって，地球規模でほかの生物が影響を受けている場面が数多く見られる。もっといえば，人類が利己的に活動すること自体が地球温暖化の背景にあるともいえる。

対応策・解決策

こうした問題に対処するためには，生物多様性の保全が欠かせない。具体的には，①自然環境の正しい理解，②持続可能な開発と資源の利用，③侵入予防措置の徹底，④世界的な取り組みなどである。

①に関しては，その地域にどのような生物種がどれくらい生息しているのかを正しく把握するところから始まる。それがわかれば保護区などを設

けて開発や利用を制限したり，開発の際には生物種を保護するような計画
を義務づけたりすることができる。

②に関しては，その地域の生物量と繁殖率や生育のスピードなどを調べ，
その結果をもとにして収穫量をコントロールすること（例えば，漁獲量や
木材の伐採量を管理することなど）が行える。

③に関しては，法的手段を用いて侵入を防ぐことが挙げられる。日本で
は特定外来生物被害防止法（p.387参照）によって，外来種の持ち込みが規
制されている。しかし，輸入製品に付着した生物などのように意図せずに
侵入することもあり，完全に防ぐことは難しい。

④に関しては，広域での影響であるため，単独の国や地域だけで対応す
ることは難しい。国連などの場で，世界的な取り組みをする必要がある。
ただ，地球環境に悪いからといってすべての開発を止めてしまうことはで
きない。生物多様性に配慮し生態系サービスの恩恵を受けつつ開発を続け
ていけるような，人間と自然が共生できる社会を全世界的に目指すことが
大切になってくる。

一方で，生物多様性の意義や価値が一般市民に理解されているかどうか
を疑問視する人もいる。それに関して現在，FSC（森林管理協議会，p.388
参照）やMSC（海洋管理協議会，p.388参照）などが啓発活動を行っている
ものの，さらなる活動が求められる。また，生物多様性の把握が十分にさ
れておらず，科学者による一層の研究活動も必要とされている。

👍 小論文にする時のポイント

入試では，生物多様性や生態系を維持する方法について尋ねる問題が多い。こ
うした出題に対して，例えば「生物多様性の危機といわれているが，それを負の
側面として捉える必要はない。食物連鎖と生態ピラミッドによって自然に生態系
のバランスが確保されるようになる」などと，生物多様性の現状に対して危機感
を持たない方向での論述は好ましいとは言い難い（ただし，これが「生物多様性
の危機という主張に対する是非を述べよ」という設問ならば，こうした主張も成
立する）。このような設問に対しては，基本的に生物多様性の崩壊について危機

7
環
境

意識を持っているという立場で主張を展開しておきたい。

　また，今後の対応策を述べる時，「生物多様性を保全するためには，経済活動を優先する姿勢を改めるべきだ」とか，「人間のエゴイズムを排し，環境を保全するように生きていくべきだ」などと，環境保全の側面だけで語ることは好ましくない。我々の生活はさまざまな経済活動によって支えられていることを認識し，経済活動と環境保全との両立を目指す方向で論じたい。

過去の入試問題例

例　日本の生物多様性について述べた文章を読み，森林が持つ生態系サービスにはどのようなものがあるかを具体的にあげて説明せよ。（秋田大・教育文化学部）

例　生物多様性に関する英文を読み，生物多様性についてあなたの意見を述べよ。
（駒澤大・グローバル・メディア・スタディーズ学部）

例　失われた自然を回復するべく，授業や課外活動の一環として，地元の河川や水路にニシキゴイやホタルとその餌となるカワニナを放流するといった取り組みがなされることも多いが，生態系を破壊する活動であるという意見もある。このような取り組みは学校での活動としてどんな良い効果をもたらすと考えられるか，説明せよ。また，なぜ生態系を破壊する活動であると考えられるのか，説明せよ。そして，教師となった場合，生物多様性の保全の立場からどのように振舞うべきであると考えるか。　　　　　　　　　　（岐阜大・教育学部）

例　生物多様性と自然環境の関わりについて述べよ。　　　（佐賀大・文化教育学部）

例　生物多様性の危機と私たちの暮らしについて述べた文章と，生態系サービスと人間の福利の関係を示した図を読み，「生態系サービス」がもたらす安全について，具体的な事例を挙げて述べよ。また，「生態系サービス」の劣化をもたらす要因にはどのようなものがあるか，具体的な事例を挙げて述べよ。
（大分大・教育福祉科学部）

🔍 関連キーワード

☑ ホットスポット

　ある生物の本来の生息地の70%以上が消滅し，生物多様性の観点からその保全が最優先される地域のことをいう。イギリスの環境学者ノーマン=マイヤーズ博士が1988年に提案し，2000年の論文によって世界中で認知されることとなった。2017年の再評価時では，世界のホットスポットは日本を含む36か所で，地球のわずか2.4%の地表面積でありながら，植物の50%，両生類の60%，は虫類の40%，鳥類・ほ乳類の30%がこの地域に生息していると報告された。

　近年の研究では深海もホットスポットであることが明らかになり，深海熱水噴出孔には高密度で生物が潜んでおり，新種や珍種も発見されている。

☑ カンブリア大爆発

　今からおよそ5億4000万年前のカンブリア紀に突如起こった，生物の種類が爆発的に増えた現象のことをいう。カンブリア紀より以前の時代には見られなかった外骨格を持った動物や脊索動物などが出現し，現在の主要な動物門はこの時期に形成されたといわれている。

☑ IUCN (International Union for Conservation of Nature and Natural Resources：国際自然保護連合，自然及び天然資源の保全に関する国際同盟)

　1948年に設立された世界最大の国際的自然保護機関のことをいう。2019年現在，90の国，130の政府機関，1131の非政府機関（NGO）が会員となり，約1万人の科学者や専門家が協力関係にある。日本は1995年に国家会員として加入したほか，環境省と15のNGO団体が会員となっている。

　自然および生物多様性の保護や持続可能な社会の実現を目的とし，学術調査データの提供，啓蒙活動，政策提言や自然保護に関する法改正の補助などを行う。なかでも，絶滅の危機に瀕している野生動物をレッドリストとして公表しており，これが世界各国や各種団体で独自に作られるレッドデータブックの評価基準となっている。2019年の発表では，約3万種が絶滅危惧種として記載された。

☑ 生物多様性基本法

　2008年6月に施行された国内初の生物多様性保護を目的とした基本法のこ

とをいう。鳥獣保護法などの従来の法律と異なり，生息環境を含めた包括的な野生動物保護に関する法律として制定されている。生物多様性の利用や保全，その考え方を示した基本原則や13項目の具体的な施策，生物多様性国家戦略の策定のほか，地方公共団体には生物多様性に関する地域戦略を義務規定とし，事業者や国民にも基本原則に基づく活動を行う責務が盛り込まれた。

なお，生物多様性国家戦略とは，生物多様性の保全および持続可能な利用に関する国としての基本方針で，1995年に初めて決定された。生物多様性基本法制定後最初となる2010年の国家戦略で，初めて具体的な年度を示した中長期目標が設定され，さらに2012年には自然共生社会実現に向けた具体的な戦略として「生物多様性国家戦略2012-2020」が策定された。

☑ 愛知目標（愛知ターゲット）

2010年に愛知県名古屋市で開催された生物多様性条約第10回締約国会議で定められた，生物多様性保全に関する20の個別目標のことをいう。この会議で採択された「戦略計画2011-2020」では，2050年までに「自然と共生する世界」を実現するというビジョン（中長期目標）を持って，2020年までに「生物多様性の損失を止めるための効果的かつ緊急の行動を実施する」というミッション（短期目標）と「森林を含む自然生息地の損失速度を少なくとも半減，可能な場所ではゼロに近づける」「陸域の17%，海域の10%を保全する」などの20の個別目標の達成を目指すものである。

☑ 氾濫原

河川が洪水で氾濫した時に浸水する平地のことをいう。ここは水の供給がよく，また上流から河川の水によって運ばれてくる肥沃な土壌により，作物の生育には好条件地となる。主として東南アジアで行われている浮稲栽培は氾濫原を利用したものである。

また，氾濫原の湿地には古来より多数の生物が生息しているが，ダム建設などの河川整備が進んだことにより先進国では氾濫原の湿地が減少している。その結果，生物多様性を損ない，絶滅危惧種を生んでいる例も多い。

☑ 涵養機能

森林の土壌が持つ洪水緩和機能，降水貯留機能，水質浄化機能の3つの機能を総称して涵養機能と呼ぶ。

洪水緩和機能とは，森林の土壌が河川に流れ出る水量を減少させ，洪水を緩和する働きのことを指す。

降水貯留機能とは，森林の土壌が雨

水を一旦貯めることで緩やかに河川に排出させる。これにより河川の水量を安定させることができる。

水質浄化機能とは、森林の土壌が雨水をろ過することにより、不純物などを取り除いて水質を向上させる働きのことを指す。

高い涵養機能を維持するには、人工的に伐採や植栽を行うなどの森林整備が必要とされる。

☑ 生物相

特定の地域に生息する生物すべての種類組成のことをいう。あるいは、特定地域に生息する生物すべてを総称して生物相と呼ぶこともある。動物や植物に分けて、動物相や植物相などとするほか、動植物をさらに細分化して哺乳類相などとも表す。

なお、日本は気候や地形が変化に富んでいることもあって、多彩な生物相を形成している。

☑ 特定外来生物被害防止法 （外来生物法）

正しくは、「特定外来生物による生態系等に係る被害の防止に関する法律」というが、略して特定外来生物被害防止法（外来生物法）と呼ばれる。2005年に施行され、2013年に改正された。

もともと日本に存在しなかった外来生物のうち、生態系や人間、農林水産物に被害を及ぼすものを特定外来生物と指定し、その輸入・販売・飼育・栽培・保管・運搬・譲渡・野外への放出などが原則的に禁止されている。また、生態系に影響を及ぼすかどうかが不明な、実態のよくわからない外来生物は未判定外来生物とされ、輸入には許可が必要である。外来生物法に違反した場合には罰則が科せられる。

なお、特定外来生物の例としては、ブラックバスやブルーギル、アライグマなどがある。

☑ 侵略的外来種

在来の生態系や人間活動に強く影響を及ぼす外来種のことをいう。国際自然保護連合（IUCN）が定めた世界の侵略的外来種ワースト100と、日本生態学会が定めた日本の侵略的外来種ワースト100がある。

☑ 生態系サービス

生態系が人間にもたらす利益を総称したもの。主として次の4つのサービスに分類できる。食料や水などの生態系がもたらす財である供給サービス、気候や自然災害からの防護など生態系によってもたらされる自然的な恩恵である調節サービス、レクリエーション

387

の場の提供などの非物質的な恩恵である文化サービス，ほかのサービスを維持するための機能を持つ基盤サービス。

2001年から2005年にかけて国連が実施したミレニアム生態系調査によると，過去50年間で生態系サービスは著しく低下しており，いまのような状況が続けば次世代が受けるサービスは大幅に減少すると指摘している。

また，生態系サービスを経済換算する取り組みも行われている。2009年に国際自然保護連合が行った試算では，熱帯雨林は1ヘクタール当たり年平均で約54万円に相当し，世界の生態系全体では約982兆円にものぼるとされた。

☑ 間　伐

成長に伴って込み合ってきた森林で，適正な密度に保つために一部の立ち木を伐採することをいう。

間伐が遅れた森林は，光が差し込みにくいために下草が育たない傾向にあり，その結果として土砂が流出しやすくなるので涵養機能が低くなったり，山崩れの原因となったりするほか，下草が育たないことにより，生物多様性も損なわれる。また，幹が細い木となることにより風や雪の影響を受けやすく，深刻な被害となることも多い。

なお，京都議定書では森林による二酸化炭素の吸収も温室効果ガスの削減対象と認めているが，間伐が行われていない森林は十分な効果が期待できないとして，対象から除外されている。

☑ 火入れ

山林原野や荒廃地などで，その土地にある立ち木や枯草などを焼くことをいう。一般的には造林準備や害虫駆除，焼畑や開墾のために行われる。農業や林業などで必要と判断されるもの以外の火入れは法律によって禁止されている。また，森林や森林から1キロメートルの範囲内で火入れする場合には，森林法により許可が必要である。

☑ FSC と MSC

FSC（Forest Stewardship Council；森林管理協議会）とは，環境保護団体，木材会社などが共同で1993年に設立した国際的民間組織である。持続可能な森林活用を目的とし，森林そのものや木製品，その流通過程などが適切に管理されているかどうかを評価・認証する。認証された製品にはFSCマークが付与され，その製品を選んだ消費者が間接的に森林保護に関与できる仕組み作りをしている。

MSC（Marine Stewardship Council；海洋管理協議会）とは，世界自然保護基金（WWF）とユニリーバ社によって1997年に設立された団体で，のちに独

立して非営利団体となった。持続可能な漁業の維持を目的とし，一定の審査基準を満たした漁業関係者と流通経路を経た商品に MSC エコラベルを発行している。活動の内容を漁業関係者や流通関係者に働きかけるだけでなく，一般消費者に対しても MSC エコラベルの認知と普及に取り組んでいる。

☑ 野生生物の減少

家畜など人工的に管理しているものを除いた野生生物が減っている現象のことをいう。

野生生物は20世紀の100年間で著しく減少したが，背景として資源や生物の行き過ぎた捕獲や採取，環境の汚染や破壊，外来種の侵入，地球温暖化による気候変化などが挙げられる。

7
環
境

答案例

問題 生物多様性の危機にどう対処すべきか，あなたの考えを述べよ。

600 字以内

模範回答 地球には多種の生物が生息しているが，現在ではその多様性が危機にある。しかも，近年は生物の絶滅速度が速まっているという。こうした危機に対処するためには，生物多様性の保全への取り組みが必要だと考える。

(以上，第1段落)

そもそも種の減少や絶滅は生物の乱獲や過剰採取だけでなく，埋め立てや森林伐採などの生息地・生育地の破壊や環境悪化によっても起こる。こうした背景には，戦後の経済成長に伴って工業化が進み，土地の用途が変化したことがある。また，経済的な利益のために生物の乱獲が行われたことも一因となっているだろう。我々が豊かな生活を営もうとする活動が他の生物に影響を与えている。もっと言えば，人間の利己的な活動そのものがこの問題の背景にあるのだ。こうした状況が続けば生態系サービスを受けられなくなり，例えば資源・食糧・薬品の原料の枯渇，災害による被害の増加など，深刻な事態に陥る恐れがある。

(以上，第2段落)

こうした問題の解決のためには，まず自然環境の理解が必要だ。生物種が生息する数を把握し，保護区の設定や生物種の保護を含めた開発計画を進めるべきだ。また，生物量と繁殖率や育成のスピードを考慮して収穫量を決めるなど，持続可

389

能な開発・資源利用を行うことが必要となる。経済性の追求だけでは人間に幸福をもたらせない。環境と経済の共存を図るべきではないか。　　（以上，第3段落）

解説　第1段落：意見の提示…生物多様性の危機に対処するために，多様性の保全が必要であることを主張している。

第2段落：理由説明…生物多様性が危機にさらされる原因は生物の乱獲や過剰採取だけでなく，生息地の環境悪化によることを指摘するとともに，工業化や経済性の重視がその背景にあることを指摘している。そのうえで，生態系サービスが享受できなくなるという重大な問題が起こり得ることを述べている。

第3段落：意見の再提示…生物多様性の危機に対処するためには，環境と経済の共存を図る必要があることを述べ，文章を締めくくっている。

再生可能エネルギー

定義

　再生可能エネルギーとは，自然界に存在し，常時補充される資源を用いて発電されるエネルギーのことをいう。2009年に施行されたエネルギー供給構造高度化法の中で，再生可能なエネルギーとして，太陽光・風力・水力・地熱・太陽熱・大気中の熱その他の自然界に存する熱・バイオマスが規定されている。

　同様の用語として「新エネルギー」があるが，新エネルギーとは，新エネルギー法(p.395参照)に基づいて政令で指定された新たなエネルギーのことを指す。再生可能エネルギーのうち，普及させるにあたり支援が必要となるもの(大規模水力発電などを除く)が指定されている。

必要性

　再生可能エネルギーの開発が求められる理由は，主として，
① 化石燃料の枯渇リスクに対応するため
② 環境への負荷を軽減するため
③ エネルギーを安定的に得るため
である。つまり，エネルギー問題と地球環境問題という2つの課題を一挙に解決する策だと捉えられているのである。

　①は，世界のエネルギー消費量が増加傾向にある点を根拠としている。石油換算で1965年には37億トンだったエネルギー消費量が，2017年には135億トンに達している。その多くは石油・天然ガス・石炭といった化石燃料によってまかなわれているが，これらの埋蔵量には限りがあるといわれており(そのため枯渇性エネルギーという)，化石燃料だけではエネルギー需要を満たすことが困難となる恐れがある。今後のエネルギー需要の増加に対応するとともに，安定的にエネルギーを得るためには，再生可能エネルギーの開発が急務であるというわけである。

②は，エネルギーを化石燃料に依存している点が問題視されているからである。化石燃料は動植物の死骸が地中に埋没・堆積してできた有機物である。有機物は炭素を含むから，燃焼すると地球温暖化の原因となる二酸化炭素を発生させる。また，化石燃料には窒素・酸素・硫黄などの不純物が含まれており，不完全燃焼によって酸化物質が発生する。この物質は大気を汚染する原因となる。例えば，光化学スモッグ（p.397参照）は化石燃料の燃焼で生じる窒素酸化物や炭化水素がおもな原因である。しかしながら，世界で使われているエネルギー源の9割近くを化石燃料に依存している現状では，使用の抑制を進めることは困難である。それは経済活動を停滞させ，日常生活に支障をきたすからである。よって，環境への負荷を軽減する目的で，化石燃料に代わるエネルギー源を確保する必要が生じているのである。

③は，石油産出国の情勢が不安定なことによる。例えば，中東各国からアジアなどへのエネルギー輸送の大動脈であるホルムズ海峡（p.398参照）がイランなどにより封鎖された場合，石油の供給量が減少する。これは原油価格の高騰につながるだけでなく，世界のエネルギー供給を不安定にする。このように，石油産出国は他国から受けた制裁の対抗措置として原油の産出量や輸出量を制限する恐れがあるのだ。

必要性の背景

特に日本において再生可能エネルギーの開発が求められるのは，国内にエネルギー資源が乏しいからにほかならない。そのため日本はエネルギー自給率が低く，燃料供給を海外に依存している状況にある。1960年ごろの日本のエネルギー自給率は58%であったが，高度経済成長を経て1970年には15%まで減少した。それは増大するエネルギー需要を賄うために石油を大量に輸入したからである。かくしてエネルギーの8割近くを海外の石油に依存する事態になった。

しかし，第一次石油危機（p.398参照）によって原油価格が高騰したため，国はエネルギー供給の安定化に乗り出した。石油に代わるエネルギーとして原子力や天然ガス（p.399参照），あるいは石炭の導入を推し進め，石油

依存度は4割程度にまで減少したが，化石燃料全体への依存は8割を占めていた。その後，2011年に起こった東北地方太平洋沖地震（東日本大震災；p.400参照）とその際の大津波による東京電力福島第一原子力発電所事故（p.400参照）の影響から，原子力によるエネルギー供給が問題視されるようになり，再生可能エネルギーへの期待がより高まっている。

　一方で，エネルギー価格が高くなりがちで，日本の産業の国際競争力が弱くなっているといわれている。競争力を強化するためには，国際市場での価格を引き下げる必要があるわけであるが，そのためにもできるかぎり国内でエネルギーを作り出すことが大きな課題となっている。

対応策・解決策

　再生可能エネルギー開発の推進は，民間企業・政府ともに取り組んでいる。例えば，2012年に固定価格買取制度（p.401参照）を導入し，電力会社に再生可能エネルギーを一定期間国の定める価格で買い取るように義務付けた。また，太陽光発電に対する補助金の交付など，普及策を講じている。

　近年，地球温暖化の問題が深刻さを増しており，環境への負荷を軽減させるためには再生可能エネルギーの普及は必要不可欠である。しかし，再生可能エネルギーもまた，天候によって太陽光発電や風力発電の発電量が下がるなど，安定供給の面での不安がある。そのため，さまざまな方法による発電を最適なバランスで組み合わせて供給していく，ベストミックスという考え方が重要になってくる。具体的には石油火力発電，水力発電，原子力発電などの各供給電源の特徴を生かし，その時どきの需要状況に適切に対応できるような電源の組み合わせを追求することである。環境への負荷をできるだけ軽減しながら安定供給していくためのベストミックスを探る必要がある。

　入試では，再生可能エネルギー普及の課題とその解決策について問われる。そんな時，なかには「いまだに埋蔵されている化石燃料があり，しばらくは枯渇しない。よって，再生可能エネルギーなど必要ない」という主張を展開する人もいる。しかし，化石燃料は枯渇性エネルギーであり，埋蔵量には限界があることを忘れてはならない。また，環境への負荷を考えると，再生可能エネルギーの開発を推進すべきだという主張を示すべきだろう。

　ただし，再生可能エネルギーの安定供給にはまだまだ課題も多い。環境への負荷を抑えながら安定供給していく現実的な方策として，さまざまな発電方法を適切に組み合わせていくというベストミックスの考え方にも触れておきたい。

📝 過去の入試問題例 ─────────────────●

例 エネルギーに関する文章と図を読み，「理科からみたエネルギー問題と私たちの役割」について，次の要件を満たして書け。

① 日本のエネルギー供給の過去十数年間の傾向と現状，今後解決すべき問題。

② 家庭部門のエネルギー消費の推移と最近の傾向，エネルギー消費について考えるべき問題。

③ ①と②の問題解決のための具体的な行動と目標。

(東京学芸大・初等教育教員養成課程)

例 エネルギー需給に関する図を見て，日本のエネルギー問題の現状と課題，および需要(消費)・技術・国際関係の三つの側面からの対策について，論じよ。

(三重大・教育学部)

例 植物の光合成と，これからのエネルギー転換について述べた文章を読み，将来の地球環境をより良いものにするため，太陽エネルギーにはどのような活用法があるか，あなたの考えを具体例をまじえて論述せよ。　(愛媛大・教育学部)

例 現在，バイオマス，太陽光，風力，燃料電池等の利用が注目を集めている。これらを含め，エネルギー資源として注目されているものを一つ取り上げ，エネルギーを取り出す過程について，その科学的な原理をふまえつつ，図や文章を用いてできるだけ詳しく説明せよ。また，そのエネルギー資源を利用する場

合の長所と短所についても述べよ。

（福岡教育大・教育学部）

🔍 関連キーワード

☑ 新エネルギー法

　正式名称は，「新エネルギー利用等の促進に関する特別措置法」で，1997年に制定された。非化石エネルギーとして開発されたもののうち，普及が十分でないエネルギーの利用の促進を目的としている。国・地方公共団体・事業者・エネルギー利用者の役割を基本方針として定めたほか，新エネルギー利用などを行う事業者に関して，認定を受けた者に関しては金融上の支援措置が受けられると規定している。

　施行当初は石油代替エネルギーに該当するものを新エネルギーとしていたが，2006年に法改正があり，新エネルギーに該当するものはバイオマスや太陽光発電など10の再生可能エネルギーに限定されている。

☑ 太陽光発電

　太陽電池を利用し，太陽光を電気エネルギーに変換する発電方式のことをいう。光を受けると電流が発生する半導体の特性を利用している。

　発電時に二酸化炭素や大気汚染物質を発生させないことが最大の長所である。そのほかにも，日射量を確保でき

さえすれば場所を選ばず設置可能であること，発電効率が一定のため，一般家庭用のような小規模なものから太陽光発電所（メガソーラー）のような大規模なものまで導入が可能であることなどが挙げられる。逆に，天候や日照時間，気温によって発電量が左右されるなどの短所がある。

☑ 風力発電

　風をエネルギー源として利用し，電力を生み出す発電方式のことをいう。具体的には，風で地上や海上に設置した風車を回し，その回転運動によって発電機を稼働させて発電する。この方法では，風の持つエネルギーのうちの約40％を電気エネルギーへと変換することが可能である。

　長所として挙げられるのは，二酸化炭素や有害物質の発生がほとんどないこと，風さえ吹いていれば24時間発電可能な点である。しかし逆に，ある程度の風が吹かないと発電できないので，電力供給が安定しないこと，また，プロペラから発せられる低周波音が人体へ少なからず悪影響を及ぼすことが短所として挙げられる。

☑ 水力発電

　速い水の流れで発電用水車を回して電力を生み出す発電方式のことをいう。日本の発電量の8.0%を水力発電がまかなっている（2017年現在）。古くから行われてきた発電方法の1つであり，水が落ちる落差さえあれば発電可能なため，設置条件がそれほど厳しくないことが特徴である。また，二酸化炭素や有害物質を排出しないだけでなく，ほかの再生可能エネルギーと比較しても出力単位当たりのコストを安く抑えられることがメリットとして挙げられる。

　一方で，水力発電所の多くはダム建設を伴うため自然環境への影響が懸念されるほか，雨の量によって電力供給に差が生じるので，渇水時などには電力の安定供給が難しくなるという欠点がある。

☑ 地熱発電

　地熱によって生み出される水蒸気で蒸気タービンを回し，電力を生み出す発電方式のことをいう。火山周辺の熱を利用して発電するため温室効果ガスの発生が少なく，太陽光や風力発電と違って天候に左右されないので，電力の安定供給が可能である。

　世界的に見ても，利用可能な地熱資源は豊富にあると予測されており，特に日本のような火山の多い国では有効なエネルギー源だとされている。しかし，発電場所の探査および開発のためには長期間を要することのほかにも，日本においては地熱発電が期待できる場所の多くが国立公園地域であるため，発電所の新設が進まないなどの問題点もある。

☑ 太陽熱利用

　太陽の光をレンズや反射板を用いて太陽炉に集め，それを熱源として発電する方式のことをいう。具体的には，火力発電と同様に，集めた熱で水蒸気を発生させ，その水蒸気で蒸気タービンを回して発電を行う。

　太陽光発電と同様に，二酸化炭素や大気汚染物質を発生させずに発電が可能であるほか，蓄熱さえしておけば夜間でも発電ができることが長所である。しかし太陽光発電と同様に，天候によって発電量が左右されるだけでなく，夏と冬で昼間の長さの変化が大きい高緯度地域では季節によっても発電量が左右されるなどの短所がある。

☑ バイオマス発電

　バイオマスとは，再利用可能な動植物などに由来する有機資源の総称のことである。燃焼する際に二酸化炭素が発生するが，植物が生長する過程で光合成によって吸収する二酸化炭素量と

相殺でき，大気中の二酸化炭素は増加しないとする，カーボンニュートラルという性質が特徴である。

バイオマス発電では，このような有機資源を燃料として用いるほか，発酵させて出るガスも利用する。また，バイオマスを燃やして出る熱を利用する熱利用は，薪ストーブなどで古くより使用されてきたほか，近年ではボイラーなどにおいても活用が進んでいる。さらに，バイオマスは有機物であるため，固体燃料・液体燃料・気体燃料に変化させて使用することも可能である。具体的な例としては，固体燃料は薪・木炭・木屑などが，液体燃料はトウモロコシやサトウキビなどから作るエタノールが，気体燃料は生ごみなどを発酵させて発生させるメタンガスが，それぞれ該当する。

☑ 塩分濃度差発電

海水と淡水の塩分の濃度差を利用して電力を生み出す発電方式のことをいう。水が通過できる膜(半透膜という)で淡水と海水を仕切り，淡水を海水側に流水させて海水の流れを加速させる力を利用する発電である。ほかの再生可能エネルギーと同様に，有害物質や二酸化炭素を発生せず，無限に電力を供給することが可能である。また，風力発電や太陽光発電のように，自然環境に発電量が左右されにくいのも特徴として挙げられる。しかしまだ実用化されておらず，石油燃料を使う発電と比較した場合に2倍の費用がかかるなど，コスト面でも問題がある。

☑ 温度差エネルギー

夏は外気より冷たく，冬は外気よりも温かい海水や河川水・下水などの水と大気との温度差を利用したエネルギーのことをいう。この温度差を，ヒートポンプを用いて冷暖房や給湯に使用することで，二酸化炭素を発生させずに熱を利用することができる。一般家庭や企業での冷暖房設備や温室栽培での利用など，用途が幅広いのも特徴である。一方，このエネルギーを利用するには大規模な施設が必要となるなどのデメリットもある。

温度差エネルギーには水と大気の温度差だけでなく，深海の冷たい海水と表面に近い温かい海水の温度差を利用して発電する海洋温度差発電もある。

☑ 光化学スモッグ

大気中の物質が紫外線によって化学反応を起こすことにより，新たな汚染物質を発生させる。この汚染物質によって空気が白く霧がかかったように見える現象が光化学スモッグである。4月から10月にかけて，天気がよく，

気温が高く，風が弱い日に多く発生するのが特徴で，光化学スモッグによって目がチカチカしたり，喉が痛んだりするなどの症状が出ることがある。

紫外線によって化学反応を起こす大気中の物質とは，自動車の排気ガスや工場の排煙に含まれている化学物質のことであることから，光化学スモッグは大気汚染が原因で引き起こされる現象であるといえる。光化学スモッグは1970年代をピークにその後は減少傾向にあるが，近年では，中国の大気汚染が原因で再び増加している地域もある。

☑ アメリカとイランの対立

アメリカとイランの対立は，イラン最後の王朝であるパーレビ王朝に端を発する。もともとアメリカはパーレビ王朝を支援し，イランとは親密な関係にあった。しかしアメリカ支援によるイランの近代化は貧富の格差を生む結果となり，反発勢力が1979年にイラン革命を起こした結果，ホメイニ師率いる保守派によってパーレビ王朝は崩壊した。その後イラン・イスラム共和国が成立し，指導者となったホメイニ師は，今までの立場を一転して反米主義政策をとったために関係は悪化。同年にアメリカ大使館占拠事件が起こると，アメリカはイランへの国交断絶と経済制裁を行い，対立が始まった。また，

イラン・イラク戦争においてアメリカがイラクを支援したことにより，ますます対立が深まったとされる。

その後1984年，アメリカはイランをテロ支援国家と指定し，さらに，1996年にはイラン・リビア制裁法を制定して石油・ガス資源を開発する企業を制裁した。近年では，イランの核開発をめぐり，イランに対する制裁措置が強化されている。

☑ ホルムズ海峡

ペルシア湾とオマーン湾の間にある海峡のこと。ペルシア湾沿岸諸国で産出する原油輸送の重要な航路であり，日本が輸入する原油の8割以上が通過する海峡である。

現在，核兵器開発を疑われているイランがアメリカなどによる制裁強化の対抗策として，ホルムズ海峡を封鎖することも考えられる。その場合，ホルムズ海峡の封鎖による原油不足を懸念して，原油価格が高騰することになる。

☑ 石油危機

石油価格の高騰とそれによって生じる経済的混乱のことをいう。過去，第一次と第二次の二回にわたって石油危機が起こった。

第一次石油危機は1973年，アラブ産油諸国が，第四次中東戦争の際に原油

輸出価格を4倍に引き上げ，同時に原油の生産制限を断行したことにより起こった。第二次石油危機は1979年，イラン革命によってイランでの石油輸出が停滞し，石油輸出国機構（OPEC）が原油価格を3か月ごとに値上げする方針を発表したことを受けて発生した。

なお日本では，第一次石油危機では電力消費の削減，エネルギー資源の節約が政府から要請されたほか，トイレットペーパーの買い占めなどに代表される生活用品の品切れが相次ぎ，急激な物価上昇を招いた。

☑原子力発電

原子力を利用して電力を生み出す発電方式のことをいう。具体的には，原子が核分裂をする際に発生する熱エネルギーによって水蒸気を発生させ，その水蒸気で蒸気タービンと発電機を回すことによって発電する。

発電量当たりのコストが安く，大量の電力を安定して供給できるほか，温室効果ガスや大気汚染の原因物質を発生させない点においては優れた方法である。しかし，発電に伴い人体に影響を与える放射性物質を発生させるため，徹底した管理が必要とされるだけでなく，事故が起きて外部に放射性物質が漏れ出すと，東京電力福島第一原子力発電所事故のように，周辺地域に甚大な被害を生じさせるなどの大きな問題点がある。

☑天然ガス

地下また地表に噴出する天然の可燃性ガスのことをいう。石油や石炭に比べて二酸化炭素や大気汚染物質の排出が少なく，可採年数を考えた場合，石油より長いうえに安価であることから，いま注目されているエネルギーである。

さらに，石油と異なり中東だけに偏らず世界各地に広く存在するため，安定供給が可能という点でも優れている。揮発性が高く，空気よりも軽くて大気中に拡散するので爆発の可能性が低く，中毒事件も起こりにくいことから，現在では都市ガスの8割は天然ガスを利用している。

☑シェールガス

シェールと呼ばれる岩石層から採取される天然ガスのことをいう。その多くは1500mを超える深い地層に存在しており，これまで採掘は難しいとされてきたが，1980年代にアメリカで掘削技術が開発され，その後技術が進歩したことで安価での採掘が可能になった。アメリカではシェールガスの生産量が急増しており，また，長期的に採掘が可能であることもあって，世界のエネルギー供給の構造が変化すること

7
環境

（シェールガス革命）が見込まれている。

☑ メタンハイドレート

　メタンなどの天然ガスが水と結合してできた個体の結晶のことをいう。見た目が氷のようであり、火をつけると燃えるため「燃える氷」ともいわれている。燃えた後には水しか残らない。メタンハイドレートは日本近海の海底に豊富に埋蔵されており、現在、国産エネルギーとして使えるよう調査・実験が進められている。

☑ 東北地方太平洋沖地震

　2011年3月11日14時46分、三陸沖を震源として発生した、マグニチュード9.0の地震のこと。日本の観測史上最大の地震で、この地震による津波で東日本大震災を引き起こした。

　この地震により大規模な津波が発生し岩手県、宮城県、福島県では沿岸集落の流失をはじめとし、多数の死者、行方不明者が出るなど甚大な被害をもたらした。岩手県から千葉県にかけての広範囲で震度6以上の強い揺れとなり、震源に近い地域では数日間にも及ぶライフラインの遮断が発生したほか、関東地方の埋め立て地では液状化現象も発生した。また地震と津波の影響により東京電力福島第一原子力発電所事故が発生し、震災後数年が経過しても復興の目処が立たないなど、大きな問題となっている。

☑ 東京電力原子力発電所事故

　東北地方太平洋沖地震により、東京電力福島第一原子力発電所で発生した原発事故のこと。国際原子力事象評価尺度（INES）の評価において、最悪のレベル7に評価された事故である。

　強い地震による設備倒壊で電力が供給されず、非常用発電機も津波によって海水に浸かって故障したことなどが原因となって水素爆発が発生。この爆発により原子炉建屋が破損し、ヨウ素やセシウムなどの放射性物質が漏れ出た。放射線量の高い地域は避難区域とされ、いまだに一部の立ち入りが制限されている。さらに、事故発生直後に放出された放射性物質は風や雨に乗って、福島県内だけでなく関東地方など広い範囲で検出された。放射性物質に汚染された食品は出荷制限され、風評被害をもたらすなど、農業・水産業にも大きな打撃を与えた。また、この事故は原子力発電の安全性への疑念を生んだ。一方で、エネルギー確保の観点から、原子力発電を容認すべきだと主張する人もいる。

☑ 原発再稼働問題

　東京電力福島第一原子力発電所の事

故後にすべての原子力発電所が操業を停止したが，地元の同意を得，安全対策を確認したうえで，2015年の九州電力川内原子力発電所（鹿児島県）を皮切りに徐々に再稼働している。しかし，老朽化やテロ対策の遅れなど，今後継続して稼働していくためには問題が残っている。原子力発電の将来をどうしていくかは，日本の温暖化対策やエネルギー戦略に大きな影響を及ぼす問題である。

☑ 固定価格買取制度

再生可能エネルギーの導入を促すための制度。電気事業者に対して，再生可能エネルギーで発電した電気を，一定価格で一定期間買い取ることを義務づける。2003年から施行されていたRPS法（電気事業者による新エネルギー等の利用に関する特別措置法。2002年制定）を引き継ぎ，2012年に制定されたFIT法（電気事業者による再生可能エネルギー電気調達に関する特別措置法。2017年改正）に基づいて制度化された。

☑ 環境ビジネス

環境保全や循環型社会の推進に役立つ製品やサービスを提供する事業のことをいう。環境対策に経済的なインセンティブ（励み）を伴わせることにより，持続可能な社会を構築できるとされる。具体例としては，廃棄物の回収・焼却・処理・再資源化，新エネルギーの開発，LED照明，スマートグリッド・スマートコミュニティ，エコカー，燃料電池などに関連した事業が挙げられる。

☑ スマートグリッド（次世代送電網）

電力の流れを供給側・需要側の両方から制御し，最適化する送電網のことをいう。従来の送電線は，大規模な発電所から一方的に電力を送り出す方式であるが，電力需要のピーク時を基準とした容量設定が行われているために無駄が多く，しかも送電網自体が自然災害などに弱くて復旧に手間取るケースもあった。そのため，送電の拠点を分散することで，需要側と供給側から「賢い送電網（スマートグリッド）」を構築しようとする試みである。

☑ 循環型社会

循環型社会とは，資源を再利用することによって廃棄物の排出量を減少させ，資源の有効利用を目指す社会のことを指す。生産→消費→廃棄→再利用→生産という資源の循環をイメージして名付けられた。

市場経済では，企業が資源やエネルギーを用いて作った製品は，市場を介して消費者に引き渡され，消費者が使

用後はごみや廃棄物となる。地球は物質的に閉鎖している（資源は地球外から持ち込めず，ごみや廃棄物は地球外に排出できない性質がある）ので，この仕組みのままでは資源は枯渇する一方であるのに対して，地球上にはごみや廃棄物が滞留し続けることになる。また，廃棄物の発生の根源をたどれば企業の生産活動に至ることから，製品を生産する過程でも，消費者の手に渡った後でも，ごみや廃棄物が発生するのである（外部不経済の内部化；p.378参照）。このことから，ごみや廃棄物を再資源化したりエネルギー化すること（循環システムの構築）によって，これらの問題を解消することが求められているのである。

ごみや資源の循環システムを構築するためは，再利用（リユース；p.404参照）・再資源化（ケミカルリサイクル，マテリアルリサイクル；p.405参照）・エネルギー化（サーマルリサイクル；p.405参照）への取り組みが欠かせない。しかしながら，それぞれの過程においてエネルギーを必要とすることやコストがかかることが問題である。

☑ 循環型社会形成推進基本法

日本における循環型社会の形成を推進するための基本法で，2000年に制定された。形成すべき循環型社会の姿として，廃棄物などの発生を抑制すると同時に，循環資源の利用や適切な処理によって，天然資源の活用をへらし，環境への負荷が少ない社会と明確に提示した。

また循環資源を，法の対象となる廃棄物などのうち有効活用できるものと定義し，リサイクル推進を定めている。この法律の最大の特徴は，廃棄物処理の優先順位を初めて法制化したことで，それを発生抑制・再使用・再生利用・熱回収・適正処分の順としている。それとともに，事業者と国民の「排出者責任」と，製品が廃棄物となった後まで生産者が責任を負う「拡大生産者責任」を明確化した。

☑ 持続可能な社会

持続可能な開発（自然や資源利用のスピードを考慮し，管理しながら利用することによって，将来の世代にも公平になるように地球環境を維持すること）が実現している社会のことをいう。1992年にブラジルのリオデジャネイロで開かれた国連環境開発会議で「持続可能な開発」という考え方が登場したことに由来する。2002年の持続可能な開発に関する世界首脳会議，および2012年の国連持続可能な開発会議でその実施計画が採択されるなど，環境保護のための基本的な指針として，現在

世界中で認知されている。

持続可能な社会は，想定場面や想定する人によって考え方に違いが見られることがある。しかし，環境の恵みの永続的な維持を図る，生物と人間の共存共栄を図る，浪費を避けた新しい発展の実現を目指す，環境維持のために協力の推進を実現していくなどの点で共通している。

☑ SDGs

2015年の国連サミットで採択された2016年から2030年までの国際目標。SDGs とは「Sustainable Development Goals（持続可能な開発目標）」の略称で，2000年の国連サミットで合意された MDGs（ミレニアム開発目標）に代わる目標である。2030年までに先進国，新興国，途上国も，国，企業，NPO，個人も，あらゆる垣根を越えて協力しよりよい未来をつくることを目指す。

持続可能な世界を実現するために17のゴールと169のターゲットを定めている。17のゴールは，「貧困をなくそう」「飢餓をゼロに」「すべての人に健康と福祉を」「質の高い教育をみんなに」「ジェンダー平等を実現しよう」「安全な水とトイレを世界中に」「エネルギーをみんなに，そしてクリーンに」「働きがいも経済成長も」「産業と技術革新の基盤をつくろう」「人や国の不平等

をなくそう」「住み続けられるまちづくりを」「つくる責任，つかう責任」「気候変動に具体的な対策を」「海の豊かさを守ろう」「陸の豊かさを守ろう」「平和と公正をすべての人に」「パートナーシップで目標を達成しよう」。その下に細かい目標が合計169個定められている。

☑ ゼロエミッション

あらゆる廃棄物を原材料とし，廃棄物を一切出さない資源循環型の社会システムのことをいう。1994年に国連大学が提唱した。

本来の意味は社会システムだが，現在では環境管理の国際規格 ISO14001 の普及に伴い，独自にゼロエミッションに取り組む企業が増えたため，企業の生産活動から出る産業廃棄物をリサイクルなどによって最終的にゼロにするといった内容を指す場合もある。日本では経済産業省と環境省がゼロエミッションを基本構想として地域振興を推進するエコタウン事業を1997年に創設，2015年までに26地域が承認され，両省の支援を受けてゼロエミッションに取り組んでいる。

☑ 3 R

リデュース（reduce；ごみの発生抑制），リユース（reuse；再利用），リサ

イクル(recycle；再資源化)の頭文字。

2000年に循環型社会形成推進基本法において，上記の3Rに加えて，**サーマルリサイクル(熱回収)**と適正処分を下位におき，廃棄物の優先順位を定めた。また，3Rにリフューズ(refuse；ごみになるものを拒否する)やリペア(repair；修理して使う)を加えて，4Rや5Rと呼ぶ場合もある。

このような3Rを浸透させるためにさまざまな活動がなされている。また，2004年の主要国首脳会議において，当時の小泉首相が3R活動によって循環型社会の実現を国際的に推進する3Rイニシアティブを提唱，国際的に3Rに取り組むことが承認された。

なお，アフリカ女性初のノーベル平和賞受賞者ワンガリ=マータイさんが，資源の有効活用と環境保護を訴える言葉として MOTTAINAI (もったいない)を世界中に紹介したが，そのバックグラウンドにはこの3Rイニシアティブがある。

☑ リデュース

必要のない消費や生産を減らす，もしくは行わないことをいう。3Rの中でも一番優先順位が高く，環境負荷の低減のためには最も有効とされている。

リデュースの例として，過度な包装を避け簡易的な包装にすること，使い捨ての容器の利用を減らして再使用ができる容器(水筒など)を利用すること，などが挙げられる。ごく身近な例としては，無駄な物をもらわないことや購入しないことは，生産そのものを抑制することにつながるリデュースの1つである。

☑ リユース

一度使用されて不要になった物をそのままもう一度使うことをいう。リユースは，加工などのためのエネルギー利用なしにそのまま製品を再利用するので，リサイクルに比べて環境負荷が低く，3Rの中では優先順位が2番目となる。

具体例としては，一度使用されたボトルをまた洗浄して使用すること(いわゆるリターナブルびん)，バザーやフリーマーケット，あるいはリサイクルショップなどで使用後の製品を購入して再使用することなどが挙げられる。

☑ リサイクル

廃棄物や不要物を回収して再資源化し，新たな製品の原料として利用することをいう。

リサイクルの例として，アルミ缶を回収して再度アルミ缶を製造すること，スチール缶を回収して新たなスチール缶を製造したり鉄骨や鉄筋などの建設

資材として製造すること，ペットボトルを回収して繊維の材料とすることなどが挙げられる。

　リサイクルを促進するために，資源の有効利用の確保および廃棄物の抑制と環境保全を図る**資源有効利用促進法**が1991年に制定された。また，ペットボトルやダンボールなどの容器包装廃棄物を分別回収し，適正処理および資源として有効利用することを目的とした**容器包装リサイクル法**，家電製品から有用な資源の再生化を図る**家電リサイクル法**，使用済みの自動車から有用な資源の再生化を図る**自動車リサイクル法**，食品関係者における食品廃棄物の排出抑制を図る**食品リサイクル法**，建築資材の分別化や再資源化を図る**建設リサイクル法**なども施行されている。

☑ ケミカルリサイクル，マテリアルリサイクル，サーマルリサイクル

　これらはいずれもリサイクルの方法である。**ケミカルリサイクル**とは，使用済みの資源をそのまま再利用するのではなく，化学的に分解して別の化学製品の原料として再利用することをいう。**マテリアルリサイクル**とは，廃棄物をそのまま材料もしくは原料として再利用することをいう。**サーマルリサ**

イクル（熱回収）とは，廃棄物を焼却処理した際に発生する熱エネルギーを利用することをいう。ケミカルリサイクルやマテリアルリサイクルが不可能となった場合に行われるリサイクル方法である。

　廃プラスチックを例にとれば，使用済みのプラスチック容器などをそのまま利用することがマテリアルリサイクル，化学分解して新たなプラスチック製品にすることがケミカルリサイクル，そのいずれもできずに燃料化することがサーマルリサイクルである。

☑ LCA（Life Cycle Assessment）

　製品について，製造から廃棄あるいは再使用に至るまでのすべての段階における環境への影響を科学的・定量的・客観的に評価することをいう。この評価を行うことによって，企業側は環境負荷の低減を図るとともに，生産過程の最適化による経済的・経営的合理化を図ることもできる。また，消費者側は環境負荷の少ない商品を選択することで環境負荷の低減に貢献するとともに，消費者ニーズとして企業側へ環境への配慮を促すことにもつながる。

　なお，LCAはISO14040において環境評価として規格化されている。

答案例

問題 再生可能エネルギー開発について，あなたの考えを述べよ。**600字以内**

模範回答 再生可能エネルギー開発によって，化石燃料の枯渇に備えるとともに環境への負荷を軽減するという，2つの課題を一挙に解決できる。

(以上，第1段落)

　現在，世界のエネルギー消費の多くは化石燃料でまかなわれているが，枯渇性エネルギーである化石燃料だけではエネルギー需要を満たし続けることが困難となる恐れがある。今後とも安定的にエネルギーを供給するには，再生可能エネルギーの開発が急務である。

(以上，第2段落)

　現状のようにエネルギーを化石燃料に依存していることには問題点も多い。化石燃料は燃焼すると地球温暖化の原因となる二酸化炭素を発生する。また，化石燃料に含まれる不純物が不完全燃焼することによって大気を汚染する。しかしながら，使用の抑制を進めることは困難である。なぜなら，経済活動を停滞させかねないからである。したがって，環境面と経済面を両立させるためには，化石燃料に代わるエネルギー源を確保する必要があるのだ。

(以上，第3段落)

　現在，民間企業や政府によって再生可能エネルギーの普及が進められているが，安定供給にはまだ時間がかかると思われる。当面は，化石燃料とのベストミックスによって電力を安定供給しながら，再生可能エネルギーのさらなる普及を目指すべきと考える。

(以上，第4段落)

解説 第1～2段落：意見の提示…再生可能エネルギーの開発によって，エネルギー問題と環境問題をともに解決できるので，その開発は急務であると主張している。

第3段落：理由説明…化石燃料への依存に対する問題点を指摘するとともに，再生可能エネルギー開発の重要性を説明している。

第4段落：意見の再提示…再生可能エネルギーの供給が不安定である現状に対する対応策を述べ，再生可能エネルギーの早期の普及が必要であると述べている。

8 現代社会の諸問題

　教育系学部においては，政治・経済・法律・福祉に関係する社会問題が小論文のテーマとなることがある。特に,政治・経済・法律は社会科教育選修で，福祉関連は特別支援教育選修でそれぞれよく出題される。

　ここでは，こうしたテーマの中から頻出の4テーマを取り上げて解説していく。一方，人文系の学部においても頻度は高くないものの時折出題されるから，一読しておくことを勧める。

取り扱うテーマ

> 若者の政治参加

> わが国の食料自給率の低下

> 障害者福祉制度

> ボランティア

若者の政治参加

定義

　2015年6月に公職選挙法(p.411参照)が改正され(2016年6月施行)，選挙権(選挙において投票する権利だけではなく，選挙人名簿への登録や選挙の公示を受ける権利なども含む)を有する年齢は20歳から18歳に引き下げられた。国政選挙としては2016年7月に行われた第24回参議院議員通常選挙が新しい法律下での最初の選挙となり，18歳，19歳の約240万人が新たに有権者となった。

　2007年に成立した憲法改正の手続きを定めた国民投票法(p.411参照)では，2014年の改正で投票できる年齢を18歳以上と改めており，今回の公職選挙法の改正を受けて，2018年には成人年齢を20歳から18歳に引き下げる改正民法が成立した。この改正民法は2022年の4月に施行され，より一層若者の社会参画が促されることになる。

問題点

　現在のようなある一定の世代に偏重した政治参加を避けるためには，選挙権年齢の引き下げが必要だという主張が以前からあった。

　現在，若年層の政治への関心の低さが問題視されている。総務省のデータによると，第48回衆議院議員総選挙(2017年)の時の投票率は，50代が63.32％，60代が72.04％，70代以上が60.92％であるのに対し，10代が40.49％，20代が33.85％となっており，若年層の投票率が低い傾向にある。こうした状況では若年層の意思が政治に反映されにくい政治が行われる恐れがある。

　そのため，若年層の意見が今まで以上に政治に反映されることを期待して，選挙権年齢の引き下げが行われた。より若い世代に早いうちから社会参加を促すことにつながり，国民として果たすべき責任と義務を自覚させるという効果が期待されていた。しかし，今のところ思ったような結果は

出ていない。引き続き，若年層の政治離れを食い止め，政治意識を高めることが求められている。

問題点の背景

議会制民主主義(p.412参照)を採用する日本では，少子高齢化(p.20, 30参照)によって高齢者の割合が増加する一方で若年層の割合が減少することで，高齢者に有利な政治が行われやすくなる危険性がある。なぜなら，議員は国民の投票により選出されるから，相対数の多い高齢者の意思が反映された政策を掲げる議員には票が集中しやすくなるからである。そのうえ，中高年の投票率の高さも加わって，立法や行政の面で高齢者の意図が色濃く反映されたものになる恐れがある。つまり，高齢化によってシルバー民主主義(p.412参照)が起こる可能性があるのだ。

一方で，高齢者を支える社会や制度の仕組みの根幹を担っているのは若年層である。高齢者に対する支援も必要だが，同時に若年層自身が安心して働け，納税を行い，家庭を築いて次世代を育むことができるような政策も進めなければならない。つまり，政策の立案に際しては世代間のバランスを保つことが欠かせない。その意味でも，若年層が積極的に政治に参加できるような制度を構築し，そのことで若年層の意思を政治の面に反映させることが求められているのである。

対応策・解決策

最近では社会が高度化・複雑化していることもあって，大人としての資質を養う期間である青年期が延びざるを得ないともいわれており，10代の若者に政治に関する適切な判断ができるかどうかの不安も残る。一方で，未熟な彼らに迎合する政治が行われる可能性も否定はできない。

しかし，選挙権は国民に保障された権利であり，「未熟だ」という危惧がそれを制限するに足りうるのかどうかは疑問である。日本国憲法において，国政に参加することができる権利を国民に保障している(第15条：公務員[議員は公務員である]の選挙については，成年者による普通選挙を保障する)。むしろ，選挙権年齢を引き下げることは，参政権が保障される

国民が増えることであり，それだけ幅広い年齢層の意思を反映することができることを意味するのである。

👍 小論文にする時のポイント

これまでは選挙権年齢の引き下げの是非を問う問題が出題されていた。今後は引き下げられたうえでの課題を中心に出題されることになる。課題となるのは，若年層の政治への関心をいかに高め，投票率を上げるかということである。また，受験生自身が当事者に当たる年齢であるので，選挙人当事者としての考えを求められる出題も考えられる。当事者意識を持ったうえで，啓発活動や教育などの政治意識を高める工夫や，インターネット投票の活用などの投票しやすい仕組みづくりなど，できるだけ具体的な方策も合わせて論を展開していきたい。

また，2018年に民法が改正され，2022年から成人年齢が18歳に引き下げられることになった。このことについても，その是非や意見を問われることがある。成人年齢が引き下げられると，18歳でも親の同意なく携帯電話・スマートフォンの契約，賃貸物件の契約ができるようになる。また，クレジットカードを作成したり，ローンを組んだりすることも可能になり，消費者問題（p.412参照）が発生する恐れがある。自由度が広がる面とともに，その責任能力をいかに育むかという課題についても検討しておきたい。

📋 過去の入試問題例

例 成人年齢を引き下げる民法改正について述べた文章を読み，成人年齢引き下げのメリットとデメリットを，それぞれ述べよ。また，成人年齢引き下げに対するあなたの意見を述べよ。　　　　　　　　　　　　　（愛知学院大・文学部）

例 民法が改正され，2022年4月1日から成年年齢が18歳に引き下げられることが決まった。成年年齢引き下げによって，日常生活の中でどのようなことが変わってくるか，具体例を挙げよ。また，この成年年齢引き下げを見据えて，もしあなたが義務教育段階の小学校あるいは中学校の教師になったとしたら，何をどのように教えていったら良いと思うか，あなたの考えを述べよ。

（山梨大・教育学部）

例 成人年齢について述べた新聞記事を読み、成人年齢引き下げについてその問題点を整理した上で、賛成か反対か、理由を挙げながら意見を述べよ。

(京都産業大・外国語学部)

例 民法における18歳への成人年齢の引き下げについて述べた新聞記事を読み、あなたは、「成人」とは何歳からだと考えるか。またそれはなぜか。述べよ。

(富山国際大・子ども育成学部)

🔎 関連キーワード

☑ 公職選挙法

日本の公職選挙(衆議院と参議院の議員選挙、地方自治体の首長と議員の選挙)に関する基本法のこと。国会議員の定数、選挙を管理する機関、選挙権および被選挙権を与える年齢、選挙区などが定められている。また、買収や事前運動(決められた期間以前の選挙運動)、戸別訪問(1軒ずつ個別訪問する選挙運動。買収の温床とみなされている)など、選挙違反に関する項目も含まれている。2013年にインターネットを利用した選挙運動を明文化し、2015年には選挙権年齢を18歳に引き下げる改正が行われた。

☑ 選挙権と被選挙権

選挙権とは、国会議員や首長、地方議会議員を選挙する国民の権利のことである。満18歳以上の男女、かつ、3か月以上同一市町村を住所とする者が有する。以前は在外日本人に選挙権は

なかったが、1998年に公職選挙法が改正され、国政選挙に投票できるようになった(当初は比例代表制のみ。2007年から選挙区への投票も可)。

一方、被選挙権とは、国会議員や首長、地方議会議員に立候補する権利のことである。衆議院議員・都道府県議会議員・市区町村長・市区町村議会議員は満25歳以上、参議院議員・都道府県知事は満30歳以上の者が有する。

☑ 国民投票法

日本国憲法の改正に必要な手続きである国民投票に関する法律。

日本国憲法第96条において、「各議院の総議員の3分の2以上の賛成で、国会がこれを発議し、国民に提案してその承認を経なければならない。この承認には、特別の国民投票又は国会の定める選挙の際行われる投票において、その過半数の賛成を必要とする」と定められていたものの、改正の手続きや

411

国民投票の規定について定められていなかったため，国民投票法が定められた。満18歳以上の日本国民にその投票権が与えられる。

☑ 民　法

　私法(私人間の関係を規律する法律)の基本的な法典のことをいう。財産法(所有・契約・侵害関係などに関する取り決め)，家族法(親族・夫婦・親子を規律する取り決め)などが定められている。

　なお，民法第4条によってこれまで成年は20歳と定められてきたが，2018年に「年齢18歳をもって，成年とする」と改正され，2022年から成年年齢が18歳となることになった。この変更により，18歳で契約や取引などにおける保護対象や父母の監護・教育を受ける対象からはずれることになる。また同時に，婚姻の年齢が男女ともに18歳にそろえられた。その一方で，お酒・たばこ，公営ギャンブルの年齢制限については20歳のまま維持される。

☑ 議会制民主主義(間接民主制)

　国民から選出された代表者(議会議員)を通して，間接的に国民の意思を反映させる政治制度のことをいう。国民の権力の行使を代表者(議会議員)に信託することで，国民は間接的に政治に参加することができる。

　直接民主制では，国民個々人の要望や要求が政治に直接反映されることとなり，国民全体の利益を考えた政治が妨げられる恐れがある。こうした衆愚政治(多数の愚かな国民による政治)を防ぐことができることが，議会制民主主義の利点の一つである。しかし，直接民主制のように，国民から意見を直接集める制度ではないので，議会議員が国民の意思を必ずしも正しく反映しているとは限らないという面もある。

☑ シルバー民主主義

　高齢者に有利にはたらく民主主義のことをいう。高齢化社会が進むにつれ，相対数の多い高齢者を重視する政策が推し進められることが予想される。その結果，それにかかる費用を税として負担する労働者(若年層や中年層)の要望や要求が軽視されがちな状況になりつつあることを指す言葉である。高齢者への過度な優遇・偏重は，若年層や中年層の不満を招く要因となり，世代間の対立を生む恐れがある。

☑ 消費者問題

　消費者とは，財やサービスを消費する人のことをいう。財やサービスを提供する企業側よりも，消費者の立場が弱くなる傾向にある。

こうした関係が原因となって，消費者問題が起こり，消費者が被害を受けるケースがある。例えば，訪問販売において販売員の言葉に乗せられ，高額商品の購入を契約させられるといったことなどが代表例である（なお，現在では原則として一定期間であれば無条件で解約が可能なクーリングオフ制度がある）。これに類した問題は，食品の安全性に関する問題（産地偽装や成分誤表示など），霊感商法，インターネットオークションを巡るトラブルなど，数多くある。

☑ 少年法

非行をした未成年者（非行少年）に関する保護や処罰について定めた法律全般のことをいう。非行少年には，実際に犯罪行為を行った未成年者（犯罪少年）のみならず，法に触れる行為をした者（触法少年），罪を犯す恐れがある者（虞犯少年）も含まれる。

子どもには可塑性がある（少年は未熟なため，教育や処遇によって更生できる）との考え方から，非行少年を保護し再教育するために少年法が定められた。非行少年に対しては，原則として成人同様の刑事処分は下さず，保護

更生のための措置を行う（家庭裁判所の判断により刑事裁判に付されることもある）。よって，少年法は事件の解明や刑罰を与えることを目的とした法律ではない。

しかし，たとえ殺人などの凶悪犯罪であっても，加害者が少年であるということで保護されることを問題視する向きもある。例えば，18歳未満（罪を犯した当時の年齢）の少年の量刑は，死刑と処断される場合は無期刑に，無期刑と処断される場合は10年以上15年以下の有期刑に，それぞれ軽減できると定められている。こうした処遇は，被害者および被害者家族側の心情を顧みないものであるという主張がある。そういう影響もあってか，2007年に少年法が改正され，少年院送致の対象年齢が「おおむね12歳以上」と厳罰化された（以前は「14歳以上」であった）。

また，少年法では，少年事件の審判は非公開で行うことや，非行少年の実名報道の禁止（本人であることを推知できる記事や写真を含む）が定められている。これに対しては，憲法が保障する表現の自由を侵害する恐れも指摘されている。

答案例

問題 10代，20代の若年層の選挙における投票率が低いことについて，あなたの考えを述べよ。**600字以内**

模範回答 10代，20代の投票率が低いことは，政治全体にとって大きな問題である。なぜなら，この状況が続くと，投票率の高い中高年向けの政策が多く打ち出されることになるからである。日本国憲法で国民主権を謳っている以上，一定の世代に利益が偏重する政治は避ける必要があると考える。　　　　（以上，第1段落）

　現在の日本は少子高齢化で，高齢者の人口が増加し，若者の人口が減少している。議会制民主主義を採用する日本では，投票率が同じであったとしても，高齢者の票が多くなる。若年層が選挙に行かないとなると，若い人向けの政策を打ち出した候補者よりも，高齢者向けの政策を打ち出す候補者の方が有利になる。その結果，投票率の高い中高年の意図が強く反映される政策ばかりが採用されていく恐れがある。高齢者への支援は必要ではあるが，若年層の生活を支える政策が打ち出されない限り，若者の就労，子育てや教育への支援などの政策が弱くなり，少子高齢化が一層加速する可能性がある。　　　　（以上，第2段落）

　若年層の投票率を上げるためには，若者の政治離れを阻止し，政治に対する意識関心を高めていき，成人としての責任と義務を自覚させる必要がある。そのためには行政による啓発活動，教育を通じて，選挙の重要性を知らせることが重要となってくる。また一方で，インターネットでの投票などを活用し，若者の政治参加への敷居を今まで以上に低くする対策も検討していく必要がある。

（以上，第3段落）

解説　第1段落：意見の提示…若年層の投票率が低いことは問題であるという意見を述べるとともに，その理由として一定の世代に利益が偏重する政治は避ける必要があると考える点を示している。

第2段落：理由説明…少子高齢化という人口問題が選挙にどう影響するかを述べ，若年層の投票率が低いことでもたらされる，政策の偏りが起きることを説明している。

第3段落：対策の提示…問題であると主張する若年層の投票率に対して対策を示している。若年層に直接働きかける方法と投票するための環境面から述べている。

指したものであるが，危機回避の方法は食料自給率の向上だけで
きることを念頭に置いた論述をしてほしい。

試問題例

給率の低下と食料価格の世界的値上がりについて，説明文を参
ることを踏まえて，自分の考えを述べよ。

（和洋女子大・人文学部）

食料自給率が，他の先進資本主義国と比較して低い理由につい
は複数あるが，箇条書きではなく文章として述べること。

（国士舘大・文学部）

3年度の食料自給率を比較した図「カロリーベースの自給率の
読み，2つのグラフを比較して，日本における食糧消費の変化
うな指摘ができるか，述べよ。（京都精華大・人文学部）

料需給表」によると，日本の食料自給率は，米・英・仏・加
り低い状態にある。まず，この低い状態のままでよいと考え
よ。次に，この低い状態のままであってはならないと考えら
そして，「これからの日本はどうすればよいのか」について，
べよ。

（富山大・人間発達科学部）

ルの日本の食料自給率を向上させることを目的とした取り
文章を読み，日本の食料の現状をまとめ，今後の課題につ

（大阪教育大・教育学部）

村基本計画」について述べた文章「食料の自給　現実見す
あなた自身の食生活において，「おいしさや安全・安心
どのようなことを心掛ける必要があるか，家庭科の授業
に具体的に述べよ。

（長崎大・教育学部）

わが国の食料自給率の低下

出題頻度 → 教育 ★ ★

定義

　食料とは食べ物全般を指すのに対して，食糧とは主食を示す。また，食料自給率とは，国の食料供給量のうち，国内で生産された食料が供給される割合のことである。

　2018年度における日本の食料自給率は37％（供給熱量ベース；「国民1人1日当たりの国内生産カロリー÷国民1人1日当たりの供給カロリー」で計算。以下も同様）であり，1990年代半ばごろより40％前後で推移しているが，全体的には低下傾向にあるといえる。

　品目別でみると，米（97％）・鶏卵（96％）はほぼ自給できており，きのこ類（88％）・野菜（77％）も高めである。それに対して，魚介類は55％，肉類は51％，果実は38％であり，小麦12％，豆類7％などはそのほとんどを輸入に頼っている。

問題点

　国際的な食料危機への懸念が最も問題視される点である。世界の人口は増加の一途にあり，特に途上国での人口増加が著しい。2019年現在，国連では世界人口を約77億人と推計しているが，2050年には97億人，2100年には110億人にまで増加するといわれている。その増加分の多くは途上国で占められているが，人口増加分だけ食料の需要がさらに高まることになる。それに加え，バイオエタノール（p.419参照）を生産するための農産物需要が高まっており，食用需要と競合する事態が起こっている。

　一方，農産物の供給を増加させることに対しては，世界各地での異常気象のほか，水資源の制約などの多くの不安要因があるといわれている。特に，食料の多くを輸入に頼っているわが国にとっては，将来的には農産物価格の高騰や在庫量の減少のほか，他国の輸出規制で十分に輸入できないなどといった食料安全保障上のリスク（p.419参照）をより一層多く抱える

ことになるのである。

問題点の背景

　わが国における食料自給率に関する問題点の一つは，穀物の輸入依存体質，具体的には米以外の穀物は輸入に依存している点である。例えば2018年の品目別自給率をみると，米(97%)はほぼ自給できているものの，小麦(12%)・大豆(6%)などの自給率は極めて低い。これは，洋食化の流れがあったにもかかわらず米の生産を増加させ，むしろ麦の生産削減を促す価格政策を取った農政(食糧管理制度；p.420参照)により，輸入を促す結果となったことが一因である。また，アメリカの小麦戦略(p.420参照)によるという指摘もある。さらに，小麦・大豆は稲作に比べて大きな耕地面積が必要となる一方で，連作障害(p.420参照)のリスクを考えると，小麦・大豆の栽培は米よりも非効率だという判断もあっただろう。そのほかにも，農家の兼業化が進んだことによって，二毛作から米の単作に移ったこと，飼料の自給率は30%未満と低いことも一因である。以上のような状況から，結果的にしろ，米以外の穀物は輸入に頼らざるを得ない状況となったのである。

　もう一つは，日本の農産物市場が外国に対して開放的であることだ。日本の農産物の平均関税率は13%程度であり，アメリカ(4%程度)と比べると高いが，韓国(90%程度)・インド(50%程度)・タイ(40%程度)・EU(20%程度)などと比べてかなり低い。牛肉(38.5%)，バナナ(40〜50%)など一部の品目で関税の高いものはあるが，総体的に見ると日本は市場開放度が高い国といえる。つまり，関税が低い(市場開放度が高い)と輸入農産物が日本の市場に出回りやすいため，自給率が低下しやすいのである。

　なお，EUやアメリカは輸出補助金(p.421参照)制度を採用して輸出を促進し，高い自給率を確保しているが，日本には輸出補助金制度がないという点も理由の一つとなっている。

機への対応を目
なくとも実現で

対応策・解決策

　食料自給率の低下は食料安全保障
これを回避したり，軽減したりする
① 平時における取り組み
② 不測時(不作，国際紛争による輸
を分けて考える必要がある。

　①については，まず自給率を上
自給率の低さが問題なのだから，
業農家を育成して生産の効率化を
いて必ずしも自給率向上にこだ
に代表される国際分業の原理を
不得意な分野は他から仕入れる
れるべきである。例えば，国際
を分散させる努力をすること
発など新技術の導入によって

　一方，②は備蓄の活用，休
き類用農地の食用への転用，
どである。また，他国の農
も検討の余地がある。さら
定(p.421参照)を結び，不
れることも一案である。

小論文にする時

　入試では，食料自給率
出題が多い。その時，「
せるべきだ」という主張
下は，穀物や飼料の輸
ことを踏まえたうえで

過去の入

例 日本の食料自
　考に，知ってい

例 近年の日本の
　て述べよ。理由

例 1965年度と20
　内訳の変化」を
　について，どの

例 「農林水産省食
　などと比べてか
　られる理由を挙げ
　れる理由を挙げよ
　あなたの考えを述

例 先進国で最低レ
　組みについて述べ
　いて意見を述べよ。

例 「食料・農業・農
　えた政策を」を読み
　を極める」ためには
　で学んだことを参考

関連キーワード

☑ 食料自給率が抱える問題

日本では食料自給率を供給熱量ベース（食料をすべてカロリーに置き換えて計算）で表すが，こうした推計は諸外国では行われていない。供給熱量ベースの自給率は生産ベース（食料を生産額に置き換えて計算）よりも低くなる。例えば，2018年度の供給熱量ベースの自給率は37%だが，生産額ベースの自給率は66%である。

また，この計算によると，国内の生産量が変化せずに輸入量が減ると，自給率が上昇することになる。よって，食料自給率をもとにして食料不足か否かを判断することはできない。そうした場合は，本来であれば栄養不足人口率を見るべきである。

そして，計算で用いる「国民1人1日当たりの供給カロリー」は，ロス廃棄カロリー（店頭や食卓に並びながらも廃棄される可食部のカロリー）を足すことになっているため，廃棄食材が増えるほど食料自給率が低くなる。

こうしたことから，食料自給率が示すものは一面的にすぎず，日本の農業の現実を示しているとは言い難いという主張がある。

☑ バイオエタノール

サトウキビ・トウモロコシ・小麦・てんさい・稲わら・廃木材といった植物を発酵させてつくられたエタノールのこと。植物からつくられるので，再生可能なエネルギーとして注目されている。また，植物は光合成によって二酸化炭素を吸収するため，バイオエタノールを燃焼させても炭素の収支ではプラスマイナスゼロとなる（カーボンニュートラル）。よって，地球温暖化防止に役立つとされている。

しかし，原油の代替として用いられると，トウモロコシなどの穀物がエネルギーとして利用され，食用需要と競合する。また，耕地の拡大によって環境破壊が広がる可能性や，食料が投機の対象として用いられることによる価格高騰なども懸念されている。

☑ 日本の食料安全保障

食料安全保障とは，生存に必要な最低限の食料を安定的に入手することを保障することをいう。

日本では食料の多くを輸入に頼っており，何らかの原因で海外から食料の輸入が困難になったり，価格が高騰したりすると，食料の供給に混乱が生じる恐れがある。農林水産省は，平時に

おける取り組みとして食料自給率向上と備蓄を主体とする一方で，不測時（不作，国際紛争による輸入減少や途絶）には国内の農業生産の拡大やカロリーの高い作物への作柄転換などを行うことで対応するとしている。

☑ アメリカ小麦戦略

昭和20年代後半，アメリカは農産物の過剰生産や過剰在庫が深刻となっていたため，余った農産物を輸出するために余剰農産物処理法を制定した。また，アメリカは途上国への輸出を促進するため，小麦・大麦・トウモロコシ・綿花などの余剰農産物を輸出するために各国との間で余剰農産物協定を結んだ。日本は1955年と1956年に協定を結んでいる。

この協定で日本に小麦・家畜の飼料・大豆が大量に流入するきっかけとなり，パン・畜産物・油脂類を用いる欧米型の食生活に変化したといわれている。この時期，日本政府は栄養改善運動を推進しており，余剰農産物の流入はアメリカと日本との利害関係が一致した結果だという指摘がある。また，アメリカは長期に安定して大量の余剰農産物を提供するために，日本の食生活を欧米化しようという目論見があったという推測もなされている。

☑ 食糧管理制度

米や麦などの食糧を国で管理する制度のことをいう。1942年に定められた食糧管理法による。

国は価格を定めて（生産者価格）農家から食糧を買い上げ，消費者に過度の負担にならないような価格（消費者価格）で販売する。しかし，消費者価格よりも生産者価格を高く設定したため逆ザヤが生じ，農家は保護された一方で，国は大幅な赤字を抱えることとなった。また，米の価格が重点的に引き上げられたため，ほかの作物との収益の格差が生じた。

1995年に食糧法が成立し，農家の競争力を高めるため，農家は自由に作物の販売ができるようになった。2004年の食糧法の改正では，誰でも米を販売できるようになったり，米穀の販売が登録制から届け出制に変わった。また，1970年代から続いた減反政策（米の生産調整）も2018年に中止となった。

☑ 連作障害

同じ農地で同じ作物を繰り返し栽培することで生育不良を起こすことをいう。連作をすると，土壌中の微量な元素のバランスが崩れ，塩害（作物の抵抗力を落とす）・病害（土壌中の細菌やウイルスが作物を病気にする）・虫害（土壌にすむ害虫が作物を食べる）など

を引き起こす。また，ある作物を育てると，ほかの植物の生長を妨げる物質を放出することがある。

稲作からほかの穀物へ転作する場合，連作障害への懸念から，稲以外の穀物を毎年植えることができない。よって，休耕や輪作を行う必要がある。

☑ 輸出補助金

輸出の時に国から交付される補助金のことをいう。製品を安く輸出できることから，輸出を促進する効果がある。1980年代に起こった世界経済の景気後退により，EC（ヨーロッパ共同体。EU の前身）域内で発生した余剰農産品を輸出するため，輸出補助金を増やしたことから，アメリカも輸出補助金を増やして対抗し，農産品の価格が急落したことで問題となった。

なお，日本の輸出補助金はゼロである。ただし，輸出戻し税（輸出企業に仕入れの時にかかった消費税が還付される制度。外国の付加価値税との二重取りを避けるためのもの）が実質的に補助金と同じ効果があるということで，批判の対象となっている。

☑ 比較生産費説

リカードが唱えた自由貿易と国際分業に関する説のことをいう。

他国より有利な条件で製品を作ることができる（比較優位）なら，お互いの得意分野に特化し，不得意分野の製品は輸入した方が，互いの利益になるという内容である。つまり，各国が自由貿易によって他国の製品を自由に輸入した方が，保護貿易を行うよりも両者にメリットが生じるという主張である。

☑ 自由貿易協定（FTA）と経済連携協定（EPA）

自由貿易協定（Free Trade Agreement；略して FTA）とは，特定の国との経済活動の活性化を目的に，関税撤廃や規制緩和を定めた条約である。一方，経済連携協定（Economic Partnership Agreement；略して EPA）は関税撤廃や規制緩和のみならず，経済取引の円滑化・知的財産権の保護・投資・競争政策など，経済に関するさまざまな連携や協力を親密に行うことを定めた条約である。自由貿易の促進によりスケールメリット（生産規模が拡大するほど，生産性や経済効率が向上すること）が得られたり，競争により国内経済が活性化したりすることを目的に締結される。

日本は，ASEAN 諸国・メキシコ・スイスと EPA を締結している。TPP（環太平洋戦略的経済連携協定；p.219参照）も EPA の一つである。

答案例

問題 わが国の食料安全保障について，あなたの考えを述べよ。**600字以内**

模範回答 国際的な食料危機の背景には，人口増加による食料需要に加え，バイオエタノール生産用の農産物需要との競合，異常気象，水資源の制約などの不安要因がある。食料の多くを輸入しているわが国は，将来的に食料安全保障上のリスクを回避することを考えるべきだ。 (以上，第1段落)

　わが国が食料を輸入に依存する背景には，米食からパン食への食の欧米化がある。にもかかわらず米の生産を増加させる政策を取り，小麦の輸入を促す結果となった。また，日本の農産物市場が外国に対して開放的であるために輸入が増え，自給率が低下しやすい。こうした状態が続けば，将来に農産物価格の高騰・在庫量の減少・他国の輸出規制などといった問題が発生した場合に，食料の供給が危機に陥る恐れがある。 (以上，第2段落)

　よって，リスクを回避する試みが必要だが，平時と不測時の対応を分けて考えるべきだ。前者については必ずしも自給率向上にこだわる必要はない。国際分業の原理から，国際協調によって輸入を確保してリスクを分散させることが考えられる。一方，後者では，備蓄，代替品の輸入，緊急増産，生産転換などに加え，他国の農地取得による生産地の確保なども考えられる。 (以上，第3段落)

解説 第1段落：意見の提示…国際的な食料危機への懸念を踏まえ，食料安全保障上のリスクを回避すべきだという主張を述べている。

第2段落：理由説明…わが国がリスクを抱えた理由を，食の欧米化とそれに対する対応をもとにして説明している。

第3段落：意見の再提示…リスクを回避する方法を，平時と不測時に分けて提案している。

障害者福祉制度

定義

　障害者※とは，身体・知能・精神に何らかの支障があるため，生活など
の面で制限を受けている人のことをいう。こうした人々を支援する仕組み
のことを障害者福祉という。

　それまでは行政側の決定によって福祉サービス(p.426参照)を決められ
ていたが，2003年に障害者の自己選択と自己決定ができるように，支援費
制度(利用者が施設や事業者を選択し，契約する制度)に変更された。さら
に，2006年の障害者自立支援法によって，それまで障害種別ごとに異なっ
ていた福祉サービスを一元化する仕組みが定められた。この時，共生社会
(p.426参照)の構築を目的として，受けるサービスに応じて費用を負担す
る応益負担(p.426参照)になったが，2010年の法改正により，障害者の負
担能力に応じた応能負担(p.426参照)へと変更された。障害者自立支援法
は，2013年に障害者総合支援法に改称され，難病なども障害者の範囲に含
まれるなど障害者に対する支援の拡充が図られている。

　※　障害は「害」ではないという捉え方のもと，「障がい者」「障碍者」と表記すべきだ
　　という立場もあるが，本書では日本の法令上の表記に従って「障害者」と示すこと
　　をご了承いただきたい。

問題点

　障害者福祉制度では，障害者側の視点からの支援を受けることは難しい
という問題点がある。障害の区分判定(p.427参照)はすべての障害を一元
化して捉える仕組みとなっており，個々の障害の違いによる細やかな判定
が難しいのである。また，障害を抱える人ほど就労することが難しく収入
が限られる反面，一方で多くの福祉サービスが必要な境遇にあるという現
実がある。

　このように，障害者によって異なる支援が必要だということを念頭に置

いておかないと，障害者が真に求めているサービスを適切に受けられないことになる可能性がある。

問題点の背景

　問題点の背景には，障害者福祉を健常者側から捉えている行政の立場がある。国民に広く福祉サービスを提供すべきだという考え方があり，障害者に対する支援だけを重視するわけにはいかないという事情がある。また，行政側の財政状況や今後の少子高齢化による税収減などの懸念もある。こうした事情をもとに制度設計や運営が行われるために，必ずしも障害者のニーズにあった福祉の提供ができないことが起こる。

　こうした社会保障費の財源の確保や分配の難しさが，障害者福祉を推進する時の妨げの一因となっている面は否めない。

対応策・解決策

　2013年に施行された障害者総合支援法により，障害者が地域社会で日常生活や社会生活を営むための支援をしていこうという方向で動きだしている。障害者本位の支援制度をいま以上に築くためには，障害者福祉サービスの見直し，および費用を適正に配分する制度づくりが必要だ。具体的には，障害の区分判定の細分化，就労支援や生活費支援の拡充など，障害者個々人のニーズや状況に合致した支援内容を考えるための仕組みづくりが考えられる。

　一方で，障害者の自立的な活動を支援するための取り組みも欠かせない。その具体的なものとしては，ノーマライゼーション（p.428参照）思想の普及やリハビリテーションへの積極的な取り組みのほか，バリアフリー（p.428参照）の推進，ボランティアや地域住民による支援活動のための基盤の整備などが考えられる。

👉 小論文にする時のポイント ────────────────●

　入試では，健常者と障害者との視点の違いや，それによって生じる問題をテー

マに問うものが多い。したがって，現状の障害者福祉制度の諸課題は，それらを論じるための材料として取り扱うことになるだろう。その時，「障害を持つことは<u>かわいそうだから，助けてあげよう</u>」など，障害者を保護の対象として捉え，いわゆる<u>上から目線</u>で書くことは避けたい。彼らの自己選択と自己決定を尊重する制度や社会を確立することが必要なのだから，差別的な視点を避け，障害者個々人が主体となれる制度設計に改めるという方向で論じておきたい。

過去の入試問題例

例 知的障害者を対象とした公開講座について述べた新聞記事を読み，障害児教育専攻の学生として，知的障害者を対象とした新しい企画を提案するとしたら，どんな目的で，どんな活動を考えるか。具体的に述べよ。 （群馬大・教育学部）

例 聴覚障害者である筆者が，聴覚障害のある人たちにとっての音楽とは何かについて述べた文章を読み，障害のある人とない人の「差異」をなくしていく立場と「差異」を認めていく立場のどちらが重要であるとあなたは考えるか，その根拠とともに述べよ。その上であなたが考える障害のある人とない人がともに生きられる望ましい社会のあり方について論じよ。 （金沢大・教育学部）

例 視覚障害者である筆者が，「障害者の理解」について大切なのは「自分は相手のことをわかっていないんだ」ということをちゃんと知っておくことではないか，それは健常者同士でも同じことだと述べた文章を読み，筆者の「障害者の理解」についての意見をふまえて，特別支援学校の教師として障害のある子どもたちをどのように理解していくべきであるか，あなたの考えを述べよ。

（宮崎大・教育文化学部）

例 学校におけるバリアフリーとユニバーサルデザインの在り方について，具体的な例を挙げてあなたの考えを述べよ。 （東京学芸大・教育学部）

例 わが国は，平成26年1月に批准した「障害者の権利に関する条約」を踏まえ，障害の有無にかかわらず誰もが相互に人格と個性を尊重し合える共生社会の実現を目指している。そのための取り組みのひとつとして，特別支援学校の児童生徒と地域の障害のない児童生徒との「交流及び共同学習」が行われている。「交流及び共同学習」について，あなたが将来，特別支援学校の教師となるこ

とを踏まえた上での考えを自由に述べよ。 （福岡教育大・教育学部）

例 障害者の権利を守るうえで重要な「合理的配慮」について，中央教育審議会
による合理的配慮の定義と，合理的配慮についての具体的な説明を読み，答え
よ。あなたが小学校の学級担任として，次の事例のような合理的配慮を行った
とする。この事例における合理的配慮が，Ａさん及び他の児童にとって有する
教育的意義について，あなたの考えを答えよ。
事例：感覚過敏を伴う発達障害をもつＡさんへの対応として，集団から少し離
れた，本人に負担がないような場所に席を用意したり，聴覚過敏への対応とし
て防音用イヤーマフの使用を認めたりした。 （佐賀大・教育学部）

🔎 関連キーワード

☑ 障害福祉サービス

障害者に対する福祉サービス全般の
ことをいう。障害者総合支援法により，
障害者福祉サービスの体系が定められ
ているが，そのなかには自立支援給付
と地域生活支援事業があり，自立支援
給付には介護給付と訓練等給付がある。

介護給付とは，自宅・ケアホーム・
障害者支援施設・医療機関での介護の
ほか，短期入所（ショートステイ）など，
障害者の介護を目的とするサービスで
ある。訓練等給付は，自立訓練や就労
支援など，障害者が自立して生活する
ための活動に対しての給付である。地
域生活支援事業とは，移動支援や地域
活動支援センター，福祉ホームの設立
など，障害者が地域で生活するための
支援を行う活動のことである。

こうしたサービスを利用する時には，
利用者一人ひとりの個別支援計画を作
成することになっている。なお，障害
の程度によって障害者総合支援法に基
づく介護給付の種類や量が決まる。

☑ 共生社会

自分だけでなく，他人と共に生きる
社会のことをいう。当然のことながら，
共生社会の構成員には健常者だけでな
く，障害者も含まれるので，社会生活
においては何らかの支障が生じている
人々を，そうではない人々が支援し，
互いが共存できる仕組みが整っている
社会が理想とされる。そのためにも，
互いのさまざまな違いを認め合い，対
等な関係を築くことが必要になる。

☑ 応能負担と応益負担

2006年の障害者自立支援法施行から

福祉サービスに対する自己負担の方法が変更となった。従来の障害者福祉サービスは応能負担(個々人の収入に応じて，自らが払える範囲で費用を負担する制度)であったが，応益負担(自分が受けた福祉サービスの内容に対して，一定割合で負担する制度)となったのである。

しかし，障害者に対して応益負担を求めることは，就労機会が少なく低収入の障害者自身に対してはもちろんのこと，彼らを支える家族の家計をも圧迫することになるという指摘があり，現在では世帯ごとの収入に応じて月額の上限を設ける応能負担に改正されている。

☑ 障害の区分判定

障害者総合支援法において，福祉サービスの支給を決定するために行う障害者の心身状態の判定のことで，障害支援区分の判定ともいう。

2006年の障害者自立支援法制定時における判定基準は，身体機能の判定に重きを置いたものであった。しかし，こうした判定基準では知的・精神障害の特性が反映できず，適切な福祉サービスの提供を困難にする恐れがあると指摘され，2010年の法改正により，発達障害者も含まれることになった。現行の障害者総合支援法では，身体障害者，知的障害者，精神障害者(発達障害者を含む)，難病のある人を対象とし，それぞれの特性を反映できるよう調査項目が見直されている。

☑ 障害者に対する健常者の視点

健常者はともすれば障害者を「かわいそうな存在」「助けてあげなければならない存在」という，いわば哀れみの対象として捉える傾向にある。これらは「障害があることは不自由である」という，健常な状態に対する比較によって築き上げられた物差しで障害者を捉えている証拠であるといえる。

しかし，障害者自身は必ずしも自らのことをそのような存在として捉えていない。「障害は個性だ」「障害があっても生活には支障がない」など，障害に対する不自由さはないと主張する人もいる。

☑ 障害者雇用

企業が障害者に配慮して雇用するには，現実的にはさまざまな困難を伴う。例えば，職種のマッチングが困難なこと(障害者ができる業務と企業側が求める能力の間に差があること)，新たな設備投資の必要性が生まれること(障害者を受け入れる際のコスト増)，社員によるサポートが難しいこと(障害者を受け入れる人的な支援の構築が

427

必要なこと）など，障害者の雇用に際しては，企業側はいろいろな形の負担を強いられることとなる。

現在障害者雇用促進法により，一定規模以上の企業・国・自治体に対して，**一定数の障害者を雇用することを義務付けている**。これを満たす企業には助成する一方で，満たさない企業からは納付金を徴収する。ただし，当該企業が基準を満たせなくとも，特例子会社（障害者のために特別な配慮を施した子会社）を設立した場合は，そこの社員を障害者雇用数に算入してよいという規定がある。

また，障害者への職業訓練や職業紹介のほか，必要なリハビリテーションなども行って，**雇用機会の創出を促し**ている。

☑ ノーマライゼーション

障害者と健常者の区別なく社会生活を営むことは正常（ノーマル）な状態であるとする考え方のことをいう。これは障害者をノーマルな状態にしようとするのではなく，障害者が障害をもったままであっても健常者と同様の生活が営めるように変えていくことが望ましいというのが本来の意味である。

1950年代，デンマークの知的障害者の家族会の施設改善運動から生まれ，スウェーデンのニリエが広めたとされ

ている。

ノーマライゼーション思想によると，**障害者が自らの生活スタイルを主体的に選択することを可能にする**。つまり，自らの求めに応じて適宜支援を受けながら生活や行動を行うことができるだけでなく，**共生社会**（p.426参照）を築くことも可能にする。そして，障害者のあらゆる障害や制約を取り除くための行動や施策は，障害者と健常者の間にある垣根を取り払うことにつながるとともに，障害者と健常者が協働して社会参加するための一助となる。さらにいえば，あらゆる立場の人々に対して平等にその人の人権を保障する土壌となるのである。

☑ バリアフリー

障害者や高齢者などの社会的弱者が不自由なく社会生活に参加できるように，物理的・社会的な障害を取り除くことをいう。具体例としては，路面の段差を解消するためのスロープ，移動補助のための手すり，スペースの広いトイレや駐車スペース，点字ブロック，電子チャイム（盲導鈴），多目的トイレ（高齢者・子ども連れ・オストメイトなどに対応），文字放送，手話通訳などがある。国土交通省では，「人にやさしいまちづくり事業」の一環として，バリアフリー化を推進している。

現在では「心のバリアフリー」の提唱など，社会的弱者と健常者との間にある心理的障害を取り除こうという動きも活発化している。

☑ユニバーサルデザイン

多くの人が利用できるように工夫されたデザインのことをいう。バリアフリーとは異なり，対象を社会的弱者に限定していない。デザインのコンセプトは，どのような人でも公平に使えること，使い方が簡単なこと，安全性が配慮されていること，必要な情報がすぐにわかることなどである。ノースカロライナ州立大学のメイスが提唱した。

具体例としては，安全性に配慮したドアやエレベーター，絵文字による案内表示（ピクトグラム），音声認識によるコンピューター文字の入力や操作，温水洗浄便座などが挙げられる。

☑職能訓練

障害者が職業に就くために行う訓練のことをいう。一般的には，リハビリテーションを施し，生活訓練が行われた後に行われる。

職能訓練には職業準備訓練と職業訓練（技能講習）とがある。前者は模擬的な職場を再現し，作業能力や作業態度・労働習慣などを身につける訓練である。

一方，後者は，例えばコンピューターの技能習得など，特定の職種に必要な技能を習得するための訓練を指す。この訓練を終えたあと，就労支援が行われる。

職能訓練を行う時には本人のニーズを探るだけでなく，一人ひとりで異なる障害特性を十分に理解したうえで，作業・就労能力を見極めてから行う必要がある。

☑対人援助

他人に対して援助する行為全般のことをいう。特に，社会生活をするうえで解決困難な課題を抱えた人に対して支援する技術のことをケースワーク（個別援助技術）という。

対人援助を行うための姿勢として最も有名なのは，アメリカのバイスティックが提唱した『バイスティックの7原則』である。これは，対象者が抱える問題はすべて異なること（個別化），対象者の思考や行動の良し悪しを支援者は評価せず（非審判的態度），すべてを受け入れること（受容），行動を決定するのは対象者本人であること（自己決定）など，ケースワーカー（ケースワークを行う支援者）が守るべき要点をまとめたものである。

答案例

問題 障害者福祉について，あなたの考えを述べよ。**600字以内**

模範回答 日本では，障害者福祉の制度が変わりつつある。障害者の自己選択と自己決定ができるように支援費制度になり，障害者が地域社会で日常生活や社会生活を営むための支援をしていこうという方向へと変わってきている。しかし，それでもまだ障害者の視点に沿った支援を行うことは難しい。　　　(以上，第1段落)

　その理由は，障害者によって異なる支援が必要だとの認識が足りず，障害者が求めるサービスを適切に受けられていないという現状があるからである。例えば，障害支援の区分判定でも，障害の特性に応じてそれぞれ正しく判定しなければ障害に即したサービスは受けられない。また，重い障害を持つ人ほど就労が困難で収入を得ることが難しい一方で，多くの福祉サービスを受ける必要があるという現実もある。こうしたことが問題となる背景には，障害者福祉を健常者の側から捉えている行政側の立場があるのではないだろうか。また，限られた社会保障費をやりくりして制度設計や運営が行われるため，必ずしも障害者のニーズに合わせきれないということもあると思われる。　　　　　　　　　(以上，第2段落)

　障害者本位の支援制度を築くために，今後も障害者福祉サービスの充実や費用を適正に配分する制度づくりを続けることが必要だ。そのためには障害の特性に応じた区分判定の見直し，就労や生活費支援など，障害者個々のニーズや状況を的確にとらえた対応が求められる。　　　　　　　　　　　(以上，第3段落)

解説　第1段落：意見の提示…障害者福祉制度に問題がある点を指摘している。特に，障害者側の視点に立った支援を行うことの困難さに言及している。

第2段落：理由説明…障害区分判定に関わる問題点や，行政側の背景を指摘し，問題の発生原因を考察している。

第3段落：意見の再提示…障害者個々人のニーズに的確に応えられるようにするために，福祉サービスの見直しや費用の適正配分の仕組み作りが必要であるとまとめている。

＞ ボランティア

出題頻度 → 教育 ★ ★ ★ ｜文学・日文｜外語・外文｜幼教 ★ ★

定義

いろいろな形で奉仕活動をする人々のことを総称していう。原則的には，自発的・無償にて，社会や公共のために活動を行う人と定義されている。

災害発生時の復旧作業には数多くのボランティアが必要とされる。また，市民にとって必要不可欠でありながら，採算や財政の面から企業や行政が手掛けないサービスや高額な有償サービスについて，ボランティアがそれらを担うことによって行政の事業を補完することが多く見られる。

なお，volunteer の原義は「義勇兵・志願兵」である。

問題点

ボランティアは無報酬で支援を行う存在であり，特に災害現場や社会福祉の現場においては貴重な労働力となっている。

一方で，従来の定義を逸脱するボランティアの存在が問題視されている現実もある。例えば，学校などで強制的にボランティア活動をさせられたり（自発的ではない），進学や就職における自己アピールの材料を集めるために活動したり，「自分探し(p.434参照)のため」「他人から感謝されたいから」などの動機から行ったり（社会や公共のためではない），有償ボランティア(p.434参照，無償ではない)などである。こうした人々は時として当事者としての意欲や問題意識が低いと捉えられることがある。

問題点の背景

こうした人々に頼らざるを得ない状況が生じている背景には，ボランティアの確保が困難なことがある。例えば，無償性の原則を貫くと，自らの生活を優先させなければならない現実や，活動にかかる交通費や食費，宿泊費の負担などにより，長期間の活動を続けることが困難になる。また，自発性の原則を貫こうとすると，十分な応募がなく，必要な労働力を確保

できないことがある。特に継続的な活動が必要な現場では，慢性的な人材不足に陥る場合も少なくない。このような現状から，**無償性や自発性，奉仕の精神の有無をボランティアに必ずしも求める必要はないのではないか**という主張もある。

対応策・解決策

確かに**無償性・自発性・公共性の原則は重要な要素**であるので，ボランティア活動にはこれらを理解したうえで参加すべきであろう。しかし，ボランティアの社会的需要は大きい。特に，**災害復旧や市民生活に欠かせない事業に対して無償あるいは廉価で労働力を得るための一つの手段**として，ボランティア活動は重要視されている。そのため，より多くのボランティアを募るにはこうした原則を逸脱した存在も認める必要があるのではないか。例えば，最低限の経費や報酬を認めること，参加の動機を不問とすること，学校などからの強制的な奉仕活動も認めることなど，**ボランティアの定義をある範囲内で拡張することもやむを得ない**。

🖕 小論文にする時のポイント ──────────────●

入試では，ボランティアの重要性を問うものだけでなく，従来の定義から逸脱したボランティアの存在の是非を問うものも出題される。その時，「参加者は感謝され，満足感や喜びを得ることができる」などの自己中心的な根拠や主張だけを挙げることは避けよう。まずは，自発性・無償性・公共性の原則を意識した論述を心がけたい。

一方，現状においてボランティアがなぜ求められるのか(災害復旧や市民生活に不可欠な事業を安く行える，安い労働力の確保)といった視点を持ち，それを基本にして，どうすれば継続してボランティア活動を行えるのかを意識した主張を展開するとよいだろう。

過去の入試問題例

例 あなたがボランティア活動を行ううえで，大切にしたいことを3点あげ，自由に述べよ。
(青森中央短期大・幼児保育学科)

例 ボランティア活動は，無報酬の奉仕であるという側面をもつ一方で，取り組む人間がそこから多くを得られる行為であるとも言われる。あなたがボランティア活動に取り組むとしたら，何を期待して取り組むか。または，今までに実際に体験したボランティア活動からあなたが得たものは何か。あなたのボランティア活動に対する考えをまとめよ。
(東海大・国際文化学部)

例 飢餓の問題や環境問題を例に，「自発性パラドックス」とその発生に関連する「相互依存性のタペストリー」について述べたあと，ボランティアとは相互依存性のタペストリーのなかで，「他人の問題」に傍観者でいないということであり，自発性パラドックスの渦中に自分自身を投げ込むことを意味すると述べた文章を読み，「社会奉仕活動」として推奨されるボランティア活動の在り方について，筆者の論を参考にしつつ，あなたの考えを述べよ。
(大阪市立大・文学部)

例 人間活動の影響範囲の増大，移動時間の短縮，人間接触や物的交流の緊密化による消極的正義では解決できない問題における国境を越える責任と正義のあり方に関し，ステークホルダー理論と消極的正義が行き詰まりをみた第二の理由について述べた文章を読み，筆者が本文で論じているボランティアのあり方について，どのように考えるか。これまで見聞きしたことや経験したことを踏まえ，具体例を挙げ，考えを述べよ。
(広島市立大・国際学部)

例 ボランティア活動というものは，どのような活動なのだろうか。震災当時，宮城県そして石巻市には遠くから多くの若者が駆けつけ，住民のためにさまざまな仕事をしてくれた。あなたは，そのような若者をどう思うか。また，他の地域で同じような自然災害があったら，あなたも，ボランティア活動に参加するか。あなたの考えを記述せよ。
(石巻専修大・人間学部)

例 ボランティアの活動の意義について，多様な事例を紹介しながら述べよ。また，ボランティア活動の問題点や課題について述べよ。(鹿児島大・教育学部)

☑ 自分探し

今までの自分の生き方や居場所から離れ，ボランティアや一人旅などといった行動やその中での思索を通して，自分の個性（価値観や生き方など）を探ることをいう。「自分は何が好きで，何に取り組むべきか」を探るという意味合いで用いられるのが一般的である。豊かな社会が構築されていくなか，自分という人間を改めて探そうというゆとりが生まれたことが，自分探しの背景にあるといわれている。

なかには，個性を探せないことに対して不安やいら立ちを覚える人，「自己の内面にはもっとさまざまな可能性があるに違いない」と自己を肥大化させる人もいる。一方でこうした思考は，自己を見つけても，さらなる自己を見つけようとするという循環を引き起こし，結果的にいつまでも自己が見つからないという事態に陥る危険性もある。

☑ 有償ボランティア

対価が支払われるボランティア活動のことをいう。受け入れ先は，ボランティアに対して報酬・生活費・食事・宿泊先などを提供する。青年海外協力隊や国連ボランティア，国際交流基金日米センター日米草の根交流コーディネーター派遣プログラム，国境なき医師団海外派遣ボランティア，日本国際ワークキャンプセンター中長期ボランティア，日本青年奉仕協会の「青年長期ボランティア計画」（ボランティア365），地球緑化センターの「緑のふるさと協力隊」などがその例である。

しかしながら，安い報酬で労働させるための手段として有償ボランティアが用いられるケースもあり，問題視されている。また，ボランティアの定義に「無償性」を謳っている以上，有償で活動をするボランティアという存在そのものが定義に矛盾するという指摘もある。

☑ プロフェッショナルボランティア

医師・法律家・教員などの分野の専門家が，自らの技能を生かして活動をするボランティアのことをいう。

普段はプロとしてその道で活躍している人や，過去そうした技能を持って活躍していた人が，余暇を活用してボランティア活動に参加していることがほとんどである。

☑ ボランティアのマッチング

奉仕活動において，作業内容や活動場所，組織などがボランティア本人の

希望・能力・価値観とマッチングしないことがある。また，作業に必要な人数とボランティアに集まる人数とがマッチングしないこともある。

こうしたミスマッチを防ぐ方法として，行政やNPO法人が行政側との調整を行ったうえでボランティアを派遣する仕組みなどが必要になる。

☑ ボランティアの適切な支援

ボランティアの活動内容と受け入れ側のニーズが合致しないケースがある。例えば，ボランティアを受ける人が自分一人で行いたいのに，ボランティアがその行動を援助してしまうことがある。ボランティアは，対象者にとってその援助がどの程度まで必要かをきちんと見極める必要がある。

逆に，対象者がボランティアの支援に依存し続けるといった問題もある。例えば，生活に困っている人へ援助を行うことによって，それに頼りきりとなり，結果的に彼らが自立して生活することを妨げる場合である。こうしたことを防ぐためには，自立に向けた仕組みをボランティア活動の中に組み込み，それに沿った支援を行うことが必要である。

答案例

問題 ボランティアのあり方について，あなたの考えを述べよ。**600字以内**

模範回答 ボランティアは無報酬で対象者への支援を行う存在であり，特に災害現場や社会福祉の現場においては，貴重な労働力として活用されている。一方，「自分探しのために」「他人から感謝されたいから」行うボランティア，有償ボランティアなどが問題視されている。それらは，従来の定義を逸脱したボランティアの存在への批判や拒否感によるものである。　　　　　　　　　　　　（以上，第1段落）

　こうした問題の背景には，ボランティアの確保が困難なためにこうした人々に頼らざるを得ない現実がある。例えば，無償性の原則を貫くと，自らの生活優先の必要性や必要経費の負担などにより，長期間の活動が困難になる。また，自発性の原則を貫くと必要な労働力を十分に確保できなくなり，特に継続的な活動が必要な現場では慢性的な人手不足に陥ることも少なくない。　　（以上，第2段落）

　確かに無償性・自発性・公共性の原則は重要であり，ボランティアに参加するならこれらを理解しておくことは必要だ。しかし，市民生活に必要な事業に対して無償・廉価で労働力を得る一つの手段として重視され，需要もある以上，より多くのボランティアを得るには，こうした原則を逸脱した存在も認める必要がある。最低限の経費や報酬の支払いを認める，参加の動機を不問とするなど，ボランティアの定義を拡張することも必要だと思う。　　　　　　　（以上，第3段落）

解説　第1段落：意見の提示…ボランティアの定義を逸脱する存在（有償ボランティアなど）に対する批判があることを指摘している。
　第2段落：理由説明…従来の定義を逸脱したボランティアが生まれる背景と，安い労働力を継続的に確保するためには有償ボランティアの存在も必要であることを述べている。
　第3段落：意見の再提示…無償性・自発性・公共性の原則は重要であるが，それを貫くと社会的需要を満たせないことを指摘したうえで，ボランティアの定義を拡張してでも労働力を確保する必要もあるという自分の主張を述べている。

さくいん

437

439

440

442

444

445

④

● 著者紹介

神﨑　史彦（かんざき　ふみひこ）

　カンザキメソッド代表。法政大学法学部法律学科卒業後，大手通信教育会社にて国語・小論文の問題作成を担当するかたわら，大学受験予備校や学習塾で指導する。東進ハイスクール・東進衛星予備校を経て，現在，リクルート・スタディサプリで講師を務めるほか，全国各地の高校・大学において小論文関連の講演や講義を行い，受講者数は10万人を超える。小論文指導のスペシャリスト。また，21世紀型教育を推進する私学の団体21世紀型教育機構（21stCEO）にてリサーチ・フェローを務める。総合型・学校推薦型選抜対策塾「カンザキジュク」を運営。多数の早慶上智 ICU・GMARCH・国公立の合格者を輩出している。

　『大学入試　小論文の完全攻略本』『大学入試　小論文の完全ネタ本改訂版（医歯薬系／看護・医療系編）』『同（社会科学系編）』『同（人文・教育系編）』『同（自然科学系編）』『志望理由書のルール（文系編）』『同（理系編）』『看護医療系の志望理由書・面接』（以上，文英堂），『特化型小論文チャレンジノート　看護・福祉・医療編』『志望理由書・自己PR 文完成ノート』（以上，第一学習社），『改訂2版 ゼロから1カ月で受かる大学入試面接のルールブック』『改訂版 ゼロから1カ月で受かる大学入試小論文のルールブック』『改訂版 ゼロから1カ月で受かる大学入試志望理由書のルールブック』『ゼロから1カ月で受かる大学入試プレゼンテーション・グループディスカッションのルールブック』（以上，KADOKAWA）など著書多数。

［連絡先］カンザキジュク
　https://kanzaki-juku.com
　https://kanzaki-method.com
　E-mail：info@kanzaki-method.com

□ 執筆協力　大久保智弘（カンザキメソッド）　畑地加奈子（カンザキメソッド）
□ 編集協力　株式会社エディット
□ デザイン　CONNECT

シグマベスト
大学入試
小論文の完全ネタ本 改訂版
［人文・教育系］編

本書の内容を無断で複写（コピー）・複製・転載することを禁じます。また，私的使用であっても，第三者に依頼して電子的に複製すること（スキャンやデジタル化等）は，著作権法上，認められていません。

© 神﨑史彦　2013, 2020　Printed in Japan

著　者　神﨑史彦
発行者　益井英郎
印刷所　中村印刷株式会社
発行所　株式会社文英堂
　〒601-8121　京都市南区上鳥羽大物町28
　〒162-0832　東京都新宿区岩戸町17
　（代表）03-3269-4231

●落丁・乱丁はおとりかえします。